verwegen, dynamisch, erfolglos.

Robert Rauch

6. Auflage 2009
ISBN 978-3-926807-48-9

© by Panico Alpinverlag
Golterstrasse 12
D-73257 Köngen
Tel. +49 07024 82780
Fax +49 07024 84377
Email alpinverlag@panico.de

printed Druckerei & Verlag Steinmeier GmbH
Gewerbepark 6
D-86738 Deiningen
Tel. +49 09081 2964-0
Fax +49 09081 296429
Email info@steinmeier.net

Inhalt

Vorwort

Im Extrembergsteigen fand ich bereits in meiner Jugend eine Möglichkeit, meine Gefühle auszuleben, das Bewußtsein zu erweitern und der Spießbürgerlichkeit zu entkommen. Auf unzähligen Bergfahrten erlebte ich Erhabenes, Lächerliches, Gefährliches und Dramatisches. Die Übergänge waren meist fließend, die Grenze zwischen Erfolg und Niederlage schmal. Meine Abenteuer waren nicht fiktiv wie die der Leinwandhelden, ich habe sie selbst erlebt und sie sind wahr.

Ich wurde dabei nicht zur Klettermaschine ohne Herz und Seele, im Gegenteil. Meine Erlebnisse haben meine Empfindungen verstärkt und mich sensibler gemacht. Über stille und auch über heftige Gefühlsausbrüche fand ich einen Schlüssel zu mir selbst, fand heraus, wie ich wirklich war, und das entsprach nicht dem, was ich selbst oder alle anderen in mir sehen wollten. Ich war glücklich und traurig, lachte und weinte, lebte eben ein Leben in den Bergen, das aber auch nicht immer nur schön war. Unbeabsichtigt, aber zwangsläufig bin ich dem Tod begegnet und mußte mich mit ihm auseinandersetzen, ob ich wollte oder nicht. Ich lernte, ihn zu akzeptieren, aber auch einen großen Bogen um ihn zu machen. Deshalb habe ich über einen langen Zeitraum hinweg alle gefährlichen Abenteuer überlebt.

Mit der Leistungsgesellschaft hatte ich große Schwierigkeiten. Gezwungenermaßen mußte ich mich mit ihr arrangieren, um eine Lebensgrundlage zu bekommen, doch tief in mir drin ist sie mir immer noch zuwider. Auch von meinen inneren Kämpfen mit dem Bürgertum handelt dieses Buch, denn sie haben viel mit meinem Bergsteigen zu tun. Die Neugier trieb mich vom Karwendel, wo ich mit dem Bergsteigen begann, über Afrika und Thailand nach Bolivien, wo ich unbemerkt von der Öffentlichkeit neue Wege im Höhenbergsteigen ging, die so nie die entsprechende Anerkennung fanden. Bei meinen Alleingängen auf die Sechstausender der Cordillera Réal, über schwierigste Wege, stieß ich an die Grenzen des Machbaren, überschritt sie sogar, wuchs über mich selbst hinaus und entwickelte seelische und körperliche Kräfte, die ich vorher nicht für möglich gehalten hätte. Unterwegs auf allen Kontinenten verlor ich Vorurteile und Geld bei der Suche nach meiner wahren Identität. Die Mauern der Engstirnigkeit begannen zu bröckeln und stürzten bisweilen krachend ein, wenn ich über steile Wände und Grate dem Sinn meiner Existenz nachjagte.

Der Massentourismus unserer Tage ist die sinnloseste Völkerwanderung seit

Beginn der Menschheitsgeschichte. Bergsteigen kann eine mögliche Alternative bieten, anders zu reisen, nicht weiter oder sinnvoller, sondern intensiver, tiefer. Der aktuelle Leistungsstand im Alpinismus ist hoch, doch seine inneren Qualitäten drohen in höchstleistungsorientiertem, kommerziellem Gladiatorentum abzusaufen und es wird immer schwieriger, im Bergsteigen eine künstlerische Ausdrucksform bewußten Seins oder gar eine alternative Lebensform zu entdecken. Diese Abkehr von den Wurzeln des Alpinismus drückt sich auch in den Bergbüchern aus. Sie konzentrieren sich ausschließlich auf die Heldentaten der Autoren und lesen sich oft wie eine Mischung aus zentraler Dienstvorschrift und dem Trainingsplan eines Spitzensportlers. Deshalb sind sie so langweilig wie Hallenbäder mit Bademützenzwang.

Mit meinem Buch habe ich versucht, für eine besondere Art des Erlebens eine andere Form des Erzählens zu finden. Der kommerzielle Alpinismus ist zu einem großen Geschäft geworden; dagegen ist nichts einzuwenden. Wer von uns würde nicht auch gerne mit Bergsteigen sein Geld verdienen? Aber daß das Geld ein Klima des Neides und des Mißtrauens geschaffen hat und daß bisweilen gelogen wird, bis sich die Balken biegen, finde ich sehr schade. Ich habe versucht, die Wahrheit zu schildern, in der Hoffnung, daß es in einer Zeit, in der nur noch Erfolg und Leistung zu zählen scheinen, immer noch genügend begeisterungsfähige Idealisten gibt, die das Leben nicht nur in Mark und Pfennig, Erfolg oder Mißerfolg abrechnen.

Ihnen allen wünsche ich viel Freude an meinem persönlichen Rückblick auf 25 Jahre Extrembergsteigen.

Robert Rauch, Mittenwald 1996

Ruhelos zieht mein Traum umher
und sucht nach einer Heimat.
Wo ich nur ich bin, nicht so wie ich sein soll.
Wo ich bin, was ich bin, will ich sein.
Ich sehe einen Berg und finde meinen Traum.
Zuerst gab es kein Rad, es war nur möglich.
Bevor es erfunden wurde, träumte jemand davon.
Die Berge und mein Traum,
sie sind wahr, weil sie sind.

Eine nicht immer leichte Jugend,
eine Bergleidenschaft,
die alle Schranken und Dämme brechen will.

Begegnungen mit dem Tod,
und die Erfahrung der im Alpinismus notwendigen Lehren,
die ich aus eigenen und fremden Fehlern zog.

Der Versuch, ein bürgerliches Leben zu führen,
der letztlich weder gelingt,
noch total daneben geht.

Nicht mehr von unten, sondern aus der Wand,
die Relationen verschieben sich.

Meine erste Expedition nach Südamerika
als einzige Antwort auf die mir nichtssagende
Konsumgesellschaft westlicher Prägung.

Eine große menschliche Enttäuschung
und schwierige Erstbegehungen.

Zurück in Deutschland der Kulturschock.
Deutlicher als je zuvor
spüre ich den drohenden Identitätsverlust
des sich selber fremd gewordenen Industriemenschen.

Sonnenaufgang am Lago Negro -
Kochen, packen, den Rucksack schultern und gehen.

Meine Lebensform weicht so offensichtlich
von der Norm ab,
daß eine zwangsläufige Konsequenz davon
die gesellschaftliche Isolation ist.

In Südamerika die erste Wiederholung
einer extrem schwierigen Route auf einen 6000er,
in freier Kletterei und allein.

Ein Wettersturz, der zum Überlebenskampf
in einer Hölle aus Schnee, Nebel und Erschöpfung wird
und tiefe Eindrücke hinterläßt.

*Irgendetwas von mir blieb in diesen Bergen zurück,
liegt dort für immer begraben.*

Tod - Nichts, oder neuer Anfang?
Du schwarze kriechende Masse
wartest auf eine Gelegenheit.
Kommst unerwartet wie ein Dieb in der Nacht.
Vergessen hast Du noch keinen.
Ich mache einen großen Bogen um dich.
Ich werde laufen, rennen.
Du wirst schneller sein müssen als ich,
willst Du mich einholen.

Ich bin zu einem Vagabunden geworden,
überall und doch nirgends zuhause.

In Bolivien die zweite Begehung des Illampu-Ostpfeilers.
Wieder allein.

Auseinandersetzung mit der Lebensform
der Indiander und die Erkenntnis:
Bergsteigen ist Tourismus,
und der Massentourismus unserer Tage
ist die sinnloseste Völkerwanderung
seit Beginn der Menschheit.

*»Mit Deiner Einstellung kommst Du nicht weit!«,
bis Thailand hatte es zumindest gereicht.*

Nicht, um von oben in mein begrenztes Tal zu blicken,
von wo ich herkam,
sondern um über seine Grenzen hinauszusehen,
um das Leuchten am Horizont,
die Dämmerung eines anderen Bewußtseins zu finden,
bin ich auf die Berge gestiegen.
Von Sehnsucht getrieben zog ich in die Welt hinaus,
um am Ende doch wieder dorthin zurückzukehren,
von wo ich herkam: Zu mir selbst.

Kapitel I - Schlüssel zum Paradies, Tor zur Hölle

Wie alles anfing

In Mittenwald bin ich groß geworden. In einer Kurve, nicht weit weg von der Wörnerstraße, wo wir wohnten, verloren die randvollen Kohlenlaster immer ein paar Brocken. Mein Bruder und ich klaubten sie auf und brachten sie in einem ausgedienten Kinderwagen heim. Im Winter wurden sie verheizt. Wir waren nicht wohlhabend, aber wir hatten viel Platz zum Spielen und Eltern, die Zeit für uns hatten. Das war mit Geld nicht zu bezahlen.

In der ganzen Straße besaß niemand ein Auto. Nie kamen wir aus Mittenwald raus. Wir kannten nichts anderes als die Berge, die uns umgaben. Die erste Kletterpartie endete auf einem hohen Heuschober. Hinauf waren wir gekommen, hinunter trauten wir uns nicht mehr. Wir schrien um Hilfe. Der Bauer hörte das Gezeter und holte uns mit einer Leiter herunter. Unten bekamen mein Bruder und ich ein paar kräftige Bockwatschen. Es hat uns nicht geschadet. Trotzdem habe ich in die Hose gepieselt, weil es so weh tat. Eine Woche später halfen wir unserem Lebensretter beim Heu einführen. Wir waren nicht nachtragend.

Unser Freiheitsdrang war groß, überall stiegen wir herum.

Mein Vater brachte mich zum Alpenverein. Wahrscheinlich dachte er, dort würde jemand auf mich aufpassen und ich könnte weniger Blödsinn machen. Zuerst bekamen wir im Gasthaus 'Isarlust' die Knoten beigebracht und zum Sichern das 'Karabinerkreuz'. Wir verabredeten uns mit unserem Kletterlehrer am 'Köberl', einem Übungsfelsen. Er kam nicht und wir waren uns selbst überlassen. Es dauerte nicht lange und eine Horde Milchbubis stand nicht mehr vor dem Felsen, sondern hing unregelmäßig verteilt in der Wand, barfuß, strumpfsockig oder in Tennisschuhen.

Ein Seil hatte keiner. Was nützte es da, daß wir die Knoten kannten. Ein zwanzig Meter hoher Felsen – um tot zu sein, hätte es gereicht. Ich verstehe heute nicht mehr, warum wir keine Angst hatten und warum nichts passiert ist. Die Routen gehen bis zum Schwierigkeitsgrad fünf. Was wir uns dabei dachten? Vermutlich rein gar nichts. Für uns war es eine Mordsgaudi, und wir wußten nicht, daß wir etwas Lebensgefährliches taten.

Die Berge waren für mich von Anfang an mehr als nur ein Haufen Steine, wo sowieso nichts wächst, und noch weniger ein Sportgerät. Für mich waren es Kunstwerke. Einfach, natürlich, wild und schön wie Diamanten. Ich sah und sehe sie immer sehr schwärmerisch, sehr romantisch. Mit der Tageszeit, dem Wetter, der Wolkenstimmung verändern sie beständig ihr Aussehen und sind doch immer im Wesen gleich. Die Jahre scheinen spurlos an ihnen vorüberzugehen.

Wenn man in einem Tal wie Mittenwald aufwächst, wo die Berge einem ins Fenster hineinschauen, prägt das, auch wenn einer die Berge gar nicht sehen will oder sie nicht mit den verträumten Augen eines Schwärmers wahrnimmt. Die Berge machen ihren Einfluß auch auf das Unterbewußtsein geltend - langsam, unaufdringlich, aber stetig. Es ist nicht nur schön, eingezwängt in einem engen Tal zu leben, es kann auch bedrücken und deprimieren. Vor allem im Winter, wenn die Sonne nicht kommen will. Der Horizont bleibt unsichtbar, der Blick auf Wesentliches durch Bergrücken versperrt. Deshalb sind viele Bergbewohner so verschlossen, so engstirnig.

Mit dem Duxer Hans-Peter machte ich meine ersten Klettertouren im Karwendel. »Je brüchiger, desto schöner« war unser Motto. In einer Tour an den 'Kirchln' ging Hansi eine volle Seillänge aus und steckte in einer schwierigen Stelle. »Stand, nachkommen« rief er mir zu und hing an den Fingerspitzen. Ich löste meine Selbstsicherung und kletterte hinterher. Hansi kletterte weiter, und wir waren beide nicht mehr gesichert. Wie schon so oft, passierte nichts. Unser Schutzengel war auf Zack.

An der Kreuzwand im Dammkar machten wir eine Erstbegehung, die wir 'Gartenzwergkante' nannten. Wir waren wirklich noch Zwerge. Drei Haken schlugen wir und nahmen sie wieder mit. Heute steht die Tour mit anderem Namen und anderen Erstbegehern im Tourenbuch der Dammkarhütte.

Die Viererspitz-Nordwand war für mich eine Zeit lang Inbegriff einer faszinierenden, hohen und steilen Wand. Mit Hansi verwirklichte ich den Traum, sie zu durchsteigen. Nicht mehr von unten, sondern aus der Wand, die Relationen verschoben sich. Wir sahen die Häuser von Mittenwald, aber sie waren ganz klein, fast belanglos. Die Mauern im Kopf, die Mauern der Engstirnigkeit wurden brüchig. Ich witterte einen Hauch von Freiheit, ein unklares Gefühl von »da gibt es noch etwas anderes«. Zurück im Tal war alles wie immer, aber irgend etwas war anders. War es der Himmel, waren es die Berge oder war ich es?

»Es baut mich wirklich auf, wie weit einer stürzen muß, bis er tot ist«, sagte Hans-Peter zu mir, als wir in der vorderen Kreuzklamm von weitem die Bergung eines Toten beobachteten, den die Bergwacht holte. »Da kann uns ja nichts passieren«, antwortete ich.

Darauf lachten wir beide voller Übermut und Dummheit. In unserer Vorstellung gab es den Tod nur für andere, uns ging er nichts an. Unser Handeln und Denken geschah gefühlsmäßig und spontan, nachdenken war nicht unsere Stärke. Aber

wegen unserer Naivität sahen wir die Berge auch in einer Schönheit, die vernünftigen Menschen wahrscheinlich verborgen bleibt. Wir waren in jenem gefährlichen Alter, in dem man sich für unsterblich hält. Und ausgerechnet in diesem Lebensabschnitt fingen wir mit dem Bergsport an. Mit einer gefährliche Mischung aus jugendlichem Übermut und Gefahr, derer wir uns nicht bewußt waren.
In unserer Sorglosigkeit gelangen uns Touren, von denen wir damals besser die Finger gelassen hätten, weil sie zu schwer für uns waren. Unsere Sicherungsmethoden waren jenseits von Gut und Böse. Weil wir so zerstreut und naiv waren, gingen wir hohe Risiken ein. Das uralte sonnengebleichte Bergseil, mit dem wir zu klettern pflegten, war eine zusätzliche Gefahrenquelle. Unser Argument für seine Zuverlässigkeit war, daß früher, in Ermangelung von etwas besserem, lediglich Hanfseile zum Klettern verwendet worden waren, und die hatten manchmal auch schwere Stürze gehalten.
Oft sicherten wir auch gar nicht. Darauf waren wir besonders stolz, obwohl wir sehr darauf bedacht waren, daß unsere Eltern nichts davon erfuhren. So manches Mal machten sie sich große Sorgen, wenn wir erst spät abends in der Dunkelheit aus den Bergen zurückkamen. Wenn sie gewußt hätten, wie wir wirklich kletterten, dann hätten sie uns nicht mehr ziehen lassen.
Ich hatte sicher sehr viel Glück, daß ich diese Zeit überlebte. Es war, ohne daß es mir damals bewußt war, die gefährlichste in meinem Leben. Doch so wie ein Betrunkener sich selten verletzt, weil er immer locker und unverkrampft stürzt, so verletzten auch wir uns nie.
Ich begann Klettertouren zu sammeln, wie andere Leute Schafe züchten. Ich wollte frei sein. Die Gesetze der kleinkarierten, von Doppelmoral geprägten Gesellschaft des Deutschlands der sechziger Jahre verinnerlichte ich nie. Ich mußte und konnte meine Identität nur woanders finden.
Langsam, aber beständig erhob ich das Klettern zur Philosophie, zum Lebensinhalt. Woanders wurde gegen den Vietnamkrieg demonstriert, bei uns geschah nichts. Das Brauchtum, die eigene Identität wurde für Geld verschleudert, und das tat weh. Ich konnte nicht an den Verhältnissen rütteln, aber ich konnte mich selber ändern, und das ging am besten übers Klettern. Vielleicht ist Klettern eine Flucht vor der Wirklichkeit, die so unangenehm ist. Aber in die Berge zu gehen ist auch real - eine andere, gegensätzliche Realität gewissermaßen.
Die Touren wurden schwerer, anspruchsvoller. Erstes Fernweh kam auf. Die Welt hörte sicher nicht in Scharnitz auf, auch nicht hinter dem Tonihof. Hinter der westlichen Karwendelspitze fing allein dieser Gebirgszug erst richtig an. Was war dort, wo alles zu Ende war, was ich mir vorstellen konnte? Mittenwald an sich ist viel zu klein. Es ist als Ganzes wieder in einer anderen, größeren Welt eingeschlos-

sen, und diese wieder in einer größeren und so fort. Fernweh, diese Mischung aus Neugier und Weltschmerz, trieb mich später rund um die ganze Welt.
Dann die Dolomiten: manchmal konnte ich irgendwo mitfahren, manchmal war ich mit dem Zug, per Autostop oder dem Rad unterwegs. Den Duxer Hans-Peter verlor ich aus den Augen. Er hatte andere Interessen.
Einmal stand mein Zelt in der Sella und ich ging mit einem Südtiroler die Soldà-Führe am Piz Ciavazes. Ein anderes Mal zeltete ich an den Drei Zinnen und turnte dort mit einem Engländer herum. Klettern ist international, grenzenlos. Dann zog es mich wieder ins Karwendelgebirge oder ich blieb ein paar Tage auf der Oberreintalhütte und kletterte dort. Mein Geist wollte frei sein. Ich führte ein wildes Vagabundenleben. Klettern als Loch in der Gefängnismauer. So entkam ich Maria Hellwig und dem kleinkarierten Spießertum dieser Zeit und konnte mit dem Klettersport mein persönliches geistiges Überleben in einer technisierten, nichtssagenden und herzlosen Welt organisieren.

Grundverschiedene Menschen auf abwegigen Umwegen

Rolf Waigel kam aus Köln, seine Eltern hatten sich eine Eigentumswohnung in Mittenwald gekauft, und als er zum ersten Mal die Berge sah, bekam er augenblicklich denselben Rappel wie ich. Er sah nur noch Abenteuer, und jede Felswand, die er erblickte, zerlegte er in Durchstiegsmöglichkeiten.
Während der Schulzeit trainierte er zu Hause, doch sobald die Ferien begannen, kreuzte er in Mittenwald auf und wir machten zusammen die Berge unsicher. Das erste Mal begegneten wir uns im Klettergarten, schnell schlossen wir Freundschaft. Um die Vorurteile der Erwachsenen zu haben, waren wir noch zu jung. Bildung, Geldbeutel oder Standesunterschiede waren mir egal. Ich bewertete einen Menschen danach, ob er ein guter Kletterer war oder nicht. Das war meine Art von Vorurteilen.
Rolf hatte sich in die Kuhljochspitze-Nordwand in der Erlspitzgruppe vernarrt. Wie er ausgerechnet auf diese Route in einer der brüchigsten Ecken des Karwendelgebirges kam, bleibt sein Geheimnis, er hat es mir nicht verraten. Mir war der Sinn nach anderen Routen gestanden, aber geschickt überredete mich Rolf, mit ihm den Schiefen Riß an der Kuhljochspitze zu versuchen. Er log mir vor, die Tour sei in einem Buch von Walter Pause als eine der hundert schönsten Touren der nördlichen Kalkalpen empfohlen worden. Ich glaubte es ihm unbesehen.
Wir übernachteten auf der Eppzirler Alm, obwohl diese ausschließlich für Tagesgäste eingerichtet war. Die beiden Töchter der Wirtsleute zogen für diese eine Nacht aus ihrem Zimmer aus, damit wir einen Platz zum Schlafen hatten. An diese

freundliche und uneigennützige Geste erinnere ich mich auch heute noch gerne. Das Zimmer war mit unzähligen Bildern von Schlagersängern aus der Zeitschrift 'Bravo' geschmückt, und die Mädchen hatten hübsche Beine.
Die schön geformte Felspyramide der Kuhljochspitze-Nordwand ist von einer eigenartigen Eleganz, die sie deutlich von den vielen anderen Gipfeln des Erlspitzgrates abhebt, der die Alm in Form eines weit offenen Hufeisens umrahmt. Ihre schwarze, steile Plattenwand sah tatsächlich fest aus. Stutzig machte mich nur, daß alle anderen Routen an diesem Berg im Führer das Prädikat 'brüchig bis sehr brüchig' aufwiesen. Nur der 'Schiefe Riß', dessen Erstbegeher der Führerautor war, nicht.
Am Morgen mühten wir uns über ein steiles Geröllfeld zum Einstieg, der sich in einer glattgewaschenen Wasserrinne befand. Schon nach ein paar Metern steckte ich im übelsten Karwendelbruch und wußte nun, was ich schon auf der Hütte geahnt hatte. Rolf und der Führer hatten beide gelogen.
»Weiter oben wird es schon wieder besser, im Führer steht doch 'fester Fels', bemerkte Rolf zuversichtlich. Er versteifte sich auf den Wortlaut in einem Buch, verbiß sich förmlich in diese vier Buchstaben: fest. Dabei war der Führer von Menschen geschrieben, die sich täuschen konnten oder bewußt logen. Rolf hätte eigentlich wissen müssen, wie so etwas geht; er hatte mich ja mit dem Pause-Buch auch angeschwindelt.
Von Umdrehen war trotzdem nicht die Rede. Links aufwärts gelangten wir um ein kleingriffiges Eck aus bröseligem Gestein an den Anfang der Rißreihe, durch die der weitere Aufstieg führte. In ausgesetzter Kletterei ging es immer weiter schräg links aufwärts, massenweise räumte ich im Vorstieg lockere Steine und Gerümpel ab. Eine Kohlenschaufel wäre von Vorteil gewesen, um den Schutt wegzuschaufeln, der überall auf Griffen und Tritten lag. Es war gut, daß ich aus Gewohnheit meinen Hammer und eine Handvoll Felshaken dabei hatte, denn die brauchten wir jetzt dringend. Zwischenhaken steckten fast keine, und auch die Stände mußte ich mir oft selbst einrichten.
Und Standhaken brauchte ich, um Rolf zu halten, der einige Male im Nachstieg ins Seil rutschte und sich immer öfter wie einen nassen Sack ziehen ließ. Er hätte die Route gut ohne Zug klettern können, es waren allein die Nerven, die ihm einen Streich spielten. Die psychische Hauptbelastung liegt immer beim Vorsteiger, und Rolf brauchte nur hinterher zu klettern. Trotzdem wurde er mit jeder Seillänge bleicher. Seine Hände zitterten, wenn er bei mir am Stand ankam. Ein Wunder war das nicht, die Route war wirklich schaurig.
Mit der Zeit hörte er auch an den Ständen nicht mehr auf zu zittern, sein Gesicht sah erschöpft aus, irgendwie apathisch. Er erinnerte mich unwillkürlich an ein

Bild meines Vaters, als dieser nach fünf Jahren Zwangslager in Sibirien fast verhungert aus dem Krieg wieder nach Hause gekommen war. In diesem Zustand war Rolf keine große Hilfe mehr, eher schon eine Last, die ich mitschleppen mußte. In jeder Seillänge bat er flehentlich um Zug, oft winselte er schon, während ich noch kletterte. Ein Sturz des Vorsteigers hätte bei den schlechten Haken fatale Folgen gehabt. Das wußte ich, das wußte Rolf, und das war es auch, was so furchtbar an seinen Nerven nagte. Ab der Mitte der Route wäre ein Rückzug nur noch mit hohem Risiko möglich gewesen. Der Riß, über den wir heraufgekommen waren, verlief diagonal und hätte ein pendelndes Abseilen an den schlechtsitzenden Haken erfordert - also weiter.

Zu Beginn war Rolf still und fahrig gewesen, dann begann er laut zu schimpfen, um kurze Zeit später mit sich überschlagender Stimme nie gehörte schreckliche Flüche hinauszuschreien. Vielleicht hätte ich heute Angst, auf einer derartigen Tour mit einem solchen Partner unterwegs zu sein. Damals wußte ich nicht, wie es ist, wenn man sich fürchtet; solche Gefühle waren mir fremd. Auch Rolf, der vollkommen durchdrehte, konnte mich nicht aus der Ruhe bringen, wenngleich er mir mit seinem Gewinsel ziemlich auf die Nerven ging.

Die Veränderungen seines Gemütszustandes beobachtete ich mit Interesse und Befremden. Noch nie zuvor hatte ich Rolf auch nur schimpfen gehört; er hatte sehr viel bessere Manieren als alle, die ich sonst so kannte, und das hatte ich immer an ihm bewundert. Irgendwie war er mir und meinen Freunden überlegen gewesen, wegen seiner Intelligenz, seinen Umgangsformen, vielleicht auch wegen seiner besseren Herkunft. Ich neidete ihm das alles nicht, im Gegenteil. Ich fand, daß sich seine guten Eigenschaften in idealer Weise mit meinen Gassenjungengewohnheiten ergänzten. Umgekehrt muß es sich ähnlich verhalten haben, sonst wären wir nicht zusammen geklettert.

Ich schaute zweimal hin. Wer war das, der da als Häufchen Elend neben mir an der Wand lehnte? Natürlich, es war schon Rolf, aber ein anderer als der, den ich bis dahin kannte oder zu kennen glaubte. Ansatzweise erfuhr ich zum ersten Mal, daß in Extremsituationen die Masken gewaltsam fortgerissen werden, und der Mensch dahinter sich unfreiwillig so zeigen muß, wie er wirklich ist. Die Demaskierung kann erschreckende, erstaunliche, manchmal auch großartige Eigenschaften zutage fördern, die im normalen Leben gut versteckt unter der Oberfläche schlummern. Manche Menschen erfahren ja nie, wie sie tatsächlich sind.

Der Spiegel, den ein gnadenloser Berg dem Menschen in kritischen Situationen vorhält, zeigt die volle Wahrheit, leuchtet kompromißlos die engen Grenzen und die Fragwürdigkeit des Seins aus. Die Beschränktheit der eigenen Existenz kann

ganz plötzlich und unerwartet bewußt werden. Spätestens in lebensgefährlichen Situationen bleibt kein Schlupfwinkel mehr, um sich vor sich selbst verstecken zu können und man ist gezwungen, seine Feigheit, seine Erbärmlichkeit, seine Lächerlichkeit, seinen Egoismus, seine Leidensfähigkeit und seinen Mut in absoluter Konsequenz auszuleben. In den Bergen wird es offenbar: Der König, der Bettler, der Edelmann, stark und schwach, all das bin ich in einer Person.
Jede Seite von mir trat später in bestimmten Situationen zutage; das Erschrecken und Wundern über das unbekannte Wesen 'Ich' nahm im Laufe meines Lebens zu. Immer wieder war ich extremen Situationen ausgesetzt, die mir die Wahrheit über mich und andere zeigten. Das war immer interessant, oft aber nicht leicht zu verkraften.
Zu Hause war Rolf so wie er vortäuschte zu sein, wie alle von ihm erwarteten, daß er war. Vielleicht hatte ihn noch niemand so gesehen wie ich: voller Todesangst, halb durchgedreht, in der Kuhljochspitze-Nordwand, wo Benimmregeln uninteressant waren. Ich hätte Rolf nie zugetraut, daß er so hundsgemein fluchen konnte. Er ließ die Hosen vor mir herunter und ich sah ihn, wie sich wohl keiner freiwillig zeigen würde: nackt, offen bis in die tiefsten Gründe der Seele hinein. Noch gestern auf der Alm war der drahtige, durchtrainierte Rolf der schneidige Wortführer, der die beiden Mädchen ganz für sich einnahm. Jetzt war er hilflos, vollkommen auf mich angewiesen, wie ich mit einer gewissen Genugtuung feststellte. So schnell konnte sich das Blatt wenden.
Daß ich mental stärker war als die meisten anderen, erkannte ich damals schon. In einem Kamin brach mir mit Schwung ein Tritt aus. Weil ich die wackligen Griffe, an denen mein Körpergewicht hing, nicht nach außen belasten wollte, schlug ich mir ein Schienbein an. Noch heute erinnert mich eine Narbe an dieses Mißgeschick. Rolf bekam das mit und fing leise zu schluchzen an. Er bot ein Bild des Jammers. Vielleicht war unsere Lage ernster, als ich es damals in meiner Unbekümmertheit erkannte, denn wenn ich dort ohne Zwischensicherung in unsere wackligen Standhaken gestürzt wäre, hätten wir wohl beide, gemeinsam mit dem miserablen Stand, unsere letzte Reise hinunter ins Kar angetreten. Diese Seillänge noch und die nächste, dann standen wir am Gipfel, den Rolf als gebrochener Mensch betrat. Er war vollkommen fertig, die Tour hatte sein Nervenkostüm in Fetzen gerissen. Er kam mir um Jahre gealtert vor, obwohl er noch so jung war. Er tat mir leid, aber nicht so sehr, daß ich nicht trotzdem die schöne Aussicht genossen hätte.
Der Abstieg war einfach, das Problem war allein der bisweilen tobsüchtige und dann wieder still verzweifelnde Rolf, den ich mit viel Geduld in die Kuhljochscharte bugsieren mußte. Manchmal glaubte ich tatsächlich, er würde wahnsinnig

werden, noch bevor wir die Hütte erreicht hätten. Im steilen Kar bestand wirklich kein Grund mehr zu sichern und wir banden uns aus. Teilweise auf allen Vieren, verzweifelte Flüche ausstoßend, kroch Rolf mir nach, wo ich aufrecht vorausging. Es sah dramatisch aus und lächerlich zugleich. Das konnte also panische Angst aus einem Menschen machen: einen Hanswurst, der nicht mehr weiß, wo vorne und hinten ist.

Ich beschloß, es nie so weit kommen zu lassen. Panik war ganz offensichtlich das schlimmste, was einem passieren konnte, sie schien im Extremfall zu vollkommener Handlungsunfähigkeit zu führen. Daß mein Problem mein übergroßer an Dummheit grenzender Mut war, erkannte ich noch nicht.

Rolf erholte sich schnell. Als ich ihn zwei Tage später besuchte, war er wieder ganz der Alte. Lediglich das Karwendel mied er fortan. Von einer solchen Tour, wie wir sie gemacht hatten, hatte ihm eine gereicht.

Wir schlugen verschiedene Wege ein. Rolf machte Karriere, ich steige noch immer auf den Bergen herum und bin nicht reich geworden. Ich hoffe, daß beide Möglichkeiten für uns die jeweils richtigen waren. Später, als uns das Schicksal beim Militär in die gleiche Kompanie verschlug, und sich dort unsere Wege nochmals in einer 'Skispähtrupp'-Sportfördergruppe kreuzten, hatten wir uns nicht mehr viel zu sagen. Wir waren uns fremd geworden, hatten die Vorurteile angenommen, von denen wir früher nichts wissen wollten.

Jung, naiv und unverwundbar

Mit dem Fahrrad fuhr ich von Mittenwald nach Leutasch. Die österreichische Grenze liegt dazwischen, aber es sind nur 15 Kilometer dorthin. Von Plaik aus stieg ich zu Fuß zur Wangalm auf. Es war heiß, der Rucksack drückte auf den Schultern und Schweißperlen standen mir auf der Stirn. Den steilen Weg haßte ich mit jedem weiteren Mal, den ich ihn ging, noch mehr, aber trotzdem stapfte ich jedes Wochenende verbissen hoch, denn er lag zwischen mir und meinem immer gleichen Ziel.

Die routengespickten Südwände von Schüsselkarspitze, Scharnitzspitze und Oberreintalschrofen zogen mich an wie ein Magnet. Ich wollte alle Touren gehen, die es dort gab. Das Klettern wurde zur Leidenschaft, die alle Schranken niederreißen wollte. Wie ein Spieler, der eigentlich gar nicht ins Casino will, aber einem inneren Zwang folgen muß und dann nicht heimgeht, bevor nicht der letzte Pfennig verspielt ist, nahm ich für eine Bergtour alle Unannehmlichkeiten in Kauf: Lange Anstiege, kalte Nächte im Freien, Hunger, Durst und chronischen Geldmangel. Nichts hinderte mich daran, im Bergsteigen meinen einzigen

Lebensinhalt zu sehen. Mit der schwärmerischen Begeisterungsfähigkeit eines halbwüchsigen Grünschnabels träumte ich nur noch von schweren Bergfahrten, und ausschließlich in den Bergen stellte ich mir das Leben lebenswert vor.
Die Schule war für mich wie Rhizinusöl. Ich verabscheute sie. Was weiß ein junger Bub schon davon, wie wichtig es ist, lesen, schreiben und rechnen zu lernen? »Der Wettersteinführer ist wohl dein Gebetbuch?« verspottete mich meine Mutter, als ich zum hundertsten Male das kleine Büchlein durchblätterte, das ich längst auswendig kannte, anstatt meine Hausaufgaben zu machen.
Auf der Wangalm war die Mühe des Aufstiegs bald vergessen. Überall leuchteten grüne Almwiesen, das Tal lag tief unten und von oben grüßten die Berge herunter. Für den morgigen Sonntag war ich mit Peter aus Innsbruck verabredet, die Erdenkäufer-Sigl-Führe am Schüsselkarspitz-Westgratturm unser bereits ausgemachtes Ziel. Ich war zwar noch jung, hatte aber bereits begonnen, mir ein Netz von internationalen Kreuz- und Querverbindungen aufzubauen. Für meine Kletterbekanntschaften waren unsinnige Grenzen und Schlagbäume kein Hindernis, und das Besteigen der Berge war zollfrei. Die Hüttenwirtin umsorgte mich wie eine Mutter, obwohl sie genau wußte, daß ich wieder nur Kleingeld ausgeben würde. Auf der Wangalm fühlte ich mich wie daheim.
Am nächsten morgen kam Peter. Mit Verspätung zwar, aber er war da. Nachdem die Kletterausrüstung auf unsere Rucksäcke verteilt war, latschten wir zuerst über Almwiesen, dann über einen Moränenkamm zum Einstieg, machten uns kletterfertig und stiegen los.
Peter spreizte eine Verschneidung hoch, machte Stand und holte mich nach. Unbekümmert ließen wir Anorak und Pullover am Einstieg zurück, obwohl sich der Himmel mehr und mehr mit Gewitterwolken überzog. Vergangene Woche hatte uns ein zünftiger Extremer mit breitkrempigem Filzhut und wettergebräuntem Gesicht erklärt, die ganze Schüsselkarspitze sei nur ein etwas höherer Klettergarten. Wir nahmen das wörtlich. Wenn uns jemand besonders imponierte, machten wir ihm alles nach.
Auch in der Schüsselkarspitz-Südwand gibt es Steinschlag, im Frühjahr unter Umständen sogar Eisschlag. Der Abstieg ist nicht zu unterschätzen, und bei einem Wettersturz kann es sogar im Juli schneien. Sechs Bergsteiger zugleich sind dort schon mitten im Sommer erfroren. Auch die Schüsselkarspitze ist ein gefährlicher Berg. Doch das Wort 'gefährlich' gab es in unserem Sprachschatz nicht. Wir fühlten uns erwachsen, aber wir waren jung und dumm.
Die nächste Seillänge führte ich, stieg durch einen Schlitz ins Innere des Berges, auf der anderen Seite ging es wie durch ein Fenster wieder hinaus ins Freie. Auf

einem schmalen Band fand ich einen Standplatz. Vierzig Meter brach die Wand von hier bis zum Boden überhängend ab, genau so liebte ich es.
Peter kam nach und klomm verwegen die abdrängende Wand über uns hoch, nur ab und zu diente ein Haken als Zwischensicherung, überall gab es große Griffe, die von unten nicht zu sehen waren. Die Kletterei überstieg trotz der Steilheit den unteren sechsten Schwierigkeitsgrad nicht. So gelangten wir höher und höher. Ab und zu benutzten wir einen Haken als Griff. Wenn manchmal ein lockerer Stein hinunterfiel, schlug er weit weg von der Wand am Boden auf.
Der Himmel war zusehends dunkler geworden, Nebelschwaden zogen um die Gipfelregion. Das Unwetter erwischte uns in der großblockig brüchigen Gipfelwand. »Ssst, bumm«, schlug der erste Blitz ein, und es schüttete wie aus Kübeln. Weitere Blitze folgten. Hemdsärmelig standen wir da und froren. »Hoffentlich wird mein Ausweis im Hosensack nicht naß«, war meine größte Sorge. Als ob es bei einem Gewitter in so einer Wand nicht andere Probleme gäbe.
Ohne es zu verabreden, verschärften wir in stiller Übereinkunft unser Tempo, um der nassen Kälte zu entfliehen. Auf Zwischensicherungen verzichteten wir. Nur hinauf zum Gipfel und über ihn hinunter zum Einstieg. Der Fels war bereits rutschig und teilweise brüchig, erforderte umsichtiges Handeln und Einfühlungsvermögen. Doch wir froren und das ließ uns alle Vorsicht vergessen, und an die Gefahr eines Absturzes dachten wir überhaupt nicht. Wir kletterten nur noch mit Händen und Füßen, das Gehirn war abgeschaltet.
Peter hatte weit über mir Stand gemacht. Von oben gesichert kletterte ich nun noch schneller als zuvor im Vorstieg und achtete nicht darauf, ob ein Griff wackelte oder nicht. Mit beiden Händen zog ich mich an einer hohlen Schuppe hoch, während das Seil schlapp durchhing, weil Peter nicht mit dem Einziehen nachkam.
Der Block in meinen Händen knisterte verdächtig, ich merkte es und wollte zurück. Dann ging alles blitzschnell. Schlagartig löste sich der Brocken, und während ich ihn immer noch in den Händen hielt, schleuderte es mich aus der Wand. Mit einer Reflexbewegung warf ich den großen Felsblock über meinen Kopf hinter mich. »Warum kommt der Ruck von oben nicht? Seil gerissen!« schoß es mir telegrammartig durch den Kopf. Ich flog wie ein Vogel durch die Luft. Aber: ein Vogel fliegt überallhin, mir blieb nur eine Richtung: nach unten. Bruchteile von Sekunden vergingen, und doch kam es mir ewig vor. 300 Meter tiefer der Boden, ich stürzend, und um mich nichts, das mich hält. Über mir sah ich Peter durch die Luft segeln: »Aha, wir stürzen beide ab.« In totaler Verwirrung dachte ich an meinen Ausweis in der Tasche. »Hoffentlich verliere ich ihn nicht.«

Angst hatte ich keine, alles ging viel zu schnell, da blieb für Furcht keine Zeit mehr. Nach 10 Metern bremste das Seil meinen Fall, ich hing. Nur halb war mir klar, was geschehen war. Wie wenn jemand im Kino einen Film betrachtet, hatte ich meinen Absturz erlebt. Wie ein Zuschauer von außen. Frei in der Luft hängend pendelte ich an den Fels, bekam einen Griff zu fassen und zog mich an die Wand. Sofort begann ich, wieder nach oben zu klettern. Ich stieg jetzt vorsichtiger. Peter zog das Seil wieder ein, es war nun immer gespannt wie eine Gitarrensaite.
Es regnet unaufhörlich weiter, das Wasser lief mir zum Hemdkragen hinein und bei den Beinen wieder heraus und entzog dem Körper Wärme. Am Stand sah ich Peter blutverschmiert, überall hatte er Schürfwunden, aber er war nicht ernsthaft verletzt.
Peter hatte das ganze Seil bis zum letzten Zentimeter ausgegangen und sich, als es zu Ende war, in einer abschüssigen Nische an zwei Felszacken angebunden. Ich war, ohne auf die lockere Schuppe zu achten, nachgestiegen und in das schlappe Seil gestürzt, das zwei Meter durchhing. Der Ruck hatte Peter von seinem Stand gezogen und die beiden Zacken waren sofort ausgebrochen. Durch irgendeinen glücklichen Zufall hatte sich unser Seil, während wir schon beide durch die Luft flogen, um einen Felsblock gewickelt und verhängt. Noch im Stürzen hatte Peter meine Sicherung krampfhaft mit beiden Händen festgehalten.
Wir waren uns beide nicht voll bewußt, welcher fast unmöglichen Verkettung von glücklichen Umständen wir unser Leben zu verdanken hatten. Vielleicht war unsere Lebensuhr einfach noch nicht abgelaufen. Wir hatten die Schwelle vom Leben zum Tod schon mit einem Bein überschritten, einen Blick hinüber getan, doch es dauerte Jahre, bis mir das so richtig klar wurde.
Peter war ziemlich lädiert, ich war bis auf nichtige Rippenprellungen durch meinen Brustgurt unverletzt geblieben und so stieg ich die letzten Seillängen vor. Trotz der widrigen Verhältnisse standen wir bald auf dem Westgratturm. Die Luft war gewitterschwanger und von einem feines Surren erfüllt, die Atmosphäre war so spannungsgeladen, daß uns die Haare zu Berge standen. Es war die Ankündigung eines Blitzes. Da gab es kein Warten mehr. Weg vom Gipfel, weg vom Grat, oder von einem Blitz getroffen werden. Der weitere Abstieg über Westgrat und Wangscharte hinunter zu unseren Rucksäcken verlief reibungslos. Wir wurden nicht vom Blitz erschlagen.
Das Grenzerlebnis am Westgratturm schien vollkommen spurlos an uns vorübergegangen zu sein. Total ruhig, als ob nichts geschehen wäre, saßen wir vor dem Hüttenofen und wärmten uns. Doch nach kurzer Zeit brachen wir fassungslos zusammen und fingen beide gleichzeitig, wie verabredet, zu weinen an. Lange Zeit umarmten wir uns. Wahrscheinlich hatten wir einen Schock.

Peter ging zwei Wochen nicht mehr zum Klettern, ich war die Woche darauf wieder da: frech, sorglos und zerstreut wie immer. Unser Abenteuer schien vergessen. Heute weiß ich, daß ich es nur verdrängt hatte. Es dauerte lange, bis ich es ganz verarbeiten konnte. Das Schicksal hatte mit dem Zaunpfahl gewunken, aber ich kletterte weiterhin wild und gefährlich. Nahm ich denn gar nichts ernst? Wenn ich eine Felswand sah, hörte ich auf zu denken. Es war nur eine Frage der Zeit, daß ich entweder umkam oder daß es mich so gehörig aufs Maul hauen würde, daß ich beginnen würde, vorsichtiger zu sein.
Soweit ich mich erinnern kann, bin ich trotz allem zu jedem Einstieg mit der Gewißheit gegangen, am Leben zu bleiben. Warum ich mir so sicher war? Ich weiß es nicht.

Wie ich lernte, Angst zu haben

Angst ist ungemein wichtig. Ohne sie kann man auf Dauer nicht überleben. Beim Bergsteigen ist sie lebensnotwendig. Als ich mit dem Klettern begann, fehlte sie mir. Wie so oft in diesem Jahr, zog es mich zum Klettern ins Oberreintal. Ein paar Sechser hatte ich diese Woche schon gemacht. Die 'Brandler' am Dom, die 'Brych' am Oberreintalturm und andere. Morgen wollte ich mit einem Frankfurter am Oberreintalkopf die Ostverschneidung machen, weil auf der Hütte alle so von ihr schwärmten.
Es war ein wunderschöner Tag, aber wir fanden den Einstieg nicht. Dafür den zur Nordostkante am unteren Schüsselkarturm. Nichts Besonderes, wir spulten die Seillängen ab. Das Unglück geschah in einer Vierer-Seillänge vor den Schrofen. An den Aufschrei kann ich mich noch erinnern, der ganze Rest ist aus dem Gedächtnis ausradiert. Ich stürzte 25 Meter tief, schlug zweimal auf und blieb weit unter dem Standplatz am Beginn eines breiten Kamins hängen.
Eine Zeitlang war ich bewußtlos. Das Aufwachen, die Rückkehr ins Leben erlebte ich schmerzhaft. Meine Erinnerung an die Vergangenheit blieb für Minuten ganz ausgelöscht. Ohne sie begriff ich auch die Gegenwart nicht. Wie ein Tier röchelte ich benommen, ohne einen klaren Gedanken fassen zu können, ohne zu wissen, warum ich keine Luft bekam, ohne jede Ahnung, wo und wer ich war. Ich hatte völlig den Faden verloren, über allen Wahrnehmungen lag ein Schleier des Vergessens, mein Bewußtsein war nicht mehr da, meine Existenz war mir ein völliges Rätsel.
Der Bewußtlosigkeit folgten völlig wirre Augenblicke. Zuerst sah ich tief unten ganz klein die Oberreintalhütte und versuchte krampfhaft, mich zu erinnern, welchen Bezug sie zu meinem Leben hatte. Dann hörte ich über mir jemand ver-

zweifelt rufen und es dämmerte mir ganz langsam, daß es mein Name war, den ich da hörte, der mir eine Identität gab. Bruchstückhaft begann ich, die Zusammenhänge meiner Existenz zu begreifen, fremd und verschwommen tauchten Erinnerungsfetzen aus totaler geistiger Umnachtung auf, vom Unterbewußtsein an die Oberfläche gesandte Signale. Speichel und ein dünner Blutfaden troffen mir unkontrolliert aus dem rechten Mundwinkel. Ich merkte es und klappte das weit offene Maul mit einem Ruck zu, wischte unbeholfen mit dem Handrücken über die rechte Wange und verteilte die Schmiere übers ganze Gesicht.
Ganz langsam fand der Geist zu mir zurück. Ich spürte, wie mein bereits verlorenengegangenes Ich den Weg in meinen Kopf fand. Gleichzeitig mit dem Wiedereintritt ins Bewußtsein meldete sich mein verletzter Körper mit unglaublicher Brutalität. Alle Knochen taten mir einzeln weh, die Schmerzen schrien mich rücksichtslos an, zwangen mich dazu, mich selbst wieder zur Kenntnis zu nehmen. Am liebsten wäre ich erneut in die angenehme Bewußtlosigkeit abgedriftet, hätte mich einfach ins Nichts der Auflösung zurückfallen lassen, aber die Rückkehr in die Realität war jetzt nicht mehr aufzuhalten. Mit Handzeichen nach oben gab ich meinem Seilpartner zu verstehen, daß ich in Ordnung war oder zumindest noch lebte. Sagen konnte ich noch immer nichts.
Mein Klettergurt, der meinen Sturz ins Seil aufgefangen hatte, bestand lediglich aus einem windigen Brustgurt aus vier Reepschnurlagen, das war damals so üblich. Es hatte mir bei dem Sturz meine Rippen so brachial in den dünnen Brustgurt gequetscht, daß ich immer noch wie eine Kaulquappe nach Luft japste. Ich stand so weit daneben, daß ich sogar die Jahreszeiten durcheinanderbrachte. Eine ganze Weile kam es mir so vor, als ob es kurz vor Weihnachten war. Wo, verdammt noch mal, hatte ich diese Hütte da unten schon einmal gesehen?
Allmählich begriff ich, was wirklich geschehen war und bekam wieder alles einigermaßen auf die Reihe. Ohne Hirn ist man tatsächlich wie ein Depp. Teile meiner Erinnerung an die Zeit vor dem Sturz blieben für immer verschollen, schwarze Löcher des Vergessens in meinem Kopf. Diese Erinnerungslücken kann ich nie mehr schließen, manchmal kommen mir die unbeschriebenen Flecken meines Gedächtnisses vor wie der halbe Tod. Teile meiner persönlichen Lebensgeschichte haben sich durch einen Schlag auf den Kopf davongemacht, ohne sich je wieder zu melden. Das Einzige, was ich sicher weiß ist, daß diese Teile von mir einmal da waren und mir am unteren Schüsselkarturm abhanden gekommen sind.
Heute glaube ich, daß ich diesen Sturz nur aufgrund meiner Jugend überlebt habe. Ich war klein und leicht wie eine Feder. Ein Erwachsener wäre tot gewesen.
Sobald es ging, kletterte ich zum Standplatz hinauf. Hände, Gesicht, Knie, Füße, überall klebte Blut. Mein Sprunggelenk schmerzte, und der Kopf dröhnte.

Meinem Partner fehlte eigentlich nichts, aber er war weit mehr mitgenommen als ich. Er hatte einen Schock, war weiß wie ein Stück Kreide und ließ sich nicht dazu bewegen, auch nur einen Meter vorzusteigen. So kletterte ich die Seillänge zum zweiten Mal.
Aufgestützt auf meinen Freund erreichte ich die Hütte. Ich mußte fürchterlich ausgesehen haben, alle schauten mich blank entsetzt an, als ich zur Tür hereinwankte. Der Hüttenwirt brachte mich mit vier Garmischern in einem Holzschubkarren hinunter zum Umschlagplatz. Mit gemischten Gefühlen saß ich in der Schubkarre und beobachtete den 'Schawa-Toni', wie er bei den unzähligen Stufen jedesmal seine Kommandos gab, damit alle gleichmäßig anpackten. Sie kamen gehörig ins Schwitzen, bei jeder Erschütterung schmerzte mein Sprunggelenk. Vom Umschlagplatz wurde ich mit einem Bergwachtauto ins Garmischer Krankenhaus gebracht. Ich hatte eine Bänderdehnung am Sprunggelenk und eine schwere Gehirnerschütterung.
Jetzt begriff ich, daß Klettern gefährlich war. Nicht nur für andere, auch für mich. Angst zu haben ist vernünftig und eine Frage der Intelligenz. Manche Menschen sind von Natur aus ängstlich, andere lernen erst durch Erfahrung. Mir mußte das Leben zuerst mit der Faust ins Gesicht schlagen, bevor ich begriff. Die Tatsachen wurden mir schmerzhaft eingebleut. Zuviel Angst lähmt, auf die richtige Dosis kommt es an. Der Sinn für Gefahr ist erlernbar. Es ist ein Sinn, so wichtig wie Sehen, Riechen, Spüren. Eine Gefahr spüren bedeutet wach sein. Auch Autofahren ist gefährlich, und vielen fehlt dieses Bewußtsein. Der Kriegsheld ist ein Sinneskrüppel. Ihm fehlt das Bewußtsein der Gefahr und er glaubt nicht, daß auch er ins Gras beißen wird, wenn ihn die nächste Kugel trifft.
Mein Leben änderte sich grundlegend, doch niemand merkte etwas davon. Fünf Monate konnte ich keinen Meter klettern, doch ich wußte, daß ich Glück gehabt hatte. Ich dachte keinen Moment daran, mit dem Klettern aufzuhören.
Andere hatten nicht so viel Glück wie ich, sie starben. Während meiner Genesung wurden vier junge Kletterer an der 'Herzog-Kante', alle auf einmal, vom Blitz erschlagen. Sie lagen in Scharnitz im Leichenhaus. Mit dem Rad fuhr ich hin. Ich war erschüttert. Wir waren diese Tour auch geklettert. Die Möglichkeit eines Gewitters hatten wir gar nicht in Betracht gezogen. Hier lag der Beweis, daß es in den Laliderern Gewitter gab: vier aufgebahrte junge Körper. Man mußte früh genug am Gipfel sein, oder nicht einsteigen, oder an einem sicheren Platz abwarten bis es vorübergezogen war, naß werden und frieren, anstatt tot zu sein. Vielleicht bin ich im Leichenschauhaus in Scharnitz erwachsen geworden.
»Du bist und bleibst ein Feigling.« Für mich hatte sich die Bedeutung dieser Aussage gewandelt. Es war keine Beleidigung mehr.

Tod in der Sella

Rory war ein junger englischer Kletterer, und wie ich war er allein in den Dolomiten; wir taten uns zusammen. Zuerst wollten wir in der Sella alle Touren, die uns in den Weg kamen, niederreißen, später würde man sehen. Nach der 'Buhl-Verschneidung' am Piz Ciavazés querten wir auf dem breiten Gamsband aus der Wand und stiegen in Richtung Kar ab. Vom Gipfel des zweiten Sellaturms sahen wir mehrere Leute absteigen. Der Abstieg war nicht schwer, ein anspruchsvoller Wanderweg, mehr nicht.

Plötzlich rumpelt es über uns, mit schnellen Schritten hatten wir einen kleinen Überhang erreicht, der Schutz vor dem Steinschlag bot. Wir schauten uns an und grinsten. Beide waren wir reflexartig unter denselben Felsen gekrochen. Dann fielen uns die Kinnladen herunter. Da lag kein Stein, sondern ein Mensch. Direkt vor uns. Einer der Absteigenden über uns war gestolpert und mehrmals aufschlagend bis auf unsere Höhe abgestürzt. Es mochten wohl 80 Höhenmeter gewesen sein. Harmloses Gelände, wie hatte das nur passieren können?

Egal - der Mann sah fürchterlich aus, aber er lebte. Ein Auge hing heraus und am Kopf klaffte eine tiefe Wunde. Blut sickerte aus mehreren Wunden, sein Atem ging schwer und manchmal ging ein Zucken durch den ganzen Körper. Wir waren entsetzt.

»Wir müssen irgendwas machen«, sagte ich zu Rory. Es waren ja viele Leute im Abstieg, die wollten wir zusammentrommeln. Schnell fanden wir einen Arzt, der eine gute Rucksackapotheke dabei hatte und sofort erste Hilfe leistete. Aber die anderen? Sie machten einen großen Bogen um uns. Einige, die ganz nah an uns vorbeigingen, schauten einfach in die andere Richtung und taten so, als hörten sie uns nicht, als wäre da kein Schwerverletzter, der vielleicht ihre Hilfe bräuchte. Diese Ignoranz, dieser Egoismus schockierte mich zutiefst. Wenn es nur ein paar gewesen wären, aber bis auf den Arzt marschierten alle an uns vorbei! Und es waren viele, dreißig bis vierzig Leute vielleicht. Abends würden sie um den Hüttentisch sitzen und singen: »Bergkameraden sind wir, ja wir!«

Bergkameraden gibt es, so wie Rory einer war, aber die sind dünn gesät und müssen nicht andauernd ihren Edelmut hinausschreien. Da lag einer in seinem Blut und brauchte Hilfe. Wir taten nur das, was wir tun konnten. Das war wenig genug, aber so selbstverständlich, wie es das auch für alle anderen hätte sein sollen. Nicht 'treu bis in den Tod', nur ein bißchen Menschlichkeit. Wenn es ums Überleben ging, das wurde klar, denkt jeder zuerst an sich selbst. Dabei wäre es kein übermenschliches Opfer gewesen, wenn einer seinen Rucksack hergeliehen oder Hilfe geholt hätte. Nichts dergleichen geschah.

Es gibt Menschen, die es nicht verdienen, so genannt zu werden, und ich weiß seit diesem Erlebnis, daß es nicht wenige sind. Rory und der Arzt blieben bei dem Verletzten, ich holte Hilfe. So schnell war ich den Weg zum Sellajochhaus noch nie gerannt. Der Wirt alarmierte die Bergwacht, sie kam zu spät. Der Mann war kurz vor ihrem Eintreffen gestorben. Er war kurz bei Bewußtsein und als es zu Ende ging, hielt Rory seine Hand. Der junge Arzt hatte alles versucht, was in seiner Macht stand. Umsonst.

In der Sella wollten wir beide nicht mehr bleiben. Zu schockierend war die Erfahrung mit dem Tod und der Gleichgültigkeit. »Vielleicht war es besser für ihn, daß er gestorben ist. Er wäre nie mehr richtig gesund geworden«, sagte Rory. »Vielleicht hast du recht«, erwiderte ich. Damit war der Fall erledigt. Wir waren noch jung und wollten und konnten nicht für den Rest unseres Lebens traurig sein.

In den Bergen war es schön, wunderschön sogar. Aber das Paradies waren auch sie nicht. Es wurde gelebt, geliebt und gestorben. Den Tod zu verdrängen, hieß ein Prinzip zu verleugnen, auf dem alles Leben beruhte. Wir hatten den Tatsachen ins Auge geschaut. Zwei junge Burschen hatten geholfen, während sich die, die bei jeder Gelegenheit als Vorbilder gelten wollten, gedrückt hatten. Auf der Hütte sangen sie dann wieder ihre hehren Lieder. Erbärmliche Waschlappen, die sich selbst zu sehr liebten, um irgendwelche echten Gefühle für die Berge und für ihre Mitmenschen zu entwickeln.

Seit diesem Erlebnis kann ich diese Gesänge nicht mehr hören. Sie waren wie unsere ganze Gesellschaft: verlogen, inkonsequent und halbherzig. So wollte ich nicht sein und niemals werden. Ich begann mich vor der Bürgerlichkeit zu ekeln. Für ein Leben in 'normalen' Bahnen war ich wohl damals schon verloren. Schon früh lernte ich, daß die Wahrheit nicht halb oder dreiviertel sein kann. Entweder ist etwas wahr oder es ist gelogen. Einen Mittelweg gibt es nicht.

Wir bauten unser Zelt ab und trampten an die Drei Zinnen. Zwei Tage brauchten wir für die kurze Strecke, und ich glaubte schon, wir würden nie ankommen. Dann machten wir das, was wir am liebsten taten: Touren sammeln. Das Wetter blieb schön und wir hatten jede Menge Spaß. Als uns nach der Cassin-Führe an der Westlichen Zinne-Nordwand der Hüttenwirt fragte, ob wir wieder umgedreht seien, antworteten wir: »Nein, wir sind von der Tour wieder zurück.« Wir waren übereingekommen, über den Toten nicht mehr zu reden, weil es nichts brachte. Nur einmal, als wir wegen unserer zerschlissenen und ungewaschenen Hosen dumm angemacht wurden, sagte Rory leise zu mir: »Der hätte in der Sella auch weggeschaut.«

Winter

Jedes Wochenende konnte ich im Winter mit den 'Karwendeladlern', einem lockeren Zusammenschluß von extremen Mittenwalder Bergsteigern, auf Skitour gehen. Ob Bruchharsch oder Pulverschnee, sie waren immer unterwegs. Für mich war Mittenwald gerade im Winter bedrückend eng, mit den 'Karwendeladlern' kam ich ab und zu raus. Meistens waren wir im Stubaital oder im Ötztal unterwegs, manchmal ging es auch in die Schweiz oder nach Italien. Es war immer etwas Besonderes, mitgehen zu dürfen.

Mit Hansi versuchte ich mich ab und zu an den verschneiten Felsen des Karwendels. Klamme Finger und kalte Füße, was war daran schön? Gefühle kann man schwer erklären. Ganz genau weiß ich auch nicht, worin der Reiz des Winterbergsteigens liegt. Vielleicht ist es die Stille, die Einsamkeit, die Faszination des Abenteuers in den verschneiten Bergen. Außerdem sind im Winter die Farben weicher. Nur, könnte man diese Eindrücke nicht ebensogut und angenehmer auf einer Skitour sammeln? Die Hände wohlig verpackt in dicke Handschuhe und die Nächte in einer warmen Skihütte?

Aber den Fels greifen, mit Händen und Füßen, das heißt auch begreifen, spüren, was Kälte, was Verlorenheit und Ausgesetztheit ist, heißt Nähe und Intensität. Eine Nacht schlotternd in einer verschneiten Wand zu verbringen ist ehrlich erlebte Natur, so wie sie ist und nicht so, wie wir sie gerne hätten. Winterbergsteigen ist Zähneklappern, verlangt die unglaubliche Härte menschlichen Daseins kennenzulernen.

Der Teufelsgrat ist im Wetterstein. Er verbindet Oberreintalschrofen und Hochwanner miteinander. Ein langer, brüchiger Grat im Schwierigkeitsgrad sechs. Nicht wenige sind dort im Sommer schon umgedreht, weil sie ihn unterschätzt hatten. Es war Januar, und ich war allein auf der Wettersteinhütte. Im Winter wird sie oft von Schlittenfahrern besucht, und deshalb war sie offen. Ich war der einzige Gast an diesem Abend, es war warm und gemütlich. Die Hüttenwirtin war recht besorgt um mich, als sie von meinem Vorhaben erfuhr. Sie gab mir eine Telefonnummer, wo ich anrufen sollte, wenn ich wieder heil unten war.

Früh morgens um drei spurte ich hinauf zum Oberreintalschrofen. Der Schnee schluckte jedes Geräusch, es war sternenklar und eiskalt. Ich freute mich über die Einsamkeit, das Spuren machte mir nichts aus. Links der Gipfelfallinie zog eine steile, harte Firnrinne aufwärts. Ich schnallte die Steigeisen an und holte mein Eisgerät heraus. Jetzt war der Rucksack bis auf Thermosflasche und Stirnlampe leer. Ich brauchte kein schweres Biwakzeug, denn mit leichterem Gepäck konnte ich viel besser klettern. Ich wollte ruhig und gleichmäßig weitergehen, so lange, bis der Grat und der Abstieg hinter mir lagen. Egal wie lange es dauern würde,

ob ich in die Nacht kam oder nicht. Der Mond war fast voll, ich würde also auch in der Nacht noch genügend sehen.
Am Gipfel des Oberreintalschrofens ging ich gleich weiter, weil es so kalt war. Der Morgen dämmerte. Die ganze Zeit über hatte ich meine Sturmhaube tief ins Gesicht gezogen, nur die Augen waren frei. Es hatte so um die 25 Grad unter Null, der kälteste Tag in diesem Winter, viel Schnee auf dem Grat und der Fels war vereist. Klettern und Spuren war gleichermaßen mühsam. Die Verhältnisse waren schlecht, aber meine Stimmung gut. Die Steigeisen ließ ich immer an. Mit ihnen fand der Fuß auf vereistem Fels besser Halt. Die Gedanken flossen ruhig und gleichmäßig, das Tempo war wie ein breiter, träger Fluß. Ich hatte keine Eile. So konnte ich mich ganz auf die Kletterei konzentrieren und machte keine Flüchtigkeitsfehler.
Trotz der Kälte und obwohl ich das kalte Gestein meist mit bloßen Händen griff, blieben meine Finger durch die ständige Bewegung warm. Ich hatte das bei Winterbegehungen schon öfter festgestellt: Zu Beginn werden die Hände durch Schnee und Kälte klamm und gefühllos, durch Massieren und Bewegung müssen sie wieder erwärmt werden. Das Auftauen tut weh, es verursacht einen spitzen Schmerz, der sticht wie tausend Nadeln, aber wenn sie erst einmal warm sind, bleiben sie warm, egal wie kalt der Fels auch sein mag. Die Sonne kam, wärmte aber kaum. Immer in Bewegung bleiben ist das beste Mittel gegen Frieren. Also weiter, immer den Grat entlang, der nicht aufzuhören schien. Nirgends war es brüchig, die Kälte hatte alle lockeren Steine zusammengebacken.
Das Leutaschtal im Süden, Oberreintal und Hundsställe im Norden waren ein vertrauter Anblick für mich. Und doch, im Winter sieht alles anders aus, unbekannt und fremd, wie nicht zu dieser Welt gehörend. Die Hände packten den Fels traumwandlerisch sicher, die Füße standen instinktiv immer richtig. Routine automatisiert die Bewegungen. Schier unmöglich kam es mir vor, daß ich stürzen könnte. Zu Klettern war ein Zustand, ein Gefühl. Es war so ruhig, daß ich mich atmen hören konnte. Ein Hochgefühl durchströmte mich. Frei sein, keine Grenzen kennen, meine Spinnereien ausleben, die Füße laufen lassen, soweit sie wollen, selber Natur, Landschaft sein. Die Seele hat Flügel, der Geist will frei sein. Der Sonnenuntergang auf dem Gipfel des Hochwanners tauchte alles in zartes Rosa und in, über, unter mir endlose Weite.
Beim Abstieg zum 'Steinernen Hüttl' wurde es dunkel. Das letzte Stück ins Gaistal durch Wald. Ich schaltete die Stirnlampe ein. Als ich aus dem Wald in die freie Fläche des Gaistales hinaustrat, war alles durch den Mond erhellt, dessen Licht der Schnee reflektierte. Der Frost hatte bizarre Rauhreifgebilde geschaffen, die das kalte Mondlicht weich zurückstrahlte. Harmonie der Farben und Muster.

Darüber der tiefblaue Winterhimmel mit Millionen von Sternen. Ich war entzückt, nahm alles ganz tief in mich auf. Selbstvergessen trottete ich in die Nacht und erlebte die ganze Schönheit und Größe des Universums. Mir war, als würde dieses ganze Schauspiel nur für mich aufgeführt, die Bühne für diese Vorstellung war die Welt, in der wir leben. Meine knirschenden Schritte im weichen Schnee waren wie sanfte, begleitende Musik, der Taktstock war meine innere Uhr, die nie falsch ging.

Hätte ein Mensch meine Kreise gestört, wäre alles zerbrochen. Aber da war niemand, nicht das kleinste Anzeichen menschlicher Präsenz. Ich ließ mich widerstandslos Schritt für Schritt in ein anderes Bewußtsein abtreiben, bis ich meinen tiefsten inneren Gefühlen nachgab. Die unendliche Leichtigkeit schwerelosen Seins bemächtigte sich meiner Empfindungen. Losgelöst, widerstandslos, unverkrampft, sorglos ließ ich mich treiben. Ich brauchte nichts mehr denken, meine Füße, sie fanden den Weg auch allein. So konnten meine Gedanken wandern, wohin sie wollten. Von mir weg und wieder zurück flossen sie im Dialog mit der Umgebung, hin und her, waren ausgelassen und neugierig, wie junge Hunde, die zum erstenmal ins Freie dürfen. Etwas Großes, Allumfassendes hing frei im Raum und durchdrang das Wesen aller Dinge.

Ich begann mich selbst in einem anderen Licht zu betrachten. Vielleicht, so dachte ich mir, war meine Seele das Spiegelbild einer einsamen, kalten Winterlandschaft im Mondlicht. Alles begann sich zu bewegen. Auf die Perspektive kam es an, darauf, wie das Auge die Dinge nach innen projizierte. Ich entwickelte ein starkes Gefühl für räumliches Sehen. Wenn ich auf einen Hügel zuging, veränderte er Raum, Umfang und Licht. Wie faszinierend, wie abstrakt die Erde auf einmal war. War ich denn blind, daß ich diese Dinge bislang nie bemerkt hatte? Spiegelte sich der Mond in der Erde oder die Erde im Mond? Mein Geist arbeitete rege. Dachte ich zum erstenmal richtig nach? Alle Dinge reflektierten sich gegenseitig, warfen einander Farben zu und schufen Kontraste, schluckten das Licht oder strahlten es auf andere Geländepunkte zurück.

Auch auf mich fiel Licht, ich schluckte das meiste wie ein schwarzes Loch, so hungrig war ich. Wie ein Spiegel, der sich in einem zweiten spiegelt, vervielfältigten sich die Farben und Kontraste in alle Richtungen. Diese Nacht, sie gehörte mir ganz allein, und noch heute zehre ich von ihren Wundern. Als die Morgendämmerung anbrach, wurde sie für mich zur Dämmerung eines neuen Bewußtseins.

Beim Militär

Ich meldete mich freiwillig zu den Gebirgsjägern. Gelernt hatte ich bisher nichts, aber beim Barras gab es Geld, ohne daß man etwas können mußte, und ich konnte ja auch tatsächlich nichts. Ich erhoffte mir eine Existenz und es wurde die größte Enttäuschung meines Lebens. Doch ich lernte auch etwas daraus: Daß die Freiheit das Einzige ist, was zählt.

Ein uniformes Leben im Gleichschritt, dressierte Menschen, die nicht denken, sondern funktionieren sollen. Welche finstere Macht bewegte dieses Heer von Individuen vorwärts? Wer hielt die Fäden in der Hand? Es war nicht der Wille aller, und auch der Offizier, der die Marschkommandos hinausbrüllte, befolgte nur Instruktionen. Glichen die Menschen nicht eher Maschinen als Lebewesen, wenn sie zugweise über den Kasernenhof schritten? Ich bekam eine Ahnung davon, wie verlogen ein System sein mußte, das so ein Monstrum hervorbrachte und am Leben erhielt. Nur die Fassade war schön und human, dahinter taten sich Abgründe menschlicher Bosheit auf.

Unterschwellig wollte man uns Soldaten immer dazu erziehen, notfalls freudig für unser Vaterland das Leben hinzugeben. Aber mein Leben gehörte verdammt noch mal mir und nicht dem Staat und wenn ich schon unbedingt hätte sterben müssen, dann wäre mir der Tod in irgendeiner Scheißwand immer noch weniger frevelhaft und unnütz vorgekommen als der Tod auf dem Schlachtfeld. Es klingt paradox: Erst durch den Dienst mit der Waffe in der Hand wurde ich zum Pazifisten und ich versprach mir selbst, niemals ein geladenes Gewehr auf einen Menschen zu richten, der mir nichts getan hatte. Manchmal war ich deprimiert, meine Ideale, mein Glaube an den Staat lösten sich in Nichts auf und zurück blieb eine gähnende innere Leere, von der ich nicht wußte, wie ich sie auffüllen sollte.

Alles hat gute und schlechte Seiten. Ich lernte junge Menschen aus allen Bevölkerungsschichten und Landstrichen Deutschlands kennen, und das brachte mir viel. So oft ich konnte ging ich mit Leuten in die Berge, die ich bei der Bundeswehr kennengelernt hatte. Nie wieder genoß ich eine so große Auswahl an Kletterpartnern. Doch unter dem Eingesperrtsein und Gegängeltwerden litt ich furchtbar. Heute glaube ich, daß ich mich vielleicht erschossen hätte, wenn mir als Ausgleich zur Unfreiheit in der Kaserne die Freiheit, die ich auf meinen Bergtouren erlebte, gefehlt hätte. Das richtete mich auf, ließ mich nicht verzweifeln. Ich wurde zum Unteroffizier befördert, es interessierte mich nicht.

Besonders hart traf mich eine Serie von Wachdiensten an Weihnachten, die meinen Urlaub in kleine Stücke schnitt. Zusammen mit einem Feldwebel hatte ich systematisch auf eine Winterbegehung der Matterhorn-Nordwand trainiert. Die Verhältnisse in der Wand wären ausgezeichnet gewesen und wir waren gut in Form, aber ich konnte nicht weg, weil meine persönliche Freiheit mit Füßen getreten wurde. Die Dienste waren eine sogenannte 'erzieherische Maßnahme', um mich »zu Ihrem eigenen Schutz an diesem unsinnigen Vorhaben zu hindern« wie es hieß. Vermutlich hatte ein eifersüchtiger Militär-Bergführer, der sich die Tour im Sommer nicht traute, Wind von der Sache bekommen und auf diese Weise unseren Plan zunichte gemacht, um seine Kompetenz in Sachen Bergsport zu wahren.

Irgendwann nahm ich die teilweise offen zu Schau gestellte Dummheit der Offiziere, die meine Kreativität ausrotten wollten, nicht mehr stumm hin und zweifelte Machtansprüche aggressiv und offen an. Vor versammeltem Unteroffizierskorps entgegnete ich einem unterrichtenden Hauptmann auf eine an mich gerichtete provozierende Frage: »Ich halte Sie auf diesem Gebiet nicht für kompetent, und Ihr Vortrag langweilt mich tödlich.« Als er fragte, ob er sich verhört habe, nahm ich meinen ganzen Mut zusammen und wiederholte meine Antwort noch einmal laut und deutlich, worauf alle Unteroffiziere vor Lachen brüllten und der Hauptmann fluchtartig den Saal verließ.

Was in einer wirklichen Demokratie erlaubt sein muß, nämlich seine Meinung zu sagen, wurde nicht geduldet. Ich bekam große Schwierigkeiten. Freiheitsentzug, in verschiedenen Formen angewandt, ist beim Militär immer noch die wirksamste Strafe. Ich durfte sie in allen Spielarten kennenlernen. Die Einzelhaft in einer Zelle der Kemmel-Kaserne in Murnau war eine besonders schlimme Zeit. Bei Haftantritt wurden mir Hosengürtel und Schuhbänder abgenommen, damit ich mich nicht damit aufhängen konnte. Ich mich umbringen?! Diese Genugtuung wollte ich den Eseln auf keinen Fall gönnen.

Drei Wochen saß ich ab. Meine ständig rutschende Hose und der Schlurfschritt mit den offenen Schuhen, wenn ich, wie ein eingesperrter Tiger, in der Zelle auf- und abschritt, waren sicher ein lustiger Anblick. Ich fand es gar nicht heiter.

Einzelhaft ist Folter, seelische Grausamkeit. Ein Mensch zerbricht schnell, wenn man ihn allein in eine enge Zelle sperrt und ihn dort sich selbst überläßt. Der Tag in einer Zelle ist unendlich lang und unterscheidet sich praktisch nicht von der Nacht. Wenn jegliche Verbindung mit der Außenwelt abreißt, geht das Zeitgefühl verloren. Ich malte mir Striche an die Wand, die mir zuverlässig anzeigten, wieviele Tage ich schon abgesessen hatte und wieviele noch vor mir lagen. Die Wände waren über und über mit Sprüchen bekritzelt, die ich jeden Tag aufs neue las. Als an meinem letzten Tag die Zellentür aufging, stand groß ein neuer Satz an der Wand: »Für eine kurze Zeit nur war ich hier Gast, ich stand vor einem Abgrund. Heute geht die Tür auf, und ich mache einen Schritt nach vorn.«

Einen Monat später wurde ich vom Unteroffizier zum Jäger, der niedrigsten Rang-

stufe, degradiert. Als mir der Entlassungsbescheid zugestellt wurde, war ich im Elbsandsteingebirge. Es war gerade Kompanieurlaub und man hatte mich nicht rechtzeitig benachrichtigt. Während ich ahnungslos beim Klettern war, wurde meine Mutter mehrmals täglich von Feldjägern schikaniert, weil ich nicht auffindbar war. Sie kamen, wann es ihnen gerade einfiel, auch um zwei Uhr nachts.
Das war meine steile Karriere beim Bund. Ich hatte den Stolz auf mein Heimatland verloren. Trotzdem blieb es mein Zuhause, auf das ich, wie jeder andere auch, ein Recht hatte. Allerdings erkannte ich das Land, das mich im Namen des Volkes unschuldig einsperrte, nicht mehr länger als Vaterland an. Überhaupt: Vaterland. Ein weiter Begriff, eine vage Definition. Heißt so das Land, aus dem mein Vater stammt, oder bedeutet es den Sprachraum, wo meine Muttersprache gesprochen wird?

Himmel, Arsch und Wolkenbruch

Wir waren keine Alpenvereinsclique, sondern ein lockerer Zusammenschluß von jungen Kletterern mit ständig wechselnder Besetzung. Unsere Gesetze machten wir uns selbst. Die einzigen Vorschriften, an die auch wir uns halten mußten, waren die Gesetze der Schwerkraft.
Wir, das waren die anderen aus unserer Bande genauso wie ich. Da gab es keinen Vorgesetzten und auch keinen besten Kletterer. Wer der Beste war, ergab sich ganz von selbst aus der jeweiligen Situation heraus. Wenn jemand einmal einen schlechten Tag hatte, dann ließ er eben einen anderen vorsteigen, ohne sich erniedrigt zu fühlen. Zumindest bei uns war das kein Drama und es wurde auch kein Thema daraus gemacht, das man am Stammtisch vor anderen ausbreitete, um sich groß zu tun. Wir hielten zusammen wie Pech und Schwefel und keiner kochte sein eigenes fades Süppchen.
Die schwierigen Wände im erreichbaren Umkreis knöpften wir uns der Reihe nach vor und ließen uns von nichts und niemand davon abhalten. Zum Entsetzen der Ruhe suchenden Bergsteiger suchte unsere immer lustige und laute Horde oft mit zehn oder fünfzehn Mann eine Hütte heim. Mit der Beschaulichkeit war es dort aus, so lange wir da waren. Unser Weitblick in Richtung Zukunft reichte immer nur bis zur Planung und Ausführung der nächsten Tour. Uns war es scheißegal, was wir mit sechzig anfangen würden. Wir konnten uns auch nichts darunter vorstellen. Ein Leben ohne jung zu sein und zu klettern erschien uns nicht lebenswert. Einige von uns wurden auch nicht einmal zwanzig Jahre alt.
Schon lange stand der Bumiller-Pfeiler, eine klassische kombinierte Fels-Eistour auf den 3900 Meter hohen Piz Palü, auf unserer Beuteliste. Drei Stunden Auto-

fahrt mit Gondas klapprigem VW-Käfer lagen zwischen uns und Sankt Moritz, dem Ausgangspunkt für diesen Streich. Aus den Lautsprecherboxen dröhnte ohrenbetäubend laute Musik von Pink Floyd, wir fühlten uns wie Raubritter vor einem Kreuzzug.

Das Wetter war tagelang schlecht gewesen. Im Karwendel und den Dolomiten tropften die Wände vor Nässe, es war ein Wetter zum in die Sessel furzen. Diesmal zogen wir nur zu dritt los: Gonda, Albert und ich. Mein Rausschmiß beim Bund war für unsere Freundschaft kein Hindernis. Wir redeten nicht darüber, schließlich gab es für Kletterer wie uns viel interessanteren Gesprächsstoff.

Gonda war ein wilder Haudegen mit fast unerschöpflichem Tatendrang, der sich auch bei schlechtem Wetter kaum von einer Tour abbringen ließ. Das einzige, vor dem er sich fürchtete, waren grasige Steilschrofen. Er war eben doch ein Preuße.

Albert Gilgenrainer war in Kletterkreisen wegen seines verwegenen Kletterstils und seiner fürchterlich freien Erstbegehungen bekannt. Sein konsequent spärlicher Einsatz von Zwischensicherungen ließ viele davor zurückschrecken ihn als Seilzweiter zu begleiten, und wegen seiner starken Nerven wurde er auch 'Galgen huber' genannt. Am Freiungszahn-Nordwandriss im Karwendel mußte er gleich zweimal abseilen, weil ihm der Seilzweite den Nachstieg verweigerte.

Als wir drei Verrückten in Sankt Moritz angekommen waren, entwickelte sich das Wetter so wie wir es uns gewünscht hatten: Kalt und trocken. Am Rande des Gletschers richteten wir uns mit Schlafsack und Isomatte ein gemütliches Nachtlager her. Bald lagen unsere Ausrüstungsstücke wie in einem Nomadenlager in scheinbarem oder tatsächlichem Durcheinander kreuz und quer auf dem Boden. Wir verschönten die Randmoräne entscheidend. Den Biwakplatz hatten schon andere vor uns geebnet und einen kleinen Steinwall als Windschutz aufgezogen.

Im Halbkreis hockten wir um unseren Gaskocher, auf dem wir Tee und Suppe zubereiteten. Immer wieder fing die massige ebenmäßige Gestalt des Piz Palü unsere Blicke ein. Er ist sicher einer der schönsten Gletscherberge der Alpen, und von Norden her gesehen haben die Formen dieses dreigipfligen Berges mit seinen drei Pfeilern und vier Hängegletschern die Harmonie eines gotischen Domes. Der mittlere Pfeiler, der Bumillergrat, ist der berühmteste der drei Pfeileranstiege. Der riesige wildzerklüftete Diavolezza-Gletscher verstärkte noch den gewaltigen Eindruck, den dieses Bild bei uns hinterließ.

Wir kicherten und gackerten albern herum, weil wir jung waren, weil wir den Respekt vor unserem Vorhaben herunterspielten wollten. Es war uns klar, daß die Verhältnisse im Felsteil denkbar schlecht sein mußten, doch genau auf solche Bedingungen hatten wir gehofft: Die Kälte würde das ganze Zeug zusammenbacken, so daß wir uns kaum vor Eisschlag zu fürchten brauchten.

Im Wettersteingebirge gibt es eine 'Charly Hermann Gedächtnisführe', die nach einem am Bumiller Pfeiler verunglückten Bergsteiger benannt ist. »Es geht ganz gut voran«, soll Charly Hermann seinem ihn sichernden Seilpartner wohlgelaunt zugerufen haben, bevor ihn eine Eislawine 800 Meter in die Tiefe schleuderte. Sein Freund Peter Vogler hielt fassungslos nur noch ein abgerissenes Seilstück in der Hand und wurde in einer dramatischen Rettungsaktion mit dem Hubschrauber aus der Wand geholt.

Vor vereisten Felsen fürchteten wir uns nicht, solange es keinen Eis- oder Steinschlag gab, gegen den man nicht viel mehr tun konnte als angstvoll den Schädel einzuziehen, zu hoffen, daß man nichts abbekam, während eine Meute von großen Eisbrocken wummernd auf einen zuraste, um sich beim Aufschlag in tausend kleine granatsplitterartige Geschosse zu verwandeln. Die Verhältnisse waren eigentlich zum Klettern miserabel, aber wir fanden sie wegen der minimalen objektiven Gefahren ausgezeichnet. Guter Dinge hauten wir uns zum Schlafen in die Daunenfedern.

Es gab wie erhofft eine kalte, klare Nacht mit Sternenhimmel und zunehmender Mondsichel. Um drei Uhr morgens klingelte der Wecker. Sein aufdringlicher Lärm hörte sich in der Weite des Raumes und angesichts der erhabenen Berggipfel an wie ein schlechter Witz. Die frische Nachtkälte biß mir bereits im Schlafsack in die Nase und eigentlich hätte ich nichts lieber getan, als mich umzudrehen und weiterzuschlafen. In die beiden anderen Schlafmützen kam Leben, ich hörte Gonda neben mir stöhnen und Albert murmelte irgendetwas, was wie »Scheiße« klang. Wir wälzten uns umständlich aus unseren Penntüten und irgendwer trat den schreihalsigen Wecker aus.

Die schattenhaften Umrisse der Kameraden, die in den Rucksäcken kramten, den Schein der Stirnlampen, das Frösteln in der Nachtkälte und gedämpfte Unterhaltung nach einer Biwaknacht empfand ich immer gespenstisch. Weshalb redeten wir eigentlich so leise? War es Ehrfurcht vor der Stille der Nacht, oder hatten wir Angst, daß wir die Berggeister wecken könnten?

Die halb traumhafte Aufbruchsstimmung, in der sich Realität und Traum ineinander verflochten und kaum auseinanderzuhalten waren, versetzte mich in einen Zustand des Aus-mir-Herausgehens. Für kurze Zeit wurde mir die Beschränktheit meiner Existenz und ihre Unwichtigkeit voll bewußt. Ein kalter Windhauch vom Gletscher her vertrieb die letzte Müdigkeit, jetzt war ich ganz und gar wach, zurück in der Wirklichkeit. Nur das Murmeln von Gonda und Albert, während wir uns zum Gang über den Gletscher ans Seil banden, bestätigte mir, daß ich nicht der einzige Mensch auf Erden war. Es war ein beruhigendes Gefühl, in dieser Stille die verhaltenen Stimmen der anderen zu hören.

Langsam trotteten wir zum Einstieg. Der Morgen dämmerte. Wir waren drei Individuen, doch unsere Verbindung mit dem Seil machte uns zu einer Einheit, deren Schicksal auf dem spaltenreichen Gletscher auf Gedeih und Verderb voneinander abhing.
Vom Einstieg weg gingen wir alles gleichzeitig, den felsigen Mittelteil sicherten wir am Doppelseil. Das erste Sonnenlicht, das die Bergspitzen rot anstrahlte, schuf eine weltentrückte Atmosphäre, Eiszapfen und fast überall leichte Pulverschneeauflage auf grobkörnigem Granit. Die glorreiche Idee Alberts, bei blankem Fels in seine Kletterpatschen zu schlüpfen und bei reinem Eis jedesmal schnell die schweren Bergschuhe mit den bereits aufmontierten Steigeisen anzuziehen, während Gonda und ich umständlich die Steigeisen mit der Riemenbindung anlegen mußten, kam nicht zum Tragen. Der Fels war zu stark vereist. So ließen wir alle drei die Steigeisen auch in schwerem Fels an.
Wie das Enthauptungsbeil eines Henkers drohte der Eisbalkon hoch über unseren Köpfen, doch nichts rührte sich dort oben, die Bewegung der Gletscher, ihre bedrohliche Lebendigkeit waren in der Kälte erstarrt. In leichteren Abschnitten kletterten wir dreist im Überschlag. Gonda stieg voraus, Albert und ich hinterher. Am Standplatz übernahmen wir, zu zweit synchron vorauskletternd, die Führung. Es hätte uns bei diesem Schwachsinn keiner sehen dürfen. Wenn uns die Vereisung schwere Seillängen einbrockte, ließen wir Gonda voraus und stiegen, wie es sich gehört, brav hinterher.
Die Schlüsselstelle der Route war die Eisnase, die in einer Links-Rechtsschleife umgangen werden mußte. Auf allgemeinen Wunsch durfte ich vorsteigen. Der Fels war mit glasigem Wassereis überzogen, das Klettern wurde zu einem vorsichtigen Tanz auf rohen Eiern. Als ich zum Wandfuß hinunterschaute, dachte ich einen Moment lang an Charly Hermann, stellte mir ein mit der Eislawine fallendes, ins Seil verwickelte Menschenbündel vor, dem sämtliche Knochen einzeln zerbrochen werden. Das Wassereis verlangte meine volle Konzentration, ich kam gehörig ins Schwitzen und meine Waden schmerzten vom Stehen auf den Steigeisenspitzen. Zu meiner Erleichterung gelang es mir, einen unter einer Eisscholle versteckten Zwischenhaken freizupickeln, den ich gerne einhängte. Nach den verglasten Felsen noch eine kurze Eisflanke. Ich baute Stand und holte die Freunde nach. Ein geneigter Grat, den wir nicht mehr sicherten, führte zum wächtengekrönten Gipfel.
Die Aussicht vom Gipfel des Piz Palü ist toll, doch ich konnte mich nicht so recht darüber freuen. Mir kam wieder in den Sinn, daß meine Bergschuhe, Steigeisen und auch die Bekleidung aus einem Münchner Kaufhaus geklaut waren. Nur die Unterhose war nicht gestohlen, und auch wenn ich mir selber einzureden

versuchte, daß ich lediglich aus der Not der Arbeitslosigkeit heraus so gehandelt hatte, drückte die Tatsache, daß ich zum Dieb geworden war, manchmal schwer auf mein Gemüt. Ich stahl mir alles, was ich so brauchte und wurde nie dabei erwischt, doch ich stahl mir damit auch die Achtung vor mir selbst. Was wohl meine Freunde dazu sagen würden, wenn einmal irgend etwas herauskam? Es kann eine Befriedigung sein, etwas zu stehlen, ohne dabei erwischt zu werden, aber man verliert sein reines Gewissen, dessen einfältiges Glück von Dauer ist, während die Freude an unrechtem Tun nur kurz anhält und auf lange Sicht nie glücklich macht.

Der Abstieg stellte uns vor keine technischen Probleme mehr. Es war immer noch kalt und mittags zogen schwarze Wolkenbänke auf.

Später hörte ich noch oft schauerliche Eisschlaggeschichten vom Bumiller-Pfeiler. Wir hatten nicht einen einzigen Brocken fliegen sehen. Im Eis und in kombinierten Touren kommt es, mehr als auf klettertechnisches Können, auf die richtigen Verhältnisse an. Ich machte es mir zur Gewohnheit, auf Eistouren immer einen Thermometer mitzunehmen. War es bereits am Morgen auch nur ein bißchen zu warm, dann stieg ich nicht ein. Auf Dauer war es eine Überlebensfrage, die richtigen Verhältnisse abzuwarten. Setzt man sich über längere Zeit ständig hohem Steinschlagrisiko aus, dann ist es kein Zufall, wenn einen irgendwann einmal ein Geschoß trifft und für immer niederstreckt. Um zu überleben gibt es nur eine logische Konsequenz: dem Steinschlag und den anderen objektiven Gefahren aus dem Weg zu gehen.

Auch im anderen, im 'richtigen' Leben, kommt es auf die Verhältnisse an. Ich hatte keine Arbeit, war von nichts mehr überzeugt und wurde zeitweise von deprimierenden Selbstzweifeln geplagt. Seelisch verwilderte ich wie ein streunender Hund ohne Heimat, für den außer Fußtritten niemand etwas übrig hat, der sich aber, je mehr er ausgestoßen wurde, um so sehnlicher Liebe und Geborgenheit wünschte. Ich wurde auch bissig, doch das war kein Wunder. Meine letzte Zuflucht war unsere Bande, in der ich den Schutz eines Wolfs im Wolfsrudel genoß. Hier war ich keine Nummer, ich hatte einen Namen, und der hatte wenigstens dort einen guten Klang. Während niemand sonst mehr zu mir hielt, machte mir keiner von unserer Bande wegen meiner verzweifelten sozialen Lage einen Vorwurf. Eigentlich war die Gesellschaft, die mich wegen Lappalien in die Enge trieb und mich ausspuckte wie etwas Ungenießbares, ja auch viel asozialer als ich. Wem hatte ich denn schon etwas getan? Ich wollte nur leben, weil ich eben nun mal da war, und das war schließlich kein Kapitalverbrechen.

Auf der Heimfahrt regnete es in Strömen. Wir hatten für unsere Tour genau ein kurzes Schönwetterloch zwischen zwei gigantischen Tiefs erwischt und hätten

jetzt nicht mehr in einer Wand hängen dürfen. Wieder hatten wir an der engen Grenze zwischen Erfolg und Niederlage auf der richtigen Seite gestanden.
Wir steigerten uns immer mehr und kletterten noch schwerer. Um den Anforderungen gerecht zu werden, trainierten wir so gut wie wir es verstanden. Ein Adrenalinschub jagte den anderen, eine geglückte schwere Tour war immer nur das Training für eine noch schwerere. Es war die ununterbrochene Suche nach dem Über-Mega-Kick. Bei all dem sah ich aber ganz klar eine Grenze, oft gar nicht so weit entfernt. Wer sie überschritt, riskierte die Schwierigkeitssteigerung in den Tod. Einen extremen Weg zu gehen und ihn zu überleben ist möglich, wenn man sich jahrelang Zeit dafür läßt und sich seine momentanen Grenzen ehrlich eingesteht. Zum Umdrehen gehört meist mehr Mut als blind und sturheil in eine unkalkulierbar hohe Gefahr zu rennen. Grenzen sind nichts Starres, sie sind verschiebbar, und so drehte ich beständig meine Leistungsschraube nach oben und lernte ganz bewußt aus den Fehlern, die ich machte. Fehler waren nicht schlimm, solange man überlebte. Dummheiten machte ich auch weiterhin noch mehr als genug, doch ich lernte es, mich aus Katastrophen herauszuhalten.

Eine Sackgasse und ein neuer Anfang

Meine Entlassung aus dem Militärdienst hatte schwerwiegende Folgen, auch im Zivilleben wurde ich deshalb diskriminiert und fand keine Arbeit. Es war wie ein Sturz aus schwindelnder Höhe. Ich fiel ins Bodenlose. Meines Stolzes und meiner Würde beraubt, blieb mir nur der Haß. Es sind der Haß und die Verzweiflung, die jemanden Verbrechen begehen lassen. Irgendwann ist man zu allem fähig. Die Kriminalität zog mich an wie ein Magnet. Es war viel Geld zu holen, aber man bezahlt mit seinem Seelenheil. Deshalb ist eine kriminelle Laufbahn kein Weg, sondern eine Sackgasse.
Ich merkte jeden Tag, wie der Haß an mir nagte und mich aufzufressen drohte, und ich sah Leute, von denen er nichts übrigließ. Ein Freund von mir wurde in der Türkei mit ein paar Kilo Haschisch erwischt. Die Gefängnisse in Istanbul sind keine Erholungsheime. Er war in der Schule der stärkste Mann im Pausenhof gewesen. Als er nach sechs Jahren wieder da war, sah er aus wie sechzig und war erst sechsundzwanzig.
Wie ich die täglich praktizierte skrupellose Anwendung körperlicher und materieller Gewalt mit meinem Gewissen vereinbaren konnte? Gar nicht. Ich litt Höllenqualen, vor allen Dingen, weil ich merkte, daß ich langsam aber sicher gleichgültig wurde und hart wie Stein. Über Nacht haute ich einfach ab und durchschnitt so das Band, an dem alle kriminellen Kontakte hingen. Drei Monate Ägypten und

Sudan veränderten mich. Ich kam zurück mit der lockeren Einstellung eines Weltreisenden. Dann fing ich eine Lehre als Landschaftsgärtner an. Ich war zwanzig Jahre alt, aber es war noch nicht zu spät. Ich verdiente mein Geld jetzt durch ehrliche Arbeit und konnte mich wieder anschauen. Nur mein Verhältnis zu 'Ehr und Vaterland' blieb gespalten.

Die Lehrzeit

Ich hatte nun ein geregeltes Leben und eine unbeschwerte Zeit. Um halb acht fing ich an, um fünf war Feierabend. Gegen das, was hinter mir lag, kam es mir wie Urlaub vor. Freitag mittags war die Arbeit gelaufen, dann ging es ab ins Karwendel oder ins Wetterstein. Der Weg ins Oberreintal ist weit, aber wenn man erst einmal auf der gemütlichen Hütte ist, stehen einem massig Klettereien zur Auswahl und die Einstiege sind dann meist schnell erreichbar.
Zu dieser Zeit wurde das Klettern von der Jugend neu entdeckt. Ein kleiner roter Punkt aus dem Frankenjura war schuld daran. Wenn dort eine traditionell mit Hakenhilfe gekletterte Route frei, ohne Zuhilfenahme der Haken als Griffe durchstiegen wurde, dann wurde sie am Einstieg mit einem roten Punkt markiert. Frei geklettert erhöhte sich der Schwierigkeitsgrad oft erheblich. Die derart im Klettergarten erreichten Schwierigkeiten wurden nun auch auf das Gebirge übertragen. Es entstand eine neue Geisteshaltung gegenüber dem Fels. Hakentechnische Routen kamen völlig aus der Mode.
Im Oberreintal wurde eine Unmenge neuer Routen erschlossen. Großer Wert wurde darauf gelegt, so frei wie möglich zu klettern und so wenig Spuren wie möglich zu hinterlassen. Haken wurden nur dort geschlagen, wo es unbedingt nötig war; wo es nur ging, wurde mit Keilen, Friends und Sanduhrschlingen gesichert. Es erforderte sehr viel Mut und Können, solche Routen zu wiederholen. Eine früher kaum vorstellbare Leistungsexplosion war die Folge von verbessertem Training und der neuen Einstellung. Wenn ich im Tal keinen Kletterpartner fand, im Oberreintal traf ich immer gleichgesinnte 'Singles'. So lernte ich den Reitzner Leo, Baader Hans und Martl, Hannesla Sepp, Swoboda Norbert und Peter und noch viele andere auf der Hütte kennen.
Plötzlich war es möglich, schwerer, freier und kühner zu klettern, als ich es bisher für möglich gehalten hatte. Nicht mehr nach dem Namen der Erschließer wurden die Erstbegehungen benannt, man ließ sich klangvolle Phantasienamen wie 'Haben oder Sein', 'Jodeldiplom' oder 'Stein der Weisen' einfallen. Es ist das Vorrecht der Jugend, alles anders zu machen. Leben ist Bewegung, nichts bleibt, wie es ist. Auch der Klettersport ist lebendig und verändert sich.

Auf das Wochenende folgte wieder eine Arbeitswoche. Ich arbeitete ganz gerne und so verging die Zeit bis zum Freitag schnell. Dann ging es wieder in die Wand. An einem Dienstag kam unser Chef am Vormittag auf die Baustelle und ging direkt auf mich zu. »Gratuliere, Sie haben heute und morgen frei.« Mir wurde ganz komisch. Was war jetzt los? Ich wußte noch nicht, daß der Martl Baader, der aus irgendwelchen Gründen die Schule schwänzen konnte, einen Kletterpartner brauchte, und daß Martls Mutter mit der Familie meines Chefs gut bekannt war. Sie hatte im Betrieb angerufen und gefragt, ob ich nicht zwei Tage frei bekäme. Mitten in der Woche zwei Tage klettern, dazu brauchte ich keinen Befehl, aber ich war immer noch reichlich verdutzt, als ich meine Sachen zusammenpackte und heimfuhr.
Martls Vater war Bergführerobmann. Zu seiner aktiven Zeit waren die Bergsteiger in der Laliderer-Nordwand wie die Fliegen gestorben. Über diese berüchtigte Wand im Karwendel gibt es ebensoviel schaurige Geschichten wie über die Eiger-Nordwand. Bevor wir losfuhren, überprüfte Martls Vater unsere Ausrüstung mit einer Checkliste Punkt für Punkt. Als wir im Auto saßen, mußte ich laut lachen. Martl lachte mit. Es war ein schöner Sommertag, alles war heiter, und am ersten Parkplatz packten wir alles Überflüssige aus den Rucksäcken aus.
Martls Vater hatte es gut mit uns gemeint, aber mit unserem übergewichtigen Gepäck hätten wir gar nicht vom Einstieg abgehoben. Am Abend waren wir auf der Falkenhütte. Unter den vielen anspruchsvollen Routen, die diese mächtige grauschwarze Steilwand durchzogen, erschien uns die 'Klaus-Werner-Gedächtnisführe' auf die Dreizinkenspitze, von Sepp Ritter und Günther Schweißhelm 1976 erstmals durchstiegen, am lohnendsten. Damit stand unser Ziel fest: 35 Seillängen, schwer, vielleicht auch brüchig.
Jede Wand hat einen eigenen Charakter, wirkt auf den Betrachter ein und löst einen entsprechenden Gemütszustand aus. Die Laliderer Wand strahlt etwas so Düsteres, Unheimliches und Erdrückendes aus, daß einem angst und bang werden kann. Ein Seitenblick zu Martl und ich wußte, daß er genauso empfand. Wer dem Blick dieser Wand nicht standhält, steigt gar nicht erst ein. Schon vielen ist es so ergangen.
Wir gingen besonders früh ins Bett. Eine eigenartige Stimmung lag in der Luft, wie immer vor großen Unternehmungen. Man weiß nie, wie es ausgeht. Das ist ein wichtiger Bestandteil des Abenteuers, ein Symbol des Lebens schlechthin. In der Früh um vier klingelte der Wecker, wir frühstückten, schulterten unsere Rucksäcke. Wortlos trabten wir dem Lichtkegel der Stirnlampen nach zum Einstieg hinauf. Im Morgengrauen kletterte ich über einen moosigen Riß hoch zum

Standplatz, Martl führte die nächste Länge. Uns in der Führung abwechselnd, gewannen wir rasch an Höhe und stiegen in den beginnenden Tag.
Ich liebe es, wenn sich Müdigkeit und Zweifel im Eifer der Tat auflösen und ein neuer Tag anbricht. In diesen Momenten hat das Leben Sinn, im Rhythmus der sich immer wiederholenden Bewegung. Der Bewegung des Körpers, der Bewegung der Sonne und der Veränderung der Perspektive durch die wachsende Höhe. Eine Nordwand hat ihre eigenen Gesetze. Selbst im Sommer ist es schattig und kühl, man fühlt, riecht, denkt und klettert anders als in einer Südwand.
Die Laliderer sind als schaurig brüchig verschrien und gefürchtet. Ein reiner Sportkletterer wechselt schnell das Thema, wenn von ihnen die Rede ist. Zugegeben, der Fels war nicht bombenfest, aber wir empfanden die Wand nicht als unangenehm brüchig, waren beide gut in Form und daran gewöhnt, auch in weniger festem Fels zu steigen. In brüchigen Wänden zu klettern verlangt gute Nerven, ein instinktives Gefühl und die Erfahrung, vorher zu wissen, welcher Griff hält und welcher ausbricht, wenn man ihm das Körpergewicht anvertraut. In festem Fels reicht oft Körperkraft, hier kam es mehr auf die Geschicklichkeit an.
Wir waren geschickt und jung und es ging immer nur nach oben. Wohin auch sonst? Nur in einer sehr brüchigen, aber leichten Seillänge verlangsamte sich unser Tempo. Bald standen wir auf dem Gipfel in der warmen Sommersonne. Sechs Stunden hatten wir gebraucht, wo andere schon hatten biwakieren müssen. Wir wollten keinen Rekord brechen, erst recht waren wir nicht mit den Zeiten langsamerer Seilschaften um die Wette gelaufen. Es war nur, weil das Leben so schön und der Himmel so blau war, nichts weiter sonst.

Der Hinterhalt

Gemeinschaftsausflug. Alle Aktiven der Klettergilde Mittenwald trafen sich auf der Hallerangeralm im Karwendel, um dort das Wochenende gemeinsam zu verbringen. Die entstehenden Unkosten wurden vom Alpenverein beglichen. Die Klettergilde war eine Untergruppe der DAV-Sektion Mittenwald, in der nur Bergsteiger extremerer Richtung nach genau festgelegten Regeln aufgenommen wurden. Der Name war ein Relikt aus einer längst vergangenen Zeit, in der alle Berufsstände oder sonstigen Zusammenschlüsse streng in Gilden unterteilt gewesen waren. Mein Engagement für den Verein hielt sich in Grenzen; ich war zu sehr ein Eigenbrötler, um mit Leib und Seele ein Vereinsmensch zu werden, das hätte meinem Wesen widersprochen. Aber bei Ausflügen oder Feiern war ich fast immer dabei, da ließ ich nichts anbrennen.

Auf der Hallerangeralm teilt man die Aussicht mit unzähligen Wanderern. Einsamkeit und Stille sind hier nicht so leicht zu finden wie anderswo im Karwendel, aber es ist trotzdem ein schöner Platz, der einen einmaligen Charme besitzt. Die Isar entspringt dort, es wachsen die schönsten Zirbenbestände des Karwendels, und wo man hinblickt, schroffe Berge, die zum Klettern einladen.
Alle anderen waren bereits verplant, nur Marinus Zwerger, den wir 'den General' nannten, und ich blieben übrig. Mit ihm ging ich am Morgen zum Nordwesteck-Nordpfeiler der Speckkarspitze. Seillänge um Seillänge turnten wir hinauf. Nach der Schlüsselstelle machte ich Stand auf einem Felsblock, unser Strick hing die Wand hinunter. Nachdem Marinus den Standplatz erreicht hatte, ging ich die nächste Seillänge an, aber bald konnte ich nicht mehr weiter, weil das Seil irgendwo klemmte. Ich mußte zum Stand zurück. Wir versuchten das Seil freizubekommen. Zuerst mit Gefühl. Umsonst. Dann mit Gewalt, was erst recht nichts nützte. Längst hatten wir die Stelle, wo es klemmen mußte lokalisiert. Ein klitzekleiner tiefer Spalt, der ins Innere des Berges führte, breit genug, um das Seil aufzunehmen, doch zu schmal, um irgendwie hineinzukommen.
Eine Stunde lang versuchten wir mit allen uns einfallenden Tricks das Seil irgendwie doch noch freizubekommen. Es blieb verklemmt und alles Schimpfen half nichts. Wir saßen ratlos am Standplatz und mußten uns eingestehen, daß wir gegen dieses hinterlistige Felsloch machtlos waren. Auf eine Person konnte man wenigstens wütend sein, aber auf ein Stück Fels? Sogar die Genugtuung einer Schuldzuweisung blieb uns also versagt. Den Rest unseres Lebens wollten wir auch nicht hier verbringen, es blieb nur noch ein Ausweg: abschneiden. Der Strick war nagelneu und gehörte dem General.
Wir fanden ein Stück von einer rostigen Fischbüchse, deren scharfe Kanten uns als Messerersatz dienten. »Soll ich?« fragte ich. Der General nickte stumm und betroffen. Ein General gibt niemals auf, heißt es, 'General' Marinus hatte dennoch die Waffen gestreckt. Zweimal trennte ich mit Bedauern und Schwung den Strick durch, und wir bekamen somit zwei Teile, die vom General zusammengeknüpft wurden. Das ergab ein verkürztes Seil mit einem Knoten in der Mitte. Das verklemmte Stück wurde vom Spalt verschluckt, und nichts deutete mehr auf dessen Heimtücke hin.
Die noch verbleibenden Seillängen mußte ich voll ausgehen, der Strick war ja nicht mehr so lang wie vorher. Mit Zwischensicherung lief auch nichts mehr, weil sich ja ein Knoten in der Mitte des Seils befand, der nicht durch die Karabiner gelaufen wäre und mich blockiert hätte. Ein paar Fünferlängen galt es noch zu klettern, doch die waren auch mit Knotenseil kein schwerwiegendes Problem. Einen Sturz durfte ich mir allerdings nicht mehr erlauben. Der Abstieg war leicht,

und so saßen wir bald in der Alm, wo wir unseren Grant mit einer Halben Bier hinunterspülten.
Die anderen kamen natürlich beim Betrachten unseres Knotenseils aus dem Lachen nicht mehr heraus. Es wurde noch ein zünftiger, nasser Abend mit gigantischen Räuschen, die alle irgendwie überlebt wurden. Der Hüttenwirt soff solidarisch mit und verlängerte die Sperrstunde auf unbegrenzte Zeit. Ich hielt mich zurück. Man muß seine Grenzen kennen. Um mit diesen Schluckspechten um die Wette zu saufen, war ich zu sehr Realist. Ich hätte ja doch nicht mithalten können. Außerdem hat mir diese Form von sportlicher Höchstleistung nie sonderlich imponiert. Daß Matthias Pöll den Hüttenwirt beim Fingerhakeln mit einer Gitarrensaite zweimal über den Tisch zog, blieb mir im Gedächtnis haften.

Der grauslige Turm

Wir trafen uns zum ersten Mal in einer der vollsten In-Discos von Garmisch. Ein ungewöhnlicher Platz, um Kletterbekanntschaften zu machen, denn normalerweise wurden im 'Exit' Frauen angebaggert. Donnerstags war hier am meisten los. Am Freitag war der letzte Tag der Arbeitswoche und den schaffte man schon irgendwie. Grelle Lichtblitze und trommelfellmarternde Musik bildeten den Rahmen für nächtelange Zeitvergeudung. Auf der Tanzfläche zuckte eine wabernde Menschenmasse schwitzend im Takt der höllenlauten Musik. Die Frauen signalisierten durch ihre Aufmachung Brunftbereitschaft und hielten auch nicht immer das, was sie versprachen. Hier gab sich jeder locker und ausgeflippt, morgen in der Arbeit würden sie wieder dieselben unausstehlichen Spießer sein, die sie immer waren. Alles andere war nur Show. Wenn es verrückt war, in die Berge zu gehen, dann war das, was hier abging, fortgeschrittener Wahnsinn.
Spät abends wurde mir von Garmischer Kletterkumpels Wilfried Birnbaum vorgestellt. Er war in Mittenwald beim Bund, hatte bald die fünfzehn Monate Dienstzeit abgebrummt und war scharf darauf, wenigstens eine Führe in den Laliderern zu klettern, bevor er entlassen wurde. Für ein Nordwandabenteuer war ich immer zu haben. Wir vertieften uns in eines der typischen Gespräche über Wände und Abgründe. Mit den Händen fuchtelten wir in der Luft herum, führten Kletterbewegungen aus und nahmen unsere Umgebung nicht mehr wahr, obwohl wir uns zur besseren Verständigung bis zur Heiserkeit anbrüllen mußten. Die Begeisterung war mit uns durchgegangen. Wie ich es schaffte, um vier Uhr früh ins Bett zu gehen und um sechs Uhr wieder aufzustehen, um mich durch den Arbeitstag zu quälen, weiß ich heute nicht mehr.
Am folgenden Abend waren wir auf der Falkenhütte und versuchten den Routen-

verlauf der 750 Meter hohen direkten Lalidererspitze Nordwand herauszufinden. Matthias Rebitsch und Sepp Spiegl hatten sich 1946 nach langer Vorarbeit und einigen gescheiterten Versuchen mit dieser kühnen Führe ein bleibendes Denkmal gesetzt.

Auf der Wiese vor der Falkenhütte fühlte ich mich bedeutend wohler als in überfüllten Tanzlokalen, spürte, wie mein Inneres aufatmete, als sei es von einer schweren Last befreit. Hier in die Berge gehörte ich hin, das war meine Welt, deshalb kletterte ich auch so viel. Ich sah keine andere Alternative, irgend etwas sinnvolleres mit meinem Leben anzufangen. Bergsteigen hatte Sinn, weil es mir ein starkes Gefühl von Identität und Selbstverständnis gab, das mir die verlogene Gesellschaft mit ihrer Doppelmoral nicht bieten konnte. Ich mußte mich von den auferlegten Zwängen befreien, um nicht von ihnen erdrückt zu werden. Auch gegen Widerstände. Wir sind alle Gefangene unserer Zeit, der Umgebung und ihrer Wertvorstellungen, in die wir hineinwachsen, aber von vielen Dingen, die uns zugemutet werden, können wir uns selbst frei machen, wenn wir es wollen. Bergsteigen war ein Versuch, die Gefängnismauern einzureißen, Ketten zu sprengen und in ein anderes Bewußtsein einzudringen, wo das Alltägliche banal war.

Wilfried staunte angesichts der steilen, düsteren Wand, ich hatte sie schon oft gesehen. Eine Nacht lang kannten wir uns erst, waren noch nie einen Meter zusammen geklettert und wollten miteinander in eine der gefürchtetsten Wände der nördlichen Kalkalpen einsteigen. Ich hielt mir einen Fluchtweg nach unten offen, Wilfried wußte nichts davon. Die Route war anfangs am schwierigsten und schon nach ein paar Seillängen würde ich feststellen, ob Wilfried stark genug war. Würden Zweifel an seiner Leistungsfähigkeit aufkommen, dann könnte ich immer noch eine Verletzung vortäuschen, um das ganze Unternehmen abzublasen, aber mein Gefühl sagte mir, daß Wilfried der ideale Seilpartner für so eine Tour war. Ich sollte recht behalten. Um neun Uhr lagen wir bereits auf der Matraze, der Schlafmangel ließ uns augenblicklich und ohne weitere Unterhaltung einschlafen.

Am frühen Morgen, es war noch dunkel, stiegen wir das Geröllfeld zum Einstieg hoch. Die Morgenkälte war angenehm, solange man in Bewegung blieb. Sie vertrieb den letzten Rest von Müdigkeit aus den Knochen. Das Abenteuer kam nicht zu uns, wir mußten etwas tun, um es greifen, erleben oder erleiden zu können. Berg und Tal kommen nie zusammen, aber wir konnten zu den Bergen gehen und den Fels mit den Händen anpacken. Weil der Mensch kein Baum ist, fesseln ihn keine Wurzeln an einen Platz, er ist frei zu gehen, wohin er will. Das Abenteuer existiert real, es ist keine bloße Erfindung.

Nach der ersten Seillänge im Karwendelbruch gab Wilfried die Führung ab, weil er sich im Nachstieg besser fühlte und volles Vertrauen in meine Kletterfähigkeiten

hatte. Er stieg schnell und gekonnt nach und ließ sich selbst durch Quergänge, in denen auch er weit hätte stürzen können, nicht aus der Ruhe bringen. Ich war begeistert, euphorisch. Alles klappte wie am Schnürchen, ganz so, als ob wir schon Jahre zusammen geklettert wären. Die Route bot viele ausgesetzte Quergänge und schlängelte sich wiederholt um furchterregende Überhänge herum. Der Erstbegeher hatte immer die ideale, frei kletterbare Linie gesucht und gefunden. Matthias Rebitsch war der beste Freikletterer der vierziger Jahre und seiner Zeit weit voraus gewesen. Seine kunstfertige Handschrift war in jeder Seillänge zu lesen, seine Tat lebte in dieser großartigen Führe weiter und wir vollzogen sie nach.
Vor Erreichen der Schlucht links der Gipfelfallinie mußten wir einen an die Wand gelehnten Pfeiler durch einen gelben brüchigen Riß erklettern. Ich prüfte einen Tritt auf seine Festigkeit, indem ich mit dem Fuß dagegenklopfte, wenn er dumpf klingen würde, könnte er ausbrechen. Doch was sich hohl anhörte war nicht der Tritt, sondern das gesamte von der Wand abgespaltene, etwa 60 Meter hohe und 20 Meter breite Felsgebilde. Wenn ich irgendwo dagegenklopfte schwang der ganze Pfeiler mit, der wahrscheinlich nur noch an seiner Basis durch ein paar verkeilte Steinchen mit der Wand verbunden war, und sich so gerade noch in labilem Gleichgewicht hielt.
»Wird schon halten, muß halten«, sprach ich zu mir selber und wagte dabei kaum zu atmen. Ich hatte ein mulmiges Gefühl in der Magengrube. Wenn dieser Pfeiler kippte, würden wir beide aus der Wand katapultiert und am Einstieg unter tausenden Tonnen von Gestein begraben. Unwillkürlich schaute ich hinunter - nein, zwei so kleine, leichte Menschen konnten eine solche Felsmasse nicht bewegen. Es war wie wenn zwei Ameisen auf einer Waage stehen. Nichts geschieht, natürlich nicht, meine Angst war völlig unbegründet. Trotzdem war sie da, ich konnte meine Nerven zwar mit nüchternen Argumenten beruhigen, aber die Angst weglügen konnte ich nicht. Der Turm war vielleicht schon seit hunderten von Jahren absturzbereit, vibrierte bei jeder noch so kleinen Erschütterung ängstlich vor sich hin und blieb dennoch in wackligem Gleichgewicht, obwohl die Witterungseinflüsse ständig an ihm fraßen. Das hohe Alter des abgespaltenen Turmes beruhigte mich. Trotzdem hätte ich es nicht gewagt, einen Haken in den Riß zu schlagen, aus Angst, ich könnte damit die ganze Riesenschuppe von der Wand absprengen.
Endlich Stand auf dem Pfeilerkopf. Ich wischte mir den Angstschweiß von der Stirn und holte Wilfried nach. Wenn er den Fels abklopfte, vibrierte der ganze Turm bis zu mir herauf. Die Schwingungen waren fühlbar wie kleine Erdbeben, und weit unten, wo er aufliegen mußte, fielen kleine Steinchen heraus. Ich konnte nicht mehr hinsehen und ließ meinen Blick lieber in die schöne Landschaft

abschweifen. Erst als Wilfried neben mir stand, atmete ich erleichtert auf, richtig wohl war mir erst wieder am nächsten Standplatz.
Wie lange mochte der wacklige Turm dem Zahn der Zeit wohl noch trotzen und wann würde er endlich aufgeben, ächzend das Gleichgewicht verlieren und donnernd in die Tiefe stürzen? Vielleicht steht er aber auch noch da, wenn der Mensch sich selbst längst ausgerottet hat.
Ein paar Seillängen weiter oben überquerten wir die Schlucht und setzten unseren Aufstieg rechts von ihr fort. In der Schlucht trafen sich 'Auckentalerweg' und 'Direkte' kurz, um gleich darauf wieder getrennte Wege zum Gipfel einzuschlagen. An den Schluchtgrund, in dem die 'Auckentaler' weitergeht, hatte ich keine schönen Erinnerungen. Alles was man anfaßte war so bröselig wie eine Kiesgrube. Auckentaler war ein genialer Bergsteiger gewesen, eine Generation vor Rebitsch, und seine Route ist wegen ihrer Schwierigkeit auch heute noch berühmt und gefürchtet. In brüchigem, aber leichterem Fels stiegen wir dem Gipfel zu. Ein feuchter, gelbbrauner Wulst bot noch einmal größere Schwierigkeiten mit mäßiger Absicherung, doch auch der lag bald unter uns.
Am Gipfel legten wir uns ein halbes Stündchen in die Sommersonne. »Ich bin ein alter Schisser«, gestand ich mir selber ein. Der abgespaltene Pfeiler war nicht mehr greifbar und damit unwichtig geworden, er pappte irgendwo da unten an der Wand.

Wenn es dem Esel zu wohl wird, geht er auf's Eis

Ich interessierte mich schon immer für Eistouren, weil mich die Wandelbarkeit, die Flüchtigkeit der Materie Eis und die Möglichkeit, sich auf ihr fortzubewegen, faszinierte. Zu Beginn kletterte ich mit Holzschaftpickeln und Steigeisen mit Riemenbindung, die ich mir vom Alpenverein lieh. Später, als ich es mir leisten konnte, ging ich mit eigener, moderner Ausrüstung.
Im Karwendel ermöglichten unzählige steile Rinnen und Schluchten im späten Frühjahr und Frühsommer kombinierte Eistouren; niemand nutzte diese Möglichkeit außer mir. Während meine Freunde im warmen Frühjahrsfels der Klettergärten herumturnten, zog es mich oft in kalte, eisige Schluchten, in die kein Sonnenstrahl fiel. Gerade diese unwirtlichen Plätze fand ich besonders schön. Wie so oft in meinem Leben machte ich alles allein, mußte es so machen, weil niemand meine Interessen und Neigungen teilte. Doch das war auch das Faszinierende an diesen Touren: da war niemand außer mir! Ich empfand es als einen großen Vorteil, daß ich mein eigenes Tempo gehen konnte und mich niemandem anpassen mußte. Ich ging schnell oder langsam, wie es mir gefiel. Manchmal

setzte ich mich auch nur einfach hin und ließ eine halbe Stunde verstreichen, ohne mich vom Fleck zu rühren. Weil ich keinen Begleiter hatte, brauchte ich auf niemanden Rücksicht zu nehmen. Natürlich wußte ich um das ungleich höhere Risiko, das ich dabei einging, doch ich nahm es in Kauf.

Ab und zu hatte ich die Gelegenheit, zu Eistouren in den Zillertaler Alpen mitzufahren, wo sich alle über die gute Technik wunderten, die ich mir im Karwendel erworben hatte. »Du bist verrückt«, sagte Martin, als ich ihm nach dem Aufstieg über die Hochferner-Nordwand, einer fünfzig Grad steilen Eistour, vorschlug, über die Eiswand des Hochfeilers wieder abzusteigen. Er willigte dann aber doch ein, und wir stiegen die blanke, sechzig Grad steile Eiswand hinunter, auch Martin mußte eine Schraube locker haben. Aber gegen die Atmosphäre im Karwendel verblaßten die Eindrücke in den gängigen Eistouren. Außerdem waren sie ganz einfach schneller zu erreichen und niemand störte dort meine Kreise.

Es war eine kühne Idee, durch die Lawinenrinne rechts der Mittenwalder Hütte zu steigen, um dann links des Gerber-Nordkamins über steile Firnfelder und verschneite Felsen das Band zu erreichen, welches, von unten kaum sichtbar, zum Gipfel des Gerbers führte. Durch die Rinnen fegten oft bis in den Juni hinein gewaltige Lawinen herunter, die alles mitrissen, was sich ihnen in den Weg stellte. Wer die alles vernichtende Zerstörungskraft einer großen Lawine einmal erlebt hat, vergißt das nicht mehr und bekommt den gebührenden Respekt vor dieser großen alpinen Gefahr.

Doch ein paarmal im März oder April war die tief in den Fels gefurchte Rinne absolut sicher, und wer sich dann dort hineinwagte, war nicht vom Tod bedroht. Wichtig war nur, die richtigen Bedingungen zu erwischen. Wo die Grenze zwischen gerade noch sicher oder schon gefährlich liegt, ist Ansichtssache, aber die grundsätzlichen Bedingungen richtig einzuschätzen, ist erlernbar und basiert auf Erfahrungswerten. Ein Schneehang kann um 8 Uhr früh sicher gewesen sein, auch wenn er mittags wegen der stark gestiegenen Temperaturen lebensgefährlich ist. Für mein Vorhaben hatte ich beste Bedingungen und zudem praktisch unbegrenzt Zeit, denn ich lebte ja in Sichtweite der Rinne, beobachtete sie jahrelang und zog meine Schlüsse.

An einem Tag im März waren die Bedingungen optimal und ich schlug zu. Noch in der Nacht brach ich auf. Der lawinengepreßte Schnee war hart wie Beton und erlaubte ein schnelles Vorwärtskommen. Jahrelang hatte ich von der Wörnerstraße aus, wo ich lebte, in die Rinne geschaut, jetzt schaute ich aus der Rinne in die umgekehrte Richtung. Eine große Befriedigung erfaßte mich, ein Traum, von niemandem außer mir geträumt, erfüllte sich: Die steile Rinne unter mir. Was für ein ausgesetzter Tiefblick. Die Häuser sahen wie Spielzeuge aus, da hinten war

der Kirchturm, der die Häuser beherrschend überragte, über mir das drohende Loch des Gerber-Nordkamins, den ich in einer Schleife umging.
Die Eisverhältnisse waren hervorragend und ich brauchte für die 1300 Höhenmeter bis zum Gipfel nur wenige Stunden. Was für ein Tag! Das Band links des Gipfels querte ich von links nach rechts bis unter das Gipfelkreuz, es brachte mich bequem, aber ausgesetzt durch die senkrechte Nordwand. Eine schöne, logische Linienführung, eine tolle Tour. Hunderte von Bergsteigern machen jedes Jahr die Eiger Nordwand, was sie in meinen Augen zu einer allenfalls mittelmäßigen Tour macht, auch wenn sie trotzdem noch genauso gefährlich ist wie früher. Wer traute sich an 'meine' Tour heran?
Das Besondere war überall zu finden. Ich hatte nur die ausgetrampelten Pfade verlassen und war meinen eigenen Weg gegangen. Mein Blick strich sanft über die unzähligen Berggipfel, die ich von meinem Platz aus sehen konnte. An der Hasellähne, der Lawinenschneise der Arnspitze, die meinem Standort schräg gegenüber lag, blieben meine Augen hängen. Dort war ein Klassenkamerad von mir vor einigen Jahren bei einer Bergwachtübung von einer Lawine mit gigantischen Ausmaßen getötet worden. Zehn Meter tief hatte damals der feuchte, schwere Schnee alles unter sich begraben. Der Druck der Schneemassen war so stark gewesen, daß sich die Lawine zwei Kilometer in ebenes Gelände hineingeschoben hatte, der Schnee war so hoch aufgetürmt und vom großem Druck hartgepreßt, daß Teile davon den Sommer überdauerten.
Daß der zweite Verschüttete nach drei Tagen unter der Lawine lebend gefunden wurde, hört sich wie ein Märchen an. Man hatte die offensichtlich große Lawinengefahr ignoriert und die zwei jungen Burschen für eine Suchübung mit Hunden am Fuße der Rinne eingegraben. Um Lawinenhunde für den Einsatzfall zu trainieren, gräbt man lebendige Menschen in Schneelöcher ein, holt die Hunde und läßt sie nach ihnen suchen. Mit ihrem feinen Geruchssinn finden sie die Stelle meist schnell, und wenn dann jemand dem Schnee entsteigt, ist das ein großes Erfolgserlebnis für die Hunde. So werden sie spielerisch auf den Ernstfall vorbereitet.
Es war ein scheußlicher Tag, bis zu den Gipfeln hinauf regnete es. Zuvor war viel Neuschnee gefallen, die Lawinengefahr war akut. Nachdem die beiden Bergwachtler in ihren Höhlen saßen, geschah, was geschehen mußte: die Riesenlawine kam und begrub alles. Es dauerte lange, bis man die beiden Unglücklichen in ihren eisigen Särgen fand, weil nach dem Lawinenabgang nichts mehr so aussah wie vorher und kein Mensch mehr wußte, wo die beiden Schneelöcher zu suchen waren. Das Chaos der Schneemassen, die sich nach einer derartigen Naturkatastrophe auftürmen, ist unvorstellbar, wenn man es nicht selbst gesehen

hat. Bei der Mächtigkeit der Schneedecke rochen die Hunde gar nichts mehr. Hunderte von Menschen gruben mit Schaufeln Tag und Nacht, bis sie buchstäblich umfielen. Niemand gab die Hoffnung auf, daß vielleicht noch jemand lebte, obwohl rein rechnerisch beide längst tot sein mußten. Unglaubliches wurde geleistet, aus keinem anderen Beweggrund als dem, helfen zu wollen. Doch wo anfangen zu graben? Es war zum Verzweifeln. Manchmal weinte jemand, weil alles so aussichtslos schien; eine Schande war das nicht. Man versuchte sogar mit einer Raupe die Schneemassen umzupflügen. Eine zusätzliche Gefahr, falls noch jemand lebte. Nach drei Tagen lebendigen Begrabenseins wurde Hans Struss unterkühlt, aber lebendig, aus seinem unvorstellbarerweise noch intakten Schneeloch gezogen. Er wurde weder erdrückt, noch ist er erstickt oder erfroren. Was er durchgemacht hat, weiß nur er selbst.

Eisabenteuer am Jochberg

Bei dichtem Morgennebel konnte ich mit meinem uralten R 12 nicht schneller als Achtzig fahren. Ich hatte ihn vor mehr als einem Jahr einem Ettaler Tierarzt abgekauft. Als ich bei der Besichtigung des Wagens die rückwärtige Tür aufmachte, war mir ein Wasserschwall entgegengeschwappt. »Ich weiß nicht so recht, ob ich ihn kaufen soll.« Der Besitzer machte auf harmlos und hatte es faustdick hinter den Ohren. Allerdings, die vier Sommerreifen waren noch gut, 50 Mark für jeden und noch einmal 50 für die Karosserie ergaben einen Kaufpreis von 250 Mark. Wir wurden handelseinig, der Wagen ließ mich zwei Jahre lang nie im Stich. Die undichte Stelle versiegelte ich mit Fensterkitt, den tierärztlichen Rat, ein Loch in den Wagenboden zu bohren, damit das Wasser ablaufen könne, wollte ich nicht befolgen.

Als wir die Serpentinen der Kesselbergstraße hinaufkrochen, ließen wir den Nebel unter uns. Von der Südseite her ist der nur 1900 Meter hohe Jochberg ein Grasbuckel, nordseitig fällt er mit einer 600 Meter hohen Wand ab, die in kalten Wintern mit stellenweise senkrechten, zu Eis erstarrten Wasserläufen bestückt ist. Ein paar Steileisfreaks hatten herausgefunden, daß die Wasseradern sich zum Eisklettern eigneten. Wir wollten es ihnen nachmachen. Vom Parkplatz aus blickten wir noch einmal kurz auf das Nebelmeer und marschierten zügig zum Wandfuß, um der Morgenkälte etwas Körperwärme entgegenzusetzen.

Die erste Seillänge war gleich sehr steil, die Eisschicht war an den dünnsten Stellen nur wenige Zentimeter dick. Ich verließ mich ganz auf Peter, der schon Erfahrung im Wasserfallklettern hatte. Für mich war diese damals noch fast unbekannte Spielform des Kletterns Neuland.

Peter stierte gleich los wie ein Wilder. »Der hat es drauf«, dachte ich mir. Um in dem senkrechten Gelände eine Eisschraube zur Sicherung setzen zu können, schlug er sein Eisbeil ein, hängte sich mit einer Reepschnur daran und hatte so beide Hände frei, um die Eisschraube eindrehen zu können. Sich voll und ganz einem Eisgerät anzuvertrauen, dessen Spitze nicht mehr als einen halben Zentimeter in das harte, spröde Wassereis eingedrungen war, kam mir dubios und gefährlich vor und ist auch tatsächlich sehr riskant. Wenn das Eisbeil abgleiten, oder die Eisscholle, an der es hing, ausbrechen würde, läge Peter mit gebrochenen Knochen neben mir auf dem Boden.

Nach ihrer halben Länge stand die Eisschraube schon am Fels an, Peter band sie mit einer Schlinge ab und kletterte weiter. Ich hatte schon immer Zweifel daran gehegt, ob überhaupt eine optimal sitzende Eisschraube einem Sturz standhalten würde, die Zwischensicherung Peters war allenfalls moralisch aufbauend, aber eine Sicherheitsfunktion erfüllte sie nicht. Als ich die Seillänge nachstieg, war ich froh, daß das Seil von oben kam und mir nichts passieren konnte.

Nachdem ich mich etwas eingewöhnt hatte, wagte ich es auch hin und wieder vorzusteigen, aber nur wenn Latschen oder Klemmkeile zuverlässige Zwischensicherungen boten und die unsympathischen Eisschrauben überflüssig machten. Die Entfernung zum Boden wuchs, zum Ausstieg war es noch weit. Eine schwierige Unterbrechungsstelle mußte überwunden werden. In den verschneiten Felsen benutzte ich abwechselnd Knie und Steigeisen, wie es gerade am besten ging. Die im Schnee wühlenden bloßen Hände wurden zwar klamm, aber nicht absolut gefühllos. Am Stand steckte ich sie wieder in meine Handschuhe und sie begannen aufzutauen. Das schmerzliche Gefühl, das mir nicht fremd war, ließ mich von einem Bein aufs andere hüpfen.

Die nächste Seillänge, eine Felsrinne mit gefrorenen, steilen Graspolstern, führte ich, weil Peter Probleme mit den Transplantationen an seinen Fingern hatte. Vor einiger Zeit hatte er im Montblanc-Gebiet beim Biwak auf dem Dach einer Hütte eine unisolierte Leitung berührt und einen starken Stromschlag abbekommen, der ihn beinahe das Leben gekostet hätte. Der Strom war bei den Fingern der rechten Hand ein- und bei der Herzgegend wieder ausgetreten, doch alle Brandwunden waren gut verheilt; Peter war zäh.

Die Kletterei in der Rinne war zwar heikel, aber mit gelegentlichen Latschen und Klemmkeilen gut abzusichern. Ab und zu konnte ich meine Eisgeräte in die bocksteif gefrorenen Graspolster schlagen, hervorragende Haltepunkte. Die Steigeisen knirschten auf blanken Fels, aber richtig aufgesetzt hielten sie gut. Meine Hände waren jetzt warm und griffen sicher. Die nächsten Seillängen boten wieder Wassereis und ich ließ Peter gerne den Vortritt. Der Blick aus der Wand hinaus

in die winterliche Voralpenlandschaft war großartig. Die Eisrinne hörte auf und mit ihr der Tag, aber die Wand war noch nicht zu Ende. An einer Latsche seilten wir in eine breite, unheimliche Schlucht hinein.
Vollkommene Stille und ein herrlicher Sonnenuntergang leiteten den Beginn der Dämmerung ein. Im Januar sind die Tage nur kurz. Unten auf der Straße fuhr ein Auto langsam die Kesselbergstraße hinunter. Von der Weite sah es niedlich aus, wie Spielzeug, sein Motorengeräusche drang nicht bis zu uns herauf. Die Schlucht war mit angewehtem Schnee gefüllt, der das Vorwärtskommen zu einer anstrengenden Wühlerei machte. Wir zogen unsere Steigeisen aus und gingen ungesichert weiter, noch sahen wir im Halbdunkel genug, um gut voranzukommen. Ich übernahm die Spurarbeit, Peter folgte. Wenn möglich, leitete ich unseren Weg auf gelegentliche Felsinseln, die uns ein schnelleres Vorwärtskommen erlaubten. Wir legten ein zügiges Tempo vor, die Vorstellung eines Biwaks machte uns Beine. Am Schluß noch ein Kampf mit einem steilen Latschenfeld und dann der Gipfelgrat. Es war bereits stockdunkel. Wir hatten die Jochberg Nordwand gehörig unterschätzt, das mußten wir zugeben.

Die heiße Nummer

Die Oberreintalturm Westseite ist 250 Meter hoch. Fester, rauher Wettersteinkalk. Sie hat immer schon die Kletterer angezogen, in der schwarzen, steilen und gutgriffigen Wand gibt es eine ganze Reihe von Routen. Die 'Heiße Nummer' war unser heutiges Ziel, die schwerste und verwegenste Tour im Oberreintal.
Es war nicht leicht, jemanden für dieses Vorhaben zu gewinnen. Jeder hatte Angst, auch im Nachstieg. Ausreden wie »Diese Tour finde ich nicht schön«, bedeuteten im Klartext: »Ich habe schon beim Hinschauen die Hosen bis zum Gürtel voll, deshalb komme ich nicht mit.« So begannen die Schwierigkeiten bereits lange vor dem Einstieg damit, einen geeigneten Begleiter zu finden. Aber Schwierigkeiten sind dazu da, überwunden zu werden, und ein Bergsteiger tut das aus Passion. Je schwieriger etwas ist, um so mehr muß man sich engagieren und um so mehr Freude erwächst einem daraus.
In Sepp Bartl aus Vordergraseck fand ich einen Partner, der mitging. Er ließ sich nicht lange betteln wie viele andere. Abends wurdenn auf der Hütte schaurige Geschichten über die 'Heiße Nummer' erzählt. Danach schmeckte das Bier noch einmal so gut und die meisten waren heilfroh, dort niemals einsteigen zu müssen. Es reichte ihnen vollkommen, von der Tour gehört zu haben. Mit solchen Halbheiten habe ich mich nie zufrieden gegeben.

Die Schlüsselseillänge ist 8- und ein satter Sturz liegt drin, also keine Tour zum ausbouldern. Es stecken in der ganzen Route keine Bohrhaken, nur 8 Normalhaken, die Stände mitgerechnet. An vielen Stellen der Tour ist es besser, nicht zu stürzen, auch die Standplätze sind nicht immer hundertprozentig. Freiklettern ohne das Sprungtuch einer garantierten Absicherung. Innere Sicherheit und ein gutes Selbstvertrauen in das persönliche Kletterkönnen sind hier gefragt, gute Nerven, auch vom Nachsteiger. Bis heute hat diese Route nur wenige Begehungen.
Am Einstieg verrenken wir uns die Hälse beim Blick nach oben. Der zentrale Wandteil ist durchwegs senkrecht oder überhängend. Wie immer vor extremen Unternehmungen liegt eine knisternde Spannung in der Luft, unsere leichte Nervosität überspielen wir geschickt. Keile, Karabiner, Friends, alles hängt an seinem gewohnten Platz am Klettergurt. Es kann losgehen. Anfangs über gestuften Fels, dann über eine steile, rißdurchzogene Wandpartie klettern wir höher. Eine Seillänge im siebten Schwierigkeitsgrad bringen wir hinter uns, ihre zwei kleinen Überhänge fallen mir nicht leicht. Auf der Suche nach Griffen und beim Legen von zwei Friends spüre ich das erste mal die Unterarme. Als ich Sepp nachsichere, entspannen sich die Muskeln wieder, jetzt bin ich warmgeklettert.
Die nächste Seillänge ist das schwerste Stück, Ungewißheit liegt in der Luft. Ich weiß, daß ich gut in Form bin und die hohen Schwierigkeiten, die mich erwarten, drauf habe, andernfalls hätte ich viel zu viel Angst, um weiterzusteigen. Der Erstbegeher ist hier zehn Meter weit in eine Sanduhrschlinge gestürzt, erst beim zweiten Anlauf konnte er die Seillänge klettern. Es gehört schon ein außergewöhnlicher Mut dazu, nach einem solchen Sturz dieselbe Stelle noch einmal anzugehen, ohne zu wissen, ob es weiter oben leichter oder schwerer wird, ob es möglich sein wird, nochmals eine Zwischensicherung anzubringen, die einen himmelweiten Sturz verhindert. Wir wissen, daß die Erstbegeher durchgekommen sind, diese Gewißheit allein schon erleichtert uns die Sache entscheidend. Ein Spaziergang wird es trotzdem nicht werden.
Vielleicht hätten andere Erstbegeher gesagt: »Es geht so nicht, schlagen wir eben zwei Bohrhaken.« Die gesamte Route wäre eine andere geworden. Sie wäre nicht leichter, aber viel einfacher, denn innere Sicherheit und Selbstvertrauen wären nicht mehr in gleichem Maße erforderlich gewesen. Im Verzicht liegt der Genuß, weniger ist oft mehr. Hätten die Erstbegeher Bohrhaken verwendet, wäre der Weg in die Mittelmäßigkeit abgerutscht und das Oberreintal um eine große Attraktion ärmer. Nicht auf das Was, sondern auf das Wie kommt es beim Klettern ganz besonders an. Wie das ganze Leben überhaupt: es ist in erster Linie eine Stilfrage.

Ich warte eine Weile, konzentriere mich und gehe dann los. »Sepp, paß gut auf!«, versichere ich mich nochmals seiner Aufmerksamkeit, obwohl ich weiß, daß er jede meiner Bewegungen genau beobachten wird. Ich habe keine Angst, da ist nur dieses seltsame Prickeln im Rücken, bevor der Tanz losgeht. Wie immer. Über eine feine Rißspur gelange ich zu der großen Sanduhr, in die ich gleich zwei Bandschlingen fädle. Das Doppelseil klinke ich in einen Schraubkarabiner ein, die Nerven sind beschwichtigt. Die Sanduhr ist mehrfach sturzgeprüft, das Seil wird auch halten, was soll also schon passieren, außer einem hohen Bogen durch die Luft?

Ich schwindle mich über eine kleingriffige, technisch anspruchsvolle Wandstelle. Meine Füße stehen wie angegossen auf den winzigen Trittchen, die Finger halten sich aufgestellt an kleinen Leisten, sicher und ohne Anzeichen von Ermüdung. Kurzer Quergang nach rechts, der Atem geht gleichmäßig und tief, dann gerade hoch und wieder kurze Querung nach links zurück. Senkrecht, weit unter mir, die Sanduhr. Dazwischen Luft, tief unten der Einstieg.

Meine Augen sind weit offen, damit mir nichts wichtiges entgeht, das Gehirn arbeitet auf Hochtouren, verarbeitet alle wichtigen Eindrücke blitzschnell und gibt die notwendigen Impulse an den Körper weiter, der sie in präzise Bewegungen umsetzt. Als nächstes gilt es, schräg links aufwärts zu klettern. Ich setze an, meine Position stimmt nicht, der Verlust des Gleichgewichts droht. Trial and error. Zurück in die vorige Ausgangsposition, tief durchatmen, linken Arm schütteln, rechten Arm schütteln. Alle Abläufe laufen ganz exakt ab, wie in einem Uhrwerk, das Resultat von langjährigem Training. Schauen, überlegen und dann das Rätsel um die richtige Kombination von Griffen und Tritten auflösen.

Allzulange darf ich hier nicht verharren, denn meine Position ist kein no hand rest, kein Platz, an dem ich beide Arme schütteln und mich wirklich ausruhen kann. Hier zu stehen kostet Arme und Waden Kraft. Wenn ich jetzt in Panik gerate, kommen meine Gedanken durcheinander und die Tiefe zieht mich gnadenlos hinunter, aber ich bin ganz ruhig, weil ich noch genügend geistige und körperliche Reserven habe.

Sepp ruft etwas herauf, ich höre nicht hin, will jetzt nicht antworten, weil ich mich konzentrieren muß. Bevor ich selber klettere, geht mein Geist voraus, löst die Gesamtbewegung in mehrere einzelne Bewegungsabfolgen auf, die ich schnell auswendig lerne und dann nachvollziehe. Es gibt nur noch die zwei Meter Fels direkt vor mir. Die Tiefe, Sepp, das Oberreintal, die ganze Welt haben für mich aufgehört zu existieren. Nichts ist mehr wichtig außer Griffen und Tritten. Der Fels ist gerade an der schwersten Stelle kleinsplittrig. Wenn der Untergriff, den ich mit der rechten Hand herziehen muß, um mit links weit ausgestreckt die nächste

Unebenheit zu erreichen, ausbricht, werde ich mich stürzend in der Luft überschlagen und kopfüber unten ankommen. Es wird ein gefährlicher Sturz sein.
Der Griff hält. Als ich den erlösenden Friend unter einem kleinen Überhang in ein Loch stecken kann, bin ich wieder gut gesichert, atme tief durch. Meine Waden zittern kaum merklich, die Nerven melden sich. Überhängend geht es nach rechts und danach acht Meter gerade hoch, wo ich einen Stand einrichte, um Sepp nachzuholen. Mein Herz schlägt schnell.
»Hoi, mi leckst am Arsch«, schreie ich den Oberreintalgruß in den blauen, wolkenlosen Junihimmel. Sepp antwortet von unten, sehen kann ich ihn nicht. Was kostet die Welt? Heute zumindest ist sie umsonst. Wenn ich einen Wunsch frei hätte, dann wünschte ich mir nichts mehr, als hier am Standplatz zu sitzen, die Füße ins Leere baumeln zu lassen und das Seil einzuziehen, an dem Sepp höhersteigt. Aber zu was brauche ich denn einen Wunsch? Ich sitze ja schon hier und genieße die Aussicht, den Ausblick um mich herum und den in mich hinein. Sepp kommt am Standplatz an, klopft mir auf die schmalen Schultern. Jetzt bin ich wirklich glücklich, obwohl ich weiß, daß dieser Zustand nicht lange anhalten wird. Es liegen noch ein paar schwierige Seillängen vor uns, doch wir wissen beide: Die 'Heiße Nummer' ist gelaufen.
Das Glück dauert nie lange. Ist ein Wunsch erfüllt, entstehen augenblicklich neue und brennen so lange auf der Seele, bis auch sie realisiert sind. Ob es vielleicht fade wäre, wenn wir immer zufrieden wären? Rastlose Glücksritter sind wir, immer auf der Suche nach etwas nicht Beschreibbarem, höchstens selber Nachvollziehbarem. Zwei Rindviecher stehen auf dem Oberreintalturm, der noch lange nicht der Gipfel ihrer Träume ist. Auch das Glück muß ein Rindvieh sein, das von seinesgleichen angezogen wird.

Besser schlechtes Wetter als gar nichts

Das gleichmäßige Trommeln der Tropfen aufs Dach des Schlafraumes beruhigt und schläfert ein, bevor man richtig aufwacht. Unter einem Verhau von Decken strecke ich mich wohlig aus, nur Augen und Nasenspitze ragen ins Freie. Neben mir schnarcht jemand, auf den Pritschen über mir wälzt sich irgendwer aus den Decken, springt plumpsend herunter und trollt sich in die Küche. Heute versäumt man draußen nichts. Wo sind die Wände und Grate? Da draußen, hinter dem dichten, undurchdringlichen Nebelvorhang müssen sie sein. Ich bin mir sicher, denn niemand wird sie über Nacht gestohlen haben.
So gegen 12 Uhr treibt mich der Hunger vom Schlafraum hinunter in die Küche, wo ich mir einen Platz in der Nähe des Ofens suche. Dort ist es schön warm, es

riecht nach Essen, nassen Hosen und ranzigen Socken, kurz: es ist gemütlich. In den supermodernen Haushalten, wo alles steril ist, riecht es, wenn überhaupt, leblos, hier duftet es nach Knoblauch, Erbsen, Soße und vielem mehr, nach allen Wohlgerüchen dieser Welt, die das Leben lebendig und interessant machen.

Nachdem ich mir den Wanst vollgeschlagen habe, riskiere ich einen Blick durchs Fenster und versuche durch das dichte Grau den Oberreintaldom zu finden. In der Domrinne, dem Zustieg zu den Routen am Dom, tost ein Wasserfall und reißt alle losen Steine mit sich, das Rauschen und Rumpeln höre ich bis hierher. Wird man in einer Domtour von einem Unwetter mit viel Regen überrascht, ist ein Abseilen in die Rinne nicht mehr möglich, ein Zurück zur Hütte gibt es dann nur noch über den Gipfel. Das kann recht unangenehm werden, mir ging es auch schon so. Gerade deshalb gefällt es mir hier neben dem Ofen so gut. Genüßlich strecke ich die Beine aus, satt, trocken und in Sicherheit. Irgendwann im Laufe des Nachmittags sind alle aufgestanden, in der Küche wird es lebendig. Drinnen fließt das Bier in Strömen, während draußen alles tropft. Welcher vernünftige Mensch setzt an so einem Tage einen Fuß vor die Tür?

Es ist leicht möglich, daß es sich eine Woche lang einregnet. Doch: was kann der Mensch schon anderes tun, als die Dinge so zu nehmen wie sie sind, sich anzupassen und abzuwarten, was da kommt? Nicht gegen die Tatsachen ankämpfen, sondern mit ihnen leben, war schon immer das vernünftigste. In letzter Konsequenz muß sich der Mensch den Regeln der Natur bedingungslos unterordnen, denn das Recht des Stärkeren und Vernünftigeren ist auf ihrer Seite. Unbestechlich und ohne Hintertür ist sie, bisweilen auch grausam und unnachgiebig, wenn jemand es wagt,, ihre ungeschriebenen Gesetze zu brechen. Hängen wir nicht alle an der Natur wie die Äste am Baum? Wird ein Ast abgesägt, ist es aus und vorbei mit ihm, weil ihm die Lebensbasis genommen wurde.

Peter singt den 'Müllmensch Blues' und trampelt dabei im Takt mit den Füßen auf einem Tisch herum, der eiligst abgeräumt wird, damit keine Gläser oder Teller zu Bruch gehen. Er steigert sich richtig rein, legt alles Gefühl und Begeisterung in seine Ein-Mann-Show. Als nächstes kommt das Lied 'Es ist ein hartes Los, wenn man verriegelt ist', in dem ein unschuldig Eingesperrter die Freiheit als einziges Paradies auf Erden beschreibt. Die Inhalte der Lieder sind wie die Sehnsüchte der Bergsteiger selbst: provozierend, freiheitsliebend und kompromißlos.

Bei schlechtem Wetter stellen die Kletterer den Hüttenwirt auf eine harte Geduldsprobe, doch Leute, die kein dickes Fell haben, halten es hier oben sowieso nicht lange aus. Heute sind die meisten Hütten im Gebirge zu besseren Hotels degradiert, aus denen so eine wilde Truppe hochkant hinausfliegen würde und nie mehr einen Fuß über die Schwelle setzen dürfte.

‘In den Bergen wohnt die Freiheit’ - auf vielen Hütten zählt heute die klingende Münze. Idealismus, das wilde rebellische Leben, gibt es dort nicht mehr. Die Oberreintalhütte war und ist etwas Besonderes, hoffentlich bleibt das auch noch eine Weile so. Ein Hauch von Anarchie umgibt sie seit eh und je. Die Kletterer haben Vorrang, Wanderer sind nach wie vor nur geduldet. Ich kenne die Hütte noch aus einer Zeit, wo sie einfach verjagt wurden, mochte das Wetter auch noch so schlecht sein.

Die Kletterer vom Oberreintalzweig sind eine lustige, verrückte Gemeinschaft. »Mich leckst am Arsch« ist seit altersher ihr Gruß, und wer auf feine Tischmanieren oder gepflegten Umgangston wert legt, macht besser einen weiten Bogen ums Oberreintal. Von der Kriegsgeneration wurde ein in Partenkirchen gestohlenes Fahrrad heraufgeschleppt und in die Südwestkante des Oberreintalturms gehängt, wo es bis auf den heutigen Tag vor sich hinrostet. Es müssen damals wohl dieselben Kindsköpfe wie heute gewesen sein, wild und den Kopf voller Unsinn. Seitdem heißt diese Tour ‘Radlkante’. Der Kommentar einer japanischen Seilschaft im Hüttenbuch: »Ohne Benutzung des Rades ist diese Tour schwieriger als fünf«. Natürlich, denn eigentlich hätten sie unter dem Rad einen Quergang machen müssen.

Ein Lied gibt das andere, gekonnt begleitet von Ziehorgel, Zither und Gitarre, ab und zu verirrt sich zwischendrin das eine oder andere Volkslied. Hier ist es lebendiges Brauchtum, das nicht am ewig Gestrigen festhält. Wie kunstfertig und selbstverständlich die Lieder locker und aus dem Stegreif vorgetragen werden, begeistert mich. Musik aus Freude daran, ohne Krampf und zuviel Show, allein dafür schon hat es sich gelohnt heraufzukommen.

An jedem Tisch hocken Bergsteiger und stecken die Köpfe zusammen. An solchen Tagen wird nicht nur gekartelt, gesoffen und geblödelt, es werden auch Pläne geschmiedet, neue Ideen entstehen und Verabredungen für die Zukunft werden getroffen, denn der Regen wird ja irgendwann einmal auch wieder aufhören. Die Zeit bis zum Abend vergeht nicht langsam und nicht schnell, angenehm träge fließt sie dahin. Es gibt Leute, die sich immer beschweren, daß die Zeit zu schnell vergeht. Klar, wenn sie immerzu nur arbeiten und sich abhetzen. Vielleicht sollten sie es einmal mit faulenzen versuchen, da dreht sich dann der Zeiger der Uhr schon langsamer.

Wieder liege ich im Schlafraum, dick verpackt in alle Decken, derer ich habhaft werden konnte. Von drunten dringt noch Musik herauf und irgend jemand behauptet immer wieder lautstark, daß tage- und nächtelanges Durchsaufen eine hohe Form von Idealismus sei. Ich bin jedenfalls froh, daß ich nüchtern geblieben bin und sich nicht alles dreht, sobald ich die Augen schließe. Bald bin ich eingeschlafen und träume von Tagen voller Zeit und Sonnenschein. Obwohl: auch ein faules, verregnetes Wochenende kann seine schönen Seiten haben.

Rückzüge

Mittenwald liegt in einem engen Bergtal. Weil ich mich nicht mit dem Brauchtumsfaschismus der Sechziger Jahre abfinden konnte, fing ich an zu klettern, statt Jodeln aus der Jukebox und Bier und Schnaps im Vereinsheim zog ich mir die Berge rein. Seitdem hat sich viel geändert. Die Bundhosen wurden von den Malerhosen verdrängt, der Rotpunkt-Gedanke war eine Revolution. Das Outfit der Neunziger Jahre ist knallbunt, elastisch, hauteng und teuer. Nur macht das Achtzig-Mark-Stirnband nicht automatisch den guten Kletterer aus.

Das Naturerlebnis hat an Stellenwert eingebüßt. Heute ist Klettern härter, leistungsorientierter als früher, nur noch die Erfolge interessieren. Wie in allen Bereichen der Leistungsgesellschaft. Gerade die Mißerfolge am Berg sind es aber, die den Horizont erweitern, aus denen man lernen kann und lernen muß. Aus Fehlschlägen die richtigen Schlüsse zu ziehen ist im Alpinismus auf Dauer auch eine Überlebensfrage. Die Berge sind gnadenlos und verzeihen gravierende Fehler nicht oft. Ich bin viele Male umgedreht, und was ich dabei lernte, gehört zu meinen wichtigsten Erfahrungen. So manche Bergtour, bei der alles glatt ging, habe ich längst vergessen. Die Rückzüge weiß ich alle noch.

Mit dreizehn hatte ich die seltene Gelegenheit, an die Drei Zinnen mitzufahren. Was heute selbstverständlich ist, war damals eine komplizierte Angelegenheit, teuer war es deshalb, weil wir arm waren. Zu viert standen wir am Einstieg des Preuß-Risses der Kleinsten Zinne-Nordwand, einer Traumtour, und einer forderte den anderen auf, die Seile auszupacken. Wir waren zu viert und keiner hatte einen Strick dabei, weil sich jeder auf den anderen verlassen hatte. Das Ende, bevor überhaupt etwas anfing. Danach weiß ich nur noch, daß ich an einem Felsen lehnte und vor Selbstmitleid heulte.

Wo keiner hinfindet: Die nördliche Jägerkarspitze im Karwendel. Wir fanden auch nicht hin, sechs Stunden suchten wir das versteckte Jägerkar. Als wir endlich den Einstieg gefunden hatten, konnten wir nur noch zwei Seillängen klettern und seilten uns dann ab. An Robbi Brackenhofers Moped war das Licht kaputt und wir mußten noch vor der Dunkelheit über der Grenze sein. Die offene Rechnung mit der Jägerkarspitze Südwand habe ich schon lange beglichen, wenngleich es ein paar Jahre dauerte, bis ich dort wieder hinkam. Der »Weg der Jugend« ist eine großartige Freikletterroute mit logischer Linienführung. Das lange Warten erhöhte den Genuß.

Der Wettersturz in der Marmolada: Zuerst hagelte es, dann schüttete es wie aus Eimern. Blitze, Donner, Furz und Frankenstein. Noch drei Seillängen und wir wären draußen gewesen, aber der Weiterweg war durch Sturzbäche versperrt. Es gab nur noch das Hinunter. Siebenhundert Höhenmeter über dem Einstieg. Wegen der reißenden Wasserfälle in den Rinnen und Schluchten kamen wir an diesem Tag dem Boden nicht entscheidend näher und mußten stehend die eiskalte Nacht über uns ergehen lassen. Zwei Abseillängen trennten uns von dem überdachten Band in der Wandmitte, einem idealen, trockenen Biwakplatz. Doch ein paar Meter können Welten sein. Schlotternd, voller Angst und Hoffnung, erwarteten wir den Tagesanbruch. Welcher Mensch hält so eine Nacht schon aus, ohne die Hoffnung, daß es auch wieder einmal anders sein wird?
Bei Tagesanbruch setzten wir unseren Abstieg fort, der noch lange nicht zu Ende war. Im Schneetreiben erreichten wir das Band, die Wasserfälle hatten zu unserem Glück trotz stetiger Niederschläge nachgelassen. An einer Abseilstelle ließ sich das nasse Seil nicht abziehen. Bernd schrie etwas herauf und ich etwas hinunter, aber ich verstand ihn nicht. Trotzdem war es beruhigend, seine Stimme zu hören, die mir bestätigte, daß ich nicht ganz allein war. Ich versuchte alles mögliche, damit das Seil besser lief. Umsonst, mir blieb nichts anderes übrig, als ohne Sicherung zu Bernd abzuklettern und nicht zu stürzen; die beiden Seile hängte ich mir mit einem Karabiner an den Klettergürtel. Noch viele Male fuhren wir am Doppelseil ab. Wenn wir uns an den Ständen trafen, schlotterten wir um die Wette. Es fror uns ganz erbärmlich.
Am Einstieg endlich wieder sicherer Boden unter den Füßen. Naß und vor Kälte bibbernd, schossen wir die Seile auf und genossen das Gefühl, frei zu sein. Frei von Angst, frei von dieser Wand, über die wir gestern noch hinauf wollten. Wir waren zu spät eingestiegen, das war der Fehler. Wir hatten dafür bezahlt, zum Glück nicht mit unserem Leben. Die leichten Erfrierungen, die wir beide hatten, und der klingende Name einer bekannten Tour, die wir abgebrochen hatten, waren bedeutungslos. Viel wichtiger war es, am Leben zu sein und in einem warmen, trockenen Bett in der Waagrechten schlafen zu dürfen. Recht viel mehr braucht ein Mensch nicht, um sich wohl zu fühlen. Was ist dieser ganze Luxus, der uns im Alltag umgibt, wirklich wert? Vieles wird tatsächlich nicht gebraucht, ist schiere Einbildung. Das Bergsteigen lehrte mich, auch bescheidener zu werden.
Winter in der Laliderer-Nordwand. Steigeisen kratzen auf vereistem Fels. Warum bin ich nicht zu Hause und mäste mich mit Weihnachtsgebäck? Wir waren zu sechst und viel zu langsam. Die Schlüsselstelle hatten wir, aber 1000 Meter höher war die Tour erst zu Ende. Eine nicht erklärbare, panische Angst überfiel mich plötzlich und schnürte mir die Kehle zu. Ich gab nicht eher nach, bis die

anderen mich mit zwei Seilen zum Einstieg abgelassen hatten. »Was sollen wir mit deinem Rucksack machen?« »Schmeißt alles, was Ihr nicht braucht, einfach runter«, antwortete ich. Als der Rucksack flog, fiel mir meine Thermosflasche ein. Zu spät. Zuerst waren wir eine Sechser-Seilschaft mit einem Führenden, jetzt war es eine Fünfer-Seilschaft, die dem vereisten Fels Meter um Meter abtrotzte. In der Abenddämmerung standen alle wieder neben mir in einer kleinen Schneehöhle am Einstieg. Sie hatten auch aufgegeben.

Südamerika, Cordillera Réal: Ich hatte einen Traum in die Realität umgesetzt. Einfach war das nicht, aber nichts ist unmöglich. Wir hatten eine ganze Reihe von super Erstbegehungen an 5000 Meter hohen Granittürmen gemacht, die vor uns noch nie jemand beachtet hatte. Die nächste Tour sollte der absolute Höhepunkt werden, das Tüpfelchen auf dem i. Eine Woche lang hatten wir alles vorbereitet. Wenn man den Marsch ins Basislager und die Akklimatisierungszeit mitrechnete, sogar wesentlich länger. Ein wilder Felspfeiler am 6400 Meter hohen Ancohuma war unser Ziel. Nach zwei Tagen schwieriger Kletterei der Platzverweis. Mein Mut reichte nicht aus, um eine schwere, fünfzehn Meter hohe Wandstufe ohne Zwischensicherung zu klettern. Ich bekam einfach keinen Haken rein, wir mußten abseilen. Hätte ich dort einen Bohrhaken dabei gehabt, hätte ich ihn geschlagen.

Heute bin ich froh, daß wir die Dinger in Sorata gelassen hatten. Das Unmögliche blieb unmöglich, und das war in Ordnung. Es war für mich nicht möglich. Aber ein besserer, nervenstärkerer Kletter braucht vielleicht dort keine Sicherung, obwohl ich es mir nicht vorstellen konnte. Aber ich kann mir auch den elften Schwierigkeitsgrad nicht vorstellen. Trotzdem gibt es ihn. Gewissermaßen als Trostpflaster begingen wir den Ancohuma einen Tag später über seinen Normalweg. Mein erster Sechstausender. War dieses Unternehmen verschwendete Zeit? Für mich sicher nicht. Bei dem gescheiterten Versuch waren ein paar der schwersten Freikletterstellen dabei, die ich je geklettert bin. Natürlich, um damit angeben zu können, hätte die Route auf den Gipfel führen müssen, aber für mich selber war es ein großartiges Abenteuer. Zwei Jahre später kletterte ich allein eine ideale, schwere, ausgesetzte und objektiv sichere Route an diesem Berg, die mir bei unserem Rückzug aufgefallen war. Ohne die guten Ortskenntnisse, ohne den Abstieg vom Ancohuma zu kennen, wäre das nicht möglich gewesen.

So ist Umdrehen immer auch neu anfangen. Ein Rückzug kann Ansporn sein zu trainieren, sich mit seinem Ziel schon in der Vorbereitung geistig intensiver auseinanderzusetzen. Fehler, die man bereits kennt, können im Training systematisch ausgemerzt werden. Eine schmerzliche Niederlage kann sich in Motivation verwandeln, und Energien werden freigesetzt, von denen man vorher nichts geahnt hat. Die Grenze zwischen Erfolg und Versagen ist beim Bergsteigen eng, auch Glück gehört dazu. Die Tagesform muß im entscheidenden Moment stimmen, und der Kocher darf nicht streiken, wenn es darauf ankommt. Ein lächerlicher Durchfall hat schon so manchem den Gipfelsieg gekostet. Bergsteigen ist wie Kreuzworträtsel lösen. Ein Teil paßt ins andere, führt weiter zum nächsten, bis aus der Frage eine Antwort wird. Geduld ist das wichtigste. Würde man die Lösung bereits vorher wissen, ginge immer alles glatt. Der Reiz wäre dahin.

Sportkletterunfall

Im Dschungelbuch unter der Martinswand bei Innsbruck gibt es hunderte eingebohrter Sportkletterrouten aller Schwierigkeitsgrade. Eine halbe Autostunde von Mittenwald entfernt und für mich ideal zum Austoben. Sportklettern ist ein ausgezeichnetes Kraft- und Geschicklichkeitstraining. Von vielen wird es ausschließlich betrieben und nirgends sonst bekommt man so ein ausgeprägtes Gefühl für den Fels. Es macht Spaß, durch Bohrhaken bestens gesichert, über seiner persönlichen Leistungsgrenze herumzuturnen. Wissend, daß ein Sturz keine Folgen hat und ohne Bedenken riskiert werden kann. Dazu kein langer Anmarsch, ein paar leichtere Seillängen zum Auflockern der Muskeln und dann eine schwere Route versuchen. Wenn die Unterarme dick und kraftlos geworden sind, trifft man sich mit Kletterkollegen zum Plausch in einem Café oder fährt nach Hause. Regen, Durst oder schlechtsitzende Haken, alles Probleme, die einem im Gebirge zu schaffen machen, sind bedeutungslos. Wenn man keine Lust mehr hat, ist das Auto in fünf Minuten erreicht und das Unternehmen Dschungelbuch abgeschlossen. Ein Klettergarten: einfach, harmlos und schön.

Die Gefahr liegt im Fehlen der Ernsthaftigkeit. Mit Joe war ich im Dschungelbuch. Wieder einmal mit wechselnden Seilpartnern. Ich versuchte eine schwere Route, in der schwersten Stelle war der Bohrhaken knapp unter meinen Füßen. Ich hatte einen Griff mit der falschen Hand und spürte, wie langsam die Kraft nachließ; zum Zurückklettern war es zu schwer. Beim Sportklettern zu stürzen ist nichts besonderes, kommt beim Überschreiten der Leistungsgrenze oft vor, man gewöhnt sich daran, es macht sogar Spaß. Bald würde ich loslassen, fallen, der Sturz wird kurz und harmlos sein.

Ich schaute noch kurz hinunter zu meinem Sicherungsmann und schon lief es mir eiskalt über den Rücken. Der stand weit weg von der Wand und das Seil hing schlaff durch, während er sich angeregt mit jemanden unterhielt, mit einer Hand gestikulierend, mit der anderen am Sicherungsknoten spielend. »Joe, zieh das Seil ein, du Rindvieh, ich falle«, rief ich verzweifelt und krallte mich panisch an den

Aufleger für die linke Hand, um den unausweichlichen Sturz hinauszuzögern. »Wie, wo, was soll ich?«
Langsam aber sicher gingen die Finger auf, linke Hand und rechter Fuß rutschten gleichzeitig ab, mein gequälter Aufschrei war weithin zu hören. Hoffentlich hört Joe ihn auch, schoß es mir noch durch den Kopf. In rasender Geschwindigkeit sah ich den Boden auf mich zukommen und glaubte schon, daß das Seil gerissen wäre. Dann der Ruck, knapp über dem Boden hing ich im Seil. Ich glaubte, mein Kreuz sei entzwei. Fünfzehn Meter tief war ich in flacheres Gelände gestürzt und aufgeklatscht wie eine fette Schmeißfliege. Ich war verletzt, doch gottlob hatte ich mir nichts gebrochen. Zwei Wochen kam ich humpelnd und krumm daher und wurde immer wieder daran erinnert: Nicht jeder Seilpartner ist zuverlässig.

Sturz

Die Viererspitze ist ein markanter Berg. Durch ihre Nordwand zieht ein Rißsystem, das von weitem aussieht, als hätte ein Riese dort eine gigantische Vier eingemeißelt. Die direkte Nordwand verläuft im überhängenden Hauptbalken der Vier. Wenn dort eine Seilschaft unterwegs ist, kann man sie vom Tal aus mit dem Fernglas beobachten.
In den Köpfen der jungen Mittenwalder Kletterer spukte diese Tour als tägliche, jederzeit präsente Herausforderung herum. Die erfahrenen, vernünftigeren Bergsteiger rieten uns jungen Draufgängern von dieser Führe ab; sie sei gefährlich und brüchig. Doch diese Warnungen verstärkten bei uns nur den Wunsch, sie zu durchsteigen, ihnen zu beweisen, wie gut wir waren. Fremde Kletterer verirrten sich nie in diese furchteinflößende Route. Sie konnten sie nicht wie wir jeden Tag sehen und hatten nicht diesen tiefen inneren Bezug, fanden sie in gleichem Maße abstoßend, wie wir sie anziehend. Es kann nicht jeder in die gleiche Frau verliebt sein. So ähnlich verhält es sich auch mit Bergtouren.
Bernhard und ich stiegen in die 'Vierer Direkte' ein. Hinter uns kletterte noch eine zweite Seilschaft, Frank und Hias, den alle nur 'Neger' nannten. Sie hatten schon einen dramatischen Begehungsversuch hinter sich. Bis zur Schlüsselseillänge waren sie gekommen, Frank stieg damals dort voraus. Im überhängenden Gelände, das abwechselnd technische und freie Kletterei erforderte, ging ihm die Kraft aus. Wegen der miesen Zwischensicherungen durfte er dort einfach nicht stürzen, aber die überhängende Wand hatte ihm alle Kraft aus den Unterarmen gepresst. Die Hände gingen langsam aber sicher auf. In letzter Verzweiflung biß er mit den Zähnen in den nächsten Haken. Zwei Vorderzähne splitterten, Frank stürzte, riß im Flug zwei verwitterte Holzkeile heraus, nach fünfzehn Metern

freiem Fall blieb er in der fauligen Schlinge eines weiteren Holzkeiles hängen. Danach seilten sie ab. Jetzt waren sie wieder da und forderten Revanche.
Jahrelang war die Tour niemand mehr geklettert und ausgerechnet an ein- und demselben Tag trafen wir vier jungen Leute uns dort. Als hätten wir es so verabredet.
Langsam gewinnen wir an Höhe, die Tiefe unter uns und der steile, brüchige Fels vor uns beeindrucken uns kaum. Vom Wandbuch in der Mitte der Führe geht es die üble Seillänge hoch, in der Frank so gefährlich gestürzt war. Bernhard turnt vom Stand weg mit Trittleitern an wackligen Haken über einen Überhang hinauf. Dann kommen die morschen Holzkeile, etliche sind schon herausgefault. Gewagtes schwieriges Freiklettern ist die Folge, der Fels ist bröselig.
»Paß gut auf jetzt!« ruft Bernhard und ich halte das Seil noch ein bißchen fester. Er vertraut sein Körpergewicht ein paar selbstgebastelten Bohrhaken an, die mit Teerpappe und Holzstückchen in die Wand gedübelt sind. Jahrzehnte vor sich hingefault, verbiegen sie sich in ihrer provisorischen Verankerung nach unten, sobald Bernhard sie mit seinem Gewicht belastet. Sie halten schlecht, aber sie halten. »Wer zieht den schwarzen Peter?« rufe ich hinauf. »Halt's Maul!« kommt es von oben, dann höre ich Bernhard nur noch schwer atmen, das Seil läuft zentimeterweise durch meine Hände. Um mich herum stecken als letzter Rettungsanker fünf Standhaken, und wenn sie schon nicht besonders gut sind, so sind es doch viele. Das beruhigt, irgendeiner wird im Falle eines Sturzes schon halten.
Frank folgt als Vorsteiger der anderen Seilschaft, einen halben Meter unter mir hängt er sich an einen Eishaken, der gut fünf Zentimeter weit aus dem Fels ragt. Die alten Eishaken haben keine Spiralform, es sind einfach nur extralange vierkantige Eisenstifte mit Widerhaken. Außer im Karwendelbruch sind sie in Felstouren unüblich, sie dringen in gutem Fels nicht tief genug ein, außerdem ist ihre Reißfestigkeit mangelhaft.
Mein Standplatz ist für uns beide zu klein und Frank fragt Neger, der unten am Stand sichert, ob er gleich hier, an dem einen einzigen Haken, Stand machen soll. »Warte, bis Robbi weg ist!« kommt die Antwort von tief unten herauf. »Ist gut«, ruft Frank hinunter und lehnt sich gegen den Eishaken mit dem Oberkörper weit die Wand hinaus, um Bernhard beim Klettern zuzusehen.
Urplötzlich ein dumpfes Knirschen. Die Schuppe, hinter die Franks Haken eingetrieben war, bricht weg, jetzt hält ihn nichts mehr. Frank hat den langen Eisenstift mit beiden Händen fest umklammert und kippt hintenüber aus der Wand. Ich will ihn blitzschnell am Kragen packen, aber meine Selbstsicherung reißt mich zurück, ich erwische ihn nicht mehr. Für den Augenblick eines Herzschlages sehe ich in Franks starre, weit aufgerissene Augen. Rasend schnell taucht er ab, saugt

ihn der Abgrund weg. Pling, pling, pling, zieht der sich in der Luft überschlagende Körper einige schlechtsitzende Haken aus dem Fels, schlägt nach 10 Metern auf, wird wieder in die Luft hinauskatapultiert, und fällt... und fällt... und fällt. Kein Schrei, nur das weit entfernte Klimpern von Karabinern ist zu hören.
Frank verschwindet in der weiteren Flugbahn aus meinem Blickfeld, dann sehe ich ihn wieder. Nach 50 Metern ein Ruck, Frank baumelt am Seil. Die Stille ist unheimlich, ich zittere am ganzen Körper, würge an einem dicken Kloß. Abwechselnd schaue ich hinunter, dann wieder auf den gelben Ausbruch unter meinem linken Fuß, wo Frank gerade noch hing.
Jetzt baumelt er weit unten seltsam regungslos im Seil. Der Strick läuft irgendwie zwischen beiden Beinen hindurch über seinen Rücken nach oben, es sieht aus, als sei seine Wirbelsäule entzwei. Mir ist schlecht, meine erste Sorge gilt nicht den anderen, sondern mir selbst. Außer daß ich schockiert und verdattert bin, fehlt mir nichts, stelle ich mit einer gewissen Befriedigung fest. Frank ist ganz sicher tot, aber Neger lebt. Der letzte Zwischenhaken und der Stand haben gehalten und verhindert, daß die ganze Seilschaft in die Tiefe geschleudert wurde. Eine halbe Minute später geschieht das Unglaubliche: Frank bewegt sich, beginnt, sich zum Standplatz von Neger hinaufzuarbeiten. »Junge, Junge!« flüstere ich erleichtert. Mehr fällt mir nicht ein.
Nach einer Weile höre ich Neger heraufrufen: »Uns fehlt beiden nichts, wir brauchen keine Hilfe, aber wir seilen ab.« Ich bin erleichtert. Warum Frank sich bei dem ersten bösen Aufprall nicht schwer verletzt hat, weiß ich nicht, danach ist er ins Überhängende gestürzt und nicht mehr aufgeschlagen. Nach dem Sturz hat er sich noch irgendwie gedreht, deshalb hing er so schief im Seil. Eine ganze Armee von Schutzengeln und der Kombinationsgurt, den er anhatte, retteten ihm vermutlich das Leben.
Bernhard war eine Seillänge über mir am Stand, er hatte von dem Sturz nichts mitbekommen und gab das Kommando zum Nachkommen. Nur ungern band ich meine Selbstsicherung los und kletterte nach. Beim Blick in die gähnende Tiefe befiel mich lähmende Angst, und wenn das von oben kommende Seil auch nur fünf Zentimeter durchhing, geriet ich in Panik. Das Erlebte verfehlte seine Wirkung auf meine Psyche nicht. Ich hatte schreckliche Angst vor der ziehenden Leere unter meinen Füßen. Jeden Griff und Tritt verdächtigte ich des baldigen Ausbrechens. Die wackligen Haken, denen ich mich wohl oder übel anvertrauen mußte, jagten mir Angstschauer über den Rücken, auf einmal kamen mir die satten elf Millimeter unseres Bergseils ganz schön dünn vor. Bernhard amüsierte sich über meine wachsbleiche Gesichtsfarbe und die zitternden Hände. Er stieg alle verbleibenden Seillängen bis zum Gipfel vor, ich traute mich nicht mehr. Am

Gipfel beschloß ich, mit dem Klettern aufzuhören, doch im gleichen Moment wußte ich genau, daß dieser Vorsatz nicht lange halten würde.
Nach der Tour der Abstieg ins Viererkar. Wie immer gingen wir an der auf dem Heimweg liegenden Dammkarhütte nicht vorbei, ohne dort einzukehren. In der kleinen Hütte saßen Neger und Frank am Bergwachttisch, jeder eine Maß Bier vor sich. Eine 'Sturzmaß', wie sie sagten. Ich konnte es fast nicht glauben, Frank schien weder ernstlich verletzt zu sein, noch hatte er einen Schock erlitten. Vergnügt saßen beide da, freuten sich des Biers und ihres Lebens.
Doch nach der dritten Maß kam es hoch: Frank durchlebte den ganzen Sturz noch einmal. Käsebleich klammerte er sich verzweifelt an Neger und schrie: »Hilfe, hilfe, ich falle. Halten, haaalten!« Dann kotzte er einen dicken Bierschwall in hohem Bogen über den Tisch und drei unschuldige Bergwachtmänner. Die durch den Schock verzögerten Schmerzen seiner Verletzungen setzten erst am nächsten Tag voll ein und er mußte doch noch ins Krankenhaus.
Frank hatte einen lustigen Spitznamen: Flieger-Willi. Er hat ihn sich redlich erworben. Nach einer Weile bürgerte sich dieser Name so ein, daß kaum noch jemand wußte, daß Willi Flieger eigentlich Frank Weisner hieß. Willi kletterte später noch viel und extrem, war bei Winterbegehungen und Himalayaexpeditionen dabei. Die direkte Viererspitz-Nordwand hat er nicht mehr versucht.

Ein ungewöhnlicher Zustieg

Für mich ist der Wörner kein Berg wie jeder andere. Sogar die Straße, wo wir wohnten, trug seinen Namen, und ob ich in der Früh die Haustür aufmachte oder spät abends nach Hause kam: immer begegnete ich meinem Hausberg. Fast jeden Stein kannte ich dort. Oft bin ich auf ihn hinauf, oder um ihn herumgestiegen. Zu jeder Tages- und Nachtzeit, bei jeder Witterung und Jahreszeit. Er war mir so vertraut und barg doch immer wieder Geheimnisse. Je besser man einen Berg kennenlernt, um so persönlicher, intensiver wird er erlebt.
Die nördliche Großkarspitze ist ein Gipfel im Gratverlauf Wörner-Schönberg. Nach Südosten bricht sie mit einem 300 Meter hohen Pfeiler ins Großkar ab, durch den eine herrliche, feste Freiklettertour führt. Es wäre sicherlich eine überlaufene Modetour allerersten Ranges, wenn da nicht der endlose Zustieg übers Karwendeltal ins Großkar wäre. Was keiner wußte: Der Einstieg war viel schneller über den Gipfel des Wörners erreichbar. In Günther fand ich jemanden, der mitging. »Von hinten durch die Brust ins Auge«, war unsere Devise.
Von der Ferein-Alm stiegen wir über die Westflanke auf den Wörner. Die Rucksäcke legten wir am Gipfel ab und nahmen nur unsere Kletterausrüstung mit. Dann

stiegen wir über Schrofen auf der gegenüberliegenden Seite ins Großkar ab, ein Rudel Gemsen stob in schneller Flucht davon.
Das Großkar ist eine bizarre Mondlandschaft, einsam und nur schwer zugänglich, trotzdem waren es nach Mittenwald nur ein paar Kilometer Luftlinie. Einsamkeit hier, Trubel und Geschäftigkeit gleich um die Ecke. Wie Lausbuben freuten wir uns über unseren gelungenen Streich 'Aktion Einstieg von oben'. Der Südpfeiler bot herrliche, steile Freikletterei im oberen fünften Schwierigkeitsgrad. So festen Fels hatten wir nicht erwartet. Das Karwendel steckte immer wieder aufs neue voller Überraschungen. Verwegen und ohne viele Zwischensicherungen zu legen turnten wir höher. Ab und zu fanden wir einen uralten rostigen Standhaken. Wie lange mochte hier schon keiner mehr gewesen sein?
Bald standen wir auf dem Gipfel, über den Grat gelangten wir zurück zum Wörner. Irgend jemand war am Gipfel gewesen und hatte in unseren Rucksäcken gewühlt, mein Ausweis lag oben auf, aber es fehlte nichts. Nachdem wir eine Weile in der Sonne gelegen hatten, stiegen wir ab. Auf der kurzen Heimfahrt mit dem Auto schaute ich in den Rückspiegel und sah ein Polizeiauto. Ich bog links ab, das Polizeiauto auch, ich drehte eine Runde durch Mittenwald und die Polizei folgte uns. Der Versuch sie abzuschütteln hatte keinen Sinn, außerdem hatten wir ja nichts angestellt. Oder doch? Wir stiegen aus, die beiden Polizisten stiegen auch aus und kamen auf uns zu, der Zegl und der Kiefer, in Mittenwald kennt jeder jeden. »Ihr werdet auch nicht mehr schlauer«, mußten wir uns anhören und wußten immer noch nicht, was los war. Was war geschehen?
Andere Bergsteiger hatten zwei verwaiste Rucksäcke auf dem Gipfel des Wörners gefunden: unsere. Auf ihr Rufen kam keine Antwort. In einem Rucksack war ein Ausweis: meiner. Zu zwei Rucksäcken gehörten normalerweise zwei Bergsteiger. Zwei Bergsteiger ohne Rucksäcke wären ungewöhnlich, jedoch nicht beunruhigend gewesen, aber zwei in Reih und Glied abgelegte Rucksäcke auf dem Gipfel ließen für die beiden Münchner nur eine Schlußfolgerung zu: Zwei tote Bergsteiger im Kargrund. Die zwei Münchner stiegen sofort ab, verständigten Bergwacht und Polizei, meinen Namen und die Adresse hatten sie ja. Auch meine Mutter wurde benachrichtigt.
Zum Glück waren unsere 'Lebensretter' nicht viel eher im Tal gewesen als wir, die Suchaktion konnte gerade noch abgeblasen werden. Nur meine Mutter hielt mir eine ordentliche Standpauke.

Nördliche Großkarspitze-Nordwestwand

Die Nordwestwand der nördlichen Großkarspitze wird so gut wie nie geklettert, eine Route, in der ich allein sein würde. Darauf stand ich immer schon. Meistens hatten solche Unternehmungen einen Haken: brüchig oder schwer zugänglich. Aber immerhin, im Marmolada-Führer stand die Route in der Tabelle der Schwierigkeiten als Beispiel für den Schwierigkeitsgrad 4+ im Karwendel.

Ich konnte den ungefähren Routenverlauf von der Haustüre aus sehen. Das Gras auf den Wiesen vor dem Haus stand hoch, Frühsommer, die Mühe jemanden zu suchen, der mitging, konnte ich mir sparen - die Tour interessierte keinen. In der Früh stieg ich allein zur Hochlandhütte auf und fragte den Hüttenwirt nach der 'schwarzen, keilförmingen Höhle' aus der Führerbeschreibung, unter der sich der Einstieg befände. Gemeint war die längliche gebogene Verschneidung. Ach so.

Er brachte mir auch eine Beschreibung des vor einigen Jahren von zwei Feldwebeln erstbegangenen 'Verteidigungsminister-Wörner-Wegs' durch die Nordwestwand. Die Namensgebung ärgerte mich gewaltig. Der Name des Berges rührte von einem uralten Geländenamen her, der Politiker mit selbigem Namen war in meinen Augen kein Vorbild und in zahllose Affären verwickelt. Einen 'Kanzler-Kohl-Weg' hätte ich gerade noch so weggesteckt, aber ein 'Wörner-Weg' ließ mich innerlich kochen vor Wut. Vielleicht war meine Reaktion übersteigert. Bei näherem Hinsehen erwies sich die neue Route sowieso nur als kurze Variante. Bedeutungslos und lächerlich wie meine Wut.

Ich ging weiter in Richtung Einstieg. In tieferen Lagen waren die Enziane bereits verblüht, hier fingen sie gerade an ihre ganze Pracht zu entfalten. Weiter oben lag noch letzter Schnee, war die Natur noch um ein Stück weiter zurück, und das alles geschah gleichzeitig an ein und demselben Tag. Faszination Berge: ein Aufstieg ist immer eine Reise durch verschiedene Vegetationszonen und Jahreszeiten. Während weiter unten schon Sommer ist, fängt hier das Frühjahr gerade erst an. In die Berge gehen ist Staunen über die Natur für den, der Augen und Sinne aufmacht. Kurz unter dem Einstieg treffe ich auf eine Herde Schafe, die mir nachläuft, sie meinen wohl, ich hätte einen Salzstein für sie im Rucksack.

Am Einstieg liegt noch harter, alter Schnee. Von rechts nach links quere ich in die Einstiegsverschneidung. Der Fels ist sehr brüchig, da heißt es aufpassen. Schnell gewinne ich an Höhe, immer mit Bedacht und vorsichtig kletternd. Wenn ich Steine lostrete, lasse ich sie ohne Hemmungen in die Tiefe sausen, denn unter mir ist niemand. Ab der großen Schlucht geht es über Schrofen weiter. Kurz unter dem Gipfel finde ich in einem Felseck ein Alpenaurikel, eine der ersten Frühlingsblumen, die blühen.

Zurück in Mittenwald sehe ich Wörner und Großkarspitze wieder aus der Froschperspektive, die Landschaft ist mir noch ein bißchen vertrauter geworden. Weit weg und doch nah da ist er, der Wörner, vertraut und doch fremd. Ach ja, die

'Manfred-Wörner-Gedächtnis-Variante' bin ich auch geklettert. Einen Eintrag in meinem Tourenbuch ließ ich bleiben, der Platz war mir zu schade.

Dammkarnadel

Die wilde Schönheit der Dammkarnadel-Nordwestwand war anziehend genug für mich, um sie durchsteigen zu wollen. Der Hauptantrieb, diese Wand machen zu wollen, war jedoch ihre lokale Berühmtheit, die es ermöglichte, mich mit ihr zu profilieren. Damals gestand ich mir das selbst nicht ein. Sie war in Mittenwald zusammen mit der Koflerturm-Nordwand und der direkten Nordwand an der Viererspitze der Inbegriff des Schwersten im Fels. Man konnte hunderte harter Routen gestiegen sein, aber die zählten nicht, weil niemand sie kannte.
Natürlich war mir klar, wie lächerlich und einseitig es war, die Fähigkeiten eines Bergsteigers nach drei dem Rest der Welt gänzlich unbekannten Routen zu bewerten, aber indirekt akzeptierte ich diese Einstellung, indem ich diese Wände durchstieg, um den Wunschvorstellungen anderer zu genügen. Dabei war ich fest davon überzeugt, daß es mein Wille, meine Idee war, diese Wände begehen zu wollen. Wenn mich mit diesen Routen im Hosensack am Stammtisch jemand zum was weiß ich wievielten Male fragen würde, welche Touren ich schon gemacht hätte, bräuchte ich nur zu antworten: »Vierer Direkte, Koflerturm direkt und Dammkarnadel Nordwand.« Mit diesen Trümpfen in der Hand würde kaum mehr jemand anzweifeln wollen, daß ich etwas vom Klettern verstand.
Meine bergsteigerischen Aktivitäten waren mitunter ein Versuch, mich statt durch Worte über Taten auszudrücken. Vielleicht bin ich so viele Jahre in den Bergen herumgestiegen, weil ich die Kunst, mich in Worten zu erklären, nur mangelhaft beherrschte und zu scheu war, mich durch lautes Geschrei von der Masse abzuheben. Besteigungsgeschichten der 'drei großen Nordwände' Mittenwalds wurden in den Wirtschaften oft zum Besten gegeben. Sie wurden spannend, gekonnt und mit größter Begeisterung vorgetragen und ihr einziger, aber gravierender Schönheitsfehler bestand darin, daß sie meist phantasievolle Lügen waren. Zog der Winter ins Land, dann wurden andere Geschichten aufgetischt. Da erzählte dann jeder, wie er seinerzeit die Deutsche Meisterschaft im Langlauf, Slalom oder Skisprung gewonnen hatte. Wenn diese Geschichten nicht erfunden gewesen wären, dann würden sämtliche Deutschen Meisterpokale des Skisports der letzten dreißig Jahre in Mittenwalder Regalen stehen.
Handeln und reden, wollen und können. Welten liegen dazwischen. Meine Rache an den Aufschneidern war die Tat, die Rache der Allgemeinheit an mir war, daß sie mich ausschloß. Daß die Ziele der Kletterer heute andere sind, bedeutet nicht,

daß sich die Menschen entscheidend geändert haben, die Unterschiede sind äußerlich. Magnesiabeutel und lässige Sonnenbrillen, die Träume sind im Grunde genommen dieselben geblieben. Kletterer sind weder ganz besonders edelmütige Kreaturen, noch bessere Liebhaber, sondern einfach nur Menschen, die sich der Bergleidenschaft verschrieben haben. Einer Möglichkeit, seine Spinnereien auszuleben, und solche Möglichkeiten sind selten geworden.

Im heutigen Wettkampf- und Sportkletterzeitalter sagt die Dammkarnadel der Jugend nichts mehr. Andere Routen müssen gemacht werden, um glaubwürdig zu erscheinen, und auch die heutige Jugend wird, wie damals, stark von außen in ihrem Tun beeinflußt. Die wirklich kreativen Taten sind und bleiben eigene Wege außerhalb der Norm, auch und gerade dann, wenn sie von der Allgemeinheit nicht als etwas Besonderes erkannt werden. Der Name einer Tour, die heute in aller Munde ist, sinkt in unserer schnellebigen Zeit bereits ein halbes Jahr später wieder in die Bedeutungslosigkeit zurück. Die Ereignisse überschlagen sich, man kommt kaum noch nach.

Was ist denn wirklich wichtig? Ist es der Name einer Tour, die morgen schon niemand mehr kennt? Ist es die Erinnerung an unvergeßliche Erlebnisse, an Kameradschaft oder an persönliche sportliche Höchstleistungen? Oder sind es die tausend Kleinigkeiten, die ich vergessen habe? Das alles ist vergänglich, der Sinn aller Dinge ist so wandelbar wie unsere Existenz, die ebenfalls ständigen Änderungsprozessen unterworfen ist. Eigentlich zählt nur die Zukunft und der jetzige Moment, der morgen, heute, jetzt schon der Vergangenheit angehört. Vielleicht nehmen wir uns zu wichtig, anstatt die Dinge lockerer, zweckfreier zu sehen, und uns von ihrer Unsinnigkeit erheitern zu lassen.

Das Leistungsniveau im Klettersport ist so viel höher geworden, aber viele Nur-noch-Sportler haben dabei das Lachen verlernt, und ein Tag, an dem nicht gelacht wird, ist ein verlorener Tag. Die Dammkarnadel und der sechste Schwierigkeitsgrad lösen bei den jungen Kletterern nur noch ein gelangweiltes Schulterzucken aus. Trotzdem: sie ist deshalb nicht leichter, ihr Fels nicht fester und die Haken nicht besser geworden und ihre Duchsteigung bleibt ein Abenteuer.

Auf meinem imaginären Wunschzettel stand die klassische Nordwestwand-Führe der Dammkarnadel im Viererkar schon lange. In meinem Kopf hatte ich mir eine Hitliste der Touren zurechtgelegt, die ich unbedingt gehen wollte. Eine nach der anderen konnte ich abhaken und in mein unsichtbares Archiv legen. Die Namen und die Angaben über diese Touren brauchte ich mir nicht aufzuschreiben. Sie waren so ziemlich das Einzige, was ich mir, einmal gehört oder gelesen, ganz genau merken konnte.

350 Meter türmt sich die steile Wand auf und endet in einem schlanken Gipfel. Ein formschöner Berg, vom Viererkar aus. Von der anderen Seite, vom sogenannten Damm, ist sie eine kaum sichtbare Graterhebung ohne Schwung und Form. Diese Wand kennt in Mittenwald jeder, doch nur wenige haben sie durchstiegen. Sie fürchten sich vor den brüchigen Seillängen, die es in jeder der drei Routen zu bewältigen gilt. Nur recht selten verlaufen sich Kletterer dorthin.
Mit Klausi Märkl, dem Deigl, sitze ich im Kar vor dem Einstieg. Wir machen noch einmal Brotzeit, bevor wir anpacken. Ich steige die ganze Tour vor, das war von vornherein so abgemacht. Zu Beginn leichte, sehr brüchige Kletterei an rötlichbraunem Karwendelbruch, ohne viel mehr als rein moralisch unterstützende Absicherung durch vereinzelt steckende Wackelhaken, dann eine kleinsplittrige Fünferlänge. Es steckt nur ein einziger mieser Standhaken und es gibt keine Zwischensicherung. Vor dieser Seillänge fürchten sich die Kletterer, die diese Tour lieber nicht machen wollen, am meisten, obwohl die Schlüsselstellen weiter oben einen satten Grad schwerer zu bewerten sind. Bewertungen sind und bleiben eben relativ.
In einer leicht überhängenden Verschneidung geht es gerade hoch, dann folgt eine ausgesetzte Querung an einer Hangelschuppe mit großen Griffen. Schöne, ziemlich feste Kletterei jetzt, unter unseren Fußsohlen ist nichts als Luft. Als nächstes den steilen Riß hinauf, immer schwierig, immer recht fest. Ich beobachte Deigl, wie er flink nachsteigt. Er ist Schreinerlehrling und hat seine blaue Arbeitshose an. Irgendwie sieht er lustig aus, jung, unbekümmert und voller Ideale. »Mein Meister wird staunen, wenn er erfährt, was ich für eine Tour gemacht habe«, sagt er an einem Stand zu mir und seine Augen glänzen begeistert. Dann: »So etwas werde ich wohl nie vorsteigen können.« »Vielleicht bin ich später einmal froh, wenn du mich mitnimmst«, antworte ich.
Vor lauter Klettern bemerken wir die schwarze Wolkenbank erst, als sie schon ganz nahe ist. Wird das Wetter noch halten? Nein, am Ausstieg erwischt uns ein heftiges Gewitter. Nichts wie runter! Naß bis auf die Haut bestellen wir in der Dammkarhütte einen 'Ratzeputz'-Schnaps, einen, der warm macht. In der Hütte beginnen wir bald zu dampfen und Wasser tropft von unserer Kleidung auf den Boden. Wo wir sitzen, bilden sich zwei Pfützen. Die ganze Hütte lacht über uns, wir sehen aus wie getaufte Mäuse. Von Deigls blauer Arbeitshose rinnt die Brühe nur so herunter, wir lachen mit den anderen mit.
Ein paar Tage später hatte Deigl mit seinem Moped einen Unfall. Seine Verletzungen waren so schwer, daß er die letzte Ölung erhielt, doch dank seiner Zähigkeit überlebte er schwerste Verletzungen. Ein Jahr lang dauerte es, bis er wieder hergestellt war. Mit eisernem Willen schaffte er es, nochmals mit dem Klettern

anzufangen. Er kam gewaltig in Form und es war eine zeitlang wirklich so, wie ich halb aus Spaß in der Dammkarnadel zu ihm gesagt hatte: »Später bin ich einmal froh, wenn du mich mitnimmst.«

Gesellenzeit

Nach meiner Lehrzeit änderte sich an der Arbeit nicht viel, außer daß ich mehr Geld bekam. Manchmal war es sehr gefährlich, hinter großen Radladern und anderen Maschinen herzuarbeiten. Unter einer großen Bruchsteinmauer arbeitend folgte ich einer plötzlichen Unruhe und holte einen Besen. Als ich mich kaum von der Mauer entfernte hatte, hörte ich es krachen und drehte mich um: Der Bagger hatte die Mauer auf einer Länge von 50 Metern zum Einsturz gebracht. Dort, wo ich eben noch gestanden hatte, lag ein großer Steinhaufen. Wäre ich stehengeblieben, es wäre mit mir aus gewesen. Vielleicht hatten mir meine beim Bergsteigen erworbenen Instinkte das Leben gerettet. Für Gefahren jeder Art erwarb ich mir eine Art siebten Sinn, war immer wachsam, bisweilen fast schon ängstlich. Vom 1. Januar bis 1. April stempelte ich regelmäßig. Wie die anderen auch.

Arbeitslos - und eine Lebensstellung beim Staat

Der Betrieb meiner Lehrzeit machte dicht, ich mußte mir leider eine andere Arbeit suchen. Stempeln brauchte ich nicht, mir boten sich eine Unzahl lukrativer Jobs. Vom Arbeitsamt bekam ich eine Anstellung bei der 'Staatlichen Schlösser- und Seenverwaltung' in Schloß Linderhof bei Oberammergau vermittelt. Das Schloß bot eindrucksvolle, geniale Kulturlandschaften zum Träumen, die ich besonders intensiv in den frühen Morgenstunden oder abends erlebte, wenn keine Besucher da waren. Das blieb das einzig Schöne. Die Arbeiter waren fast ausnahmslos aus Graswang, einem kleinen Dorf in Schloßnähe, Arbeits'kollegen', die einander ständig ausrichteten oder an höherer Stelle denunzierten.

Ich wohnte im 'Herrenhäuschen'. Ein schöner Name für eine feuchte, dunkle Rumpelkammer mit Möbeln aus König Ludwigs Zeiten. Ich fand heraus, daß es möglich war, durch einen Spiegel von außen in mein Zimmer zu sehen, ohne daß ich es drinnen merkte. Mir wurde unheimlich. Die Bezahlung war schlecht und meine Dienstzeit beim Militär wurde mir unüblicherweise nicht als Staatsdienst angerechnet. Langsam wurde mir klar, daß mich meine Vergangenheit als Soldat mein ganzes Leben lang verfolgen würde. Vor der Vorstellung, mit diesen fürchterlichen Leuten vom Schloß im Winter tagelang hier am Arsch der Welt eingeschneit zu sein, graute mir schon jetzt im Sommer. Ich tat alles mögliche, um

hinausgeschmissen zu werden. Umsonst, mein Arbeitsplatz war eine Planstelle, die vorschriftsmäßig mit einem Landschaftsgärtner besetzt werden mußte. Der war ich und damit basta!
Es war nicht so, daß ich mich überarbeitet hätte. Im Gegenteil, so beschaulich war es so schnell nirgendwo, aber die ganze Atmosphäre war unbefriedigend, leer und hoffnungslos, es wäre die richtige Arbeit für einen Rentner gewesen. »Lieber Gott, bitte laß mich nicht auch so werden wie diese Leute«, betete ich abends vor dem Einschlafen.
Es gab ein Zufahrtstor in der unteren Schloßregion, das sich per Fernbedienung vollautomatisch öffnen und schließen ließ. Meistens klemmte es automatisch. Ein teures und unnützes Gerümpel. Mit fünf Mann wurde versucht, es manuell zu schließen. Ich hätte ganz vorne schieben sollen und weigerte mich, weil mir das zu gefährlich erschien. Das Tor ging uns nichts an. Warum ließ man keine Mechaniker kommen? Böse Blicke, ein anderer mußte vorne hin. In der letzten Phase schloß sich das Tor blitzschnell von allein und dem Vordermann wurden zwei Finger abgequetscht. An die auf dem Teer liegenden Finger und den Indianertanz des Verletzten erinnere ich mich noch gut.
Von da an wurde ich noch mehr gehaßt. Ein 'Arschloch' oder eine 'Drecksau' hätte ich weggesteckt, aber dieser hinterhältige, versteckte Haß gab mir den Rest. Niemand sprach mehr mit mir und ich war einsam wie nie zuvor. Zwei Tage später fuhr ich nach Hause und suchte einen Arzt auf, den ich gut kannte. Ich log nicht lange herum: »Ich brauche eine Woche Zeit, um mir eine andere Arbeitsstelle zu suchen, deshalb bitte ich Sie, mich eine Woche krank zu schreiben.« Er lächelte amüsiert. Am Nachmittag kletterte ich die Überschreitung der drei Karwendelköpfe.
In Linderhof kündigte ich. Einen Monat hatte ich die 'Lebenseinstellung' ausgehalten.

Vom Regen in die Traufe

Ich landete bei der Firma 'Gartenfreund GmbH', bei der den ganzen Tag nur Murks gemacht wurde. Dort zu arbeiten war ein Alptraum, am ersten desselben Monats kündigte ich. Meinen ohnehin kargen Lohn mußte ich per Rechtsanwalt einklagen, freiwillig rückte der 'Gartenfreund' nicht einen Pfennig heraus. Ein Menschenfreund war er nicht. Ein paar Monate später war der Betrieb pleite, mich wunderte das wenig.
Wieder keine Arbeit, aber genügend Zeit zum Klettern. An einem Abend ging ich in den 'John's Club' in Garmisch, und setzte mich an den Stammtisch der

Kletterer. Alle standen auf und gingen, ich saß allein da. »Ich setze mich nicht zu so einer asozialen Drecksau«, hörte ich noch einen von denen sagen, die sonst auf der Oberreintalhütte auf locker und cool machten. Es stimmte, ich war anders als die anderen, aber ich hätte auch gerne dazugehört. War ich denn ein schlechterer Mensch? Einer, den man meiden mußte? Ich konnte mich jedenfalls nicht daran erinnern, irgend einem von ihnen etwas getan zu haben.

Ich stand vor einem Abgrund. Vor der Ausgesetztheit in einer steilen Wand fürchtete ich mich weit weniger, als vor dem gesellschaftlichen Absturz und der damit verbundenen Ächtung. Dieses furchteinflößende, bodenlose Loch machte mich schwindlig. Ich brauchte die bürgerliche Gesellschaft, wenngleich ich sie nicht sonderlich mochte. Gleichzeitig wußte ich aber auch, daß ich nur etwas tun wollte, mit dem ich mich identifizieren konnte, alles andere hätte meinen seelischen Tod bedeutet. Dreißig oder vierzig Jahre in eine gehaßte Arbeit zu gehen, mit der ich drei Viertel meiner Lebenszeit verbringen würde - diese Vorstellung bereitete mir Übelkeit.

Was ich wollte, wußte ich nicht genau, aber immerhin war mir klar, was ich unter allen Umständen vermeiden wollte: ein langweiliges und sicheres Spießerleben, wohlversorgt, aber unglücklich und unzufrieden. Für mich gab es keine Chance, mich in einer hinterfotzigen Gesellschaft zu behaupten, in der fettbackige Arschkriecher und erfolgsverwöhnte Managertypen gefragt waren. An tagträumenden Abenteurern wie mir war kein Bedarf. Aber ich war nun einmal weder ein Erfolgsmensch noch konnte ich mich anpassen. Ich stand irgendwo weit im Abseits, meine Träume und mein unverbesserlicher Optimismus waren mein einziger Reichtum. An heimlichen Fußtritten in den Rücken mangelte es nie, doch mit der Zeit bekam ich ein dickes Fell. Ich hing an meinen Träumen und brauchte sie, ich konnte sie nicht einfach wegwerfen wie ein altes Hemd.

Nicht wenige meiner damaligen Kameraden schmissen zu dieser Zeit ihr Leben fort wie einen fauligen Apfel. Es war eine Schande für eine gleichgültige und herzlose Gesellschaft, die alle Schuld mit Nachdruck zurückwies und trotzdem hauptverantwortlich an den Depressionen vieler Jugendlicher war. Versager brauchte sie nicht und ließ sie achtlos in den nächsten Straßengraben fallen wie ein Knäuel Altpapier, in der Hoffnung, der nächste Wind werde es einfach fortwehen.

Die Angst vor dem Versagen ist in Deutschland allgegenwärtig - und unnütz. Wirkliche Versager gibt es nicht, jeder hat seine ganz bestimmten Fähigkeiten und Talente, die es zu entfalten gilt. Es ist ein Phänomen unserer Leistungsgesellschaft, daß sie Menschen, die nicht in eine bestimmte Schublade passen, fertigzumachen versucht, ihnen Stolz und Würde und sogar den Glauben an ihr Recht nehmen will. Das ist das am wenigsten Sichtbare und eines der schlimmsten Verbrechen, die es gibt. Es ist die Pflicht jedes einzelnen, sich dagegen mit Händen und Füßen zu wehren. Jemandem seine Träume zu stehlen und ihn in eine Schablone zu pressen, in die er nicht paßt, ist Freiheitsberaubung.

Mit meiner Bergleidenschaft baute ich mir meine eigene Brücke über den Abgrund. Mein Weg führte immer nach oben, wenn er auch bisweilen steil und mühsam war. Manchmal ging ich schnell, manchmal langsam, doch stehengeblieben bin ich nie. Selbst wenn ich die Berge eine zeitlang nicht sah, waren sie in mir drinnen. Meine verrückten Abenteuer lehrten mich vor allem anderen, daß es ein »ich kann nicht mehr« nicht gibt. Jeder Mensch ist schier endlos belastbar. Nur wer sich selbst aufgibt, ist verloren. Unzählige Male schaute ich über den Rand der Erschöpfung und es ging immer noch weiter, obwohl die Strapazen unermeßlich waren. Alles ist möglich, wenn man nur wirklich will. Ich wollte diese Erfahrung auf alle anderen Lebensbereiche übertragen, aber es gelang mir nur zum Teil. Oft mußte ich mir anhören, daß es sinnlos sei, in den Bergen herumzukraxeln. Für mich hatte es einen Sinn, weil es mein Weg war.

Was macht ein Grashüpfer, sobald er auf die Welt kommt? Natürlich, er hüpft, weil er einfach muß. Ich habe zwei Füße und die müssen gehen, ich habe zwei Hände und die greifen den Fels, ich habe zwei Augen und mit denen kann ich die Wunder der Natur sehen. Daß ein Autoverkäufer, der am Tag drei BMWs verkauft, ein der Menschheit dienlicheres Leben führt, glaube ich nicht.

Selbständig

Ich mußte etwas tun, um das Geld zum Leben zu verdienen. Mit ein bißchen Werbung und für ein paar tausend Mark Werkzeug fing ich an, ein Gewerbe anzumelden. Das kostete zwanzig Mark, und wenn es nicht lief, war nicht viel kaputt. Damals gab es nur wenige Gartenbaubetriebe in Garmisch, in Mittenwald war ich lange Zeit der einzige. Ideale Voraussetzungen für mein Vorhaben, und es mangelte nicht an Aufträgen. Ich hatte einfach Riesenglück. Heute ginge das nicht mehr. Ich arbeitete 10 bis 15 Stunden am Tag, aber die Arbeit machte mir Spaß, und wenn man etwas gerne tut, fällt es einem auch nicht schwer.

Zuerst hatte ich einen VW-Pritschenwagen, später kaufte ich mir einen neuen Kleinlaster, immer wieder kaufte ich Werkzeug dazu. Am meisten verdiente ich mit Akkordarbeit, Arbeiten auf Stundenlohn liefen so nebenher. Ich nahm alle Arbeiten an, die gefährlichen und dreckigen genauso wie die schönen. Die Arbeitswoche ging von Montag bis Samstag, am Sonntag schaute ich mir Baustellen an, schrieb Rechnungen oder Angebote. Zeit zum Klettern ergab sich nur noch selten, doch einen Sechser hatte ich immer drauf, dazu brauchte ich nicht zu trainieren. So vergingen ein paar Jahre wie im Flug. Das Geld, das ich in dieser Zeit verdiente, war der Grundstock für meine späteren Expeditionen, aber daran dachte ich noch nicht einmal.

Von März bis Dezember war ich zu beschäftigt, um den Kontakt zu meinen früheren Kletterfreunden aufrechterhalten zu können. Trotzdem blieb ich tief drinnen ein Kletterer und Bergsteiger. Wenn ich Zeit hatte, stattete ich irgendwelchen Karwendelgipfeln einen Besuch ab, manchmal nachts. Ich fing an, viel allein zu machen. Das ergab sich aus den für andere unakzeptablen Tages- und Nachtzeiten, zu denen ich unterwegs war. Ich arbeitete nicht das ganze Jahr über, im Hochwinter hatte ich regelmäßig zwei bis drei Monate wetterbedingte Pause. Genügend Zeit, um Karwendel und Wetterstein bis in die verborgensten Winkel auszukundschaften. Ich war nur allein unterwegs, niemand anderes hatte im Winter soviel Zeit und Auftrieb wie ich. Zu extremen Klettereien kam ich nicht mehr.

Gewissermaßen als Ausgleich unternahm ich unzählige Wanderungen und lernte, die Berge aus einer anderen Perspektive zu sehen. Nicht mehr aus der des extremen Bergsteigers, sondern aus der des passionierten Fußgängers und beobachtenden Betrachters. In einer schwierigen Route hat man oft nicht die Zeit, sich die Berge so genau anzuschauen wie ein Fußgänger, weil ein Großteil der Konzentration auf die Problemstellung von schweren Wandpassagen gerichtet ist. Dabei versäumt und übersieht man viel. Das wurde mir in dieser Phase meines Bergsteigerlebens bewußt.

Ich entdeckte lange Wanderungen als Meditationsform. Wäre ich weiter immer nur schwierige Routen gegangen, hätte ich dies verpaßt. Im Gehen als Selbstzweck fand ich eine neue Philosophie, die ich mit der alten verband. Der zwangsläufige Verzicht auf extremes Klettern ließ mich andere Aspekte der Berge erkennen und schätzen, ich konnte tiefer in ihr Mysterium eindringen. Meine 'Kletterabstinenz' war nur vorübergehend, in dieser Zeit sammelte ich die Motivation für einen Neubeginn, staute einen Schub verborgen in mir drinnen auf, den ich später in Taten umsetzen konnte.

Ein Schritt nach vorn

Gehen ist ein meditatives, bewußtseinserweiterndes Abenteuer von geradezu klassischer Schönheit, eine Tätigkeit, so alt wie der Mensch selbst und so selbstverständlich wie das Rauschen eines Gebirgstobels. Vom Spaziergang im Park bis hin zum Marathonmarsch reichen die zahllosen Erfahrungsmöglichkeiten, deren Empfindungen und Auswirkungen auf das Gemüt so unterschiedlich sind wie Fußballspielen und Eislaufen. Viele sind in zu schlechter geistiger und körperlicher Verfassung, als daß sie Genuß und Lebensfreude aus dieser logischsten und einfachsten aller Tätigkeiten schöpfen könnten. Auch der muskelschwangere Bodybuilder, der zu schwerfällig geworden ist, um die paar hundert Meter ins Studio zu Fuß zurückzulegen und dazu sein Auto benutzt, gehört zur Kategorie der schwer Zivilisationsgeschädigten. Er ist zwar stark, aber Lebenskraft hat er wenig und sein Aussehen ist nur eine optische Täuschung, die seine tatsächliche Schwäche oberflächlich verdeckt.

Gehen ist die Bewußtwerdung einer Umgebung, in die Schritt für Schritt eingedrungen wird, bis die Gebirge in einem selber sich mit der Außenwelt identifizieren, bis das Ich in weicher Explosion mit der Landschaft verschmilzt. Außen und Innen wird deckungsgleich. Der Takt der Füße paßt sich der Melodie der Umgebung an, alles vereinigt sich zu einer Symphonie der einfachen Empfindungen. Nicht nur die Füße streben vorwärts, auch der Kopf ist in Bewegung und wird empfänglich für neue Ideen. Die wirkliche Stärke des Menschen ist seine mentale Kraft, Muskeln hat ein Pferd mehr. Gehen ist Bewegung des Seins, das Gegenteil von Erstarrung und Tod. Gehen ist die Dämmerung eines anderen Bewußtseins. Es ist wichtig und wertvoll, weil wir unser Sein nicht wirklich verstehen können, wenn wir nicht einen Schimmer von dem bekommen, was darüber hinaus geht.

Ein Versuch, das Besondere zu beschreiben

Etwas Ungewöhnliches definiere ich so: Eine Tat, die stark von der Norm abweicht, die mit Althergebrachtem, Gewohntem bricht, und die nicht jeder machen kann oder will. Auch das Wollen ist wichtig, denn so eine Tat nachzumachen ist nicht dasselbe, wie sie vorzumachen. Die gute Fälschung eines Gemäldes kann eine große Leistung sein, aber sie ist nicht das Original. Von diesem Standpunkt aus gesehen ist die Durchsteigung einer Eiger-Nordwand schon lange nichts Besonderes mehr, weil sie normal ist, Tausende können und wollen sie klettern. Der Verdacht liegt nahe, daß die meisten Alpinisten, die von den bekannten und berühmten Bergen in aller Welt angezogen werden, nur deshalb an bestimmten Plätzen zu gewissen Jahreszeiten in wahren Herden auftreten, weil es ihnen an eigenen Ideen mangelt, oder weil die Profilierungssucht sie treibt. Auch wenn sie behaupten, ihr einziger Beweggrund sei die vielstrapazierte 'Liebe zum Berg'. Weil viele nichts anderes können als mit der Masse zu schwimmen, ärgern sie sich permanent über jeden Mit-Bergsteiger, der als Konkurrent angesehen wird, weil er ihnen das vermeintlich Besondere stiehlt.

Wer kennt sie nicht, diese Miesmacher, die den ganzen Tag nichts anderes tun, als sich über alle anderen Bergsteiger zu ärgern, die einem ein ansonsten schönes Erlebnis gründlich verderben können. Auch ein Gruppenerlebnis am Berg kann sicher eine unvergeßliche Sache sein, aber für mich ist das nichts. Ich habe immer die Einsamkeit gesucht, weil sie meinem Charakter mehr entspricht als überlaufene Berge und randvolle Hütten.
Auch heute noch sind im Grunde nur sehr wenige Berge überlaufen, es gibt einfach zu viele davon. Überall warten noch genügend Gipfel, auf denen es nichts als Ruhe und grenzenlose Freiheit gibt. Dort kann man auch heute noch das Besondere, das Individuelle erleben, es ist gar nicht so schwer. Wer Außergewöhnliches sucht, der wird es auch finden, oft liegt es sogar direkt vor der Haustüre. Das wichtigste ist, sich nicht hinter dem warmen Ofen zu verkriechen, sondern hinauszugehen und die Augen aufzumachen.

Grubenkarspitz-Nordostwand

Thomas Schandl aus Mittenwald war schon in jungen Jahren ein fähiger Sportkletterer. Von seiner Körperkraft konnte ich nur träumen. Wie wir auf die Idee gekommen sind, die 1100 Meter hohe Schmid-Schmid-Route in den Laliderern, eine der großen klassischen Bergfahrten des Karwendelgebirges zu klettern, weiß ich heute nicht mehr. Wahrscheinlich war es mein Einfall. Doma stieg im Klettergarten einen Achter ohne Sturz, also würde er mit einer wesentlich leichteren Route keine Schwierigkeiten haben, schlußfolgerte ich. Heute weiß ich, daß Sportklettern eine, alpine Unternehmen eine andere Sache sind.
Ich selbst war zu sehr mit meiner Arbeit beschäftigt, um zu trainieren, aber einen Sechser traute ich mir immer noch zu. Die Schmid-Schmid war 'nur' mit 5+ angegeben, also immer noch einiges unter meiner Leistungsgrenze. Kein Problem. Es war schon dunkel, als wir den großen Ahornboden erreichten. Ich baute mir einen Joint so groß wie ein Ofenrohr, den rauchte ich noch im Auto. Beim Aufstieg zur Falkenhütte war ich dicht bis zum Hemdkragen, wie so oft in diesem Jahr. Die Arbeit, Zeitdruck und der ganze Rattenschwanz, der daran hing, wurde mir manchmal einfach zu viel, und wenn ich in meiner spärlichen Freizeit haschte, erzeugte das ein angenehm gleichgültiges Gefühl. Wie gefährlich und verblödend diese Droge ist, wurde mir erst nach einiger Zeit klar. Als ich es merkte, ließ ich die Finger davon.
Auf der Falkenhütte bezogen wir unser Nachtquartier und brachen am anderen Morgen um halb fünf auf. Steile Schuttfelder querend erreichten wir den Einstieg. Ich fand einen uralten Eisenkarabiner, vielleicht noch von den Erstbegehern von 1931 und steckte ihn als Souvenir in meine Hosentasche. Hier kam kaum jemand

hin, die Schmid-Schmid bekam nur alle paar Jahre einmal Besuch von Alpinisten. In der ersten Hälfte der Wand vermittelte ein markantes Rißsystem den Durchstieg. Wir wechselten uns in der Führung ab. Thomas hatte oft Schwierigkeiten, den richtigen Weg zu finden, Zeitverluste, die sich addierten. Manchmal klagte er über kalte Hände - November in einer Nordwand im Gebirge. In einer Seillänge verirrte sich Thomas total und wußte nicht mehr, ob er sich links oder rechts halten sollte. Ich konnte ihn gar nicht sehen und ihm zu nichts raten. Schließlich kam er zu meinem Stand zurück und ließ mir den Vortritt.

Im November sind die Tage schon kürzer, wir mußten uns beeilen, wenn wir noch ohne eine Nacht im Freien aus der Wand kommen wollten. Ein Biwak in der Wand wäre nicht tragisch gewesen, aber leicht bekleidet wie wir waren, hätten wir ziemlich gefroren. Außerdem war morgen Montag, Thomas mußte in die Schule und ich zur Arbeit.

Ab dem abgespaltenen Turm in Wandmitte wurde das Gelände leichter, und wir schneller. Am Gipfel der Grubenkarspitze lag die Wand hinter uns, aber die Tour war noch lange nicht abgeschlossen, es wartete noch eine lange auf- und absteigende Querung zur Spindlerschlucht und der Abstieg durch diese. Der Tag war nicht mehr der jüngste und irgendwann würde es dunkel werden, hoffentlich nicht in der nassen, kalten Schlucht. Thomas wurde immer langsamer, wir schoben es auf das 'Zadziki', das wir am Morgen beide gegessen hatten. Aber ob es die fehlende Kondition oder verdorbenes Essen war, spielte eigentlich keine Rolle; Thomas war einfach fix und fertig. Bald wurde mir klar, daß es mit ihm keinen Sinn mehr hatte, heute noch abzusteigen. Außerdem war es sowieso schon zu spät, bald würde es dunkel sein. Also wurde unser Ziel die Biwakschachtel kurz unter dem Gipfel der Lalidererspitze. Dort gab es warme Decken und Schutz vor dem Wind. Am Morgen könnten wir dann den Abstieg weiter fortsetzen. Die Vorwürfe all derer, die sich um uns Sorgen machen würden, weil sie uns heute zurückerwarteten, würden erst morgen von Belang sein. Im Augenblick zählte nur noch ein Dach über dem Kopf.

Thomas setzte sich immer wieder ächzend und stöhnend hin und wäre von alleine nicht mehr aufgestanden. Nur mit Mühe konnte ich ihn überreden, sich jedes Mal wieder aufzurappeln. »Nur noch zwei große Kurven und wir sind da«, vertröstete ich ihn schon seit geraumer Zeit, die Relativität großer und kleiner Kurven ausnützend. Schließlich begann er zu rebellieren, setzte sich in ein Geröllfeld und war am Einschlafen. Auf meinen Protest hin blinzelte er nur, er hatte jenen gefährlichen Punkt erreicht, an dem alles gleichgültig wird. Erst als ich ernsthafte Anstalten machte ihn zu tragen, raffte er sich wieder auf und stolperte weiter. Das wollte er nun doch nicht zulassen.

Zehn Minuten später sahen wir die gelbe Biwakschachtel in der Abendsonne glänzen. Mit dem Ziel vor Augen, riß sich Doma noch einmal am Riemen und mobilisierte alle Kraftreserven. In der Biwakschachtel fiel er auf die nächste Pritsche und war sofort eingeschlafen, Klettergürtel und Karabiner hatte er noch an. Ich zog ihm seine Schuhe aus und legte ein paar Decken über ihn, damit er später nicht frieren würde.
Am folgenden Morgen weckte uns ein grandioser Sonnenaufgang und wahnsinniger Durst. Wir konnten kein noch so kleines Wasserloch entdecken und auch auf dem Blechdach der Hütte fanden wir nichts zu schlürfen, es hatte lange nicht geregnet. Unser Platz am Rande der 800 Meter hohen Laliderer Nordwand schien dem Himmel näher zu sein als der Erde. Unser Durst war aber ganz banal und erdverhaftet. Über die Spindlerschlucht erreichten wir die Falkenhütte, von der aus wir zu Hause anrufen konnten.Von Domas älterem Bruder bekam ich einen ziemlichen Anschiß. Auch mein Vater war recht unlocker und die Kundschaft, die es eilig hatte, war entrüstet und setzte mich unter Druck. Irgendwie ließ sich aber alles wieder einrenken.
Die Schmid-Schmid-Führe an der Grubenkarspitze war trotzdem eine schöne Tour. Wahrscheinlich hätte ich sie schon längst vergessen, wenn wir statt des einen vorgesehenen Tages nicht zwei gebraucht hätten.

Ein neuer Anfang

Immer wenn ich in der Früh mein Werkzeug auf den Wagen packte, schaute ich hinauf zur Mitterkarturm-Westwand. Dann bedauerte ich es, nicht mehr zum Klettern zu kommen, ganz außer Form und Übung zu sein. Niemand sonst schaute dorthin. Der Mitterkarturm ist ein an sich unbedeutender Gipfel im Gratverlauf Tiefkarspitze-Wörner. Der Fels dort ist mehr als nur brüchig, aber seine schlanke, schöne Form und die 300 Meter hohe Nordwand, die jahrzehntelang niemand mehr besucht hatte, hatten es mir seit jeher angetan. Ende November hatte Heini, der Sohn des Hüttenwirts der Dammkarhütte, Zeit, etwas zu unternehmen. Mitterkarturm-Nordwand? Begeistert willigte er ein. Ich hätte arbeiten müssen, doch der Mitterkarturm war mir wichtiger, auf die Dauer hätte ich es nicht ausgehalten, jeden Tag hinaufschauen zu müssen und nie oben gewesen zu sein.
Wir erwischten einen relativ warmen Novembertag. Über Schutt erreichten wir den Einstieg im hintersten Mitterkar, es lag schon Schnee. Ein paar Stunden später standen wir auf dem höchsten Punkt, einem kühnen Felszacken, 350 Meter über dem Kargrund. Ganz winzig konnte ich unten im Tal meinen Lastwagen ausmachen. Von hier aus erschien er mir unwichtig. Für was, für wen arbeitete ich

eigentlich so viel? Arbeit war doch im Grunde kein Selbstzweck, sondern dazu da, um frei zu sein von Not und Hunger und Angst. Diesen Punkt hatte ich längst erreicht, in Zukunft wollte ich mir nicht mehr von der Arbeit diktieren lassen, was ich zu tun und zu lassen hatte. Ich wollte wieder Herr und nicht Sklave sein, die Arbeit war dazu da, um mir zu dienen, nicht umgekehrt.

Es hatte mich wieder gepackt. Im Grunde genommen hatte es mich ja nie losgelassen: Die Sucht nach Freiheit, die Sucht zu klettern. Ich beschloß, den Winter über zu trainieren und wieder da anzufangen, wo ich vor vielen Jahren aufgehört hatte: Bei der Pflege meiner Freiheit und dem Sammeln schwieriger Routen. Daß darunter die Arbeit litt, war mir klar. Nur wenige, die einmal im Berufsleben voll eingespannt waren, schaffen es, aus dieser Zwickmühle wieder herauszukommen. Ich habe es geschafft, und darauf bin ich stolzer als auf alle Gipfel, die ich bestiegen habe.

Mit der Zeit lernte ich es, auch einmal zur Arbeit 'Nein' zu sagen, zu meinen Gunsten auf sie zu verzichten. Natürlich bedeutete das auch finanzielle Einbußen. Ich begann die Lehre der hohen Kunst, sich richtig zu drücken. Ich leistete auch weiterhin in meinem Arbeitsleben einiges, ich bin kein Faulenzer oder Drückeberger, doch ich ließ mich nicht mehr versklaven und gewann einen Teil meiner früheren Freiheit zurück. Vielen paßte das nicht. Verständnis braucht man nicht zu erwarten, wenn man versucht, seine Träume zu verwirklichen. Aber es war wohl auch der Neid, und den gönnte ich ihnen wirklich. Was ist schon Geld? Ein Fetzen Papier, nichts weiter.

Der Mitterkarturm war für mich ein Neubeginn im Fels. Ein aufgeschobener, aber nicht aufgehobener Traum.

Regeln - Sinn oder Unsinn?

Bereits Anfang Dezember blieb der Schnee liegen. Matthias Pöll kannte ich schon lange. Damals, beim Bouldern an der Betonwand des Klaiser G'steigs, war er ein kleiner Junge. Inzwischen war viel Zeit vergangen und er war fast zwei Meter groß, eine Person, zu der ich Wicht im wahrsten Sinne des Wortes aufschauen konnte. Ich war froh, daß er mir bei der Arbeit half, zu zweit ging alles viel besser, und Unterhaltung hatte ich noch dazu. Zwischendurch war immer wieder mal die Rede von Winterbegehungen; wäre eine Pfundssache, wenn etwas zustande käme. Nach ein paar Tagen war es abgemacht. Wir würden aufbrechen, sobald hier alles fertig war.

Am 17. Dezember war der letzte Baum gefällt und aufgeräumt, die Rucksäcke warteten schon gepackt auf uns. Wir vertrödelten keine Zeit und zogen los. Den

Wettersteingrat, von den Törlspitzen bis zum unteren Wetterstein, hatten wir uns vorgenommen. Ohne uns lange aufzuhalten, stiegen wir noch am Nachmittag von Leutasch übers Berglen Tal Richtung Meilerhütte auf. Wir wechselten uns in der Spurarbeit ab. Manchmal brachen wir tief in den Schnee ein, kamen aber im Großen und Ganzen gut vorwärts. Schon am Morgen hatte Föhn eingesetzt, der im Laufe des Tages an Stärke zunahm. So lange er blies, blieb das Wetter gut. Wenn er zusammenbrechen würde, konnte es schlagartig schlecht werden. Es wurde dunkel und wir setzten unseren Aufstieg im Schein der Stirnlampen fort. Nach sechs Stunden Marsch erreichten wir den komfortablen Winterraum der Meilerhütte, in dem wir es uns gemütlich machten. Bald nach dem Abendessen wickelten wir uns in Berge von Decken, damit wir nicht froren. Nach dem anstrengenden Aufstieg schliefen wir schnell ein.
Nachts um vier Uhr brachen wir auf, der Wind wehte nur noch leicht, das Morgenrot des beginnenden Tages tauchte die Berge in rot-violette Farben. Ein herrlicher Anblick, der jedoch schlechtes Wetter garantierte. Die Bedingungen waren gut, der nächtliche Sturm hatte den Schnee vom Grat geblasen und wir kamen rasch vorwärts. Die Kletterei war nie schwerer als drei, wir mußten nicht sichern und konnten ein gutes, gleichmäßiges Tempo vorlegen. Jeder stieg in dem Rhythmus, der ihm am besten lag. Wir waren manchmal weit auseinander, doch das machte uns beiden nichts aus, so behinderten wir uns nicht gegenseitig. Wir waren schon früh am Tag sehr weit und hätten es beide bedauert, die Tour abzubrechen. So verloren wir kein Wort über den Rückzug, der bei dem drohenden Schlechtwetter vernünftig gewesen wäre. Stillschweigend, ohne darüber zu sprechen, kamen wir überein weiterzumachen.
Der Himmel nahm eine milchige, trübe Farbe an, die Stille war unheimlich. Gegen Mittag fing es an zu schneien. Zu Beginn des Schneetreibens kamen wir noch gut vorwärts, aber mit den guten Verhältnisse war es schnell vorbei. Der Schnee blieb liegen und unser Tempo verlangsamte sich. Nicht lange, und dichter Nebel und Schneeflocken hüllten uns ein. Am späten Nachmittag wühlten wir im tiefen Schnee nach Griffen und Tritten. Mir fiel ein Paar Handschuhe hinunter, ich sah ihnen wenig begeistert nach, wie sie, sich überschlagend, in die Tiefe purzelten. Auf meine Ersatzhandschuhe mußte ich besser aufpassen. Wenn ich sie auch noch verlieren würde, wäre ich aufgeschmissen.
Kurz nach Einbruch der Dunkelheit erreichten wir den Gipfel des großen Wettersteins. Wir stiegen nicht, wie vorgesehen, nach Norden, sondern wegen der Lawinengefahr südseitig ab, denn wir wollten auf keinen Fall biwakieren. Daß die Verhältnisse über Nacht noch schlechter werden würden, war so sicher wie das Amen in der Kirche. Außerdem war alles an uns feucht und klamm. Ohne

Schlafsäcke wäre es ein grausames Biwak geworden. In der Dunkelheit verfehlten wir die ideale Abstiegslinie und mußten in pechschwarzer Nacht einige schwierige Stellen abklettern. Im unteren Teil wurde das Gelände flacher und wir furchten eine tiefen Graben in den Schnee. Spät in der Nacht kamen wir durchfroren und müde am Auto an. Die Schneefälle der nächsten Tage waren die ergiebigsten des ganzen Winters.
Auf dem Kalender war noch Herbst. Unsere Winterbegehung wurde offiziell nicht anerkannt. Der Winter beginnt auf dem Kalender erst am 22. Dezember und wir waren am 18. unterwegs gewesen, vier Tage zu früh. Auf dem Kalender sind die Jahreszeiten starre Begriffe, an die sich die Natur nicht hält. Sie folgt anderen Gesetzen, deren tiefere Zusammenhänge kein Mensch je vollständig verstehen wird. Die Berge sind zum Glück noch immer kalkulierbar. Heute haben die Bergsteiger einen Zaun aus Verboten und Regeln aufgestellt, genau zwischen sich und den Bergen. Wir wollten diese absurden Regeln brechen, den Zaun einreißen und damit den ursprünglichen Sinn des Bergsteigens wiederfinden. Hias und ich wußten genau, wie überzeugend winterlich der Wettersteingrat auch und gerade am 18. Dezember, allen Regeln zum Trotz, sein kann.
Den folgenden Tag döste ich in meinem warmen Bett vor mich hin, vor lauter Übermut biß ich meine Katze in die Pfote, als sie mir zu nahe kam. Wenn ich aus dem Fenster hinausschaute und den vielen Neuschnee sah, fand ich die 'Winterfrage' nur noch absurd. Da draußen lag die Antwort.

Die Affenbande am Ton Say Tower

In Thailand ist es immer schwülheiß, nur in den Wintermonaten ist die Hitze erträglich. In drei Tagen hatte ich einen Flug organisiert, der Rucksack war schnell gepackt. Asien, Bohrhaken in Thailand? Verrückt, aber wahr. Zu viert hängen wir in der von unten bis oben stark überhängenden Westwand des Huai Ling. Das kristallklare, grün schillernde Meerwasser mit dem Korallenriff und seinen bunten Fischen bildet mit der überhängenden Klippe eine perfekte Einheit. Oft glaube ich das alles nur zu träumen, die Landschaft ist zu schön, um wahr zu sein.
Viele Routen in Pee Pee Island sind am besten mit dem Boot zu erreichen. Unser Gondoliere bringt uns an den Einstieg, direkt über dem Wasser. Beim Aussteigen treibt er uns zur Eile, damit sein Boot nicht von einer Welle an den Fels geworfen wird. Kaum sind wir ausgestiegen, wendet er den Kahn und fährt in eine Bucht. Dann legt er sich flach hin und macht ein Nickerchen. Der Preis für den ganzen Tag ist fix, er verdient sein Geld sozusagen im Schlaf. Wir gönnen es ihm. Sind nicht die schönsten Dinge die, welche man nicht verdient?

Januar, kurze Hose, freier Oberkörper und Schatten. Trotzdem läuft uns wegen des feuchtwarmen Klimas der Schweiß in Strömen herunter. Mann, ist das ausgesetzt! Unter uns rauscht das Meer. »Schau - Haie!« »Wo?« »Da!«. Zwei eineinhalb bis zwei Meter lange Haie umkreisen unseren Felsen. Es ist ein unvergeßliches Schauspiel, diese wunderschönen und gewandten Tiere aus der Vogelperspektive beobachten zu können. Sie sehen ganz anders aus als die blutrünstigen Monster aus dem Kino. Als sich zwei Motorboote nähern, verschwinden die Haie pfeilschnell. Aus den Motorbooten springen Touristen zum Schnorcheln ins Wasser, sie haben die Haie wohl nicht gesehen. Keiner wurde gefressen.
Die letzte Seillänge vor dem Ausstieg ist ein einziger riesiger Überhang. Er ist nicht so schwer wie er aussieht, weil die Griffe ziemlich groß sind. Die Haken sind immer vier bis fünf Meter auseinander und zeigen schon erste Spuren von Verwitterung. Die Route entspricht meinem Ideal von einer Kletterei: athletisch, ausgesetzt, mit kontinuierlicher Schwierigkeit, die ich gerade noch ohne wiederholtes auschecken der einzelnen Züge klettern kann. Am Ausstieg angekommen, pfeifen und rufen wir nach Thun, unserem Bootsfahrer. Er läßt sich viel Zeit, um uns zu holen, während wir hilflos in der Sonne braten. Hier ist er der Chef, wir haben nicht viel zu melden, wenn er nicht will. Er stellt sich mit dem Boot direkt unter die letzte Abseilstelle. Nacheinander seilen wir uns mit zwei 50 Meter Seilen direkt ins Boot ab. Gerade noch reicht die Länge des Seils. Beim Abziehen fällt ein Seil klatschend ins Salzwasser.
Sonnenuntergang bei der Fahrt übers offene Meer mit dem kleinen Boot. Fischschwärme, einsame Buchten, Strände, Meer und Wellen bis zum Horizont vermitteln ein Gefühl der Ruhe und Ausgeglichenheit. Wir sitzen vor unserem Bungalow, den wir zu sechst gemietet haben. Daniela hat gekocht, nun holt sich jeder seine Portion Reis aus dem Gemeinschaftstopf. Zehn Quadratmeter Wohnraum zu sechst und ein Klo. Dazu noch die ganze Kletterausrüstung. Da wird es eng. Wir haben uns trotzdem gut vertragen, nie fiel ein böses Wort, und die Stimmung wurde von Tag zu Tag besser. Den Komfort, den wir brauchten, hatten wir. Unsere Bude reichte zum Schlafen, alles andere spielte sich draußen ab.
Neben unserer Behausung war die 'Lazy Bar'. Ein Fallschirm war über eine Art kleinen Pavillon gespannt. Darunter konnte es sich jeder gemütlich machen, wo er wollte. Stühle und Tische gab es nicht. Dafür die ganze Nacht hindurch Live-Musik, und die Getränke konnte man im Sitzen wie im Liegen genießen. Wer in der Früh besoffen liegenblieb, wurde vom Personal zugedeckt und durfte dort so lange schlafen, wie er konnte.
Ao Phrannang. Schon bevor es modern wurde nach Thailand zu reisen, war ich dort gewesen. Um lange bleiben zu können, arbeitete ich auf Fischerbooten und

im Wald, bekam so einen guten Einblick in das Leben der Menschen. Die Hauptreligion der Thailänder ist der Buddhismus, dessen Grundprinzipien Verzicht, Bescheidenheit, Toleranz und Liebe sind. Das hat die Menschen geprägt. Es werden viele schlimme Geschichten über Raub und Mord in Thailand erzählt. Nicht alles, aber das meiste ist erfunden. Meine Erfahrungen sind überwiegend gute. Einmal verlor ich an einer Bushaltestelle meinen Geldbeutel mit zweihundert Mark. Erst als wir hundertfünfzig Kilometer weiter waren, bemerkte ich den Verlust und sagte dem Busfahrer Bescheid. Der rief per Funk an der Bushaltestelle an. Der Geldbeutel war von einem armen Tagelöhner gefunden worden, der sicher Jahre für die Summe arbeiten mußte, die sich in meinem Geldbeutel befand. Mit dem nächsten Bus wurde mir alles nachgeschickt. Nicht ein Pfennig fehlte. Stolz wies der Finder den Finderlohn zurück, den ich ihm anbot. Vielleicht kommt es auf einen selber an, wie die Leute zu einem sind. Wie man in den Wald hineinschreit, kommt das Echo zurück. Bangkok ist bekannt für seine Puffs, ich sah noch nie eines von innen. Wer nur zum Vögeln nach Thailand fährt, ist in meinen Augen kein Mensch, sondern ein Schwanz. Männer, die behaupten, in Thailand ins Puff zu gehen sei Entwicklungshilfe, verachte ich. Warum sie nicht alle Aids bekommen? Vielleicht sind sie zu blöde dazu.

Auf der Halbinsel Phrannang gibt es Thailands derzeit schwerste Klettereien. Fast alle sind zu Fuß erreichbar, ein großer Vorteil gegenüber Pee Pee Island. Phrannang war nur von Krabi aus mit kleinen Longtail-Booten erreichbar, bei stürmischer See eine wacklige Angelegenheit. Es gab eine Anzahl von Bungalow-Anlagen, bestehend aus kleinen Bambushütten. Dort mietete ich mich ein. Mit den Kletterpatschen lief ich am Strand herum und kam mir albern vor. Gebannt blieb ich stehen: da hing ein Seil herunter. Die dazugehörigen Kletterer fand ich bald. Ich fragte sie, ob es ihnen etwas ausmachte, wenn ich mich ihnen anschloß. Es machte ihnen nichts. Später kamen noch drei Franzosen und ein Engländer. Wir waren wie eine Familie. Ich hatte Anschluß gefunden.

Der Morgen ist in Thailand die beste Zeit zum Klettern, aber noch wichtiger ist es, immer dort zu sein, wo keine Sonne hinscheint. Mit den Bootsfahrern von der Pee Pee Insel hatten wir einige Tage zuvor Unerfreuliches erlebt. Wir ließen uns an einen ausgesetzten Platz direkt neben dem Meer bringen, wo es herrliche schattige Felsen gab. Den ganzen Tag über stiegen wir dort herum. Am Abend wollten wir wieder zurück, nur kam niemand, um uns zu holen. Dabei hatten wir es doch fest ausgemacht!

Unseren Protest konnten wir uns sparen, niemand war da, der sich dafür interessierte. Mit der Flut stiegen auch wir immer höher, längst war der Sandstrand im Meer versunken und wir stiegen in den Felsen aufwärts. Wir waren gezwungen, in einer ungemütlichen kleinen Nische in der Klippe zu verharren, umspült von der Gischt der Wellen der noch immer steigenden Flut. Längst schon war es stockdunkel und wir verwünschten unseren 'Khap Rüa', unseren Bootsfahrer, der uns um 18 Uhr hätte holen sollen. Es war jetzt 23 Uhr und wir saßen immer noch da, zerstochen von den Moskitos, die in der Kühle der Nacht aktiv wurden. Schließlich reagierte doch noch ein Bootsfahrer auf unsere Lichtzeichen mit der Taschenlampe und befreite uns aus unserer mißlichen Lage. Wir waren ihm so lange dankbar, bis er uns die saftige Rechnung präsentierte. Vorerst einmal hatten wir vom Schifferlfahren mit den verspielten, unzuverlässigen Bootsfahrern die Schnauze voll.

Der Ton Say Tower ist eine beeindruckende, steile 150 Meter hohe Wand am Ende des Strandes und einer der wenigen Felsen, die ohne Boot leicht zu erreichen waren. Dort wollten wir hin. Wir überquerten den Sandstrand und stiegen zehn Minuten den schmalen Pfad durch steilen Tropenwald hinauf zum Einstieg. Dabei bewegten wir uns bewußt langsam, um nicht übermäßig ins Schwitzen zu kommen oder über eine am Boden liegende Liane zu stolpern. Schon am Strand war uns eine Horde Meerkatzen gefolgt. Zuerst hatten wir sie kaum beachtet, aber jetzt wurde uns klar, daß wir Ärger bekommen würden.

Sie kreisten uns von allen Seiten ein, und die ausgewachsenen Männchen postierten sich direkt vor uns, leicht überhöht auf einem Baum sitzend, und fletschten bedrohlich ihre Zähne. Ihr riesiges Monstergebiß mit den langen Eckzähnen flößte uns Furcht ein. Ohne uns umzudrehen, gingen wir langsam ein paar Schritte rückwärts zur Felswand, um den Rücken frei zu haben. Die Affen verfolgten jede unserer Bewegungen. Zur Flucht war es längst zu spät, mit dem Rücken zur Wand mußten wir ausharren und abwarten, was weiter geschah. Mit weit aufgerissenen Augen, Auf- und Abwippen des Oberkörpers und Herzeigen ihres prächtigen Gebisses drohten sie uns. Plötzlich kam Unruhe in die Herde, die Männchen verständigten sich mit kurzen Blicken, schnellten blitzschnell ein paar Schritte vor und gingen genauso schnell wieder auf Distanz. Sie waren dabei zum Greifen nahe gekommen.

Ich hielt die ganze Zeit über mein T-Shirt vor mich hin und machte winkende Bewegungen, was ihnen ganz offensichtlich nicht geheuer war, sie hielten jetzt ein bißchen mehr Abstand. Terry hatte sein Feuerzeug angemacht und bewegte es hin und her. Mir klopfte das Herz bis zum Hals. Der Scheinangriff wurde nicht wiederholt, wahrscheinlich hatten die Männchen doch mehr Respekt vor uns als wir annahmen. Vielleicht war alles auch nur eine Anmache, um den Affenfrauen zu imponieren, so wie ein Halbwüchsiger auf der Straße Leute anstän-

kert, um aufzufallen, obwohl ihm in Wirklichkeit der Schneid zu tatsächlichen Handgreiflichkeiten fehlt. Aber wußten wir's?
Nach einer endlos scheinenden halben Stunde verloren die Affen das Interesse an uns und trollten sich in die Bäume der näheren Umgebung, fraßen hier und da ein paar Blätter oder lausten sich gegenseitig. Die Männchen musterten uns immer noch unentwegt aus einiger Entfernung. Nachdem sich meine Nerven beruhigt hatten, konnte ich die kleinen Baby-Äffchen, die sich am Bauch der Mutter fest angeklammert hielten und von ihnen überallhin mitgetragen wurden, wieder süß finden. Ein ernsthafter Angriff des 'Mobs' konnte üble Folgen haben, das war mir klar. Nur unter der Bedingung, daß ich die erste Seillänge führen durfte, um beim Sichern nicht allein dort unten stehen zu müssen, war ich bereit einzusteigen. Terry willigte ein, er war der Mutigere.
Zwei unbeschreiblich schöne, ausgesetzte Touren entschädigten uns für die ausgestandene Angst. Unsere Körper glänzten vom Schweiß. Unglaublich, wo man überall heftig schwitzen kann, an den Kniekehlen oder den Handaußenflächen zum Beispiel. Tief unter uns glänzte der Sandstrand, während wir am Ton Say Tower herumtollten. Das mehrmalige Abseilen an überhängendem Fels in den rauschenden Blätterwald der Tropenbäume war ein Erlebnis für sich.
Am Einstieg angekommen erlebten wir eine weitere Überraschung: Terrys Rucksack war vollkommen ausgeräumt und absolut alles, was sich vorher im Rucksack befunden hatte, lag verstreut auf dem Urwaldboden herum. Nein, die Affen hatten kein Loch in den Rucksack gebissen, sie hatten fein säuberlich jedes Fach geöffnet, die Reißverschlüsse der Deckeltaschen inclusive. Der Geldbeutel lag offen auf einem Stein und Terrys Barschaft, sein Ausweis, das Flugticket - alles lag weit verstreut auf der Erde. Es dauerte eine ganze Weile, bis wir alles wieder gefunden hatten. Es war nichts gestohlen oder demoliert, nur ausgeräumt und wahllos in der Gegend verteilt.
Die Affenbande war zum Glück nur an Eßbarem interessiert. Kaum auszudenken, wenn diese Tiere einmal auf den Trichter kämen, daß Geld auch etwas wert ist, malten wir uns spaßhalber aus. Sie würden Touristen berauben und sich mit dem Geld in der nächsten Bar besaufen. Vielleicht würden sie an Neujahr per Schiff und Bus nach Bangkok reisen und dort auf Klautour gehen. 'Vorsicht, umherziehende Affen', müßte man auf ein neu erforderliches Warnschild schreiben. Je mehr Beweise ihrer Schläue und Hintertriebenheit wir fanden, um so mehr trauten wir ihnen zu.
Es hatte einen Grund, warum diese an sich recht scheuen Tiere so aggressiv waren. Sie wurden am Strand über einen längeren Zeitraum von Touristen gefüttert und

für schöne Urlaubsbilder verhätschelt. Das rächte sich, denn mit der Zeit verloren die Tiere jeden Respekt vor dem Menschen, und daß das Futter in den Rucksäcken aufbewahrt wurde, fanden diese Spitzbuben schnell heraus. Allmählich wurden sie zu flinken Dieben, die jeden Rucksacktyp und seine Öffnungsmechanismen kannten. Druckknöpfe und Reißverschlüsse sind kein Problem für Meisterdiebe! Auch Kameras und Geldbeutel ließen sie aus Neugierde mitgehen. Wurde es ihnen zu dumm, damit zu spielen, warfen sie das Zeug einfach weg. Die Dreistigkeit der Affenbande nahm so überhand, daß etwas unternommen werden mußte; sie wurden zu einem Sicherheitsrisiko für die Touristen. Die vier Männchen wurden noch in der Woche unserer Begegnung abgeschossen und der Rest der Diebesbande verzog sich in unzugängliches Gelände.

Der gestohlene Traum

Die direkte Nordwandführe am zweiten Sellaturm ist eine stille, bombenfeste Wandkletterei an Erosionslöchern. Mit Peter Pirlet aus Köln war ich als junger Hupfer diese Führe von eindrucksvoll ästhetischer Schönheit geklettert. Optimale Linienführung, nur wenige Zwischenhaken. Die steilen Lochwände in eisenhartem Dolomitenfels waren einfach traumhaft gewesen, und ich hatte es auch nicht als Schönheitsfehler empfunden, daß die Route nur 200 Meter hoch war. Da war den Erstbegehern Reinhold und Günther Messner wirklich ein Kunstwerk geglückt. Immer wenn ein Griff nötig war, fand er sich auch.

Diese Route hatte einen bleibenden Eindruck bei mir hinterlassen. Klettern konnte ich so eine Führe auch. Die wirkliche Kunst bestand jedoch darin, so ein Wandproblem selbst zu finden. Dazu mußte man nicht nur klettern können, es brauchte auch das geschulte Auge eines Künstlers, um die lohnenden möglichen Routenlinien zu entdecken, an der Dutzende von Kletterern achtlos vorbeitrabten. Eine gute Erstbegehung ist eine kreative Tat, in der sich ihr Erfinder ausdrücken kann, die wie eine Unterschrift auf den Charakter des Urhebers schließen läßt. Der Geübte kann in einer schon begangenen Route ihre Geschichte lesen, wie in einem Buch. Das macht das Nachvollziehen von bestehenden Touren hochinteressant. Aber eine Erstbegehung, eine Route ohne jegliche Vorgaben zu klettern, ist eben mit nichts anderem zu vergleichen. Es ist wie Ostern, Neujahr und Weihnachten gleichzeitig.

Der Karwendelfels ist vielerorts ein brüchiges Luder. Wenn du einen Griff nicht halten kannst, dann brauchst du ihn nur herauszureißen und hinunterzuwerfen. Manche beschimpfen das Karwendel als heimtückisch, ich liebe dieses Gebirge, es ist meine Heimat. Lange suchte ich dort vergeblich nach einem Gegenstück zur zweiten Sellaturm Nordwand. Nicht jeden Tag und angestrengt, ich machte lediglich meine Augen immer weit auf. Der Gerber-Südpfeiler hoch über Mittenwald ist eine Ausnahme im morschen Karwendelbruch. Kompakte, bombenfeste und steile Plattenwände. Durch den Schulterriß in Wandmitte verläuft die klassische Hornsteiner-Gombocz-Führe. Rechts dieser Route fand ich die Karwendel-Entsprechung zur zweiten Sellaturm-Nordwand.

Als ich fündig geworden war, fühlte ich mich wie ein Goldgräber, der auf einen Schatz gestoßen war. Oft war ich an den löchrigen Plattenwänden vorbeigegangen und hatte die exzellente Felsqualität nicht bemerkt. Wo hatte ich nur die ganze Zeit meine Augen gehabt? Mit Albert Gilgenrainer machte ich einen Versuch im rechten Wandteil, der uns davon überzeugte, daß Bohrhaken zur Absicherung wegen des hakenfeindlichen Geländes unerläßlich waren. Für Albert war die sich nun stellende 'Bohrhakenfrage' kein moralisch-ethisches Problem. Er wollte sich ganz einfach nicht die Arbeit aufhalsen, pro Route sechs Seillängen einzubohren. Bei den durchgehend hohen Schwierigkeiten der ins Auge gefaßten Führen konnte man mit wenigstens acht nötigen Bohrhaken pro Seillänge rechnen, plus zwei Bohrhaken je Standplatz. Das ergab ungefähr pro Seillänge 10 Stück, bei 6 Seillängen waren das etwa 60 Bohrhaken für eine Führe, wahrscheinlich eher mehr. Wenn wir für jedes mit dem Kronenbohrer geschlagene Bohrloch 15 Minuten brauchen würden, ergäbe das pro Route etwa 15 Stunden Bohrlöcher klopfen. Hinzu kam noch der Aufstieg über die Lindlahn, eine nervtötende Sandreise, die auch schon ohne schweres Erstbegehungsgepäck kein Zuckerschlecken war; außerdem kosteten Bohrhaken ein Schweinegeld. Albert fiel also mangels Begeisterung für das Projekt Gerber-Südpfeiler aus - verständlich, aber ein Traum war geboren.

Für seine praktische Ausführung ließ ich mir viel Zeit. Ein paar Mal war ich ohne Seil und Haken, dafür aber mit einem starken Fernglas am Einstieg, um die Wand zu studieren. Ich fand zwei hochinteressante Möglichkeiten, machte Fotos und malte Skizzen. Ich freute mich auf die Touren, und unter eine der Skizzen schrieb ich einen Satz aus Goethes Faust: »Grau, mein teurer Freund, ist jede Theorie und grün des Lebens goldner Baum«.

Andi Schwarz aus Krün war mein nächster Seilpartner für den Südpfeiler. Wir hatten Pech, bereits beim ersten Bohrloch brach uns eine Bohrkrone in der Gewindestange des Meißels ab und verklemmte sich. Wir mußten umdrehen. Auch Andi verlor die Lust. Mit Peter Gschwendtner und Franz Mannes aus Mittenwald kam ich wieder. Wir schlugen ein paar Bohrhaken, nahmen uns vor, zurückzukommen und weiterzumachen, doch die Sache verlief im Sande. Peter und Franz zog es mehr in den Klettergarten.

Jahre vergingen, aber aufgeschoben ist nicht aufgehoben. Schließlich fand ich einen neuen Partner für meine Erstbegehungsträume, Bernhard aus Krün. Beim Zustieg war es bewölkt, am Einstieg angekommen regnete es und die Wände waren bereits tropfnaß. Schade, wieder nichts. Durch ein paar blaue Himmelslöcher in der Wolkendecke fielen Sonnenstrahlen, als wir uns auf unsere Rucksäcke setzten und ich Bernhard haarklein bis ins Detail den gedachten Verlauf der einzelnen Routen erklärte. Nicht mein Mund, mein Herz redete. »Hör zu, egal wer sonst noch mitgeht oder wieviel Zeit bis dahin noch vergeht, ich will bei den Erstbegehungen unbedingt dabei sein, versprich mir das«, sagte ich zu Bernhard. Er versprach es mir. Sein Ehrenwort war mir genausoviel wert wie ein niedergeschriebener Vertrag.
Wir hätten es schriftlich machen sollen. Ich hatte dem falschen 'Freund' zuviel Richtiges verraten, wo ich besser geschwiegen hätte. Ein Fehler, den ich nie mehr wiederholte. Bernhard kletterte 'meine' Erstbegehungen nicht mit mir, sondern mit seinen Brüdern und Freunden. Er hielt es nicht einmal für notwendig, mich anzurufen und mir Bescheid zu sagen. Was wäre schon dabei gewesen, wenn sie mich mitgenommen hätten? Später dokumentierte er seinen Mangel an schöpferischer Phantasie durch eine von ihm an den Söllerköpfen erstbegangene Führe, in die er künstliche Griffe einmeißelte, als er frei nicht mehr weiterkam. Ich glaube, er hat bis heute nicht einmal gemerkt, welchen Stilbruch diese Route versinnbildlicht. Immerhin: Er kann sich rühmen, einer der ersten gewesen zu sein, der in den nördlichen Kalkalpen künstliche Griffe in einer Hochgebirgstour angebracht hat. Eine zweifelhafte Pioniertat ohne Vorbildcharakter.
Fortan war ich sehr darauf bedacht, mir meine Ideen nicht mehr einfach wegstehlen zu lassen. Ich trug sie gut versteckt in meinem Kopf spazieren und erzählte niemandem mehr davon. Die neuen Routen am Gerber-Südpfeiler bin ich nachträglich alle mit Jochen Böhmer geklettert, zwei davon sind von erlesener Schönheit und Eleganz. Für mich gehören sie mit zu den großartigsten Führen im Karwendelgebirge, wenngleich sie ziemlich kurz sind. Ob die Namen der 'Erstbegeher' nun so oder so lauten ist, global betrachtet, völlig nebensächlich. Aber ich bin froh darüber, daß ich es nie nötig gehabt habe, anderen ihre Ideen zu stehlen. Besser eine eigene Persönlichkeit, als eine billige Imitation.

Wir sind die Terroristen und grüßen die Touristen

Wieder einmal führte mich eine plötzliche Laune spontan hinauf ins Oberreintal. Peter war bereits da, zehn Halbe hatte er bei meinem Eintreffen auf der Hütte wohl schon intus. Irgend jemand spielte Gitarre, es wurde gesungen und die Hüt-

tenluft war rauchig. Eigentlich war alles wie immer: Socken und T-Shirts hingen wie üblich zum Trocknen über dem Ofen.
Nach Meinung der Mehrheit, auch der bergsteigenden, waren Peter und ich im Leben 'durchgefallen', in ihren Augen waren wir Versager. Peter schien sich darum einen Dreck zu kümmern, mir machte das schon ein bißchen mehr aus. Auch wenn es mir viel wichtiger erschien, daß ich vor mir selber bestehen konnte. Wenn die anderen nicht mit mir einverstanden waren, dann war das nicht so sehr mein Problem. Mein konsequenter Lebensstil brachte mir die Neider ein, die jeder hat, der mit den aufgestellten Regeln bricht. Die sich freiwillig fesseln lassen, sehen voller Zorn zu, wenn jemand die Ketten der Unfreiheit zu sprengen versucht, und wünschen sich heimlich, daß der Versuch mißlingt. Wie ein Alkoholiker nicht gern alleine säuft, ist auch ein Unfreier nicht gerne alleine unfrei. Er mag Ausbrecher nicht, die ihm seine Knechtschaft durch ihren Gegensatz erst so richtig ins Bewußtsein rufen. Hinter meinem Rücken wurden phantastische Lügenmärchen über mich verbreitet. Von einer Vielzahl mir bekannter und unbekannter Kletterpartner war ich angeblich schon Klettertouren hochgezogen worden. Das waren die lustigen Lügen. Diejenigen, die meine Ehre wirklich angegriffen haben, behalte ich lieber für mich.
Der Preis für jede Art von Freiheit ist hoch. Im Extremfall wird einem aus Neid und Rechthaberei die Existenzberechtigung aberkannt. Für mich ist es immer schon normal gewesen, nicht normal, also anders zu sein und damit konnte ich gut leben. Besser als mit einem Misthaufen selbstgefälliger Lügen. Mit sogenannten 'Freunden' wurde ich immer vorsichtiger, vielleicht zu sehr. Ich war nicht von Geburt an mißtrauisch, ich wurde es im Lauf der Zeit.
Gleich beim Eintreten in die Hütte fielen mir ein paar dezent flippig gekleidete Typen um die Vierzig auf, die einen auf cool machten. Notdürftig maskierte Spießer. Richtige Kletterer waren es nicht, es waren Möchtegerne, die vor tief inwendiger Bosheit zu platzen schienen und darauf warteten, ihren Lebensfrust auf Kosten anderer loszuwerden. Daß sie mich von oben bis unten musterten, weil ich ein Loch in der Hose hatte, verstärkte meinen Eindruck. Für mich war es immer egal gewesen, ob einer mit Lederhose oder Seidenanzug daherkommt. Nur der Mensch zählt, und keiner braucht ein Superheld oder das Abziehbild einer Heiligenfigur zu sein. Ich hatte ein instinktives Gefühl für getarnte Spießer entwickelt und fühlte mich in ihrer Nähe unwohl. Irgend etwas war im Gange, das spürte ich und zog mich deshalb früh am Abend in den Schlafraum zurück. Das war meine zugegebenermaßen etwas schräge Art, Konfrontationen mit unsympathischen Zeitgenossen aus dem Weg zu gehen.
Am Morgen war ich als erster wach, Peter kam bald nach mir herunter in die

Küche. Der Rausch glänzte aus seinen Augen, als er das erste Weißbier des Tages, die zweiundzwanzigste Halbe seit gestern abend aufmachte. War er nun ein Alkoholiker, ein Gaudibursch oder beides? Später kamen die Typen in die Küche, die mir so unangenehm aufgefallen waren. Auf Peters Frage nach dem Wohin, kam die Antwort: »Zur Wangscharte hinauf, den Klettersteig der Österreicher an der Schüsselkarspitze absägen.« Auch ein paar alte Garmischer Kletterkollegen und einige junge Burschen wollten bei der Aktion 'saubere Berge' mitmachen.
Ich war entsetzt und sprachlos, Peter wurde umgehend verbal aggressiv. »Sei ruhig, oder ich schiebe dir einen Friend ins Maul«, und ähnliche Liebesbekundungen wurden ausgetauscht. Bald wurden ihm Prügel angedroht, es blieben aber zum Glück leere Versprechungen. Peter kam jetzt erst richtig in Fahrt, er hatte sich hochgeschaukelt. Er sagte auch nüchtern immer, was er dachte, und für empfindliche Ohren war seine Wortwahl alles andere als Musik. Ich empfand das ganze Vorhaben als einen Sabotageakt, sagte das aber nicht so offen, ich traute mich nicht. Naiv wie ich war, versuchte ich die Garmischer Bergwachtmänner von ihrem Vorhaben abzubringen, aber ich erntete nur wüste Beschimpfungen und Spott - »Terrorist! Schäbiger Heimatverräter!«
Daß die Garmischer selber eine Unzahl hochgradig kommerzieller Klettersteige unterhielten, war natürlich etwas ganz anderes, die gehörten ja den Deutschen. Lange nach ihrem Aufbruch sah ich den Piraten noch nach, wie sie in Richtung Wangscharte marschierten. Für welche Ideale kämpften sie? Für oberbayerische Arroganz, für Größenwahn oder etwa doch für Recht und Ordnung? Sie hatten kein Brett vor dem Kopf, sondern eine Panzerstahlwand. Angewidert versuchte ich an etwas anderes zu denken, doch dieser willkürliche Akt der Gewalt hatte mir den ganzen Tag versaut. Daß außer Peter jeder auf der Hütte bedingungslos für das Absägen war, oder zumindest aus Angst vor Kritik so tat, machte mich fertig. Ich packte meinen Rucksack und schlich hinunter ins Tal
Schon bald nachdem ich in meiner frühen Jugend zu klettern begonnen hatte, entdeckte ich das Oberreintal mit seiner Vielfalt von Klettermöglichkeiten und glaubte, es sei das Paradies, oder zumindest der Schlüssel dazu. Die Bergvagabunden, die dort ihre Kreise zogen, waren für mich lauter lebende Ideale eines alternativen Lebensstils und ich wollte so sein wie sie, ihre Widersprüche und Lügen übersah ich. So naiv und schön wie zu dieser Zeit konnte ich die Berge später nie mehr sehen. Vor allem, weil ich den Idealen anderer gegenüber skeptisch geworden bin. Die ersten Kratzer bekam das Paradies, als ich abstürzte und mich dabei schwer verletzte. Erst von da an betrachtete ich die Bilder an der Hüttenwand genauer, für jeden toten Bergsteiger der Oberreintalzunft hing dort eines. Meistens waren sie jung, wie ich damals. Ihr Tod war unnütz. Irreparable Beu-

len bekam mein Weltbild aber erst, als ich erkennen mußte, wieviel engstirnige Zeitgenossen gerade in den Bergen die gute Luft verpesten, daß Ignoranz und Vorurteile auch dort wuchsen und gediehen wie Kopfsalat in einem Frühbeetkasten.
Ich lernte Kritik und Spott wegzustecken wie der Lehrbub das Trinkgeld. Die Richtung, in die mein Weg ging, bestimmte ich. Nicht immer war ich von jedem gerne gesehen, aber ich war trotzdem da und ging nicht freiwillig; die anderen mußten mich entweder aushalten oder selber gehen. Ich weinte keinem eine Träne nach. Was wäre ich heute ohne ihren Zorn, den ich, wie der Kuhfladen die Fliegen, auf mich zog? Ich wäre wie der Himmel ohne seine Sterne und hätte nie die ganze Welt bereist. Ich war nicht der Ursprung von Problemen, aber ich war ein willkommener Blitzableiter. Die wirklichen Ursachen liegen nicht so offen da, sie sind in der sich permanent selbst widersprechenden Leistungsgesellschaft zu suchen, die auch in die Berge getragen wird. Kleinkarierte Zeitgenossen werden leider selten durch deren Einfluß so geläutert, wie es in einem Luis Trenker Film der Fall ist; sie bleiben wie sie sind und damit muß man leben. Ich wollte mich weiterentwickeln, anstatt mich immer weiter in sinnlose Egoismen zu verwickeln und stand oft ganz allein mit mir selbst auf weiter Flur. Eine Zeitlang mied ich das Oberreintal, auch woanders warteten schöne Routen.

Shake Hands

Der zweigipflige Hochblassen zählt zu den eindrucksvollsten Gipfeln des Wettersteins. Vom Tal aus kommt er wenig zur Geltung, erst von der Alpspitze, vom Grieskar und vor allem vom Schachen aus zeigt er seine ganze Wucht. Durch seinen Nordpfeiler führen schwierige und ernste Freiklettertouren. Sie werden selten begangen, obwohl sie zu den schönsten im Wetterstein gehören. Eine neue Führe ist mit Bohrhaken ausgerüstet, nur sieben Seillängen, aber dafür im unteren achten Schwierigkeitsgrad. Das Problem ist, einen Partner zu finden. Auf so eine schwere Tour kann und will nicht jeder mit. Aber ich habe ja Zeit, der Blassenpfeiler kann nicht davonlaufen.
Es ist August und ungewöhnlich heiß, im Klettergarten ist es fast nicht auszuhalten, Doma ist schnell überredet, er kommt mit, am Blassenpfeiler wird es schön kühl sein. Doma ist einer von der ganz jungen Generation, gegen ihn bin ich ein Dinosaurier aus der Steinzeit, aber unserer Freundschaft tut das keinen Abbruch. Schwer zu klettern ist er gewöhnt, früh aufzustehen weniger. Wir verabreden uns für sechs Uhr früh, ich rechne im voraus eine Stunde Verspätung ein. Voller Vorfreude gehe ich früh ins Bett.

Am Morgen klingle ich an Domas Haustür, nichts rührt sich drinnen, die Tür ist abgeschlossen. Ich laufe ums Haus herum, rufe vor Domas Zimmer im zweiten Stock. Kein Lebenszeichen und ein wunderschöner Sommertag. So enden Bergfahrten bevor sie beginnen, einer verschläft, und das war's dann. Ich fahre heim und einen Augenblick überlege ich, ob ich mich nicht bis Mittag ins Bett legen soll. Aber so schnell gebe ich nicht auf. Ich hole meine Leiter, fahre zurück und dringe wie ein Einbrecher in Domas Zimmer im zweiten Stock ein. Doma liegt auf seinem Balkon und schläft so tief, daß ihn nicht einmal ein Böllerschuß aufwecken könnte; erst kräftiges Schütteln reißt ihn aus seinen Träumen. Die erste Schlüsselstelle des Blassenpfeilers ist überwunden. Doma hat Geburtstag heute. »Herzlichen Glückwunsch« sage ich und schüttle seine Hand noch bevor er richtig wach ist.
Die erste Gondel zum Kreuzeck verpassen wir, die zweite schnappen wir uns. Ich mag Bergbahnen nicht. Sie sind künstliche Fortbewegungsmittel, die nicht unbedingt sein müssen. Bergsteigen kommt von 'Berg' und 'steigen', mit einer Gondel fährt man. Bergsteigen ist aktiv, Gondelfahren passiv. Den Blassenpfeiler Rotpunkt klettern zu wollen, aber schon beim Zustieg eine technische Aufstiegshilfe zu benutzen, ist ein Widerspruch, aber ein angenehmer. »Machen wir es uns bequem heute«, sage ich zu Doma und vergesse meine Prinzipien. Auch bei Doma kommen gewisse Skrupel auf, der Fahrpreis von fünfundzwanzig Mark einfach ist nicht ohne. Schließlich siegt die Faulheit.
Von der Bergstation marschieren wir eineinhalb Stunden bis zum Einstieg im Grieskar, die Jahrmarktatmosphäre am Kreuzeck haben wir hinter uns gelassen, hier oben ist es still. Dort Trubel und nur ein kleines Stück weiter Einsamkeit. Auf welch engem Raum diese Gegensätze unmittelbar nebeneinander existieren können. Der eigentliche Charme des Wettersteingebirges beruht auf diesem Kontrast.
Über uns baut sich der schwarze Blassenpfeiler beeindruckend und abweisend auf, er kontrastiert mit dem wasserblauen Sommerhimmel. Im schattigen Kar noch vereinzelte Altschneeflecken. Durch den linken Wandteil führt die 'Shake Hands'. Die Wand ist hier meist steiler als senkrecht, mehrere Überhänge mit gelben Streifen lassen keine Zweifel an der Schwierigkeit aufkommen. Von weitem erscheint sie unkletterbar, aber so sehen die meisten schwierigen modernen Führen aus. Ein paar winzige Griffe und Tritte werden vorhanden sein und mit ihrer Hilfe muß die Wand überlistet werden. Abstoßend für vernünftige Menschen, anziehend für uns Kletternarren.
Am Einstieg steigt die Spannung. Werden wir die Tour frei klettern können, oder werden wir irgendwo abblitzen? Ungewißheit und ein bißchen Angst sind

unbedingter Bestandteil eines intensiven Klettererlebnisses. Auch ein Schuß entschlossener Ehrgeiz, sich hineinsteigern in ein Ideal, das verbissene Ringen mit einer selbstgestellten abstrakten Freikletteraufgabe gehören dazu.
Im Schatten der Wand ist es kühl. Vor der zweiten Seillänge bitte ich Doma, mich hier vorsteigen zu lassen. Er ist einverstanden. Zehn Meter steige ich gerade hoch, jede neue Bewegung führe ich wohlüberlegt und achtsam aus, wie einen Schachzug. Wo ist der erste Zwischenhaken? Stürzen ist hier nicht erlaubt. Ein ganzes Stück weiter oben kann ich einen Normalhaken einhängen, nach weiteren fünf Metern gewagter freier Kletterei klinke ich einen Bohrhaken. Der Fels ist senkrecht, dunkelschwarz und rauh, die Griff- und Trittlöcher sind rund und abschüssig. Auf fünfunddreißig Metern stecken zwei Bolts und drei Normalhaken, für einen Siebener nicht viel, aber es reicht.
Immer wieder bin ich erstaunt über die Flut von Eindrücken und Empfindungen, die bei jeder Kletterei auf mich einwirken. Eine Unzahl von Griff- und Trittkombinationen, die respekteinflößende Ausgesetztheit und verschiedene andere Effekte müssen blitzschnell erfaßt und verarbeitet werden. Ich stehe bereits wieder vier Meter senkrecht über dem letzten Bohrhaken. Ein Untergriff klingt hohl, aber er muß zwingend als Haltepunkt dienen, weil nichts anderes da ist. Weit geht es von hier ins Kar hinunter. Mit den Beinen trete ich hoch auf Reibung an, der Fels ist rauh, der Untergriff wird gnadenlos nach außen belastet, mein ganzes Gewicht hängt daran. Wenn er ausbricht mache ich einen unkontrollierbaren Rückwärtspurzelbaum. Der Griff hält, erleichtert hänge ich den nächsten geschlagenen Wackelhaken ein. Danach ein weiterer Normalhaken, von dem es etwas brüchig ohne weitere Zwischensicherung nach oben geht, dann Stand an zwei Bohrhaken. Bis jetzt bin ich alles ohne Hakenbenützung geklettert, die Spannung wächst mit jeder Seillänge. Schaffst du es Rotpunkt, oder mußt du zu guter Letzt doch noch irgendwo in einen Haken greifen, womöglich in den letzten der ganzen Führe?
Heute nicht, alles klappt auf Anhieb. Am Stand nach der letzten Seillänge, auf einem breiten Felsband, singe ich laut und falsch: »Happy birthday, dear Doma.« Von hier können wir entweder 200 Höhenmeter zum Gipfel steigen oder uns am Doppelseil über die Tour abseilen. Wir entscheiden uns fürs Abwärts. Doma interessiert der Gipfel nicht, ich war schon oft dort oben. Die Tour ist hier, mitten in der Wand, zu Ende.
In der 'Shake Hands' stecken Bohrhaken, aber keiner ist zuviel. Deshalb wird sie immer nur wenigen Extremen vorbehalten sein. Wer über Bohrhaken schimpft und nicht wenigstens eine derartig bohrhakengesicherte Freikletterei selbst geklettert hat, sollte nicht über Dinge diskutieren, von denen er keine Ahnung hat. Die

Route wurde von unten erstbegangen. Ohne Lebensgefahr wurde das Mögliche gemacht, nicht aber das Unmögliche zerstört. Wer meint, daß eine Handvoll Bohrhaken in einer Wand Umweltverschmutzung seien, hat so lange nicht recht, wie stinkende Autos herumfahren, wie es Bergbahnen, Forststraßen und Chemieindustrie gibt. Dimensionen und Relationen.
Ich erzähle Doma eine Geschichte von Intoleranz und Sturheit, die ich am Rande selbst miterlebt habe. Wie die Bohrhakengegner in den Pfälzer Sandsteinklettergärten in ihrem Fanatismus so weit gingen, daß sie nachts Bohrhaken ansägten, wie sie sämtliche Kieselgriffe aus bohrhakengesicherten Wänden schlugen und diese Wege für alle Zeit unkletterbar machten. Oft waren diese Felspartisanen miserable Kletterer, die nur mit Hängen und Würgen ihre immergleichen auswendiggelernten Standardrouten wiederholten und leistungsmäßig vollkommen daneben standen. Sie disqualifizierten sich nicht nur menschlich und geistig, sondern auch fachlich. Damals war Klettern in der Pfalz wie Spießrutenlaufen. Die Atmosphäre war trotz der märchenhaften Landschaft so unglaublich kleinkariert, so menschlich enttäuschend, daß ich nicht mehr dorthin ging.
Freiklettern bedeutet nicht nur frei klettern, sondern auch frei sein im Geist, offen und tolerant. Ich habe schon viele Bohrhakenrouten geklettert und möchte den Spaß, den ich dabei gehabt habe, nicht missen. Trotzdem: Meine schönsten Touren waren die, in denen weder Haken noch Bohrhaken steckten, in denen der Weg nicht oder nur wenig durch Spuren von Vorgängern markiert war. Eine Bohrhakenroute entspricht nicht meinem Ideal. Mein Ideal ist es, eine extrem schwierige Route ohne künstliche Hilfsmittel zu besteigen. Zu diesem Idealberg, den es vielleicht gar nicht gibt, dürfen keine Bergbahnen oder Forststraßen führen, am Wandfuß dürfen keine Hütten stehen. Dieser Zauberberg darf nur Berg sein, nichts anderes. Ich glaube, in Europa gibt es so einen Berg nicht mehr. Südamerika? Sicher, das wäre schon einmal eine Reise wert. Vielleicht gibt es ihn dort, meinen 'idealen' Berg.

Kapitel II - Alles ist möglich

Reisefieber

Ein privater Diavortrag von Peter über Bolivien hatte genügt, um mich hellauf für dieses Land und seine Berge zu begeistern. Die schroffen Formen einer hohen Felswand, nach der bislang noch nie ein Kletterer seine Hand ausgestreckt hatte, faszinierten mich total. Mein Herz schlug jedesmal höher, wenn ich an sie dachte, und ich dachte oft an sie; ich hängte ein Bild der Wand über mein Bett. Bevor ich schlafen ging, sah ich sie an, wenn ich die Augen zumachte, sah ich sie immer noch und wenn ich träumte, dann träumte ich von ihr. Träume braucht man, um zu leben. Es gibt so viele Sachen, die einen davon abhalten, wirklich wichtige Dinge zu tun: die Arbeit, Termine, Hektik und Streß. In Deutschland muß man sich gewaltig auf die Hinterhufe stellen, wenn man selbständig ist und nicht untergebuttert werden will, aber Bolivien hatte mich bereits in seinen Bann gezogen. Der Gedanke an diese Wand, die ich nur von einem Foto kannte, ließ mich nicht mehr los. Innerhalb kurzer Zeit wurde ich ein gänzlich anderer Mensch, einer, den es mit Macht in die Ferne zog. Ich beschloß, Peter nach Bolivien zu begleiten und ahnte nicht, daß dieser Entschluß einen Wendepunkt in meinem Leben zur Folge haben würde.

Urlaub in der Arbeitssaison? Von wegen unmöglich! Ich mußte mich vor meiner ersten Expedition nach Südamerika eben ganz gewaltig ins Zeug legen, um den Berg von Arbeit, den ich am Hals hatte, weg zu schaffen. Um die Organisation der Reise kümmerte sich ausschließlich Peter, ich verließ mich voll auf seine diesbezügliche Erfahrung. Der Abreisetermin rückte immer näher, und mit einem Ziel vor Augen ging alles wie geschmiert. Ich bin schon überall auf dem Erdball herumgelungert, verreisen ist für mich schon so etwas wie Routine, aber noch nie war ich so gespannt, so nervös wie diesmal.

Alles was ich bisher geklettert hatte, scheint lediglich Vorbereitung für das kommende, ultimative Freikletterabenteuer gewesen zu sein. In den Anden gibt es Berge, die nichts als Berge sind, weglos, unberührt und wild. Alles bisher war pippifax. Mir kommt es vor, als wäre ich wieder zwölf Jahre alt, alles ist so groß, unheimlich und unbekannt. Auf dem Boden meines Zimmers liegen überall Unterhosen, Überhosen, Unterwäsche, Oberwäsche, Seile, Karabiner und Klemmkeile aller Größen. Es ist ein systematisches Durcheinander. Verzweifelt suche ich meine einzige Kletterhose. Wo hab ich sie denn nur hingeworfen? Ich bin schon ganz verzweifelt. Ich kann doch nicht in Unterhosen nach Südamerika! Nach Stunden vergeblicher Suche schaue ich in den Kühlschrank. Da ist ja das Mistvieh! Wie die Hose dort hineingeraten ist, weiß ich nicht. Weil außer mir niemand anwesend ist, vermute ich, daß ich sie höchstpersönlich dorthin gelegt habe, so ungern ich mir das eingestehe.

Heute ist Freitag, am Montag geht es ab nach Bolivien. Ich glaube es erst so recht, wenn wir im Flugzeug sitzen. Noch in dieser Woche ist Peter in Mittenwald vor einer Wirtschaft zusammengeschlagen und mit Blaulicht ins Kreiskrankenhaus gefahren worden. Sein Scheitel ist jetzt blankrasiert und eine durchgehende, genähte Wunde ziert die kahle Stelle von der Stirn bis zum Hinterkopf. Wenn er sein Haupt nach unten neigt, sieht er aus wie ein Zombie. Ich dachte schon, das sei das Ende unserer Fahrt, noch vor dem Beginn. Aber Peter ist zäh wie Leder und hat diesen schlagkräftigen Beweis volkstümlicher Toleranz und Nächstenliebe erstaunlich gut weggesteckt. Ob es denn nicht furchtbar gefährlich wäre in Bolivien, hat mich jemand gefragt. Sehr viel riskanter als hier kann es auch nicht sein.

Die Hälfte der Ausrüstung, die ich in Betracht ziehe, muß hierbleiben. Es geht nicht anders. Hoffentlich vergesse ich nichts Wichtiges! Ich packe ein, packe wieder aus, räume wieder ein. Schließlich ist alles fertig, ich auch. Ticket und Dollars zum Umtauschen liegen auf dem Tisch. Noch zwei Tage Sportklettern, das konserviert die Felsform. Am Samstag mit Doma an den Granitfelsen im Ötztal, auch in Bolivien werden wir Granit klettern. Meine Kletterhose ist abreisefertig verpackt, eine dreiviertellange weiße Unterhose muß als Notbehelf herhalten, die Hosenfalle habe ich vorsichtshalber zugenäht.

Sonntag ist der allerletzte Tag, wir kraxeln im 'Affenhimmel', einem Klettergarten bei Landeck. Eine schöne Linie sticht uns ins Auge, nichts wie hinauf. Das erste Stück bringen wir schnell hinter uns, in der zweiten Seillänge bin ich mit Vorsteigen dran. Vom Stand weg schwierige, kleingriffige Kletterei bis unter einen Überhang. Dann geht es kraftraubend weiter, den nächsten Haken kann ich wegen des Überhangs nicht sehen, aber er wird kommen.

Und ob. Das Ding steckt am Ende des überhängenden Wandstücks, die Kletterei bis dorthin ist schwer und ausgesetzt, acht Meter hängt das Seil frei bis zur Sicherung durch. Ich habe den Haken jetzt rechts von mir, mit ausgestreckter Hand könnte ich ihn erreichen, aber ich kriege keine Hand zum Einhängen frei. Zum Zurückklettern ist es zu spät, Unruhe kommt auf. Wenn ich jetzt loslasse, dann stürze ich fünfzehn bis zwanzig Meter, und der letzte Bohrhaken ist so unsinnig gesetzt, daß ich mich verletzen werde. Ein Beinbruch, und Bolivien wäre gestorben. Nervös steige ich etwas höher und stehe noch schlechter als zuvor, der Haken ist jetzt rechts versetzt in Hüfthöhe. Richtige Scheißangst macht sich breit, ich reiße mich zusammen und verdränge den Gedanken an meinen fallenden Körper. Auflehnung, innerer Aufruhr, ich will nicht stürzen. Mit einer verzweifelten dynamischen Bewegung klinke ich den Haken ein, bekomme den Karabiner schneller zu fassen als ich stürze, die Füße baumeln einen Moment in der Luft. Puh, das war knapp! Das Herz klopft mir bis zum Hals, auch Sportklettern kann gefährlich sein.

Ich finde einen versteckten Griff, von dem der Haken ganz gut einzuhängen ist. Soll ich es nach einer Pause noch einmal versuchen? Irgendwie habe ich den Verdacht, daß die Haken vorsätzlich so gesetzt wurden, um jeden, der die Route versucht, in eine Falle tappen zu lassen. Bei mir wäre sie um ein Haar zugeschnappt. Die Einheimischen wissen mehr als wir und steigen deshalb erst gar nicht ein. Die 'Erstbegeher' haben die Route drei Wochen lang, von oben gesichert, unter Ausschaltung des Sturzrisikos, versucht. Aber auch nachdem jede Bewegung, jeder Griff und Tritt einstudiert war, fehlte ihnen der Mut für den sauberen Vorstieg. Anstatt ein oder zwei Zwischenhaken mehr anzubringen, beließen sie ein fixes Seil, in das sich der 'Vorsteiger' mittels Steigklemmen einhängte. Ihre Namen stehen als die der 'Erstbegeher' im Führer, aber von der kriminellen Absicherung kein Wort. Und wenn schon bescheißen, dann richtig: Die Route ist auch noch satt unterbewertet, alles in allem fast schon vorsätzliche Körperverletzung.

Gelogen wird im Klettersport viel. Wegen des übersteigerten Leistungsgedankens, wegen Neid und Prestigedenken. Zum Glück gibt es da, wo ich hinwill, keine Ehrgeizlinge, da ist alles nichtig und klein, was hier so wichtig erscheint, da gibt es weder Regeln noch Vorschriften, dort werde ich mir mein eigenes Gesetz sein. Zumindest stelle ich mir das so vor. In einem Anflug von Sturheit klettere ich noch einmal hoch, setze mich erneut der Tiefe aus. Die Angst klettert mit, doch ich habe sie völlig unter Kontrolle. Diesmal kenne ich die Griffe, weiß, wie der kritische Haken ideal einzuhängen ist und steige die Seillänge ohne Sturz.

Am Abend machen wir noch eine ausgiebige Fernsehsession. Mit derselben Ausdauer, mit der wir tagsüber eine Führe nach der anderen kletterten, lassen wir uns nun vom Nachtprogramm berieseln, bis wir schlafend in den Stühlen hängen. Irgendwann weckt uns der Schneesturm des Testbilds. Ich verspreche Doma, ihm eine Postkarte zu schicken, ein schwacher Trost. Das ist mein Abschied von Mittenwald. Er fällt mir nicht allzu schwer. Auf dem Nachhauseweg beleuchtet der Vollmond die Karwendelberge. Da oben habe ich zu klettern begonnen, jeder Stein ist mir vertraut. Nach zwei Stunden Schlaf klingelt der Wecker, ich schrecke hoch wie eine Rakete: Es ist der Startschuß für den Beginn eines ultimativen Bergabenteuers.

Kein Hirn - kein Kopfweh

Jetzt war ich da, in Südamerika. Mit Peter, aber jeder andere wäre mir lieber gewesen. Schon im Zug zum Flughafen nach Frankfurt fielen böse Worte, gab es unnötigen Streit, aber es war schon zu spät, um das ganze Unternehmen abzubrechen. Man hatte mich davor gewarnt, mit Peter so eine lange Reise zu unternehmen. Ich hatte alle Warnungen ignoriert. Peter brachte es fertig, im Flughafen das Personal an der Gepäckwaage so zu provozieren, daß wir Übergepäck bezahlen sollten, 50 Kilo zu je 30 Dollar. Normalerweise läßt sich so eine Panne mit etwas Geschick und Fingerspitzengefühl wieder hinbiegen, aber Peter benahm sich wie der Elefant im Porzellanladen. Ich legte das Geld aus, das noch vor dem Abflug bezahlt werden mußte. Ein Fehler, für den ich im wahrsten Sinne des Wortes bezahlte.

In La Paz, der höchstgelegenen Millionenmetropole der Welt und der Hauptstadt Boliviens, verlor ich Peter. Auf einmal war er nicht mehr da. Wenn ich mit allem gerechnet hätte, damit nicht. Er war und blieb vom Erdboden verschluckt. Am zweiten Morgen nach seinem Verschwinden ließ ich mich von einem Taxi zum Zentralfriedhof bringen, von wo täglich Minibusse nach Sorata fuhren, einem Ausgangspunkt für Unternehmungen in den Anden und einem Treffpunkt für Peter und mich, falls wir uns verlieren sollten.

Ich war nach Bolivien gekommen, um in den Anden großartige Bergabenteuer zu erleben; nun stand ich, um halb sechs Uhr in der früh da wie ein begossener Pudel. Allein, im Regen, in einer unheimlichen, fremden Stadt, in der niemand von mir Notiz zu nehmen schien. Mit meiner Reisetasche voller Kletterutensilien in der Hand und einem Rucksack auf den Schultern stand ich frierend in der Dunkelheit an einer Bushaltestelle gegenüber dem Zentralfriedhof und kam mir vor wie herbestellt und nicht abgeholt. Ich sprach kein Spanisch und konnte ich mich nur sehr schwer verständigen. In dem engen Gäßchen stank es nach Urin und Scheiße, eine Toilette schien es nirgends zu geben.

Was ist mit Peter? Ist ihm vielleicht doch etwas zugestoßen? Soll ich zur Polizei gehen und sein Verschwinden anzeigen oder nicht? »Er wird schon nachkommen«, sage ich laut zu mir selbst, bin mir aber dessen nicht so sicher. »Dieser Vollidiot«, schimpfe ich im nächsten Moment vor mich hin, während ich dem Weinen nahe bin. Kantige Indianergesichter tauchen vor mir aus der Dunkelheit auf, ich zeige ihnen meine Fahrkarte, und kurz darauf packen ihre Hände mein Gepäck, es fliegt aufs Dach eines Microbusses, wo es jemand festzurrt. Ich bin unschlüssig, ob das der Bus ist, der dort hinfährt, wo ich hin will, steige dann trotzdem ein, weil mir alles ganz egal ist. Hauptsache ich sitze vorerst einmal im Trockenen. Mir ist unheimlich zumute, die Szenerie kommt mir vor wie in einem

Science-Fiction-Film, die befremdenden Eindrücke kann ich nirgends einordnen. Ich sitze da und begreife gar nichts mehr.
Im Bus herrscht drangvolle Enge, im Gang zwischen den viel zu kleinen Sitzen ist allerhand Krimskrams verstaut. Eine barbarisch stinkende Indianerfrau mit muskulösen O-Beinen, pechschwarzem Haar und langen Zöpfen fragt mich nach ihrer Sitzplatznummer. Die steht auf ihrer Fahrkarte, doch sie kann nicht lesen. Sie ist Analphabetin, dafür kann ich kein Spanisch, denkbar schlechte Voraussetzungen für eine Unterhaltung. Es folgt eine endlos lange Fahrt übers Altiplano, acht Stunden für lausige 200 Kilometer. Die ersten zwanzig Kilometer aus La Paz hinaus sind geteert, dann hört der Asphalt auf und es geht auf einer Art einspurigem, holprigem Feldweg weiter. Wo so ein kleiner Bus überall durchkommt, ist erstaunlich. Wenn ich aus dem Fenster auf die unwirklich erscheinende, karge und fast menschenleere Landschaft blicke, glaube ich zu träumen. Die Ausdehnungen des Altiplano sind gigantisch, es ist die größte Hochebene der Welt. Im Bus zieht es wie Hechtsuppe, draußen schneit es wie verrückt. Wegen des schlechten Wetters sehe ich keinen Berg und bekomme schlimme Depressionen. Zuhause hatte ich mir alles ganz anders vorgestellt.
Der Beifahrer lehnt sich weit aus dem offenen Fenster, um den Schnee von der Frontscheibe zu wischen, damit der Fahrer wenigstens ein bißchen sieht. Scheibenwischer hat die Kiste nicht, entweder sind sie geklaut oder vorbeugend abmontiert worden. Mit meinem indianischen Nebenmann beginne ich irgendwie eine lange Unterhaltung in Zeichensprache, die mehr von Unverständnis, als von tatsächlichem Dialog geprägt ist. Er versteht mich nicht und mir geht es genauso. Trotzdem plappern wir munter drauf los, reden, begleitet von vielen Gesten, aufeinander ein, nachdem ich meine anfängliche Scheu überwunden habe. Wir reden eigentlich nur um des Redens willen, unser bizarres Kauderwelsch ist nicht viel mehr als ein unsinniger Zeitvertreib, die 'Unterhaltung' plätschert in angenehmem Tonfall wie ein sprudelnder Wildbach vor sich hin. Ob es nun Einbildung ist oder nicht, anhand der Betonungen und der Gesten glaube ich, nach und nach einige Sätze entschlüsseln zu können. Ich finde, daß mein Nebenmann mit seinem schlappen Hut, den ausgebeulten weiten Hosen und seinem markanten Gesicht Luis Trenker ähnelt. Weil die Berge hinter den Wolken verborgen oder vielleicht gar nicht da sind, frage ich ihn auf deutsch: »Luis, wo bitte geht es denn hier zum Matterhorn?« und finde das so komisch, daß ich anfange darüber zu lachen.
Mein Nebenmann, der eigentlich Juan heißt, versteht nur Bahnhof, lacht aber trotzdem lauthals mit. Lachen ist ansteckend und hört sich in allen Sprachen ziemlich gleich an, niemand braucht es zu übersetzen. Überall auf der Welt tut es

gleich gut, es ist und bleibt die beste Medizin gegen miese Laune oder Verdruß. Eine ganze Weile kichern wir uns albern an und für die anderen Reisenden sieht es wohl ganz danach aus, als hätte ich Juan einen umwerfend komischen Witz erzählt, weshalb ein neugieriger Hintermann von uns wissen will, was ich so Lustiges zum Besten gegeben habe. Luis, alias Juan, erzählt. Was er weitersagt, verstehe ich natürlich nicht, aber auch unsere beiden Hintermänner lachen jetzt drauflos. Bald macht der neue Witz die Runde durch den ganzen Bus und alle lachen durcheinander. Sogar der Fahrer, der seine Lamamütze mit den langen Ohrenklappen als Schutz gegen die eisige Zugluft weit über die Stirn gezogen hat, läßt sich von der allgemeinen Heiterkeit anstecken.

Es ist ein seltsamer Tag. Er hat so ernst, so einsam und traurig begonnen und auf einmal gehen alle düsteren Gedanken in einer Flut von albernen Kindereien unter. Ob mich nun alle an- oder auslachen, ist mir einerlei, jedenfalls überträgt sich die ausgelassene Atmosphäre auf mein zuvor so düsteres Gemüt, und dieselben Menschen, die mir am Morgen noch verschlossen und unheimlich erschienen waren, kommen mir nicht mehr feindselig, sondern symphatisch vor. Ein fremder Tag in einem ganz anderen Land und auf einmal wird der schlechte zu einem guten Tag, nur weil irgendwer anfängt zu lachen. Mein erster Eindruck am Morgen war: Das muß ein Alptraum sein, hoffentlich wache ich bald auf. Mein zweiter Eindruck ist: Die Bolivianer haben einen ausgeprägten Sinn für Humor.

In Sorata ist Endstation, die 'Straßen' werden ab hier noch schlechter und für Fahrzeuge ohne Allradantrieb unbefahrbar. Eduardo, der ostfriesische Besitzer einer kleinen Absteige in Sorata, holt mich von der Bushaltestelle ab. Er habe schon drei Tage auf Peter und mich gewartet, meint er trocken, als er mir die Hand schüttelt. Ich bin froh, mit jemandem deutsch reden zu können. Um Peter solle ich mir keine Sorgen machen. »Der kommt schon noch. Morgen, übermorgen oder irgendwann. Das ist eben Bolivien«, meint der blonde ostfriesische Hüne, an dem mir gleich seine seltsamen psychosomatischen Störungen auffallen. Mein erster Eindruck von Eduardo: Der kokst wie ein Weltmeister. Aber das soll nicht mein Bier sein.

Eine Woche später war Peter wieder da, in bester Laune, und als ob nichts geschehen wäre. Ich empfand sein Verschwinden als Vertrauensbruch, aber in welchen Kokainkreisen oder Puffs er während seiner Abwesenheit auch herumgehangen sein mochte, ich war froh, daß er wieder da war. Der mir von Peter versprochene große Rucksack war nicht mehr dabei, weil Eduardo ihn verkauft hatte. Angeblich um Peters Saufschulden zu begleichen. Ohne den dringend benötigten großen Rucksack stand ich ganz schön beschissen da und war auch noch selbst schuld. Ich hätte es wissen müssen, ich hätte mich auf mich selbst verlassen sollen. Peter war zum vierten Mal in Bolivien und trotzdem war seine Organisation ein einziges Chaos. Ich war schwer enttäuscht über den Lauf der Dinge. Zum Glück stieß der Schweizer Heinz Enz zu uns.

Illusionen in Moll

In einem schwer zugänglichen Hochtal oberhalb von Cocoyo, einen Tagesmarsch unterhalb des Calzatta-Passes, steht ein markanter Granitturm, vom Aussehen her der Dru im Montblanc-Gebiet nicht unähnlich. Ein Berg, der jedem Kletterer sofort ins Auge springt, einer, dem wir eine Erstbegehung abtrotzen wollten. Auf der Karte war er nicht eingezeichnet, der Gipfel mußte ca. 5100 Meter hoch sein, die Wandhöhe betrug etwa 400 Meter. Den zweitägigen, schwierig zu findenden Aufstieg machte ich mit einem alten, ausrangierten Rucksack, der überall zusammengeflickt war und drückte und scheuerte. Ich war froh, wenigstens den zu haben. Not macht anspruchslos.
Mit Peter redete ich so gut wie gar nichts mehr. Es war logisch, daß sich Peter deshalb an Heinz hielt, und weil ich mit Peter nicht kommunizieren konnte und wollte, fiel mir in dieser klassischen Dreierbeziehung die Rolle des Außenseiters zu. Sich als Ausgestoßener zu fühlen, hat etwas Bitteres, Enttäuschendes an sich. Keine Beachtung zu finden ist auch in der atemberaubenden Schönheit der Bergwelt in den Anden nicht leicht zu ertragen, gerade dort nicht. Wofür riskierte ich hier eigentlich meinen selbständigen Beruf? Für die Jagd nach dem Wind?
Unser Zeltplatz unterhalb des Cocoyo-Pfeilers war nicht von dieser Welt, er war wie gemalt. Neben einen kleinen Wasserlauf, in einem von der Außenwelt völlig abgeschlossenen Hochtal auf 4400 Metern. Nicht weit von unserem Zelteingang brachen steile Felswände von unserem Plateau in einen tausend Meter tief unter uns liegenden Weidegrund ab, wo grasende Lamas als kleine Punkte auszumachen waren. Der einzige Pfad hierher führte über steile Schrofenhänge und versteckte Bänder, die durch Felsabbrüche leiteten. An den Felswänden entstanden Aufwinde, die jeden Morgen zahlreiche Condore benutzten, um sich in die Höhe zu schrauben. Ein atemberaubender Tanz von bestechender Schönheit. Die ganze Atmosphäre war so gewaltig, daß ich nicht selten Heinz, Peter und das aufkommende Heimweh völlig vergaß.
Den ersten Versuch am Cocoyo-Pfeiler machten Heinz und Peter ohne mich. Ich fühlte mich nicht in der Lage mitzukommen, litt aber auch darunter, den beiden zusehen zu müssen und nicht dabei sein zu können. Zum Klettern war ich hergekommen, nicht zum Zuschauen. Die ersten beiden Seillängen sind die schwersten der Route, und die beiden brauchten einen vollen Tag. Bei Einbruch

der Dunkelheit waren sie zurück beim Zelt. Beim nächsten Versuch war ich dabei. Die ersten zwei Seillängen waren schon mit den nötigen Haken versehen, es ging diesmal schneller. Den Pendelquergang in der ersten Seillänge kletterte ich im Nachstieg Rotpunkt. Atem und Puls gingen fühlbar schneller, als bei einer vergleichbaren Kletterei in den Alpen. Die erste Seillänge führte Heinz, die zweite Peter, dann durfte ich vorsteigen.
Auch das Vorsteigen war von vornherein ein Streitpunkt. Unbedachterweise und ohne Böses zu ahnen, hatte ich beim Anmarsch zu Peter gesagt, daß es am besten sei, wenn derjenige vorstieg, dessen Form am besten wäre und die anderen beiden mit den Rucksäcken nachkämen. Peter machte aus dieser Bemerkung ein Drama und faßte sie als persönliche Beleidigung auf. Vielleicht wollte ich mich auch wirklich vordrängen, ich wußte ja ganz genau, daß ich am besten in Form war. Es tat mir leid und ich entschuldigte mich, aber es war nicht mehr rückgängig zu machen. Keine Chance. Ich wollte durch den Klettersport dem Mief des kleinkarierten Spießertums entkommen, hier am Ende der Welt, in der klaren Luft der Anden, umwehte es mich in konzentrierter Form.
Nach den unteren beiden Seillängen banden wir uns um und ich führte. Schnell und sicher kletterte ich aufwärts und legte in jeder Seillänge nur eine oder zwei Zwischensicherungen. Vierter, fünfter Schwierigkeitsgrad, manchmal ein bißchen schwerer. Die ganze kleinliche Streiterei löste sich im selbstverständlichen Ablauf der Seillängen in Wohlgefallen auf. Es wunderte mich, daß mir jetzt niemand mehr die Führung streitig machte und zu guter Letzt doch alles im wesentlichen so ablief, wie ich es vorgeschlagen hatte. Reden ist eine Sache, die Tatsachen gehorchen oft anderen Gesetzesmäßigkeiten. Ich hätte mich nicht zurückgesetzt gefühlt, wenn ich die ganze Route nachgestiegen wäre, aber wir hätten wahrscheinlich auch in der Wand biwakiert. So kehrten wir am selben Tag zum Zelt zurück.
Auf einem Gipfel, den wohl vor uns noch keines Menschen Fuß betreten hatte, hatten wir es sogar fertiggebracht, uns die Hand zu geben und ein paar freundliche Worte zu wechseln. Es mußte wohl die Freude über die gelungene Tour gewesen sein. Noch vor Einbruch der Dunkelheit saßen wir wieder im Zelt und schlürften heißen Tee.
Am nächsten Morgen stiegen wir nach Cocoyo ab, wo wir zwei Tage brauchten, um einen Jeep mit Fahrer aufzutreiben, der uns nach Sorata brachte. Peter ödete mich nur noch an. Ich war wieder der Außenseiter, wie zuvor, und zum Ausbruch offener Feindseligkeiten kam es vorerst nur nicht, weil wir mitten in den Bergen, trotz aller Spannungen, aufeinander angewiesen waren. Peter benannte unsere Route 'no brain, no headache', was eine Anspielung auf die Höhenkrankheit

sein sollte. Ich faßte es eher als eine Anspielung auf seine Intelligenz auf, aber das behielt ich für mich.
Dann flogen die Fetzen. Kaum waren wir in Sorata, zurück in der Zivilisation, explodierten die Spannungen, entlud sich der ganze aufgestaute Zorn mit der Gewalt eines Gewitters. Ich wollte gerade zum Duschen, als Peter mir meinen Kletterhelm an den Kopf warf, was ich mit einer Beule überlebte. Was folgte, war eine Expedition ins Tierreich. Es hagelte nur so von 'gelbsüchtigen Pinschern', 'blöden Hammeln' und 'impotenten Hirschkäfern'. Meine Bereitschaft, dem einstigen Seilpartner an die Gurgel zu gehen, stieg sprunghaft. Peter brüllte, daß alle im Hotel Copacabana mithören konnten; sein reiches Repertoire an Kraftausdrücken war beeindruckend. Dagegen kam ich nicht an und es war mir peinlich. Irgendwann ging ich einfach weg, ließ Peter laut schreiend stehen. Da war sowieso nichts mehr zu retten.
In Europa hatten wir viel gemeinsam gemacht, waren oft zusammen beim Sportklettern gewesen. Zwei oder drei Tage lang waren wir immer ganz gut miteinander ausgekommen, aber in Südamerika war alles anders. Im Hotel Copacabana trennten sich unsere Wege, zurück bleibt die traurige Erinnerung an einen unnützen, lächerlichen Streit. Heute habe ich keine Verbindung mehr zu Peter. Wahrscheinlich ist es das beste für uns beide. Vielleicht könnten wir uns wieder vertragen, aber gemeinsam Klettern geht nicht mehr, das ist Vergangenheit. Wenn einmal so der Wurm drin ist, wird nichts mehr daraus.
Die folgenden Wochen und Monate verbrachte ich mit Heinz Enz. Unsere Tourenausbeute konnte sich sehen lassen. Ich profitierte von den guten Spanisch- und Ortskenntnissen von Heinz, auch in Bezug auf Expeditionsbergsteigen konnte ich viel von ihm abschauen. Ihn kennengelernt zu haben war eine Bereicherung für mich, trotzdem sind wir uns menschlich kaum näher gekommen. Gute Freunde wurden wir nicht. Das enttäuschte mich, aber es war nun mal so. Die Helden der Bergbücher, die ich von früher kannte, hatten ausnahmslos den Heiligenschein der idealen Bergkameradschaft aufgehabt, und ich war naiv genug gewesen, das alles zu glauben. Heute weiß ich, daß das meiste gelogen war. Die Heiligenscheine sind längst in den Dreck gefallen und in tausend Scherben zerbrochen, es hat sie nie gegeben, sie existieren nur in Wunschbildern. Ich habe in dieser Beziehung keine Illusionen mehr, Bergsteigen wirkt sich nicht zwangsläufig positiv auf den Charakter aus, und Bergsteiger sind keine Übermenschen. Ihre Leistungen sind wie in jedem anderen Sport das Resultat gezielten Trainings. Ich bin vorsichtig geworden mit 'Bergkameraden', anspruchsvoll und wählerisch. Eine rein 'geschäftliche' Beziehung zu einem Kletterpartner, nur um diese oder jene Tour zu machen, ist mir zuwider. Da gehe ich lieber zum Wandern.

Zurück zu den Ursprüngen des Freikletterns

Fünf Wochen später bin ich gut akklimatisiert. So lange dauert es, bis man sich an die dünne Luft gut gewöhnt hat. Man muß viel Wandern und möglichst viel Zeit in dieser Höhe verbringen. Sonnenaufgang, Kochen, Packen, Rucksack schultern und zu diesem oder jenem Paß gehen, schauen, atmen und fühlen. Bei Sonnenuntergang steht das Zelt, der Kocher läuft, dasitzen, müde, froh, den schweren Rucksack nicht mehr auf den Schultern zu spüren. Das Essen für zehn Tage, Kocher und Schlafsack trägt sich nicht von alleine. An einem See in 4600 Metern Höhe verbringen wir einen Rasttag. Endlose Weite, karge Landschaft. Nur selten begegnen wir Menschen, wo gibt es das noch in den Alpen?

Anfang Juli ist die Wand oberhalb von Sorata dran. Es ist die Wand, die in Deutschland als Foto über meinem Bett hängt. Wieder ist der Rucksack voll, Kletterausrüstung, Kocher, Schlafsack und Proviant für zehn Tage müssen geschleppt werden. Dreißig Kilogramm, die auf den Rücken drücken. Verdammt unlustig. Höhenbergsteigen ist ein Kampfsport. Es gibt keine Zuschauer, die einen auslachen oder anfeuern, die Motivation zum Weiterzugehen muß jeder für sich selber aufbringen. Nach zwei Tagen schlagen wir das Basislager auf. Über wegloses Gelände in endlosem Auf und Ab haben wir uns hochgekämpft. Eine steile Moräne mußte gequert werden, gegen Abend stellte sich uns ein etwa zwanzig Meter hoher Steilabbruch in den Weg, den wir nicht umgehen konnten. Große lose Kiesel als Griffe und Tritte, eine Klettereinlage am Ende des Tages. Nicht schwierig, aber beunruhigend.

Ich warte, bis Heinz oben ist. In drei Metern Höhe bricht ihm ein Kieseltritt aus und er fällt in den Moränenschutt. Ich glaube, er ist schwer verletzt, der Sturz sah übel aus, doch seine Schürfwunden schaut er nicht einmal an, versucht es an einer anderen Stelle, an der er dann auch durchkommt. Hat dieser Mensch denn überhaupt keine Nerven? Ich schon, aber nun ist Heinz oben und ich muß ihm folgen, herunter kommt er sicher nicht mehr. Ich schlucke meine Angst hinunter, dritter Schwierigkeitsgrad an einer steilen, zwanzig Meter hohen Kiesmauer, mit schwerstem Gepäck. Reine Nervensache. Ich muß die großen Kiesel, die ich alle des baldigen Ausbrechens verdächtige, als Griffe und Tritte benutzen, weil nichts anderes da ist. Heinz schimpft, weil ich so lange brauche. Als ich oben bin, ist mir schlecht vor Angst.

Zwei Kondore begleiteten uns, herrliche Tiere, Luftakrobaten. Sie schlagen nie mit den Flügeln, geschickt nutzen sie jeden Windhauch, um wie schwerelos zu segeln. Kaum zu glauben, daß diese graziösen Vögel reine Aasfresser sind.

Am darauffolgenden Tag stehen wir erst lange nach Sonnenaufgang auf. Dann kochen wir uns etwas zu Essen und liegen den Rest des Tages faul herum. Nach dem Ruhetag machen wir eine Erstbegehung, 600 Meter Wandhöhe, davon 350 Meter richtig schwer, am Ausstieg beginnt es zu dämmern. Um uns ein bitterkaltes Biwak zu ersparen, steigen wir im Dunkeln ab, am anderen Tag müssen wir uns dann wieder ausruhen. Das Klettern in Höhen über 5000 Metern ist anstrengend und braucht faules Herumliegen. Mein Kletterpartner Heinz ist Schweizer, überpünktlich und genau. Er wird unruhig, wenn er sich einen Tag ausruhen 'muß'.

Am nächsten Tag klingelt der Wecker um fünf Uhr früh. Es ist dunkel, eiskalt und ich will nicht aus dem Schlafsack, aber Heinz ist schon auf und wirft den Kocher an. Es bleibt mir nichts anderes übrig, als Wasser zu holen. Der Bach ist am Rand gefroren, mit dem Felshammer hacke ich das Eis auf und mit drei Litern Wasser komme ich zum Zelt zurück. Es gibt Tee mit Kartoffelstock und Zwiebeln. Das geht am schnellsten. Sobald es hell wird, gehen wir los. Wie lange werden wir wohl nichts mehr zu essen haben? Werden wir zwei oder drei Tage brauchen, oder wird die Linie, die wir uns ausgedacht haben, vielleicht unmöglich sein? Der ursprüngliche Sinn des Bergsteigens war in erster Linie das Abenteuer, erst dann kam der Sport. Das Abenteuer lebt von der Ungewißheit.

Eine Stunde gehen wir zum Einstieg, immer unter der Wand entlang in Richtung des rechten Begrenzungspfeilers. Keiner sagt etwas, es ist unheimlich still. Die Einsamkeit in dieser menschenleeren Gegend wirkt heute bedrückend. Niemand wird helfen, wenn uns etwas passiert. Es ist so still, daß einem manchmal der eigene Herzschlag als Lärm vorkommt, wenn man zum Verschnaufen stehen bleibt. Am Einstieg eine kurze Pause, dann 100 Höhenmeter seilfrei durch einen flechtigen Kamin. Es wird schwieriger, wir seilen uns an. Viele Seillängen ziehen unter uns durch. Am Stand ist es kalt, meine Füße spüre ich schon eine zeitlang nicht mehr. Heinz geht es genauso, doch wir verlieren darüber kein Wort. Die Kletterei ist bisweilen schwierig und ausgesetzt, aber wir finden immer den richtigen Weg, fast wie selbstverständlich.

Bis weit in den Dschungel sieht man von hier. Rechts der Titicacasee und das Altiplano, mächtig und karg. Einer der größten Binnenseen und die größte Hochebene der Welt, was für eine Aussicht! Weit unten die Yungas im ewigen Nebel, immer feucht und heiß. Die Sonne kommt genau im richtigen Moment, um ein paar Seillängen im sechsten Schwierigkeitsgrad zu klettern. Wir schlagen keine Haken, ein paar Stopper und Friends genügen, jeder Handgriff sitzt. Es ist der falsche Platz, um das Legen von Zwischensicherungen zu üben oder Kletterstellen auszubouldern.

Von den Yungas steigen Wolken auf, die wie satte Pilze aussehen, am Nachmittag werden wir im Nebel klettern. Es wird nicht regnen, weil es um diese Jahreszeit nie

regnet, und es wird nicht lange dauern, bis sich der Nebel wieder auflöst. Weil wir das Wetter kennen, sind wir nicht beunruhigt. Es ist der normale Tagesablauf.
Als ein kurzes, leichteres Stück kommt, binden wir uns aus. Heinz nimmt die Seile und ich den Rucksack. Wir ziehen unsere warmen Sachen aus, trinken ein paar Schluck Tee, massieren unsere noch kalten Füße und klettern weiter. Als das Gelände wieder schwieriger wird, seilen wir uns nicht mehr an, sondern klettern gleichzeitig weiter, stundenlang und immer konzentriert. Mir kommt es vor, als hätte ich nie etwas anderes gemacht. Beinahe wie selbstverständlich finden wir immer den richtigen Weg. Erst als es wieder ganz schwierig wird, seilen wir uns an und klettern abwechselnd weiter. Nirgends halten wir uns lange auf und das ungute Gefühl am Einstieg hat sich jetzt in ein Hochgefühl und jede Menge Selbstvertrauen verwandelt.
Kurz vor dem Gipfel müssen wir noch sechs Seillängen über ein vergletschertes Wandstück. Wir zögern einen Augenblick, haben wir doch weder Bergschuhe noch Steigeisen dabei. Schließlich bleibt uns gar nichts anderes übrig als die 'Flucht nach vorne'. Für einen Rückzug sind wir zu hoch. Ein paar schwere Stellen mit fragwürdigen Sicherungen, sie halten uns nicht mehr auf. Noch vor Sonnenuntergang stehen wir auf dem Gipfel, Freude, die man nicht in Worte fassen kann. Gegenüber leuchtet der Ancohuma im letzten Abendlicht.
Wir steigen noch im Dunkeln zur Laguna Glaciar ab, dem Ancohuma Basislager von dieser Seite. Weil sich unsere Augen ganz gut an die Dunkelheit gewöhnt haben, steigen wir gleich weiter. Über heimtückisches, grobblockiges Geröll und Schrofengelände geht es immer weiter abwärts, oft mehr nach Gefühl als nach dem Auge. Als krönenden Abschluß finden wir nach kurzer Suche unser Zelt, was selbst bei Tag nicht ganz einfach ist, denn kein Weg zeigt wie in den Alpen seinen Standort an. Als ich den Reißverschluß des Schlafsacks zumache, sage ich noch »endlich wieder daheim«, und schlafe auch schon bis weit in den nächsten Tag hinein.

Cerro Punta Badile

Nach dem gescheiterten Versuch am rechten Ancohuma-Pfeiler genossen wir das Leben im Basislager am schwarzen See. Die vielen Seen der Umgebung laden zum Träumen ein, ringsum türmen sich vergletscherte Andenriesen auf. Dabei sind in diesem Hochtal die Berge weit genug voneinander entfernt und lassen keine Beklemmung aufkommen. Unser Hauptinteresse galt vorerst nicht der schönen Landschaft, sondern unseren Lebensmittelvorräten, die durch unsere liebevolle

Zuwendung bedrohlich schrumpften. Heinz war ein ausgezeichneter Koch, unser Hunger war beängstigend.
Eine Gruppe Südafrikaner zeltete ein Stück unterhalb unseres Lagerplatzes. Eine lustige kleine Gemeinschaft, mit der wir uns bald anfreundeten. Unsere Kletterleidenschaft und die ursprüngliche deutsche Heimat einiger Älterer boten genügend Gesprächsstoff. Anlass ihrer Expedition war das 100-jährige Bestehen ihres Alpenvereins. Als sie ihre Zelte abbrachen und das Lager auflösten, machten wir fette Beute und kauften ihnen einen Teil der Nahrungsmittel ab, die sie nicht mehr brauchten. Nur das Beste vom Besten, darunter viele aus Südafrika mitgebrachte Lebensmittel von erlesenster Qualität. Damit war das Problem Nahrungsmittelknappheit gelöst, wir konnten essen soviel wir wollten, der Proviant würde lange reichen.
Bei einem zehntägigen Akklimatisationstrekking war uns die lange, von jeder Seite markante Kante zum ersten Mal aufgefallen, zu der wir jetzt immer öfter hinüberschauten. Ein Begehungsversuch war abgemachte Sache, bevor wir darüber sprachen. Von hier sah der Gipfel ähnlich aus wie der Piz Badile, einen indianischen Namen konnten wir nicht in Erfahrung bringen und wir tauften den Berg 'Punta Badile'. Die Indianer benennen nur wenige Gipfel, ihr Interesse gilt anderen Dingen. Das Weideland, die Lamas, ihre Schafe, die Goldminen verdienten es, einen Namen zu haben, doch diese öden Granitklötze und Eiswüsten in der lebensfeindlichen Hochgebirgsregion interessieren sie nicht sonderlich. Ancohuma und Illampu sind die markantesten Punkte der nördlichen Cordillera Réal, alle anderen Gipfel in weitem Umkreis nennen sie einfach auch so.
Später schaute ich in einer alten Mittenwalder Chronik nach und fand dabei heraus, daß es sich dort früher ähnlich verhalten hatte. Die Namensgebung der umliegenden Berge liegt kaum 100 Jahre zurück und der Anlaß dazu waren die Touristen, die immer wieder fragten, wie denn dieser oder jener Gipfel genannt wurde. Erst mit dem Tourismus gewannen die öden, für Bauern uninteressanten Gipfel an Bedeutung. Vielleicht sind die Einheimischen heute nur deshalb imstande, ihre Schönheit zu begreifen, weil die Fremden ein anderes Bewußtsein weckten, das Leben um etwas Großartiges bereicherten, das immer schon da war, aber selten mit schwärmerischen Augen gesehen worden war. Genauso ist es hier in den Anden, nur die Zeitphase ist eine andere. Der Tourismus ist noch jung, aber für die hier lebenden Menschen wird er hoffentlich doch mehr Vorteile als Nachteile bringen. Menschen verschiedener Herkunft sind sich ähnlicher als oft angenommen wird. Nur Bildung und Erziehung schaffen einen wesentlichen Unterschied, aber dafür kann keiner was.
Abends packten wir unsere Sachen zusammen, am nächsten Morgen frühstück-

ten wir und brachen auf. Ich drehte mich noch einmal um und schaute zu dem Stein, wo wir unsere Essensvorräte vergraben hatten. Der Abschied von all den Delikatessen fiel mir nicht leicht. Ob es Heinz ähnlich ging? Er war schon ein Stück voraus, und so konnte ich nicht von seinem Gesichtsausdruck auf seine Gemütsverfassung schließen. Ohnehin war das bei ihm schwierig. Seine Andenkenntnisse waren unbestritten, aber als Mensch blieb er mir ein Rätsel. Er war verschlossen wie ein Indianer und stolz wie ein Spanier. Wenn er Gefühle hatte, zeigte er sie mir nur halb, in gelegentlichen Wutausbrüchen.

Wir überquerten Bäche ohne Brücken und fanden einen Weg durch ein Trümmerfeld von großen Granitblöcken, die wie beim Mikado, keinem System gehorchend, kreuz und quer übereinanderlagen. Als wir um eine Ecke bogen, schreckten wir eine Art Rehbock auf, ein äußerst seltenes und scheues Tier, von dem es nicht mehr viele gibt und das noch nicht viele Gringos lebendig gesehen hatten. In stetem Auf und Ab, kaum Höhe gewinnend, strebten wir der Felswand des Punta Badile zu. Nach fünf Stunden Gehzeit waren wir dort. Für Andenverhältnisse eine kleine Tagesetappe.

In einem steilen Granitfeld, zum Nächtigen denkbar ungeeignet, fanden wir einen großen Felsblock, der an seiner Oberseite eben war wie ein Tisch. Auf ihn stellten wir unser Zelt. Die Eisbrocken zum Teekochen holten wir von einem kleinen Gletscher. Vom Zelteingang konnten wir direkt hinunter auf das Nebelmeer des Dschungels blicken, dessen Farbe im letzten Tageslicht von weißgrau über rosa nach dunkelrot wechselte. Ein dramatischer Augenblick, der bei mir einen bleibenden Eindruck hinterließ. Wir lagen beide im Schlafsack, und wie vor jeder großen Tour waren meine Nerven angespannt. Die Ungewißheit über den Ausgang des morgigen Tages ließ auch einen Hauch von Angst aufkommen. Die zwei besten Kletterer der Südafrikaner hatten die Kante vor einer Woche versucht und nach einigen Metern bereits aufgegeben. Sie waren überzeugt, daß dort ohne Bohrhaken nichts zu machen sei. Abschreckend und reizvoll. Das Versagen der anderen steigerte unseren sportlichen Ehrgeiz, den wir uns nie offen eingestanden. Ob Heinz auch Angst hatte? Wenn, dann verbarg er es immer sehr geschickt. »Heinz, schläfst du schon?« »Nein«, verriet er sich.

Ich schlief fest und traumlos, als der Wecker klingelte. Heinz war, ungeachtet der Morgenkälte, sofort aus dem Schlafsack, wie ich es von ihm immer gewohnt war. Mir blieb nichts anderes übrig, als es ihm gleichzutun. Wie oft hätte ich wohl ohne Heinz verschlafen? Vielleicht jedesmal, wenn es darauf ankam. Ich holte im Dunkeln mit der Stirnlampe als Lichtquelle Eisbrocken, Heinz kochte. Als wir mit dem Frühstück fertig waren, schulterten wir unsere am Vortag gepackten Sachen und trabten zum Einstieg, knapp rechts der Kante.

In der ersten Seillänge war es tierisch kalt, die wärmenden Sonnenstrahlen ließen noch auf sich warten. Dabei war die Kletterei nicht einfach, sechster Grad etwa. Heinz stieg vor und schlug am Stand zwei Haken. Steif und mit klammen Fingern kam ich nach. Mit den zwei von Heinz gelegten Klemmkeilen hatte ich nicht viel Arbeit, sie saßen in dem seichten, geschlossenen Riß nicht gut und waren schnell entfernt. Für die nächste Seillänge kam die nötige wärmende Sonne. Zwei feine, senkrechte Rissen boten die einzige Möglichkeit weiterzukommen, links und rechts davon haltlose Granitwände. »Und es geht doch ohne Bohrhaken«, spornte ich mich in halblautem Selbstgespräch an und gab mir einen Ruck. Wie von einem inneren Zwang getrieben, stieg ich ins Ungewisse. Ich wollte nicht schon wieder umdrehen, wie vergangene Woche am Ancohuma. Die Schwierigkeiten waren beträchtlich, doch nach fünf Metern konnte ich im linken der zwei feinen Risse hintereinander zwei sehr gut sitzende Rocks legen, die auch einen weiten Sturz ausgehalten hätten. Das machte Mut und gab Selbstvertrauen. »Paßt«, sagte ich zu Heinz und wechselte in den rechten Riß. Auch seicht, aber besser gangbar. Oberer sechster Schwierigkeitsgrad und keine weitere Möglichkeit, eine Zwischensicherung anzubringen. Bewegungsabläufe wie im Klettergarten, der feine Riß verlor sich in der Wand, erst zehn Meter über den beiden Keilen brachte ich einen Friend in einem Loch unter und pfiff die dünne Luft hörbar erleichtert aus. Noch zwanzig weitere Meter und ich konnte Heinz an gutem Stand nachholen.
Wir begegneten uns nur kurz, Heinz übernahm den Materialgurt, führte die nächste Länge und ging unser 55 Meter-Doppelseil bis zum letzten Meter aus. Die folgenden fünf nicht ganz so schweren Seillängen spulten wir schnell und präzise ab. Ab und zu, aber nicht unnötig oft, legten wir Hexentrics, Tricams, Friends oder Rocks als Zwischensicherungen.
Unser Klemmkeilsortiment kannten wir auswendig, mit der Suche nach der richtigen Größe mußten wir uns nicht lange aufhalten. Ein Griff zum Materialgurt, zack, sitzt, und weiter. Wir beherrschten die Schwierigkeiten und unsere Ausrüstung. Nicht umgekehrt. Zum Herumprobieren war die Route zu ernst. Die zwei einzigen Haken hatte Heinz am Stand der ersten Seillänge geschlagen und nicht wieder herausgebracht, was ein Beweis für ihre Zuverlässigkeit war. Was wir alles an Klemmkeilen mitführten, war ein nicht unerhebliches Gewicht und hing schwer und lästig an der Materialschlinge, doch im Laufe des Tages brauchten wir jede Größe wenigstens einmal.
Auf den schwierigen Beginn folgte der leichtere Mittelteil, manchmal vereist und unübersichtlich. Um Zeit zu gewinnen, gingen wir seilfrei. Das setzte großes gegenseitiges Vertrauen in unsere Kletterfähigkeiten voraus, wenn einer von uns abgestürzt wäre, dann wäre auch der andere verratzt gewesen. In einer Links-

Rechts-Schleife erreichten wir das obere Wanddrittel, wo die Wand wieder steiler wurde und wir uns gegenseitig sicherten. Herrliche, ausgesetzte Kletterei an bombenfestem Fels, die unseren Schwung nicht bremste. Die Felsbeschaffenheit war ideal geeignet, gute Sicherungen dort zu legen, wo wir sie gerade brauchten. Direkt an der Kante war der Ausblick über die steil abfallenden Wände links und rechts von uns atemberaubend. Allein für dieses erregende Gefühl hatten sich die Strapazen und Gefahren gelohnt. Knapp unter dem Ausstieg zwang uns das Gelände, nach links aufwärts auszuweichen.

Am nächsten Standplatz standen wir unverhofft vor der Schlüsselseillänge, einer leicht überhängenden Rißverschneidung, mit einem Dach in der Mitte. »Meine Güte, wenn das meine Mutter wüßte«, sagte ich erschüttert zu Heinz, der mir freiwillig die Führung überließ. Wir mußten hinauf, der bloße Gedanke an ein Zurück, zwei Seillängen unter dem Gipfel, jagte mir eine Gänsehaut über den Rücken. Eine Möglichkeit, die Stelle zu umgehen, fanden wir nicht. Also hinein in die Verschneidung und hinauf ins Freie. Die Verschneidung bis zum Dach war kühn, aber kletterbar. Direkt darunter brachte ich eine hundertprozentige Sicherung an und im Dach selbst legte ich einen verläßlichen Zweier-Rock. Nun war ich gesichert wie im Klettergarten und weder die Brüchigkeit, noch der zu erwartende siebte Grad, jagte mir einen Schrecken ein. Der Atem ging stoßweise, Griff- und Trittkombinationen reihten sich flüssig aneinander, keine Unsicherheit. Durch die Anstrengung in der dünnen Höhenluft hechelte ich wie ein Straßenköter, mein Brustkorb hob und senkte sich, und das Herz klopfte aufdringlich laut, ohne sich jedoch zu überschlagen. Der gewaltige Eindruck der saugenden Tiefe wurde durch die Tatsache, daß wir vollkommen auf uns selbst gestellt waren, noch verstärkt.

Die nächste auch nicht leichte Seillänge brachte uns auf den Gipfel. Wir waren erleichtert und froh. »Das soll uns mal einer nachmachen«, sagte ich zu Heinz, als ich ihm die Hand drückte. Unser Aufstiegsweg lag bereits im Schatten des Nachmittags. 700 Meter schwieriger Freikletterei hatten wir hinter uns, doch unsere Tour war damit noch lange nicht zu Ende.

Der lange Abstieg und der Name der Führe

Wir hatten uns natürlich schon im Basislager und am Wandfuß Gedanken über den Abstieg gemacht. Von drei Möglichkeiten mußten wir eine wählen. Der einfachste Weg führte über den Sobiranasee nach Cocoyo, aber dieser Abstieg war zum Verzweifeln weit. Das erste bitterkalte Biwak wäre am Sobiranasee fällig gewesen, die zweite Nacht konnten wir vage hoffen, in Cocoyo eine Bleibe zu finden, am dritten Tag wäre ein Gewaltmarsch hinauf zum Zelt und den Schlafsäcken fällig gewesen, um am vierten Tag dann im Basislager einzutreffen. Von dieser Gewalttour waren wir beide nicht begeistert, und wir behielten sie nur als letzten Ausweg im Auge. Eine weitere Abstiegsmöglichkeit konnten wir vergessen, während der Kletterei hatten wir gesehen, daß sie zu riskant war.

Unsere Wahl fiel auf eine vereiste Nordwand, über die wir abseilen wollten. Zuerst kletterten wir den Gipfelgrat nach links ab, bis zu einer markanten Scharte. Von dort ließen wir uns am Doppelseil in die grausige Wand gleiten. Alle Gipfelfreude verflog als wir mit unseren Turnschuhen im harten Schnee einer kalten, lebensfeindlichen Umgebung standen, auf mehr als 5000 Metern Höhe. Wir mußten höllisch aufpassen, nicht auf dem Eis auszugleiten. Heinz übernahm das Kommando, sein Orientierungsvermögen war fast übernatürlich und seine Nervenstärke bemerkenswert. Ein Zurück zum Grat gab es nicht mehr, über das vereiste Gelände wären wir nie mehr hinaufgekommen. Wie wir gehofft hatten, gingen immer wieder Abseilblöcke her, wir waren nicht gezwungen, wertvolle Klemmkeile für Abseilverankerungen zu opfern. Es gab keinen Bruch, alle losen Felsbrocken waren durch den Dauerfrost festzementiert. Das 55-Meter Doppelseil erwies sich wieder einmal als Vorteil, zwei volle Abseillängen ergaben satte hundert Meter, die wir dem Boden näherkamen.

Um sieben Uhr wurde es dunkel und wir setzten unseren Abstieg jetzt langsamer, aber unvermindert fort. Seilten ab und froren, froren und seilten ab, so selbstverständlich, als seien wir Kreaturen der Finsternis, als hätte es Licht und Sonne in unserem Leben nie gegeben. Die Augen gewöhnten sich hervorragend an die Dunkelheit, Konturen und Umrisse konnten wir immer noch gut erkennen.

Spät in der Nacht erreichten wir das grobblockige Granitkar. Unser Plan war aufgegangen, doch wir waren zu müde, um uns darüber zu freuen. Mechanisch bewegten sich meine Füße Richtung Lagerplatz. Es blieb nicht aus, daß es uns in dem schwierigen Gelände des öfteren der Länge nach hinschlug, mich öfter als Heinz. Bei einer dieser Einlagen schrammte ich mir die Nase auf und blutete, doch es war mir, wie der Schmerz, egal. Ich stellte es fest und nahm es hin. Die Gleichgültigkeit, die sich bei Erschöpfung einstellt, kann hilfreich sein, aber sie birgt Gefahren. Eine Hoffnung verstärkte sich zusehends, tröstete mich über die Schwäche meines Körpers hinweg und nahm als Vision bisweilen plastische Formen an: Das Zelt mit den Schlafsäcken. Warm und geborgen einfach nur daliegen und nicht mehr dazu verdammt sein, immer weiter gehen zu müssen. Dazuliegen und zu schlafen erschien mir als der Höchste aller erstrebenswerten Genüsse, der Himmel auf Erden.

Heinz war immer ein Stück voraus. Einmal hörte ich ihn halblaut aufseufzen, dann hörte ich wieder nur mehr das Geräusch polternder Steine, die unter seinen Füßen wegrutschten. Also war auch er erschöpft, registrierte ich mit heimlicher Genugtuung, die mir neue Kraft gab. Das Dunkel, die Erschöpfung gibt Einblicke in eine andere Bewußtseinsebene, einen halbwachen und halb bewußtlosen Zustand, in dem alle Geräusche und Wahrnehmungen intensiver wahrgenommen werden als sonst. Schmerzen, Leid, Freude und Enttäuschung verschmelzen zu einer gleichförmigen Schwingung, fast so, als wäre die eigene Existenz Illusion. Tatsächlich verliert sie in diesem Zustand an Bedeutung. Heute bin ich davon überzeugt, daß wir uns im normalen Leben auf einer primitiven Bewußtseinsstufe befinden, nahezu blind und taub für das wirklich Wesentliche. Extreme Situationen erschließen dem Menschen neue Horizonte, er erfährt Dinge, die nicht beschreibbar und nur schwer nachvollziehbar sind. Manchmal kam es mir so vor, als würde nicht ich, sondern ein anderer durch die Nacht stapfen. Das konnte unmöglich ich sein! Ich ging jeden Tag in der Früh zur Arbeit, abends kam ich wieder und legte mich in ein warmes Bett. Mindestens einmal in der Woche nahm ich ein Bad. Donnerstags und Samstags ging ich aus. Wer war dann der, den ich unrasiert und fern der Heimat durch die Anden latschen sah? Das war auch ich. So wenig kannte ich mich also selbst.

Irgendwann tauchte der Granitblock mit unserem Zelt auf und war keine Halluzination. Da waren unsere Schlafsäcke, da war der Himmel auf Erden. Ich stand vor dem Zelteingang und konnte es zuerst gar nicht fassen, nicht mehr die Füße bewegen zu müssen. Es dauerte eine Weile, bis ich meinen Rucksack abschüttelte, Heinz hatte sich der beiden Seile und des Klettergurtes bereits entledigt. Ich wartete vor dem Zelteingang bis er ruhig dalag, damit ich ihn in dem kleinen Zelt nicht behinderte.

Ich blickte hoch zum klaren Andenhimmel, sah eine Sternschnuppe und wußte nicht, was ich mir jetzt noch wünschen sollte. Alles war so einfach und friedlich, meine Gefühle suchten sich einen Weg nach draußen, die Augen wurden feucht. Wie gut, daß es dunkel war und Heinz nichts merkte. Ich schlüpfte ins Zelt und wälzte mich mitsamt der nach Schweiß riechenden Kleidung in wohliger Ekstase in meinen Schlafsack. Ich war ein Schwein, aber ein glückliches. Wo hätte ich jetzt lieber sein wollen? Bevor ich meine Gedanken zu Ende bringen konnte, glitt ich in einen tiefen Schlaf.

Am Morgen war Heinz wie immer als erster aus den Federn. Er war ein Andenmonster, dessen Wille so hart war wie der Granitblock, auf dem wir ein paar Stunden geschlafen hatten. Jetzt fiel mir wieder ein, wo es noch schöner war als hier: Unten im Basislager bei unseren Vorräten. In meiner Phantasie malte ich mir unglaubliche Freßorgien aus, vorerst stillten wir unseren Durst. In der Nacht hatten wir uns keinen Tee mehr gemacht. Gierig schlürften wir jetzt Unmengen in uns hinein, unsere Körper saugten die Flüssigkeit auf wie Schwämme. Wir packten unsere Sachen und waren bald abmarschbereit. Einen Namen für unsere Führe hatten wir schon: 'Don't take the long way home'. Ich ging noch einmal hoch zum Einstieg und meißelte mit dem Kletterhammer als Wegzeichen ein E mit einem Pfeil in den Fels, obwohl ich wußte, daß das vollkommen absurd war. Bald würde das Zeichen eingewachsen sein, und ob unsere Führe jemals wiederholt würde, war zweifelhaft.

Heinz war vorausgegangen. Ich holte meinen Rucksack und folgte ihm in großem Abstand. An einem See unterhalb des Basislagers machte ich eine kleine Pause und schaute mir beiläufig eine Zustiegsmöglichkeit zum 6000er Pico del Norte an. Ziemlich abschreckend. Ich war froh, dort nicht hinauf zu müssen. »Da brächten mich keine zehn Pferde hoch«, versprach ich mir selbst. Damals ahnte ich nicht, daß mir das Wissen um diese Abstiegsmöglichkeit zwei Jahre später das Leben retten würde. Aber instinktiv mußte ich etwas von der Bedeutung dieses Erdfleckens für mich geahnt haben. Das letzte Stück zum Basislager war ein Aufstieg, den ich keuchend hinter mich brachte, am Zelt traf ich Heinz wieder, müde legte ich mich auf einen Stein. Obwohl es mich in der verschwitzten Kleidung fröstelte, stellte ich befriedigt fest, was für ein Genuß es war, rasten zu können.

Den nächsten Tag half ich Heinz beim Dezimieren der Vorräte. Eigentlich hätte ich schon absteigen sollen, aber es war ein Erlebnis ganz besonderer Art, den Freßtrieb ungehemmt auszuleben und das Schlafbedürfnis zu stillen. Heinz war von meinem Hunger nicht sonderlich begeistert, er wollte noch länger im Basislager bleiben und alleine klettern. Ich verkaufte ihm mein gesamtes Klemmkeilsortiment und erleichterte mein Gepäck erheblich. Hans im Glück: Wenn ich nichts mehr besaß, war ich erst richtig froh, dann brauchte ich nicht mehr so schwer zu tragen. Die Bezahlung der Sachen per Banküberweisung klappte reibungslos, Heinz war kein Betrüger wie viele andere, sondern ein ehrlicher Mensch.

Mit einigem Abstand zu den Erlebnissen bin ich heute erstaunt, wie bescheiden, wie anspruchslos ich damals für kurze Zeit geworden war und wie wenig davon übrigblieb. Mein Andenaufenthalt war so gut wie beendet. Am folgenden Tag packte ich meine Habseligkeiten auf ein Lama und stieg ab nach Cocoyo, von wo ich nach Sorata und La Paz weiterreiste. Der Abschied von Heinz war herzlicher, als ich vermutet hatte. Vielleicht verband uns doch mehr, als nur das Seil in unseren Erstbegehungen.

Ich beneidete ihn um seine Zeit. Wenn hier die Regenzeit einsetzen würde, wollte er weiter nach Patagonien. Wenn er Geld brauchte, arbeitete er ein halbes Jahr in der Schweiz, um dann wieder zum Ausgeben nach Südamerika zurückzukehren. Sorglos genial, wie er das machte. Das in der Schweiz verdiente Geld reichte in Südamerika jeweils Jahre. Auch in der Schweiz wohnte Heinz im Zelt auf einem Zeltplatz, weil es billiger und unkomplizierter war, als sich für kurze Zeit eine Wohnung zu suchen. Mich brachte das Flugzeug in 22 Stunden dorthin zurück, wo ich hergekommen war.

Kulturschock

Von La Paz nach Frankfurt mit dem Flugzeug ist es zeitmäßig nur ein Katzensprung. Das erste was ich sah, war ein riesiges Schild mit der Aufschrift »Rauchen strengstens verboten«. Ich war wieder in Deutschland.

Auf dem Flughafengelände fragte ich nach den Weg zum Hauptbahnhof. Aber auch die Gesichter waren 'strengstens'. Eine Auskunft blieb man mir schuldig, doch zum Glück fand ich den Weg auch selbst. Die griesgrämigen Gesichter im Zug glotzten mich doof und feindselig an. In meinem Heimatland kam ich mir fremder vor als auf einem fernen Kontinent. In Bolivien gab es Menschen, die konnten richtig lachen, hier schien das Leben keinen Spaß zu machen. »In solch einem Klima menschlicher Kälte muß der Ausländerhaß gedeihen wie ein Kürbis auf dem Misthaufen«, dachte ich mir still und unglücklich.

Von Frankfurt nach Garmisch-Partenkirchen mit dem Zug dauert lange. Um halb zehn Uhr abends ging von dort der letzte Bus nach Mittenwald, ich verpaßte ihn natürlich. Die drei Rucksäcke mit dem Expeditionsgepäck drückten herb auf den Schultern, als ich sie vom Bahnhof zur Rathauskreuzung schleppte, um es von dort mit Autostop zu versuchen. Komisch, gibt es denn für erfolgreiche Expeditionsteilnehmer nicht immer ein riesiges Empfangskomitee mit Marschmusik und Blumenkränzen Wo sind die denn alle? »Hey, kommt ruhig alle raus, ich hab Euch schon gesehen, verstecken hat keinen Zweck«, rief ich hinter einen großen Busch und lachte über meinen eigenen Witz.

Um ein Uhr früh kam ein einzelnes Auto vorbei und nahm mich mit. Das Gepäck wurde im Kofferraum verstaut und die Mädchen in Tracht rückten zusammen, damit ich auch noch Platz fand. Ich war erfreut und erstaunt, daß sie mich mitnahmen, obwohl sie gar keinen Platz mehr hatten. Es war richtig schön eng, ein Gefühl von Menschlichkeit und Wärme kam auf. Das erste Mal, seit ich den Flughafen in Frankfurt verlassen hatte, fühlte ich so etwas wie Heimat und Geborgenheit. Um zwei Uhr früh lag ich im Bett, um fünf Uhr war ich wieder hellwach. Zeitumstellung.

Mein erster Weg führte zur Dammkarhütte. Von dort kletterte ich Kreuzwand-Südostgrat und Tiefkarspitze-Nordostgrat hintereinander. 1000 Meter Kletterei im dritten Schwierigkeitsgrad. Durch die lange Höhenanpassung in Bolivien war ich konditionsstark und legte ein schnelles Tempo vor. Am Nachmittag war ich wieder zu Hause, legte mich auf's Bett und schlief angezogen in Sekunden ein. Mitten in der Nacht wachte ich auf, weil mir das Bett zu weich war. Ich holte meine Iso-Matte, legte mich auf den Fußboden und schlief weiter. Morgens um fünf wachte ich auf.

»Die Wetterkante auf die Wetterspitze und damit auf's Zugspitzplatt von Ehrwald aus«, war im Halbschlaf mein erster Gedanke, den ich weiterspann, bis ich wach war. Die Kletterpatschen, ein dünner Anorak und mein Personalausweis waren alles, was ich brauchte. Mein Lastwagen sprang sofort an, die Batterien waren also noch gut. War es Traum oder Wirklichkeit oder von beidem etwas, daß ich Richtung Ehrwald fuhr? Mein Ziel, ja meine Existenz kamen mir unwirklich vor. War ich selbst vielleicht nur ein Traum und es gab mich gar nicht? Der Grenzbeamte wollte meinen Ausweis sehen, ich zeigte ihm das Teil. In meinem Kopf gab es schon lange keine Grenzen mehr.

Die Wetterkante. Von Ehrwald aus sahen die 900 Meter Wettersteinkalk bombastisch aus. Irgendwann in meiner Jugend hatte ich sie auf dem Rückweg von einem Kletterausflug in die Tannheimer Berge gesehen und begonnen, von ihrer Durchsteigung zu träumen. Danach hatte ich sie wieder vergessen. Heute früh hatte ich mich wieder daran erinnert, hatte ihre Form und ihr Aussehen plötzlich und exakt vor mir. In irgendeiner Schublade meines Kopfes hatte ich die Wetterkante lange Zeit aufbewahrt, und jetzt drängte der Traum mit Macht ins Freie. Ich ließ ihn laufen.

Über die Holzerwiesen stieg ich zum Wiesgrat. Keinem Menschen, nur einer Schafherde begegnete ich. Fast war es so still wie in den Anden. Erinnerungen flossen zu mir zurück und ich hatte ab und zu den Eindruck, in der Cordillera Réal zu sein. Ich wußte, daß ich zu Hause war, aber anscheinend war ein Teil von mir in Bolivien geblieben und kam viel langsamer nach als mein Körper, der mit dem Flugzeug blitzschnell von einem Kulturkreis in den anderen katapultiert worden war. Es kann leicht sein, daß irgend etwas von mir für immer in Südamerika geblieben war, aber das vermag ich nicht zu beurteilen.

Wo war bloß der Einstieg? Von weitem hob sich die Wetterkante klar von der Wand ab. Je näher ich kam, um so undeutlicher wurden die Konturen. Ich fand eine wettergebleichte Skimütze im Geröll. Das mußte das Kar »Die neue Welt« sein, kombinierte ich. Im Winter eine beliebte extreme Skiabfahrt, bis zu vierzig Grad steil mit einer Abseilstelle in der Mitte. Der Einstieg zur Wetterkante war weiter rechts. Ich suchte nach dem großen Steinmann, den der Führer am Einstieg versprach, und weil ich mich darauf versteifte, kam ich zu weit nach rechts, stieg schon wieder Richtung Ehrwalder Alm ab. Also zurück. An einer Stelle, die mir mein Gefühl anzeigte, stieg ich ein und fand, 100 Höhenmeter über dem Einstieg, den im Führer beschriebenen kleinen Steinmann. Also war ich richtig.

Ich hatte viel Zeit mit dem Suchen vertändelt, aber einmal auf dem richtigen Weg wußte ich, daß ich die 900 Höhenmeter bis zum Gipfel schnell abspulen würde. Rasch stieg ich über rote, brüchige Steilrinnen höher. Dann ging es fester an der Kante oder unmittelbar rechts von ihr weiter. Vierter und ab und zu fünfter Schwierigkeitsgrad. Es war schon Gewohnheit, daß die Tiefe unter mir wuchs, ein immer wiederkehrender Bestandteil meines Lebens. Nichts Beunruhigendes, sondern etwas Euphorisches vermittelte mir dieses Gefühl. Wenn ich an den Fingerspitzen hing, wußte ich, daß mein Leben wertvoll und lebenswert war.

Die Schlüsselstelle war unangenehm. Ein großer, hohl klingender Block mußte als Griff dienen, weil kein anderer vorhanden war. Durch die Expedition war ich leicht wie eine Feder. »Wird schon halten, das Teil, ... muß halten«. Immer weiter ging es im Rausch des Steigens. Zwischen Grate und Felsblöcke gehörte ich, dorthin, wo es keine Schranken für die Freiheit gab. Eine Gewitterfront zog von Westen her auf. »Warte, noch eine halbe Stunde« sagte ich auf spanisch. Dann ging es nicht mehr höher, ich stand auf dem Gipfel.

Die Westwand fällt Richtung Ehrwald steil ab, eine tolle Aussicht. Im Norden überblickte ich den schmutziggrauen Zugspitzgletscher mit den häßlichen Hotels in Gipfelnähe, den Baukränen und Liftgebäuden. Dieser grauenhafte Anblick mußte jedem Menschen, der mit nur einem Funken Schönheitsempfinden versehen war, eine Gänsehaut über den Rücken jagen. Ich war entsetzt. Was hatten Profitgier und Unverständnis aus diesem herrlichen Berg gemacht? Warum ging nicht ein Aufschrei des Protests durch die Bevölkerung, warum wurde so ein Wahnsinn stillschweigend hingenommen? Ich sagte ja auch nichts, fiel mir ein. Vor siebzehn Jahren war ich mit dem Militär, nicht freiwillig, das erste Mal hier oben gewesen. Damals war der Anblick noch erträglich. Ich wanderte über den Gletscher und war erschüttert. Aus jeder Ecke stank das Altöl der Pistenraupen. Es kam mir bei jedem Schritt so vor, als setzte ich meinen Fuß nicht auf die Mutter Erde, sondern auf eine verfaulende Leiche. Wie ist es nur möglich, seine Freizeit in einer solch gräßlichen Umgebung verbringen zu können? Die Menschen, die das wollen, bedauere ich von ganzem Herzen. Sie müssen sich sehr weit von der Natur entfernt haben.

Überall liefen Leute herum, es ging zu wie auf einem Ameisenhaufen. Aber das ist nicht so schlimm, der Mensch ist ja ein Teil der Natur und kein Fremdkörper.

Das Übel sind die Stollen, Lifte und Treppen, die den ganzen Berg mit einem weitverzweigten Tunnelsystem untergraben, Hotels und Lifte miteinander verbinden. Dabei ist die Bautätigkeit noch nicht beendet. Es wird wahrscheinlich so lange weitergebaut und weiterverschandelt, wie Nachfrage da ist und die Leute nicht gescheiter werden. Die Schuld dieses Berges ist es, der höchste Punkt Deutschlands zu sein. Deswegen wurde sein Wesen gewaltsam verändert und seine Ausstrahlung zerstört. So wie sie sich jetzt präsentiert, ist die Zugspitze zwar der höchste Punkt Deutschlands, aber kein Berg mehr.
Meine Kriterien für einen Berg sind der weite Horizont und die Freiheit, sind naturbewußte Menschen, die dort leben oder dorthin kommen, um ihre Sehnsucht nach unverfälschtem, ehrlichem Naturempfinden zu stillen. Mit Horizont meine ich etwas anderes als die schöne Aussicht, und mit Freiheit meine ich keine Hinweisschilder und Verbotstafeln, die mich vor den Auswüchsen anderer Menschen schützen sollen. Einst existierte die Freiheit überall, dann wurde sie in die Berge verbannt, und auch dort ist sie schon lange nicht mehr sicher.
Die Zugspitze ist ein klassisches Beispiel für alpenländischen Größenwahn, ein Denkmal menschlicher Blödheit, und sie steht nicht allein da. Wenn es auf jedem Gipfel so aussehen würde, könnte ich nicht mehr zum Bergsteigen gehen, diesen Anblick würde ich auf die Dauer nicht ertragen. Mir bedeuten die Berge etwas und es tut mir weh, wenn sie und mit ihnen die Freiheit umgebracht werden. Für mich ist es auch kein Trost, daß es noch verunstaltetere Gebirgsregionen gibt, die ich nur vom Hören kenne. Was ich sehe, reicht mir bereits vollkommen.
Die Einsamkeit in den Anden und noch vor einer halben Stunde an der Wetterkante; der plötzliche Wechsel in die grelle, schreiende Welt des Zugspitzplatts, der augenblickliche Umschwung von Harmonie und Einklang mit der Natur in krasse Dissonanz löste einen Schock in mir aus. Die ganze Schizophrenie westlichen Umwelt- und Geistesterrors, die tiefe Tragik meiner von sich selbst geknechteten, überwachten und geknebelten Heimat traf mich von einer Minute zur anderen wie ein Hammerschlag. Ich zog mich an einen stillen Platz im schmutziggrauen Gletscherschnee zurück und heulte mir mein Elend von der Seele. Ob es eine Altölpfütze oder ein Scheißefleck war, in dem ich saß, interessierte mich nicht. Irgend etwas explodierte in meinem Schädel und es war mir, als müßte ich jeden Moment auseinanderkrachen. Wie Schläge mit einer schweren Brechstange spürte ich die Verletzungen, die diesem Berg fahrlässig zugefügt worden waren. Ein Feld der Zerstörung. Der Gletscher lag im fahlen Gewitterlicht zwischen den Bausünden da wie ausgepeitscht.
Mag ein jeder in der Plattregion das sehen, was er gerne möchte, wenigstens dieser kleine Rest von Meinungsfreiheit soll in Deutschland noch erhalten bleiben. Für

mich ist das Platt zum Symbol menschlicher Aggression gegen sich selbst und gegen die Natur geworden, ein Wahrzeichen für die Gier nach Geld und Macht. »Ariel wäscht nicht nur sauber, sondern rein«. Einen Dreckfleck auf dem weißen Hemd sieht jede deutsche Hausfrau sofort, schließlich ist man ja reinlich: »Bei uns kann man sogar vom Fußboden essen!« Aber wenn ganze Berge versaut und verschandelt werden, wenn Waschmittel und Chemikalien die Gewässer umkippen lassen oder Frachtdampfer unseren Atomdreck in ärmere Länder entsorgen, dann sieht das niemand.

Reiches armes Deutschland, auch unter einer weißen Weste steckt oft ein erbärmlicher Schmutzfink.

Und immer wieder Träume

Bald mußte ich wieder arbeiten. Von der Freiheit alleine konnte ich nicht leben. Eigentlich hatte ich eine schöne Arbeit: jeden Tag war ich draußen im Freien, die körperliche Betätigung schadete mir nicht und ich war mein eigener Herr.

Es war schon erstaunlich, daß ich, obwohl ich so lange fort gewesen war, schnell wieder volle Auftragsbücher hatte. Weil ich außer meinen Reisen, die so viel gar nicht kosteten, keine großen Ansprüche hatte, kam ich finanziell gut zurecht. So lange ich viel Arbeit hatte, kam ich nicht ins Grübeln, der Sinn des Lebens bestand in dem, was ich gerade tat, und wenn ich am Feierabend sah, daß ich eine ganze Menge weggearbeitet hatte, dann freute mich meine Leistung genausoviel oder sogar noch mehr als das Geld, das ich damit verdiente. Ein- oder zweimal im Jahr bekam ich Gärten, die ich ohne Zeitdruck frei gestalten durfte. Dann konnte ich schöpferisch tätig sein und ging voll in meiner Arbeit auf. Aber diese Gelegenheiten waren äußerst selten. Normalerweise machten Zeitdruck und Unverständnis für Schönes jede Eigeninitiative zunichte. Die Raffgier frißt das Positive auf.

Meine schwerreichen Auftraggeber befremdeten mich. Bekamen sie die Rechnung für die geleistete Arbeit präsentiert, dann schauten sie meist drein, als wolle ich ihnen einen Arm oder ein Bein abhacken, so sehr hingen sie am Geld. Mit eisernen Klauen krallten sie sich eifersüchtig in ihrem Besitz fest, auf daß kein anderer etwas davon abbekäme. Was in den Köpfen solcher Menschen vorgeht, kann ich nur schwer nachvollziehen, ich glaube aber, daß Habgier eine schwere Krankheit ist, eine Sucht, unter der die Betroffenen selbst am meisten leiden.

Immer wieder wurde versucht, mich zu betrügen, obwohl mein Honorar diesen Leuten nicht mehr bedeutete als mir das Trinkgeld für eine Bedienung. Nicht alle, aber viele waren so. Mit der Zeit wurde ich mißtrauisch und abgebrüht. Diese

Individuen beraubten mich um einen Teil der Einfalt meines Herzens, stahlen mir viele Illusionen und das kreidete ich ihnen mehr an, als das Geld, das sie mir klauten.
Oft arbeitete ich in Garmisch in 'Geisterhäusern', leerstehenden Anwesen, die still und unheimlich, dabei tot und leer waren. Da suchten viele Familien im Landkreis händeringend nach Wohnungen, die irgendwie bezahlbar waren und fanden keine, gleichzeitig aber standen so viele Häuser leer da, nur weil sie ein paar wenigen Reichen gehörten, die sie vielleicht drei Wochen im Jahr bewohnten. Bei den astronomischen Mieten, die heute verlangt werden, fängt der Kapitalismus an, unerträglich zu werden. Rundum eine ungerechtfertigte, unsoziale Willkür. Wenn ich anfing über Deutschland nachzudenken, machte mich das fast immer traurig und ich begann, mich weit, weit wegzuwünschen, irgendwohin, wo die Leute besser drauf waren, oder, besser noch, wo es keine Menschen gab. Allein das bloße Wissen, daß es solche Orte gibt, half mir über vieles hinweg.
Ich konnte mit meiner Arbeit leben, ganz gut sogar, aber identifizieren konnte ich mich mit ihr nicht. Ideell und ästhetisch befriedigte sie mich kaum.
Auch beim Klettern stellte ich eine Wandlung weg vom Ideellen, hin zum Materiellen fest. Ich bekam den Eindruck, daß die Berge nur noch als Sportgeräte verstanden wurden, die man dazu benützte, um an ihnen seinen Ehrgeiz zu demonstrieren. Eine schöne Wand, die leichter war als sechs plus, schaute gar niemand mehr an. Nur noch ein paar Träumern fiel auf, welche Farben das Licht der Sonne auf himmelhoch aufragende Felszinnen zauberte oder was für einen riesigen Schatten die Nordseite eines massigen Felsklotzes auf die Erde warf. Dabei waren die meisten Sportfreaks, die vom siebten Schwierigkeitsgrad redeten, gar nicht in der Lage einen Fünfer sicher zu klettern.
Zwischen den meisten Menschen und mir klaffte ein tiefer Abgrund. Wenn ich von mystischen Bergen schwärmte, dann redeten sie von Schwierigkeitsgraden, Geldverdienen oder von ihrem neuen Auto, und so redeten wir aneinander vorbei, ohne uns zu verstehen. »Was habe ich eigentlich in Deutschland verloren«, fragte ich mich oft. Mein Leben schien mir viel zu schade, meine Zeit viel zu kostbar, um mich zum Sklaven eigenen Größenwahns zu machen.
Im Oktober war das Wetter schön und ich kletterte viele mittelschwere Routen im Karwendel oder Wetterstein allein. Allein war ich, weil sich niemand für so leichte Routen begeistern ließ. Dafür hatte ich immer ganze Wände nur für mich. Es ist nicht nötig, um die ganze Welt zu reisen, um einsame, starke Plätze zu finden, es gibt sie an vielen Orten, oft auch dort, wo niemand sie vermutet. Um Stille zu finden, muß man sie in sich selber haben, und wer sie nicht in sich hat, der wird sie auch außerhalb nirgends finden. Da kann er hingehen, wo er will.

Die Hochwanner-Nordwand im Reintal des Wettersteins ist so ein Platz, eine Wand, die niemand beachtet. Sie ist 1400 Meter hoch und damit eine der Höchsten der nördlichen Kalkalpen. Die klassische Führe ist nicht einmal mittelschwer, eine Durchsteigung lohnte sich für mich trotzdem. Mit dem Rad strampelte ich noch vor Tagesanbruch von Mittenwald über die Forststraße hinauf ins Reintal, vom Ende der Straße zu Fuß weiter, bis kurz unter die Reintalangerhütte. Nachdem ich meine Hose ausgezogen und den Partnachbach bei der vorderen blauen Gumpe durchwatet hatte, stand ich direkt unter der riesigen Wandflucht des Hochwanners. Das Wasser war so eisig kalt, daß meine Beine gerötet waren und ich von einem Bein auf das andere sprang, um sie wieder warm zu bekommen. Mit einem kleinen Handtuch trocknete ich sie ab und zog mir Hose und Kletterpatschen an.
Der untere Wandteil ist mit steilen Latschenfeldern bewachsen, durch die ich mir mühsam einen Weg bahnte. Danach folgten brüchige Wände und Rippen, die ich hochrannte. Der Weg war nicht gerade, aber logisch, und ich mußte nicht lange suchen. Was für ein Genuß war es, eine Wand hochzuflitzen, deren Schwierigkeiten weit unter der Leistungsgrenze lagen! Sorglos konnte ich die beinahe schon feierliche Ausstrahlung dieses wilden, ungezähmten Ortes genießen, ohne zu sehr von der Kletterei abgelenkt zu werden.
Jetzt, Ende Oktober, roch es fast schon ein bißchen nach Winter. In einer Woche konnte es gut das erste Mal schneien. Der Fels der Nordwand war schon herbstlich kalt, aber ansonsten waren die Temperaturen gerade angenehm. Rundum keine Menschenseele, nur Stille und Einsamkeit. Ich spürte mein Alter nicht mehr, war wieder wie der kleine Bub damals, der barfuß in den Wänden herumstieg und über alles, was er um sich herum sah, staunte.
Nachdem ich ein Felsband in Wandmitte nach links verfolgt hatte, kam die Schlüsselstelle, die für mich kein Problem darstellte. Ich fand eine kleine Höhle, die wahrscheinlich der Schauplatz der Tragödie gewesen war, die sich im Herbst 1937 am Hochwanner abgespielt hatte. Zwei junge Münchner waren mit den Rädern nach Garmisch gefahren. Nicht zum Zelten, wie sie daheim angegeben hatten, sondern um die Hochwanner-Nordwand zu durchsteigen. Doch ein Wettersturz bremste sie bereits am ersten Tag. Georg Baumgartner stürzte nach der zweiten Nacht, beim Versuch sich abzuseilen, tödlich ab, Ernst Vuzem überlebte zehn Biwaks und wurde gerettet. Die Erfrierungen, die er sich in der Hochwanner-Nordwand geholt hatte, waren aus späterer Sicht vielleicht lebensrettend. Er war für den Wehrdienst untauglich und überlebte den Krieg in der Heimat.
Ich stieg wieder weiter, kletterte noch lange über rötlich brüchige, nicht allzu steile Wände höher, dann erreichte ich den Gipfelgrat und über ihn den Gipfel. Weit

unter mir das Reintal, aus dem ich aufgestiegen war, rundum Berge und klarer, wolkenloser Herbsthimmel. Der Hochwanner warf einen langen Herbstschatten. Ganz allein lehnte ich am Gipfelkreuz, ein paar Bergdohlen kamen angeflogen, um nach etwas Eßbarem zu betteln. Eine große, feierliche Stille überall. Wohin sonst hätte ich gehen sollen, als in die Berge, um mein großes Bedürfnis nach Harmonie und Dialog mit der Natur zu stillen? Hier oben konnte ich freier atmen als im Tal.

Ich blickte um mich und hing meinen Gedanken nach. Dort hinten, hinter den Mieminger Bergen, wenn man immer weiter vorwärts dachte, kam man nach Südfrankreich, dann kam das Meer und dahinter lag Afrika. Ich machte die Augen zu und sah, wovon ich als kleiner Bub geträumt hatte: Tropische Urwälder, Giraffen, Löwen und wilde Eingeborenenstämme mit Buschtrommeln, die alle nur darauf warteten, meine Freunde zu werden. Wie aber war Afrika wirklich? Um das herauszufinden, mußte ich nur dorthin. So einfach war das. Herrmann von Barth, allererster großer Karwendelerschließer, bestieg 1870 als erster den Hochwanner, er träumte auch immer von einer Expedition nach Afrika. Sein Traum wurde wahr, er bekam eine wissenschaftliche Rundfahrt nach Afrika bezahlt und starb dort an der Beri-Beri-Krankheit. Was für ein konsequenter Forscher er war, läßt sich daran erkennen, daß er bis zu seinem letzten Atemzug die Symptome der Krankheit aufschrieb.

Vom Gipfel stieg ich zum Steinernen Hüttl ab, wo die Hölle los war. Viele Menschen saßen an Tischen und Bänken in der Sonne, die Atmosphäre war gut, biergartenmäßig, aber mir war es einfach zu voll und so ging ich gleich weiter. Um zu meinem Fahrrad zu gelangen, mußte ich, über Feldernjöchl und Gatterl aufsteigend, zurück ins Reintal. Ein weiter Weg. Ich kam an der Knorrhütte vorbei. Knorrhotel wäre ein zutreffenderer Name. Ich finde Hotels in den Bergen häßlich, sie passen dort nicht hin.

Rasch stieg ich weiter ab, der Weg war jetzt breit und beschildert. Auf solchen Wanderautobahnen kann man sich nicht mehr verlaufen, das Abenteuer und die Ungewißheit gibt es dort nicht mehr. Konnte es etwas noch langweiligeres geben, als hier stumpfsinnig dahinzutrotten? Am Hochwanner war es so einsam gewesen, während hier Menschenmassen durcheinanderliefen. Wie nahe Rummelplatzatmosphäre und absolute Einsamkeit doch im Wetterstein zusammenliegen! Ich empfand es faszinierend und beeindruckend; wäre ich schlecht aufgelegt gewesen, dann hätte es mich wohl eher genervt.

An der Reintalangerhütte kam ich nicht vorbei, ohne bei Charly Wehrle einzukehren. Bevor er die Reintalangerhütte bekam, war er viele Jahre Hüttenwirt auf der Oberreintalhütte gewesen. Von dort kannten wir uns gut, und obwohl er viel zu tun hatte, fand er die Zeit, sich eine halbe Stunde auf einen Plausch zu mir zu setzen. Er war halt noch einer vom alten Schlag, ein richtiger Hüttenwirt und kein Hüttenhotelmanager. Dann machte ich mich auf den Heimweg, mit dem Traum von Afrika im Hinterkopf.

Gletscher in Afrika

Gleich bei der Ankunft in Nairobi gab es einen riesigen Aufstand. Ich hatte nur einen Einfachflug bekommen. Wie ich zurückkommen würde, schien unklar, war mir aber im Augenblick egal. Das würde sich dann schon herausstellen. Nach längeren Verhandlungen und einer Notlüge konnte ich die Beamten der Einwanderungsbehörde davon überzeugen, daß ich von Mombasa per Schiff nach Hamburg weiterreisen würde.

»Der Geduldsfaden muß immer zuerst bei den anderen reißen«, sagte ich zu Ward W. Carsson, einer Bekanntschaft aus dem Flugzeug. Das gefiel dem Geschäftsmann Ward so gut, daß er mich als seinen Gast ins Jacaranda-Hotel einlud. Die 200 Dollar pro Nacht inclusive Dienern und Vollverpflegung setzte er von der Steuer ab. Ich blieb eine Weile, um den hartnäckigen Husten auszuheilen, den ich mir zu Hause bei der Arbeit im naßkalten Novemberwetter geholt hatte. Das Klima war Anfang Dezember angenehm, kühle Nächte und laue Tage, Nairobi liegt auf 1500 Metern Meereshöhe. Ich war schnell auskuriert.

Kenia verfügt über die artenreichsten Tierbestände Afrikas. Zusammen mit Ward unternahm ich ein paar Abstecher in Nationalparks. Die Namen der Tierarten, die wir sahen, würden eine ganze Seite füllen. Die Tiere sind an Autos gewöhnt und laufen nie weg, solange man im Fahrzeug bleibt. Nach kurzer Zeit verlor das Lebewesen-Sightseeing seinen Reiz.

Ward fuhr mich von Nairobi nach Naro Moru, dem besten Ausgangspunkt, um in den Mount Kenia Nationalpark zu gelangen. Dort befindet sich der Mount Kenia mit seinen beiden höchsten Punkten Nélion und Bátian, benannt nach zwei Stammesfürsten der Massai, der eine 5198 und der andere 5200 Meter hoch. Der Kilimandscharo im benachbarten Tansania ist zwar 700 Meter höher, aber wesentlich leichter zu besteigen und damit bei weitem nicht so interessant. Außerdem brauchte man für Tansania diverse Impfungen und darauf stand ich nicht besonders.

Am folgenden Morgen hatte ich schon wieder Glück. Eine fünfzehnköpfige südafrikanische Expedition nahm mich in ihrem Jeep zum 20 Kilometer entfernten Haupttor des Nationalparks mit. Nahrungsmittel und Waschbenzin für den Kocher hatte ich in Nairobi eingekauft, und so brauchte ich nur noch aufzusitzen. Wo ich das Waschbenzin herhätte, wurde ich gefragt. »Aus Nairobi.« In keinem einzigen afrikanischen Laden gab es Waschbenzin, mit dem mein Kocher am rußärmsten brannte, doch ich hatte gleich gewußt, was zu tun war. Wenn Du in irgendeinem Land etwas nicht auftreiben kannst, geh zu einem indischen oder chinesischen Händler. Sie sind die fähigsten Geschäftsleute der Welt und sie können alles besorgen. Ich hatte einen indischen Waschmaschinenverkäufer ausfindig gemacht und ihm mein Anliegen vorgetragen. Ein paar Telefonate und alles war in Butter. Allerdings, fünf Liter müßte ich schon nehmen, sonst rentiere sich der Aufwand nicht. Am Nachmittag sollte ich wiederkommen. Das Waschbenzin war da.

Am bewachten Tor luden wir unser Gepäck ab. Ich staunte nicht schlecht: zwanzig US-Dollar pro Tag kostete der Eintritt in den Nationalpark. Ein bißchen viel, nur um im Zelt zu schlafen und sich selbst zu verpflegen. Die Südafrikaner gaben an, daß ich zu ihrer Gruppe gehörte. So konnte ich das Tor überhaupt erst passieren. Im vergangenen Jahr war ein englischer Tourist durch dieses Tor hereinmarschiert und nicht mehr zurückgekehrt, deshalb wurden jetzt nur noch Gruppen durchgelassen. »Wie lange bleibst Du?« fragte mich der Ranger. Ich wollte mich nicht festlegen und kam mit ihm überein, meinen Ausweis gegen Empfangsquittung bei ihm im Safe zu deponieren und bei meiner Rückkehr zu bezahlen. Die Südafrikaner, übrigens alle weißer Hautfarbe, stiegen weiter auf, ich zeltete auf einer schönen Wiese gleich hinter dem Tor. In Eile war ich wirklich nicht.

Noch am gleichen Tag boten mir ein paar Kenianer ihre Trägerdienste an, doch ihr Benehmen und ihre Forderungen waren so unverschämt, daß ich erst gar nicht versuchte, mit ihnen zu verhandeln. Freundlich, aber bestimmt, wies ich sie ab. Die Verständigung in Kenia ist kein Problem, ein beträchtlicher Teil der Bevölkerung spricht ausgezeichnet Englisch.

Kurz vor Anbruch der Dunkelheit zog eine Herde von gut dreißig Pavianen an meinem Zelt vorbei zu ihren Schlafbäumen. Die stattlichen Männchen sicherten die Herde an den Flanken. Zu meiner Erleichterung hielten sie respektvollen Abstand und waren eher fluchtbereit als angriffslustig. Drei oder vier der kräftigen Männchen konnten ohne weiteres einen Löwen töten, und wenn diese Horde mich gezielt angreifen würde, dann würden mir weder Tarzan noch die Ranger helfen können! Wegen der vielen Tiere nahm ich alle meine Sachen mit in mein winziges Zelt, als ich mich Schlafen legte. Es wurde eng. In der Dunkelheit brüllten Löwen. »Sicher weit weg«, versuchte ich mich zu beruhigen. Später hörte ich in unmittelbarer Nähe Hufgetrappel. In dieser Nacht hatte ich solche Angst, daß ich mich nicht einmal umzudrehen wagte. Trotzdem schlief ich schicksalsergeben ein.

In den allerersten Morgenstunden markerschütternde Schreie. Meine Haare standen zu Berge und vor Schreck schlug ich meinen Kopf an der Freßkiste an. Es waren keine Monster aus einem Alptraum, es waren die Pavianmännchen, die von den Bäumen gestiegen waren und ihre Herde um sich versammelten. Dagegen klang das Gebrüll der Löwen wie sanfte Nachtmusik. Mußten die um halb fünf in der Früh schon ausrücken? Da ich schon mal wach war, packte ich die erste Last und trug sie zu Fuß zur Met-Station auf 3000 Metern Meereshöhe, deponierte das Zeug an einem sicheren Platz und ging hinunter zum Zelt, wo ich meine zweite Nacht verbrachte. Wieder wurde ich von den Affen geweckt und stieg mit dem Rest meiner Ausrüstung auf. Der Weg führte durch verschiedene Vegetationszonen mit wechselnder Flora und Fauna. Über die wunderbare Vielfalt und sagenhafte Phantasie der Natur staunte ich den ganzen Tag.
Die nächste Etappe führte über das Teleki-Tal zum zirka 4200 Meter hoch gelegenen Mackinder's Camp. Ich wiederholte das Spiel mit den zwei Rucksäcken. Wieder führte der Weg durch unterschiedliche Wetterzonen mit verschiedener Tier- und Pflanzenwelt. In einer Zone standen Tropenbäume und es regnete. Weiter oben blühten Gebirgsblumen und die Sonne schien, während unten dichter Nebel lag. Ein Teil des Weges führte durch ein Hochmoor, eine nasse und schlüpfrige Angelegenheit. Ab und zu sah ich buntschillernde Kolibris, die einen bizarren Kontrast zu den vergletscherten Bergriesen bildeten. Bis ganz hoch oben wuchsen Senezien, und in Mackinder's Camp hausten Klippschliefer, Nagetiere, die aussahen wie eine Kreuzung zwischen Wolpertinger und Murmeltier, angeblich aber entfernte Verwandte der Elefanten waren. Beim Abstieg zur Met-Station wiederholten sich die Klimazonen in entgegengesetzter Reihenfolge. Diese Strecke barg so viele Schönheiten, daß ich sie, nachdem ich mein Gepäck hinaufgeschafft hatte, tags darauf noch einmal zurücklegte. Lediglich der schlammige Morast war lästig und auf Dauer turnschuhmordend.
Durch mein langsames Vorwärtskommen konnte ich die Eindrücke viel intensiver erleben. Ganz nebenbei hatte ich mich hervorragend akklimatisiert, was Bedingung dafür war, die nun folgenden Klettereien genießen zu können. Im Mackinder's Camp traf ich einen großen Teil der Südafrikaner wieder, höhenkrank. Das alte Lied, viel zu schnell aufgestiegen. Sie hatten geglaubt, daß sie sich auf der höchsten Schutzhütte auf 4600 Metern am schnellsten an die Höhe gewöhnen würden. Apathisch hingen sie auf der Hütte herum und ihre Leiden waren unschwer an ihrem angespannten Gesichtsausdruck zu erkennen. Am anderen Morgen stiegen sie ab. Das war das einzig Richtige, in den Tallagen würden sie sich schnell wieder erholen. Der gesunde Rest der Truppe blieb oben in der höchstgelegenen Hütte.

Höhenbergsteigen hat sehr viel mehr mit taktischem Vorgehen und Intelligenz zu tun als viele Laien glauben und erschöpft sich bei weitem nicht in sturem Vorsichhintrotten. Mir fiel wieder eine andere, körperfeindliche und selbstverachtende Methode der Akklimatisation ein, die ich in Bolivien beobachtet hatte: Schnell aufsteigen und eine Überdosis Kopfwehtabletten einpfeifen, um das Blut künstlich zu verdünnen und die Warnsignale des Körpers abzuschalten. Und dann am Tag des Gipfelangriffs die Dosis noch einmal verdoppeln! Das war natürlich außerordentlich gefährlich und kostete die auf diese Weise ihre Leistungsfähigkeit manipulierenden Bergfreunde sicherlich Jahre ihres Lebens. Doch es war eine Methode, den Gipfel zu erreichen.
Der Wetterablauf im Mackinder's-Camp wiederholte sich jeden Tag. Nachts war es kalt und sternenklar, in der Früh lag Rauhreif auf dem Zelt. Vormittag und früher Nachmittag waren schön und frühlingshaft warm, 15 bis 18 Grad vielleicht. Gegen vierzehn Uhr zeigten sich am 'gate of mists', dem 'Tor der Nebel' genannten Scharte zwischen Nélion und Bátian, erste Nebelschwaden. Sie wurden rasch größer und stürzten in rasender Geschwindigkeit als Fallwinde herab, füllten Täler und Bergrücken mit Nebel. Eine Stunde später schneite es, blieb aber relativ warm. Spätestens um Mitternacht war der Himmel wieder klar und es gab erneut eine kalte Nacht. Dieser Vorgang wiederholte sich regelmäßig jeden Tag.
Die Hauptniederschläge fielen zu dieser Jahreszeit auf der Ostseite, hier auf der Westseite schneite es nicht viel. Das ist eine weitere Besonderheit dieses Gebirges: Praktisch auf dem Äquator liegend ist auf der Ostseite Winter, während auf der Westseite Sommer ist. Im Juni wechseln dann die Jahreszeiten lediglich die Seiten. Unglaublich, aber wahr. Afrika ist auch im zwanzigsten Jahrhundert ein Kontinent voller Geheimnisse und Rätsel geblieben. Der 4883 Meter hohe Point John ist ein markanter Gipfel, der entfernte Ähnlichkeit mit der Birkkarspitze im Karwendel besitzt. Über seinen Südgrat bestieg ich ihn. Herrlich ausgesetzte Granitkletterei im vierten Schwierigkeitsgrad, großgriffig und steil, die Höhe spürte ich kaum. Tags darauf bestieg ich den 4950 Meter hohen Point Leñana, einen einfachen Gletschergipfel über der Austrian-Hütte, auf den ein ausgelatschter Pfad führte.
Am Gipfel traf ich kenianische Bergführer mit ihren Kunden. Es war ein Bild des Jammers. Einer spuckte Blut und auch die anderen übergaben sich röchelnd in alle Richtungen. Sie waren schon um zwei Uhr morgens höhenkrank aufgestiegen und kotzten sich hier unromantischerweise die Seele aus dem Leib. Das ganze war ein Riesennepp mit gutgläubigen, nichtsahnenden Touristen. Das versprochene 'unvergeßliche Erlebnis' wurde geliefert, nur war es für die meisten unvergeßlich schrecklich. Begründet wurde der frühe Aufbruch mit dem tollen Sonnenaufgang

auf dem Gipfel. In Wirklichkeit hatten es die Führer lediglich eilig, zurück nach Nairobi zu gelangen, um neue Opfer für eine möglichst rasche Wiederholung des Dramas zu holen.
Die höhengewohnten Führer legten bereits beim Zustieg zum Mackinder's Camp ein Höllentempo vor. Wehe dem vewöhnten, konditionsschwachen Mitteleuropäer, der versuchte mitzuhalten. Der Zusammenbruch kam nicht selten schon am ersten Tag. Das schnelle Anfangstempo war Teil einer schlauen Zermürbungstaktik, um nicht über die volle Distanz - fünf Tage von Nairobi und zurück - gehen zu müssen. Zu schnell aufgestiegen, wurde die Nacht im Mackinder's-Camp für einen beträchtlichen Teil der Gipfelstürmer zum Alptraum. Am Morgen wälzten sich die Geschundenen ächzend in ihren Schlafsäcken, manche waren unfähig zu sprechen und mußten, natürlich gegen Aufpreis, hinuntergetragen werden. Die Bergführer rieben sich die Hände. Auch bei vorzeitigem Abbruch der Tour mußte der volle Preis bezahlt werden. Das Ziel der Führer war definitiv, die Kunden zu zerstören, um sie möglichst schnell wieder los zu werden, das beobachtete ich über mehrere Wochen.
Zu Hause prahlten dann diejenigen, die es unter Einsatz ihrer Gesundheit bis auf den höchsten Punkt geschafft hatten, mit ihrer 'Leistung', die in Wirklichkeit nur ein Beweis ihrer Dummheit war. Die Betrogenen durchschauten äußerst selten den Nepp, der dahintersteckte, vielmehr schoben sie die Misere auf ihr eigenes körperliches Unvermögen und gaben diesen Verbrechern nicht selten auch noch ein Trinkgeld.
Auf meinen Reisen um die Welt stellte ich immer wieder fest, daß sich nicht wenige Europäer für Angehörige einer überlegenen, intelligenteren Rasse halten. Auf dem Point Leñana bekam ich zum wiederholen Mal den Beweis, daß das nur in Bezug auf die zufällig bessere Bildung, nicht aber auf den höheren Intelligenzquotienten zutrifft. Als ich die Träger am Tor abwies, handelte ich überwiegend gefühlsmäßig. Mein Gefühl hat mich auch diesmal nicht getäuscht. Offensichtlich war im Park einiges faul, auch die Träger waren nicht astrein. Die Berge sind weltweit zu einem lukrativen Geschäft geworden und viele, auch autorisierte europäische Unternehmen, sehen in ihren Kunden nur eine Geldquelle und nicht den Menschen, der sich nach Abenteuer und Bergkameradschaft sehnt.
Niemals wieder habe ich so viele und so schwer höhenkranke Menschen erlebt wie in Kenia. Wenn irgendwo die Rede von Afrika ist, erinnere ich mich meist zuallererst an gelbe, grüne und kalkweise Gesichter, Berge von stinkendem Erbrochenen und verzweifelt vor sich hinwimmernde todkranke Bergsteiger.

Mackinder-Route auf den Nélion

Ich stieg zur Austrian-Hütte auf, wo ich auf den harten Kern der restlichen südafrikanischen Truppe traf, der immer noch dort aushielt. Einer von ihnen, Jim, wollte mit mir gerne die Mackinder-Route auf den Nélion klettern. Er sah viel kräftiger und robuster als ich aus, doch Bergsteigen ist kein Bodybuilding. Posing bringt nichts und nur Tatsachen zählen. Er sah nicht höhenkrank aus, das war das Wichtigste. Die Sache war abgemacht. Die Rucksäcke waren schnell gepackt, und was ich an Kletterausrüstung brauchte, konnte ich mir borgen.

In der Morgendämmerung zogen wir los, zuerst über den Lewis-Gletscher, dann über steiles Geröll zum Einstieg der klassischen Mackinder-Route. 600 Meter Granitkletterei auf 5000 Metern Höhe waren zu bewältigen. Die Schlüsselstelle, einen steilen, vereisten Kamin, umgingen wir auf der schöneren Shipton-Variante ein paar Meter rechts. Ich führte jede Seillänge, und mein afrikanischer Freund stieg zügig nach.

Durch einige lange Querungen bedingt, kamen ganz ordentlich Klettermeter zusammen. Diese klassische Route folgte nicht der Fallinie, sondern immer dem leichtesten Weg, der nicht der kürzeste, aber der logischste war. In einer senkrechten Verschneidung in Gipfelnähe japste Jim nach Luft. Von da an verlangsamte sich sein Tempo zusehends. Ein vierter Schwierigkeitsgrad in 5000 Metern war doch etwas anderes wie im Klettergarten oder in den Dolomiten. Am Gipfel war Jim fix und fertig. Um so mehr freuten wir uns beide darüber, daß wir es gepackt hatten.

Direkt am höchsten Punkt stand eine kleine Biwakschachtel. Vom Gipfel hatten wir Einblick in den Winter der Ostseite. Lange Eisnadeln standen 30, 40 Zentimeter waagrecht von der Wand weg, alles war verschneit, während auf der Westseite gute Verhältnisse herrschten. Eine unglaublich faszinierende Gleichzeitigkeit der Ereignisse. Gletscher und Tropen, Sommer und Winter existierten am gleichen Tag auf engem Raum nebeneinander.

Gerne wäre ich noch hinüber zum Bátian, aber ich mußte an meinen angeschlagenen Freund denken. Die Tour war erst zu Ende, wenn wir den langen Abstieg, der mit dem Aufstieg identisch war, hinter uns hatten. Alle Tätigkeiten, die mit dem Abstieg verbunden waren, übernahm ich, Jim konnte sich voll aufs Abseilen konzentrieren. Ich trieb ihn immer wieder an, ein paar Mal wurde ich richtig grob. Der obligatorische Nachmittagsnebel hüllte uns ein und es fing zu schneien an. Wir erreichten den Einstieg mit großer Zeitreserve vor der Dunkelheit. Ich entschuldigte mich für meine Grobheiten. Jim war nicht nachtragend und wir umarmten uns.

Jim war ein Pfundskerl, und noch heute denke ich gerne an ihn und seine Freunde zurück. Ich lernte die weißen Afrikaner anders kennen, als sie bei uns oft dargestellt werden, als Menschen wie Du und ich, und nicht als Tyrannen, die jeden Tag Neger auspeitschen. Ihr Zuhause ist Afrika und sie haben das gleiche Recht dort zu leben wie die Schwarzen. Noch immer träume ich von einer Welt, in der die Rassen zum gegenseitigen Nutzen nebeneinander existieren können. »Ich weiß, ich bin ein Träumer, aber der einzige bin ich nicht«, heißt es in einem Lied von John Lennon.

Diamond-Couloir

Zurück im Mackinder's-Camp wanderte ich um das Gebirge herum. Wegen der vielen Schutzhütten konnte ich auf Zelt und Iso-Matte verzichten. Ich stieg über den brüchigen, vereisten Südgrat auf den Point Pigott, einenn Fünftausender. Von dort aus hatte ich einen guten Einblick in das Diamond Couloir, eine 600 Meter hohe Eiswand mit senkrechten Passagen, das in die Scharte zwischen Nélion und Bátian leitet. Wegen ihrer Schönheit und Schwierigkeit war diese Route weltberühmt, doch ich fand noch einmal bestätigt, was mir schon am Mackinder's- Camp so vorgekommen war: Durch die allgemeine Klimaerwärmung war von dem einstmals dicken Eispanzer nur mehr ein kümmerlicher Rest übrig und eine Durchsteigung war unmöglich. Das Diamond-Couloir war der Hauptgrund, warum ich hierher gekommen war, und nun war das Ding einfach weggeschmolzen! Diese Möglichkeit hatte ich nicht in Betracht gezogen.
Tatsache war, daß es mein bergsteigerisches Ziel gar nicht mehr gab. Das mußte ich akzeptieren und ich konnte damit leben. Eis ist etwas vorübergehendes, flüchtiges. Bei Erwärmung schmilzt es und wird zu Wasser. Das ist unumstößliches Naturgesetz, und so nah am Äquator läuft die Abschmelzung der ohnehin kleinen Gletscher noch schneller ab als in den Alpen. Ich war von Fotos ausgegangen, in die ich meine Wünsche projiziert hatte, doch die Wirklichkeit sah anders aus. Ein Bild ist eben immer nur etwas Starres, Totes und dokumentiert Vergangenheit, während die Natur selbst lebendig und immerzu in Bewegung ist. Für die Natur ist die Zukunft wichtiger.

Afrika ohne Schminke

Beim Abstieg vom Point Pigott-Nordgrat fiel mir ein schmales, steiles Eiscouloir auf, das durch die Nordrinne des Point John führte. Knapp unter dem Gipfel endet es in steilen Felsen. Zurück im Mackinder's-Camp lernte ich den Japaner Toru kennen. Ein Mann aus Naro Moru hatte ihn mit dem Landrover zum

Gate gebracht. Der Typ verlangte eiskalt 500 Dollar für eine Strecke, für die 20 Dollar schon Wucher gewesen wären. Als Toru nicht bezahlen wollte, bekam er eine Pistole an die Schläfe gedrückt und so blieb ihm keine andere Wahl, als die verlangten Scheine hinzublättern. Er arbeitete in Osaka als Fensterputzer und gehörte damit zur Mehrheit der Japaner, die nicht reich sind. Der Verlust von so viel Geld war schmerzlich. Er sollte es nicht wiederbekommen, obwohl der Täter allerorts bekannt war. Wir waren machtlos, fremd und klein in einem Kontinent, der uns gnadenlos erschien und ohne Erbarmen.
Mit Toru stieg ich zum American's-Camp auf, wo wir zelteten. Am Morgen darauf befanden wir uns in der Nordrinne des Point John. Das 85 Grad steile Eisfeld stiegen wir in abwechselnder Führung rasch höher, der Japaner war ein guter Eiskletterer. Ab und zu schauten auch hier bereits vereinzelt Steine aus der Eisdecke heraus. Wenn es noch wärmer wird, werden die Tage der Gletscher am Äquator gezählt sein.
Nach dem Eisfeld kamen die Gipfelfelsen, die das ganze Jahr über keine Sonne sehen. Ich führte eine schwierige, leicht überhängende Seillänge mit ansteigender Linksquerung und machte nach 50 Metern Stand an zwei Klemmkeilen. Toru kam nach, hatte aber sichtlich zu kämpfen. An der schwersten Stelle wußte er nicht mehr weiter. Ich wollte ihm noch den Bewegungsablauf erklären, da stürzte er auch schon und pendelte mit einem Aufschrei unter einen Überhang, nichts als Luft unter sich. Mein Standplatz, an dem unser beider Leben nun hing, war gut, es konnte nichts passieren. Mit Körperschwung und Zug von oben schaffte Toru es, wieder in den Riß zurückzukommen und nach geraumer Zeit stand er schwer atmend neben mir. Sein Sturz hatte uns Zeit gekostet.
Das Wetter hatte sich in der Zwischenzeit rapide verschlechtert, dunkelschwarze Wolken verhießen Schlimmeres als nur den täglichen leichten Schneefall. Viel früher als üblich machten sie sich breit. Toru bestand mit Bestimmtheit darauf, die nächste und letzte Seillänge zu führen, und der Versuch, ihm das auszureden, wäre verlorene Zeit gewesen. Wahrscheinlich wäre es für einen Japaner ehrabschneidend gewesen, die Führung abzugeben. Aber welcher Europäer vermag schon, sich in eine Asiatenseele zu versetzen, anders herum ging es Toru sicher ähnlich. Mit gemischten Gefühlen ließ ich ihn gewähren. »Nimm in der Gabelung den rechten Riß« bat ich ihn. Er wählte den linken. Eineinhalb lange Stunden sicherte ich Toru, während er sich Meter um Meter hochkämpfte und das Unwetter immer näher kam. Endlich die Erlösung: »Stand!«
Blitze durchzuckten den bläulichschwarzen Himmel, ein paar Minuten regnete es heftig, dann ging der Regen in Schneetreiben über. In zehn Minuten stand ich oben bei Toru, dessen Gestalt sich im Lichterzucken der Blitze gespenstisch

ausnahm. »Schnell weg vom Grat, bevor uns ein Blitz erschlägt«, schrie ich im lärmenden Austoben der Elemente. Gewitter und Schneesturm nahmen noch an Heftigkeit zu, wir mußten aufpassen, daß uns die Seile nicht einfach fortgeweht wurden. Zum Glück kannte ich den Abstieg schon und konnte ohne Proteste Torus die Führung übernehmen. Gesehen haben wir nicht mehr viel. In den Schrofen wollte Toru in die verkehrte Richtung gehen, er wußte nicht mehr, wo wir waren. Dann tappte er wie ein Blinder hinter mir her und kannte sich erst wieder aus, als wir am Zelt ankamen. Wir hatten keinen trockenen Faden mehr am Leib. Erst als wir im Schlafsack liegend die erste Tasse warmen Tee schlürften, entspannten sich die Gesichtszüge und wir grinsten uns an.

Das Frontgewitter leitete eine Schlechtwetterperiode ein und ich stieg gemeinsam mit Toru ab. Im Mackinder's-Camp erfuhren wir gerüchtehalber, daß der Eintritt in den Park von zwnzig auf vierzig Dollar pro Tag erhöht worden war. Das beunruhigte mich, denn so viel Geld hatte ich gar nicht dabei. Den größten Teil meiner Reisekasse hatte ich in Nairobi in einem Safe verwahrt, wo ich meine Moneten sicherer wähnte als in meinem Zelt. Vierzehn Tage, das wären über fünfhundert Dollar gewesen, und die hatte ich nicht. Hoffentlich würde das keine Schwierigkeiten geben. Meine Sorgen erwiesen sich zum Glück als unbegründet. Der Eintritt war zwar verdoppelt worden, aber das betraf nur die neu Ankommenden. Der Ranger, der mir meinen Paß aushändigte, hatte vergessen, wie lange ich oben gewesen war und so kam ich mit hundert Dollar gut weg. Während Toru in Naro Moru zur Polizei ging, führte mein Weg nach Nairobi.

Es war gar nicht so leicht, einen Weiterflug zu organisieren, doch schließlich bekam ich mein Ticket, und zur Entschädigung für die Komplikationen sang mir die ganze Belegschaft des Reisebüros »we wish you a merry christmas.«

Alles in allem war Kenia eine interessante, abwechslungsreiche Reise. Auch das Gipfelglück war mir hold gewesen, aber trotzdem kam ich nicht mehr dorthin zurück. Es nervt mich, wenn ich irgendwo für mein Gipfelglück bezahlen muß. Das paßt nicht zusammen.

Gardasee

Warum zieht es so viele Freizeitsportler aller Art an den Gardasee? Zum einen ist es sicher pure Nachahmung, zum anderen liegt es an den Reizen der Gegend. Der Hauptgrund ist aber bestimmt das trockene, warme, mediterrane Klima. Wie oft sind wir schon bei strömendem Regen oder kaltem Wetter von Mittenwald losgefahren und in Arco konnten wir uns mit freiem Oberkörper in die Sonne legen? Leider ist der Gardasee längst kein Geheimtip mehr und die Klettergärten

sind oft hoffnungslos überlaufen. Trotzdem kann man immer noch außerhalb der Stoßzeiten erstaunlich ruhige Tage erleben.
Mit Jochen Böhmer zeltete ich an Ostern in einem Olivenhain kurz vor Dro, wo das freie Übernachten zwar verboten ist, aber immer noch geduldet wird. Wir sind beide auch begeisterte Sportkletterer, aber wir wußten, daß Ostern am Gardasee im Klettergarten kein Durchkommen war, deshalb war unser Ziel die dolomitenhafte Cima alle Coste, wo wir hofften, allein zu sein. Die 500 Meter hohe Wand hinter der Ortschaft Dro ist sicherlich eine der auffallendsten des Tales. Sie erinnert an ein aufgeklapptes Buch. Während der rechte Teil eine riesige, vertikale Klippe bildet, läßt sich der linke in drei Stufen gliedern: Einen bauchigen Plattenschuß von 240 Meter Höhe, eine 80 Meter hohe Terrassenzone und die 180 Meter hohe dolomitische Gipfelwand.
Am Vormittag brachen wir auf. Den bauchigen Plattenschuß erkletterten wir über die Route 'Sole Nascente', die sich durch moralisch anspruchsvolle Plattenkletterei im oberen sechsten Schwierigkeitsgrad auszeichnete. Ein paar Klemmkeile und die notwendigen guten Nerven hatten wir dabei. Hinter uns stiegen zwei junge Franken ein, gute Kletterer und sympathische Burschen, mit denen wir uns schnell anfreundeten. Das 80 Meter hohe Mittelstück war schnell überwunden, und unser nächstes Ziel war die 'Via Tranquillini' im oberen Wandteil.
Am Standplatz ging es zu wie in einem Ameisenhaufen, überall wimmelte es von Leuten, die wir vorher gar nicht bemerkt hatten, weil sie über andere Routen hierher gelangt waren. Über uns werkelte eine Sechser-Seilschaft herum, die ewig brauchte. Das schiere Chaos. Insgeheim rechnete ich schon mit einem Biwak auf dem Band. Über die flache Verschneidung der Steinkötter-Führe unter uns bekämen mich keine zehn Pferde hinunter. Bei den vielen Menschen war dieser Abstieg viel zu steinschlaggefährdet. Wir konnten nicht viel mehr tun, als an einem sicheren Platz sitzen und geduldig warten, was geschehen würde.
Lange passierte überhaupt nichts. Dann verloren die drei Seilschaften vor uns im Laufe des Nachmittags die Geduld und seilten ab. Wenig später gab auch die Sechserseilschaft auf. Ihr Rückzug verlief wesentlich schneller als der Aufstieg. Vielleicht hatten sie im Abseilen mehr Übung als im Klettern. Unsere Geduld zahlte sich am Ende doch noch aus und ein Biwak blieb uns erspart. Wir machten uns fertig, stiegen los und kamen flott voran, die Franken hinter uns blieben dran. Ich schaute die Verschneidung hinunter, in der sich die abseilenden Seilschaften mit Steinen bombardierten. Dort hätte ich jetzt nicht sein mögen. Der Streifen, der dort ablief, sah wirklich brandgefährlich aus. Das Glück ist nicht nur mit den Tüchtigen, sondern oft auch mit den Dummen, die es nötig haben.
»Schau, da steigen noch zwei auf, ja sind die denn noch ganz sauber?" sagte

Jochen. Richtig, nun sah ich sie auch. Sie waren in der ersten Seillänge der 'Sodom & Gomorrha' unterwegs, einer brüchigen Tour im oberen siebten Schwierigkeitsgrad, beide nur leicht bekleidet. Für so eine Tour waren sie viel zu spät dran. »Wenn das mal gut geht«, dachte ich mir.

Bald standen wir auf dem Gipfel, der keiner war. Wir befanden uns mitten in einer bewaldeten Hochfläche, von der es in alle Richtungen aufwärts ging. Ein uriger Abschluß einer Tour. Zum Abstieg querten wir nach links und kamen auf eine Straße, die hinunterführte. Bei den Touren am Gardasee ist alles anders als gewohnt, das macht ihren Reiz aus. Zurück im Olivenhain schlüpften wir in unsere Schlafsäcke und fingen zu kochen an. Während wir aßen und tranken, wurde es dunkel.

Jochen sah es zuerst: aus der Wand kamen regelmäßig Blinkzeichen, offenbar von einer schwachen Lichtquelle stammend. Es war nicht das richtige alpine Notsignal, aber eindeutig ein Hilferuf. Die zwei aus der 'Sodom & Gomorrha', daran gab es keinen Zweifel. Allein konnten wir nichts unternehmen, also mußten wir Hilfe holen. Wo war die Bergwacht? Wir hatten keine Ahnung. Zuerst einmal fuhren wir nach Arco auf einen Campingplatz, von dort wurden wir an die Feuerwehr verwiesen. Wir mußten uns durchfragen. Ausgerechnet heute war ein Großbrand ausgebrochen und alle Mann waren zum Löschen ausgerückt. Wir warteten zwei Stunden.

Man fragte uns nach Einzelheiten aus, und wir konnten auch nicht mehr sagen als das wenige, was wir wußten. Zuerst glaubte uns keiner so recht, außerdem waren alle müde von ihrem Brandeinsatz. Schließlich konnten wir sie doch davon überzeugen, daß ein echter Notfall vorlag. Falls wir uns getäuscht hätten, würden wir Schwierigkeiten bekommen. Wir begleiteten die Einsatzfahrzeuge und zeigten ihnen genau die Stelle, von wo wir das Blinkzeichen gesehen hatten. Mit Spritzenwagen zur Bergrettung, das erheiterte uns trotz des Ernstes der Lage.

Die Wand wurde von der Straße aus mit einem riesigen Scheinwerfer abgeleuchtet, der Lichtkegel reichte mehrere Kilometer weit und die Stelle, an der sich die Seilschaft befand, war bald lokalisiert. Der zweite Trupp fuhr mit Jeeps von oben bis fast an den Ausstieg heran, Retter wurden mit dem Stahlseil abgelassen und der Überlebende innerhalb erstaunlich kurzer Zeit aus der Wand geholt. So eine professionelle Rettung hatte ich noch nie erlebt, und dazu noch von der Feuerwehr. Der Tote wurde am folgenden Morgen am Wandfuß geholt, noch bevor die ersten Kletterer zur Wand kamen.

Von den überlaufenen Felsen hatten wir genug, seitdem war ich nie mehr zu Ostern am Gardasee. Wo es zu voll ist, macht das Klettern wenig Spaß. Viele Leute, viel Steinschlag, viel schlechte Atmosphäre.

Locker vom Hocker

Dort sein, wo andere Leute nicht sind, wurde unsere Devise. Es war erst Mitte Mai, Jochen und ich waren gut in Form und voller Tatendrang. Nach ein paar frühsommerlichen Tagen kam das Wochenende. Was nun? Schüsselkarspitze-Südwand, 'Locker vom Hocker', was denn sonst! Ein Traum, mein Traum, unser Traum. Seit langem schon. Diese Route, von Wolfgang Güllich und Kurt Albert erstbegangen, hatte es in sich. Sie galt einige Zeit als die schwierigste Alpinkletterei der nördlichen Kalkalpen.

Am Sonntag in der Früh mußten wir zuerst einmal von Oberleutasch in zweistündigem Marsch den Einstieg erreichen. Bis zur Wangalm lag kein Schnee mehr, danach trug er gut. Auf der Hütte trafen wir Pauli und Markus aus Garmisch. Sie hatten dort übernachtet, sonst war niemand unterwegs. Pauli kannte ich vom Oberreintal, Markus war ein guter Wettkampfkletterer, seine Trainingsjacke verriet, daß er zur Nationalmannschaft gehörte.

»Wo wollt Ihr denn hin?«, wurden wir gefragt. »'Locker vom Hocker', und Ihr?« kam die Antwort. »Wir auch« entgegnete Pauli und ihre Mienen verzogen sich kaum merklich. Es war seltsam, irgendwie unlogisch. Außer uns kein Mensch auf dem Weg zu dieser Wand, die im Sommer immer so überlaufen war, und ausgerechnet dieselbe Route hatten wir uns vorgenommen. 'Diese Tour oder keine' war unser aller Motto, darüber brauchten wir kein Wort zu verlieren. Wir waren alle gleich stur und unflexibel. Die an die hundert anderen Touren in dieser Wand interessierten uns nicht die Bohne.

Wir gingen weiter, und schon nach fünf Metern zogen die Garmischer an, machten gewaltig Tempo, um als erste am Einstieg zu sein. Sie hatten kein Wort miteinander gewechselt, aber offensichtlich waren sie sich einig, uns nicht freiwillig den Vortritt zu lassen. Eine eingespielte Seilschaft versteht sich auch ohne große Diskussionen.

»Laß sie laufen« sagte Jochen grinsend. »Dasselbe wollte ich auch gerade sagen«, erwiderte ich. Beim Klettern geht es vordergründig auch um Leistung, wie bei jedem anderen Sport, und die ist meßbar. Wir waren schon auch ehrgeizig, aber uns ging es vor allem um Spaß. Der Kampf Mann gegen Mann, im Krieg, im Berufsleben oder im Sport hat mir noch nie gefallen, und Leute, die andere austricksten, um sich in den Vordergrund zu stellen, haben mir nie sonderlich imponiert. Meine Sympathien gehören mehr den Stillen. Auch die gibt es. Gespielte Bescheidenheit, nur um sich in den Vordergrund zu stellen, ist meist leicht zu durchschauen.

Da liefen sie nun, weit vor uns, die beiden. Von Zeit zu Zeit blieb einer von ihnen gebückt und schwer atmend stehen, um zu verschnaufen. Dabei blickte er sich gehetzt nach uns um. Selbst wenn wir gewollt hätten, wären wir bei dem unglaublichen Sprint wohl sicher die Verlierer gewesen. Sie waren ausgezeichnete Sportler, wie uns schien, wir gönnten ihnen ihren Sieg und fühlten uns deshalb nicht zurückgesetzt. Ihrem Tempo nach zu schließen, schienen sie uns einiges zuzutrauen, das ehrte und erheiterte uns gleichermaßen.

Unter der Wand trafen wir uns wieder, Markus stieg voraus, Pauli sicherte ihn. Er brauchte lange, die erste Seillänge ist eine harte Nuß. Ihr Schwierigkeitsgrad muß beherrscht werden, denn auf 45 Metern Kletterlänge steckt kein einziger Haken, und in der nach rechts aufwärts ziehenden Rißspur lassen sich nur schwer Keile legen. Jetzt waren wir es, die warten mußten, aber das hatte auch seine Vorteile. Wir konnten Markus beobachten, schauen, welche Linie er kletterte und wo er welche Keile plazierte. Das würde uns helfen, wenn wir an der Reihe waren. Ich beobachtete jede seiner Bewegungen und prägte mir alles ganz genau ein.

Es war warm, und im Mai sind die Tage schon lange genug, um durch so eine Wand ohne weiteres durchzukommen. Weshalb hätten wir es also eilig haben sollen? In dieser Route war Platz genug für zwei Seilschaften, und wem in dieser schönen Landschaft langweilig wurde, der war selbst daran schuld.

Beim Zweitbegehungsversuch der 'Locker vom Hocker' war der Vorsteiger in der ersten Seillänge gestürzt, hatte die schlechtsitzenden Klemmkeile alle nacheinander herausgezogen und war nach 25 Metern Flug mit dem Allerwertesten so glücklich im weichen Frühjahrsschnee gelandet, daß er sich keine schlimmeren Verletzungen zuzog. Er hatte ein irrsinniges Glück. Nach diesem Unfall sprach es sich in Kletterkreisen schnell herum, daß es in dieser Route trotz der großen Schwierigkeiten ratsam ist, nicht zu stürzen. Das Auschecken von Kletterpositionen ist im Klettergarten gang und gäbe, hier wäre es lebensgefährlich. Zu recht wird auch heute noch mit großem Respekt von dieser Route gesprochen, obwohl es inzwischen viel schwierigere gibt.

Markus war am Stand und Pauli stieg nach. Natürlich stieg er schneller, weil das Seil von oben kam und ein Sturz ohne Folgen geblieben wäre. Außer, daß in diesem Fall die gesamte Tour nach den Regeln nicht als Rotpunkt durchstiegen gegolten hätte. Kein internationales Volksunglück, aber trotzdem ärgerlich. Natürlich stürzte Pauli nicht, er kletterte souverän und sicher hinterher, um in der nächsten Seillänge die Führung zu übernehmen. Nun war für uns die Bahn frei, ich knöpfte mir die Rißspur vor. Die kleingriffige, steile Kletterei, die zudem noch etwas brüchig war, verlangte Konzentration im Kopf und Kondition in den Unterarmen. Die Keile aus der Kletterstellung zu legen, war nicht leicht. Wenn einem hier die Kraft ausging, war das eine Katastrophe. Ich konzentrierte mich voll auf die Problemstellung der Griff- und Trittkombinationen und vergaß deshalb meine

exponierte Lage. Das ist der entscheidende Trick, um schwere Kletterstellen zu meistern: Den Gedanken an einen Sturz ausschalten und locker, unverkrampft bleiben. Natürlich muß man dabei ganz genau seine Grenzen kennen, das ist lebenswichtig. Lieber zweimal feig als einmal tot. Das war schon lange meine Devise. Klettern ist nicht nur Bewegung an frischer Luft, es ist eine Wissenschaft und eine Lebensphilosophie, die im Grunde genommen zweckfrei ist, und deren ureigentlicher Sinn lediglich Spaß, Spiel und Zerstreuung ist.
Eine Stelle, in der ich mich wegen meiner geringen Reichweite verdammt weit nach rechts strecken mußte, brachte mich ins Schwitzen, doch darunter konnte ich zwei sehr gut sitzende Keile plazieren, die mich im Falle eines Sturzes aufgefangen hätten. Bald darauf war ich am Stand, an dem ein Bohrhaken steckte. Jochen kam hinterher und führte die nächste Seillänge, die 'nur' VI + war. Darauf folgte ein kurzer Quergang und der Standplatz vor der Schlüsselseillänge, wo wir wieder mit den Garmischern zusammentrafen und erneut warten mußten. Markus stürzte dreimal im Nachstieg. Auch einen Spitzenkletterer wie ihn kann eine Wand in diesem Schwierigkeitsgrad gelegentlich abwerfen. Ein Fuß, der abrutscht, ein Griff in der falschen Hand, oder einfach nur ein schlechter Tag.
Jochen war dran mit Vorsteigen. Mit einem eingesprungenen Keil, einem selbst gelegten und einem Bohrhaken war die VIII- Stelle gut abgesichert. Ein Sturz konnte gefahrlos riskiert werden. Er war schon über der kleingriffigen, nicht ganz senkrechten Platte, das Schwerste unter sich, als ihm durch eine kleine Unachtsamkeit der rechte Fuß abrutschte und er sechs Meter stürzte. Er war nicht verletzt, doch er überließ lieber mir den Vortritt. So ein Sturz, hoch über dem sicheren Boden, kostet immer Nerven, ob einer das zugibt oder nicht.
Jetzt war ich dran. Die kleingriffige Wandstelle, der rechte Fuß an der Reibungsgrenze. Wird er halten oder rutscht er ab? Er hält und ich komme weiter. 20 Meter weiter oben mache ich Stand und hole Jochen nach. Seine Konzentrationsschwäche, als alles schon gelaufen schien, ärgert ihn nachträglich. Die nächsten fünf Seillängen bieten keine Höchstschwierigkeiten mehr, nur der brüchige Fingerriß knapp unterhalb des Ausstieges ist noch einmal knifflig, aber weit unter unserer Leistungsgrenze und schreckt uns deshalb nicht. Die Garmischer sind nach den schwersten Seillängen auf den 'Spindler-Weg', eine andere Führe, abgezweigt. Wir sehen sie nicht mehr, sie stecken wohl schon in dem zu dieser Jahreszeit schlüpfrigen Ausstiegskamin. Am Gipfel des Westgratturms umarmen wir uns. Wir sind glückliche Menschen, weil wir frei sind.
Beim Abstieg treffen wir die beiden wieder. Gemeinsam seilen wir uns von der Wangscharte ab und trinken später auf der Wangalm noch eine Halbe Bier. Das ist das Schöne beim Klettern: schnell wird man zu Freunden. Jochens und meine

Wege trennten sich im Herbst. Zwei Jahre lang waren wir jede freie Minute zusammen Klettern gewesen, auf einmal verloren wir die Verbindung. Ohne Streit, unsere Wege hatten sich gekreuzt, ein Stück unseres Lebens waren sie gemeinsam verlaufen und jetzt gingen sie eben wieder auseinander. Vielleicht laufen sie irgendwann auch wieder zusammen, wer weiß? So ist das immer: Ein Stück weit begleitet einen dieser oder jener, und nach einer Weile ist man plötzlich wieder ganz allein, wie die Blume am Wegrand.

Plattenspitze, direkte Nordwand

Einen Rasen um einen Neubau anzulegen ist Akkordarbeit. Die Fläche wird nach Fertigstellung in Quadratmetern abgerechnet und der Preis vor Arbeitsbeginn schriftlich fixiert, wobei die Konkurrenz in unbekannter Höhe mitbietet. Wer zu billig angeboten hat, zahlt drauf, wer zu teuer ist, bekommt den Auftrag nicht.
Das war meine Sommerarbeit. Ein echter Knochenjob, denn sämtliche Arbeiten wurden im Eilschritt erledigt. Terminliche Verpflichtungen und der vorher festgesetzte Preis saßen mir tagein, tagaus im Genick. Abends war ich körperlich und nervlich erledigt, wollte nur noch schlafen und fiel nicht selten gleich mit den Arbeitsklamotten erschöpft ins Bett. Wenn ich am nächsten Morgen aufwachte, wiederholte sich alles von neuem, die Handgriffe liefen längst mechanisch ab. Wenn dieser Neubau fertig war, dann war ich, wie jedesmal, erleichtert, obwohl sofort der nächste drankam und es wieder galt, Termine einzuhalten. Arbeit als Perpetuum mobile. Die einzige Möglichkeit länger als drei Tage Urlaub zu haben, wäre ein Herzinfarkt gewesen, aber das war auch keine gute Alternative.
Wenn ich einmal zur Ruhe kam, träumte ich von Wochen voller Zeit, die langsam verstrich, weil es nichts zu tun gab, außer Faulenzen und Klettern im Karwendelgebirge. Ich war in Mittenwald zu Hause, doch meine eigentliche geistige Heimat waren und blieben die Berge. Nur dort konnte ich frei atmen. Vielleicht gibt es Menschen, die sich selbst in ihrer Arbeit finden können. Mir war das nicht möglich. Statt mich am Wochenende von den Strapazen der Arbeitswoche auszuruhen, ging ich so oft wie möglich zum Klettern. Das war mein Urlaub und meine Entspannung, die ich nötig brauchte.
Mittwoch abends rief Jochen Böhmer an, das Wetter im Juli war stabil und heiß, ein ideales Wetter für lange nordseitige Routen. Wir verabredeten uns für die Plattenspitze-Nordwand, eine gefürchtete Tour im Karwendel, von der ich seit langem träumte, für die sich aber nie jemand begeistern ließ. 36 Seillängen, nur wenige Haken der Erstbegeher steckten, und nach der Tour wartete ein ewig langer Abstieg. Auf mich wirkten diese abstoßenden Umstände anziehend.

Eben hatten mir noch Arme und Beine wehgetan, jetzt war alles vergessen. Augenblicklich packte ich meinen Rucksack mit dem Nötigen. Aus Vorfreude und banger Erwartung konnte ich lange nicht einschlafen, träumte hellwach von den Stimmungen des Lebens in der Wand, nicht wie sie wirklich waren, sondern wie ich sie mir vorstellte. Wie ein Fixer auf den nächsten Schuß fieberte ich der Tour entgegen. Längst war meine Kletterleidenschaft zu einer Art Sucht geworden, die bisweilen schlimme Ausmaße annahm und nie wirklich befriedigt wurde.
Jochen hatte Sinn fürs Abenteuer, war topfit und nervenstark. Wichtige Voraussetzungen für so ein Unternehmen. Vielleicht würde ich nie mehr einen Partner für diese Wand finden, dachte ich mir und hoffte inständig, daß das Wetter schön bleiben würde. Es blieb schön. Am Freitag übernachteten wir in meinem Zimmer, dem Basislager für die meisten Unternehmungen im Karwendel. Jochen schlief im Schlafsack auf dem Fußboden und ich in meinem Bett. Die Summe der auf dem Boden verstreuten Ausrüstungsgegenstände, zwischen denen sich Jochen hingepflanzt hatte, ergab jene vertraute Unordnung, die jedem Aufbruch in ein neues Bergabenteuer vorausging. Irgendwie war meine winzige Junggesellenbude mit dem Klimmzugbalken an der Decke und der Kletterausrüstungskiste neben dem Telefon ja auch so etwas wie eine Biwakschachtel, mit freiem Zutritt für jeden vagabundierenden Kletternarrischen, der gerade vorbeikam.
In der Früh um 4 Uhr fuhren wir zum Ahornboden und wanderten zum Einstieg, den wir über eine grasige Schrofenrampe erreichten. In der klaren Bergluft fühlte ich mich heimisch, dort fand ich mein Selbstverständnis wieder. Die Arbeit war nur unumgängliche Pflicht, weil ich von irgend etwas leben mußte. Hier war sie unwichtig, und jeder Gedanke an sie war albern. Beruf kommt von 'Berufung' und wenn dem so war, dann war Bergsteigen mein eigentlicher Beruf und Landschaftsgärtner mein Hobby, mit dem ich zuviel Zeit verbrachte, um mir meinen Beruf zu finanzieren.
Die erste Seillänge, die Konzentration auf das Finden der richtigen Anstiegslinie verscheuchte alle anderen Gedanken. In endloser Abfolge begannen sich die Seillängen aneinanderzureihen. Der Vorsteiger schlug die notwendigen Haken, die der Nachsteiger wieder entfernte. Am Stand übernahm er dann seinerseits wieder die Führung, um in der folgenden Seillänge wieder die Rolle des Nachsteigers einzunehmen. Das Hakenschlagen kostete Zeit. Im Karwendelfels mit seinen seichten Rissen sind gute Haken meist schwer unterzubringen, dafür lassen sie sich leicht wieder herausklopfen.
Auf möglichst sichere Standplätze mit wenigstens zwei Fixpunkten legten wir wert, die Tour war auch so gefährlich genug. Manchmal blieben die Standplätze trotz unserer Bemühungen mangelhaft, dann durfte der Vorsteiger unter keinen

Umständen stürzen. Es hätte uns beide aus der Wand gezogen. Die Linie der Route schlängelte sich durch die Wand, paßte sich an die natürlichen Gegebenheiten an und folgte der am besten frei kletterbaren Linie, immer im Zickzack hin und her. Deshalb war die Route so lang.

Sepp Ritter und Günther Schweißhelm, zwei fanatische Karwendelliebhaber aus dem Frankenjura, hatten diese Route 1977 in drei Tagen erstbegangen und sie nach einem im selben Jahr an der Marmolada abgestürzten Freund benannt. Sie war die klare und unmißverständliche Antwort auf die unsinnigen und unwahren Vorwürfe, die beiden hätten in ihren Erstbegehungen im Bereich der Falkenhütte zu viele Haken geschlagen.

Sepp war ein uriges Original. Seine Auftritte auf der Falkenhütte, wenn er bei schlechtem Wetter einen über den Durst trank, waren berühmt. Er hatte sich bei einer Kaukasusexpedition einen Fuß so schlimm erfroren, daß größere Amputationen nötig gewesen waren. Wenn er in Laune war, zog er seinen rechten Schuh aus und haute mit dem verstümmelten Fuß, an dem kein Zeh mehr war, laut rumpelnd auf den massiven Holztisch, um bei der schockierten Bedienung ein neues Bier zu bestellen, was beim Publikum Lachtränen und Zornausbrüche gleichermaßen hervorrief. Mit einem verkürzten Spezialschuh, einer Sonderanfertigung, konnte er immer noch schwerste Touren machen. Ohne Zehen sei der Hebel des Fußes kleiner und die Reibung besser, behauptete er.

Die Führe war schwer und anspruchsvoll, Tiefblick und Aussicht waren beeindruckend. Der Weg war nicht durch viele Haken vorgezeichnet, wir mußten uns auf unser Gespür verlassen, um ihn zu finden. In unserer Beschreibung stand »großartige, schwierige Freikletterei in meist gutem, stellenweise hervorragend schönem Fels«. Tatsächlich war die Führe ganz schön brüchig. Auch die beiden schwersten Seillängen wiesen keinen bombenfesten Kaiserfels auf. Die Zwischenhaken saßen schlecht und es war ratsam, nicht zu stürzen. So klaffen Wunsch und Wirklichkeit auseinander und treffen sich doch meist irgendwo in der Mitte. Was einer für festen Fels hält, kann ein anderer als brüchig empfinden, alles ist relativ. Auch die Beschreibung und Bewertung einer Tour. Im Zweifelsfall hat es sich bewährt, sich vor allem auf sich selbst und nicht auf ein Blatt bedrucktes Papier oder Angaben von Freunden zu verlassen. Wenn jede Information immer hundertprozentig stimmen würde, wäre Bergsteigen langweilig. Die Unsicherheit und unvorhergesehene Ereignisse machen es zu dem Abenteuer, das ich so sehr schätze.

Weil nirgends Haken steckten, wußten wir oft nicht genau, ob wir richtig waren. Um so mehr freuten wir uns, wenn wir ab und zu markante Punkte im Gelände der Führerbeschreibung zuordnen konnten und uns in der Richtigkeit des ein-

geschlagenen Weges bestätigt fanden. Den größten Teil des Tages verbrachte ich allein, entweder beim Sichern oder beim Klettern. Nur an den Standplätzen trafen wir uns kurz, tauschten ein Lächeln oder ein paar aufmunternde Worte aus. Unser Weg war ein gemeinsamer, das Seil verband uns auf Gedeih und Verderb. Wenn ich Jochen auch oft nicht sehen konnte, wußte ich doch, daß er da war, konnte mir vorstellen, was er gerade tat. Die tatsächliche Verbindung durch das Seil wurde durch eine gefühlsmäßige ergänzt. Wir waren schon viele Touren gemeinsam gegangen und hatten deshalb Vertrauen zueinander. Jeder wußte, daß der andere den Schwierigkeiten der Wand gewachsen war. Wäre das nicht der Fall gewesen, hätte ich die Ungewißheit an den Standplätzen nicht ertragen.
Im obersten Wanddrittel zwang uns die Wand einen langen, absteigenden Quergang auf, der uns zu einem großen geräumigen Felsloch führte, wo offensichtlich einige Seilschaften vor uns biwakiert hatten. Leere Konservendosen und geebnete Schlafplätze ließen dies unschwer erkennen. Wir stiegen weiter, der Tag war noch lange nicht zu Ende.
Nach einer geröllbedeckten Seillänge im obersten Drittel der Wand, die nur den zweiten Schwierigkeitsgrad aufwies, war Jochen entnervt und überließ mir gern die weitere Führung. So etwas gab es in Sachsen, wo er das Klettern gelernt hatte, nicht. Es hatte nach seiner Auffassung nichts mit Klettern zu tun, sondern war reiner Wahnsinn. Die folgenden Seillängen bot Karwendelfels der brüchigsten Sorte, alle Griffe und Tritte waren von rötlich gelber Farbe und wackelten. Mit solchem Bruch, den manch anderer als widerlich empfindet, bin ich aufgewachsen, und als jugendlicher Halbstarker empfand ich eine Tour nur dann als schön, wenn wenigstens ein paar Seillängen richtig brüchig waren. Deshalb kam ich mit solchen Bedingungen bestens zurecht. Ab und zu machte es mir immer noch Spaß, zur Abwechslung solch perverses Gelände zu klettern.
Mit 'Vier plus lehmig', war die Wandstelle links von mir, in der Führerbeschreibung charakterisiert. Kleine Geröllrutsche polterten jedesmal los, wenn ich mich bewegte, jeder Griff wackelte und durfte nicht nach außen belastet werden, wollte ich es Sand und Geröll nicht gleichtun. Alles war lehmig und rutschig, Standplatz und Zwischensicherungen von fragwürdiger Qualität, die Nerven waren gespannt wie Gitarrenseiten. Ich war nur noch Konzentration, fühlte mich in den heimtückischen Fels ein, damit ich ihn überlisten konnte.
Ich konnte Jochen am Standplatz sichernd sehen, er verlor zusehends die Farbe im Gesicht und wurde weiß wie ein Stück Kreide. Der Arme mußte einige Ängste ausstehen und konnte nicht viel mehr tun, als das Seil in der Hand halten und hoffen, daß nichts passieren würde. Meist sieht so eine Wand wilder aus als sie ist. Am Ende der Seillänge baute ich einen zuverlässigen Stand mit mehreren Fix-

punkten. Jochen mußte mir wohl oder übel über die brüchige Wandstelle folgen. »Paß bloß gut auf«, bat er mich mit wenig selbstsicherer Stimme. Bald befand er sich blaß und heil neben mir.
Nach sechs weiteren Seillängen standen wir am Gipfel und waren beide froh, der Wand noch vor der Dunkelheit entkommen zu sein. Wir verfolgten den langen Grat Richtung Grubenkarspitze. Auf einer geräumigen, ebenen Plattform unterhalb des Grates richteten wir uns für die Nacht ein und stülpten unseren Biwaksack über. Die Sonne ging blutrot unter und der Mond auf. Der Himmel streute seine Sterne aus, die hell und klar in dem kalten Mondlicht funkelten. Wer nur bei schönem Wetter Bergtouren macht, von der Hütte aus, ohne je zu biwakieren, der kennt nur einen Teil der Berge, der weiß nichts von ihrem Mysterium, von der Nacht und der Tiefe des Weltenraumes.
Nach der harten, mühsamen Arbeit des Tages kommt der Bergsteiger in den Nachtstunden zur Ruhe, sammelt sich innerlich und vereinigt sich mit dem Wesen des Berges, nimmt die Schwingungen wahr, die tief aus seinem Inneren kommen. Auf unserem Bett aus Stein, direkt an den Berg gelehnt, wurde ich für eine Nacht lang eins mit ihm. Auch das Weltall und die Sterne leben, sind mit uns verwandt. Während unten im Tal das elektrische Licht und die Unrast alle echten Gefühle fast verdrängt haben, werden hier oben die Sterne und die Nacht wieder ein Teil von uns. Schließlich schliefen wir in eine milde Sommernacht. Die Morgenkälte weckte mich auf, ich betrachtete den Himmel, schlummerte wieder ein.
Kurz darauf erwachten wir beide, frierend, mit steifen Gliedern und auf der Lauer, denn bald mußte über dem Bettelwurf die Sonne kommen und alles um uns mit zartem Rosa zu neuem Leben erwecken, die kalten Knochen erwärmen. »Diese Scheißwand hat uns zwei Tage schönsten Wetters gekostet und nun sitzen wir hier«, meinte Jochen lakonisch. Die Route war meine Idee gewesen, und ich wußte nichts zu meiner Verteidigung vorzubringen. Er stellte es auch nur fest, da war kein Vorwurf in seiner Stimme. Ein Jahr später stimmten wir beide überein: Plattenspitze-Nordwand, eines der letzten großen Abenteuer.

Kapitel III - Es lebe die Freiheit

Vorbereitungen für einen verwegenen Plan

1992 bekam ich einen größeren Auftrag. Die Modernisierung der Außenanlagen einer Bundeswehrsiedlung. Das bedeutete Geld und das brauchte ich, um meine Träume in die Tat umzusetzen. Es bedeutete auch, im Sommer nicht weg zu können, aber für das darauffolgende Jahr war Bolivien finanziell abgesichert. Garten- und Landschaftsbau ist harte Knochenarbeit. Die damit verbundene Schreibarbeit erledigte ich in meiner 'Freizeit'. Manchmal träumte ich sogar noch von Quadratmetern, Kubikmetern und laufenden Metern. So oft ich konnte, machte ich einen Abstecher in die Berge.

Zuerst war es ein flüchtiger Gedanke, dann wuchs ein Plan in meinem Kopf: Einen Sechstausender über eine schwere kombinierte Route ganz allein. Ich erschrak über diesen kühnen Vorsatz, doch ganz allmählich wurde dieser Plan ein Bestandteil von mir und gehörte dazu wie meine Hände und Füße. Ich hatte über ein Jahr Zeit, mich vorzubereiten.

Mit einem Ziel vor Augen wächst die Motivation zu trainieren, und im Sommer sind die Tage lang. Lang genug, um am Abend noch den Kofler-Südwestgrat zu klettern, eine 10-Seillängen-Route im fünften Schwierigkeitsgrad, oberhalb der Mittenwalder Hütte. Beim Bouldern und im Kletterraum verbesserte ich Kraft und Technik. Ich ging viele Routen allein. Im Karwendel, im Wetterstein und in den Dolomiten. So oft es mit der Arbeit ging und wenn ich nicht allzu müde war. Die Gedanken kreisten oft um meinen Plan, bevor ich einschlief. Alleine wäre ich unabhängiger und schneller. Es wäre billiger. Gefährlicher würde es nur sein, wenn ich nicht in sehr guter Form wäre. Deshalb trainierte ich. Und es machte ja auch jede Menge Spaß, ganz einfach fit zu sein. Ich war oft im Klettergarten und legte großen Wert darauf, jedesmal auch ein paar Routen abzuklettern, um mir im folgenden Jahr auch den Rückweg nach unten offenzuhalten. Schiefgehen kann immer was.

Das Klettern in die umgekehrte Richtung ist schwieriger, weil die Füße selbst mit Hühneraugen die Tritte und Griffe nicht sehen. Mit der Zeit verbesserte ich die Fähigkeit abzuklettern wesentlich. Das gab Selbstvertrauen und innere Sicherheit. Routen abzuklettern entspricht nicht der Norm, doch die verächtlichen Blicke mancher Sportskameraden machten mir wenig aus. Sportkletterer geben sich gerne locker und cool. In Wirklichkeit gibt es unter ihnen genügend Scheuklappenträger, die engstirniger sind als mancher 'Durchschnittsbürger' und sich dabei noch einbilden, sie seien etwas besonderes. Manchmal stinkt es mir ziemlich, daß Sportklettern modischer Trendsport geworden ist. Trotzdem: es ist immer noch faszinierend, und nicht nur ich, auch die anderen haben ein Recht darauf. Es wäre ähnlich spießig, das nicht zu akzeptieren. Wer Ruhe, Stille, Einsamkeit braucht, muß sich eben etwas anderes einfallen lassen. Wer sucht, wird finden, alles ist möglich. Es ist nur eine Frage der Kreativität.

Der Monte Agnér in den Dolomiten ist fast schon das Ideal eines Berges. Ein kühner Felsturm mit schlankem, freistehendem Gipfel und einer 1500 Meter hohen Nordwand. Die Nordkante hatte ich vor langer Zeit einmal mit 'Gonda' Grulich gemacht, und damals hatte ich mir vorgenommen, wiederzukommen. Vieles war seitdem anders geworden. Vor allen Dingen ich selbst. Die Freunde von damals? Sie hatten fast alle mit dem Klettern aufgehört oder lebten nicht mehr. Ein Hauch von nostalgischer Wehmütigkeit streifte mich. Das Leben ist wie ein Bach. Es bleibt nicht stehen, fließt mal langsam und mal schnell, bleibt aber immer in Bewegung. Ich konnte es fast nicht glauben, daß ich immer noch mit meinen Hoffnungen, Sehnsüchten und Zweifeln an den Wänden herumstieg.

Diesmal war die erste Alleinbegehung der Jori-Führe am Monte Agnér mein Ziel. Direkt unter der Wand steht eine Biwakschachtel, dort übernachtete ich. Mein Proviant war nicht allzu schwer: Drei Äpfel und zwei Bananen. Ansonsten hatte ich noch meinen Klettergurt mit, Abseilachter und ein dünnes 50-Meter-Seil zum Abseilen für Notfälle. Zwei Italiener waren noch da. Ihr Ziel war die Nordkante. Sie waren ziemlich aus dem Häuschen, als sie bemerkten, daß ich allein und ohne Rucksack heraufgekommen war. Am Morgen frühstückten wir gemeinsam und brachen in verschiedene Richtungen auf. Ich aß meine zwei Bananen auf und verstaute die drei Äpfel in meinen Hosentaschen.

Der Einstieg war leicht zu finden. Von unten bis oben durchzog eine Reihe von steilen Rissen und Kaminen die ganze Wand, durch sie verlief der Anstieg. Unten war der Kamin teilweise brüchig und von kurzen, steilen Wandstücken unterbrochen, die unangenehm zu klettern waren. Das hielt mich auf. Doch dann wurde der Fels fester. Schnell gewann ich an Höhe. Hundert Meter im Hauptkamin hoch, Querung nach links, wo Rinnen und Risse den Weiterweg ermöglichten. Ich verstieg mich nicht ein einziges Mal, mein Gefühl leitete mich. Weiter, immer weiter, die Tiefe unter mir wuchs rasant. Es kam mir fast so vor, als würde ich schweben. Vielleicht war ich wirklich schon süchtig. An den Händen über dem Abgrund hängen und dieses intensive Gefühl von Leben, Bewegung und Ausgesetztheit verspüren. Ganz winzig unten die Straße. Wie ein Gruß aus einer anderen Welt.

Die Agnér-Wand ist eine riesige Wand mit gewaltigen Dimensionen. Am Gipfel schien die Sonne. Es war noch nicht einmal Mittag und eine der höchsten Dolomitenwände lag unter mir. Die Form stimmte, bis nächstes Jahr würde sie noch viel besser sein. Ich saß da und dachte, mehr gefühlsmäßig als rational.
Wie war es wohl jetzt in Bolivien? Ich ließ meine Phantasie laufen. Die Gedanken schwebten über dem Schatten der Agnér-Wand, kreuzten sich mit Erinnerungen an Vergangenes und Ahnungen von Zukünftigem, flogen zu mir zurück und ergaben einen Zustand, den nur ich so erleben konnte. Jeder hat seinen eigenen Vogel im Kopf. Meiner war ziemlich bunt, ein schönes Tier. Ich konnte nie etwas Negatives daran finden, meine Spinnereien auszuleben. In Deutschland tun immer alle so zum Kotzen vernünftig und leben doch oft genug auch an der Realität vorbei. Meine Gedankengebilde sind Gemälde, kleine Kunstwerke, niemand außer mir kann sie sehen. So bin ich wirklich, nicht so, wie die anderen mich haben möchten. In einer sinnesfeindlichen, immer einheitlicher und materialistischer werdenden Welt hatte ich es wieder einmal geschafft, als Individuum zu überleben. War das nicht toll? War es nicht mehr wert als das viele Geld, das ich hätte verdienen können, wenn ich meine Energie voll und ganz auf die Arbeit konzentriert hätte? Immer noch paßte mein Kopf in keine Uniform, hörten meine Gedanken auf den Takt, den ich ihnen angab und marschierten nicht im Gleichschritt.
Von Westen schob sich eine dunkle Wolkenbank heran. Ich machte mich an den Abstieg. Die zwei Italiener sah ich noch weit unten an der Kante. Zwei kleine bunte Punkte in der Wand. Sie würden es heute wahrscheinlich nicht mehr schaffen, würden in der Wand biwakieren müssen und erst am nächsten Tag auf dem Gipfel stehen. Hoffentlich hielt das Wetter. Für mich war es einerlei, ob ich trocken oder naß am Auto ankam, für die beiden hoffte ich. Am Nachmittag ging ein furchtbares Gewitter nieder, alles war ganz finster. »Hoffentlich haben die zwei ein trockenes Plätzchen gefunden«, dachte ich laut, als ich bequem im Auto saß. Bei jedem Blitz zuckte ich zusammen und dachte an die Tragödie an der 'Herzogkante'. Um 9 Uhr nachts war ich vom Monte Agnér zurück zuhause.
Ich hatte meinen Rucksack noch nicht ausgepackt, als das Telefon klingelte: Norbert Swoboda aus Garmisch war am Apparat. Morgen hätte er Zeit zum Klettern, meinte er trocken. Ich hätte mich wenigstens einen Tag für die schwere körperliche Arbeit der kommenden Woche ausruhen müssen, aber mit Norbert konnte ich Touren ausmachen, zu denen jeder andere nein gesagt hätte. Praxmarerkarspitze-Nordwand? Aber ja doch!
Die Praxmarerkarspitze-Nordwand ist die brüchigste unter den brüchigsten Routen im Karwendelgebirge, dabei extrem schwer. So schwer, wie man in so einem

Schutthaufen gerade noch klettern kann. Nur mangelhaft abgesichert, ein Sturz kann tödlich sein. Nicht ohne uns vorher gegenseitig zu versichern, daß keiner dem anderen einen Vorwurf zu machen braucht, wenn wir erst einmal in dieser Wand stecken und alles Scheiße ist, verabredeten wir uns für morgen. Die Arbeit war am Montag wieder dran. Dazwischen stand jetzt die Praxmarerkarspitze und trennte zwei Welten, die zwar beide zu mir gehörten, sich aber nicht sonderlich mochten. Trotzdem berührten sie sich ab und zu scheu.

Der Narrenspiegel

Die Plastikbergschuhe mußte ich anziehen, weil sie nirgends mehr reinpaßten. Staunende Blicke auf dem Flughafen in Rom. Ich war ein Exot. So schnell geht das, man braucht nur im Sommer das passende Schuhwerk anzuziehen und schon fällt man überall auf. Weiterflug über Buenos Aires nach La Paz, Heidi holt mich vom Flughafen El Alto ab, sie war zwei Tage früher angekommen als ich. Ich komme aus dem Flughafen heraus und da steht sie schon lässig am Taxistand. Es gibt nichts Selbstverständlicheres, als sich irgendwo in Südamerika zu treffen.

La Paz liegt in einem trockenen, wüstenähnlichen Talkessel an einem steilen Hang. Von 4100 Metern Meereshöhe geht es vom Flughafen mit dem Taxi steil hinunter zur Plaza San Francisco auf 3300 Meter. Höhenunterschiede von 1000 Höhenmetern von einem Punkt zum anderen sind innerhalb dieser Stadt keine Seltenheit. Von oben sieht La Paz so unwirklich aus, wie die Kulisse für einen Science fiction-Film. Unser Quartier in der Nähe der Plaza San Francisco liegt ziemlich zentral und so können wir die nötigen Einkäufe zu Fuß tätigen. Auf den zahlreichen Märkten bekommt man alles, vom Turnschuh bis zur Kokosnuß. Das einzige, was sich nicht auftreiben läßt, ist der Kletterführer von Alain Mesili vom 'Los Amigos Del Libro'-Verlag.

In der Nacht schlafe ich gut, kein noch so kleines Anzeichen von Höhenkrankheit stellt sich ein, nur als ich am Morgen zu schnell eine steile Kopfsteinpflastergasse aufwärts renne, muß ich in einem Laden eine zeitlang atemlos verschnaufen, bevor ich sagen kann, was ich will. In den engen Gassen sitzen Indianerfrauen in der Morgenkälte, eingehüllt in dicke Ponchos, regungslos wie Felsen zwischen ihren Waren. Wenn ich eine von ihnen anspreche, um etwas von ihr zu kaufen, bewegt sie sich, redet. 'Caballero' heißt frei übersetzt 'Reiter', es ist eine respektvolle Anrede, so etwas ähnliches wie 'gnädiger Herr'. Einer Marktfrau, die mich so anspricht, erkläre ich, daß ich ein ziemlich pferdloser Reiter bin, mich aber trotzdem geehrt fühle. Sie kriegt sich nicht mehr ein vor Lachen, erzählt ihrer Nachbarin, was ich gesagt habe und die gibt es gleich weiter. Auf einmal kommt

Bewegung in die wie versteinert dasitzenden Marktfrauen, eine nach der anderen fängt zu lachen an, ich lache mit. Kann ein Tag noch besser beginnen?
Später ziehen wir zu zweit erneut los, um die letzten noch fehlenden Dinge aufzutreiben. Beide sind wir fasziniert von den vielen Eindrücken. Dem eigenartigen Zauber dieser Stadt können wir uns nicht entziehen. Vor allem Heidi ist schwer beeindruckt.
Immer wieder aufs neue haben mich fremde Städte in den Bann gezogen. Unbekannte Gesichter, eigenartige Bräuche, exotische Märkte, es riecht anders und nichts ist vertraut, alles ist voller Leben und umgeben von einer Aura des Geheimnisvollen. Hier werden getrocknete Lamaembryos verkauft, die, unter der Haustüre vergraben, bösen Zauber abwehren sollen, dort bietet einer Meerschweinchen in Käfigen an. Meerschweinchen werden hier wie Hasen als Schlachttiere gehalten, ich mag diese Viecherl lieber lebendig als in der Bratpfanne.
Schwer bepackte Männer schleppen keuchend riesige Bündel mit Waren zu den Märkten. Wenn sie abgeladen haben, laufen sie im Dauerlauf zurück, um sich erneut eine zentnerschwere Last aufzuladen. Diese Träger haben ein unwahrscheinliches Tagespensum, für einen Europäer ist ihre Leistung kaum vorstellbar, aber für sie selbst ist das Alltag, nichts besonderes. Es wird oft behauptet, daß Autos als Transportmittel unverzichtbar sind, die Träger von La Paz beweisen jeden Tag das Gegenteil, aber wer von uns verweichlichten Europäern könnte oder wollte so leben? Wir setzten lieber voll und ganz auf so ruinöse Dinge wie das Auto.
Bald haben wir alles was wir brauchen beisammen und reservieren uns zwei Plätze in einem Microbus. Morgens um sechs Uhr bei stockdunkler Nacht geht die Fahrt übers Altiplano nach Sorata los. Die Straßen sind besser geworden in den vergangenen zwei Jahren. Eine holprige, abenteuerliche Fahrt bleibt es allemal. Eingezwängt zwischen Indianerfrauen, Kartoffelsäcken, Meerschweinchen und Trockenfisch staunen wir über gleißende Gletscherberge und die karge Schönheit der Hochebene. Immer wieder habe ich die Indianer bewundert, die auf dieser Ebene, auf 4000 Metern Meereshöhe, unter härtesten Bedingungen leben. Nicht alle sind freiwillig hier, viele wurden in der Vergangenheit von der Regierung dorthin, wo sie jetzt sind, zwangsumgesiedelt. Mit unglaublicher Zähigkeit und verbissener Sturheit ringen sie in härtester Arbeit dem meist trockenen Boden das zum Überleben Nötige ab.
Trotz oder wegen der Härte ihres Daseins strahlen diese Menschen eine mich seltsam ergreifende Zufriedenheit aus, die dort, wo ich herkomme, unbekannt ist. Wo wir doch so viel mehr haben und all die Dinge besitzen, die sich hier niemand auch nur erträumt und selbst der Bürgermeister einer größeren Gemeinde

sich das Bett, in dem ich in Deutschland schlafe, nicht einmal vorstellen kann? Ist es vielleicht so, daß wir vor lauter Haben gar nichts mehr sind? Vielleicht hat uns der Wohlstand längst zu seelischen Krüppeln gemacht, ohne daß wir es bemerkt haben. Wir ahnen, daß uns etwas Wichtiges abgeht, das wir niemals kaufen werden können. Das schmerzt uns sehr, aber wir erkennen nicht, daß wir selbst das sind, was uns so fehlt, wir haben unsere Seele für Besitz und Scheinsicherheit verkauft. Man ist manchmal versucht, zu sagen: »Wie gut, daß sie nicht wissen, wie wenig sie haben.« Dabei ist uns gar nicht bewußt, wie seelisch arm und im Grunde genommen unzivilisiert und schwächlich wir Wohlstandsmenschen sind. Lediglich durch unser Geld sind wir wer. Aber was ist, wenn uns das Geld, diese windigen Papierfetzen, weggenommen werden?
Der letzte Teil der Fahrt geht Tausende von Höhenmetern in Spitzkehren hinab, dann sind wir in Sorata, der 'Perle der Anden' wie sie von einigen begeisterten Schwärmern etwas übertrieben genannt wird. Nüchtern betrachtet mit etwa 3000 Einwohnern eine der wichtigsten Städte der Provinz Larecaja. Die Bewohner der umliegenden Bergdörfer kommen zum Handeln und Einkaufen hierher, meist zu Fuß oder mit Eseln als Transporttieren, seltener mit Jeeps. Die meisten Dörfer sind nur zu Fuß erreichbar, die wenigen wilden Geländepisten, die mit viel gutem Willen als abenteuerliche Landsträßchen bezeichnet werden können, führen zu ergiebigen Goldminen. Dorthin, wo es etwas mit Gewinn aus den Bergen herauszutransportieren gibt. Auf dem Markt herrscht buntes Treiben. Tiere, Cocablätter, Gold, Kartoffeln, Alkohol und vieles mehr wechselt dort seinen Besitzer.
Eine 'Bruchita', eine jener unheimlichen Medizinfrauen, denen man Zauberkräfte nachsagt, sitzt mit ihrer Kräuterapotheke auf dem Gehsteig und wartet auf Kundschaft. Als ich das letzte Mal in Sorata war, wurde eine junge Frau unten in San Pedro von einer Raupe befallen, die sich ins Fleisch bohrt, dort Eier legt, lebt und frißt. Diese Fremdkörper können auch einen starken Menschen in den Wahnsinn treiben. Man sieht, wie sie sich unter der Haut bewegen, bekommt sie aber nicht heraus. Die Frau war in den besten Krankenhäusern, aber weder mit Petroleum, noch operativ mit dem Skalpell war den Plagegeistern beizukommen. Sie lebten, schissen, schliefen und wuchsen weiter in ihrer Gastgeberin. Vollkommen fertig und ratlos vertraute sie sich einer Bruchita an, die tatsächlich wußte, was zu tun war. Was sie brauchte, war eine Unmenge von Kaugummi. Sie steckte den Kaugummi in den Mund und kaute ihn durch und - patsch - klatschte ihn auf die Stelle, wo so ein Unhold saß. Dann kaute sie weiter. Patsch - patsch - patsch wurde die Frau zugeklebt. Die Bruchita wußte, was kein Doktor erkannt hatte: Die Raupen brauchten Sauerstoff, den sie von außen über die Haut des armen Opfers bezogen. Der Kaugummi läßt keine Luft mehr durch und so versuchten

sie, nach Luft schnappend, die Oberfläche zu durchbrechen und blieben im zähen Kaugummi stecken, mit dem zusammen sie einfach abgezogen wurden. Keine Zauberei, Wissen um grundlegende Dinge.
Wir bleiben nur eine Nacht in Sorata. In der Frühe brechen wir mit einem Esel und seinem Treiber in Richtung Ancohuma auf. Es dauert eine Weile, bis die Last gleichmäßig auf dem Eselsrücken verteilt ist, aber das ist wichtig, denn wenn er einseitig beladen wird, geht er nicht weit. Heidi tut der Packesel leid, ich würde mir eher selber leid tun, wenn ich das alles schleppen müßte. Dann geht es los, ich freue mich aufs Gehen wie ein junger Hund, der zum ersten Mal hinausdarf. Von Sorata schlängelt sich der Weg hinauf nach Lackathia, die Luft wird wieder dünner und die Zeit scheint in diesem Dorf irgendwann im Mittelalter stehengeblieben zu sein. Das Leben hier oben ist sicher hart und entbehrungsreich, aber uns berührt es irgendwie romantisch.
Zwischen uns und Ancohuma liegt der 4700 Meter hohe Illampu-Paß. Es ist noch früh am Tag, deshalb gehen wir weiter, obwohl wir einen guten Zeltplatz finden. Mein Fehler, für Heidi wird es fast zuviel. Vom Paß ist die Aussicht einfach toll, Heidi schaut gar nicht hin, für heute hat sie genug. Wir müssen drüben wieder hinunter, es hilft nichts. Es wird dunkel, der Weg ist schlecht, und bis auf den Esel, der Heidi so leid tat, fällt jeder wenigstens einmal hin. Wir finden lange keinen geeigneten Zeltplatz, gehen und gehen in der Dunkelheit weiter. Vor Erschöpfung schläft Heidi ohne es zu merken ein und geht im Schlaf automatisch weiter, bis es ihr die Füße wegzieht. Mitsamt ihrem Rucksack schlägt sie einen wilden Purzelbaum, der außen festgebundene Kochtopf scheppert theatralisch und erhält seine ersten Beulen. Einen Moment lang bleibt Heidi benommen liegen. Der Sturz sah gefährlich aus, aber gottlob ist nichts passiert.
Ein Höhenunterschied von mehr als 3000 Metern steckt uns in den Knochen, als wir um 11 Uhr nachts endlich unser Zelt an einem ebenen Platz aufstellen. Als nächstes stellt sich heraus, daß unser Mulitreiber kein Schlafzeug dabei hat. Eigentlich ist er wirklich selber schuld, aber wir bringen es dann doch nicht fertig, ihn einfach draußen im Freien biwakieren zu lassen, es ist empfindlich kalt. Unser winziges Zelt hat gerade mal so Platz für zwei Leute, aber wir bringen das Kunststück fertig, zu dritt hineinzukriechen. Wir sind eingezwängt wie die Heringe in einer Fischbüchse, aber frieren braucht in dieser Nacht keiner. Unser Arriero stinkt kräftig nach Lama, bald riecht unser Zelt, riechen wir auch, als ob wir in einem Stall geschlafen hätten. »Lamageruch ist wesentlich angenehmer als Parfüm« ,tröstet mich Heidi. Ich glaube, sie hat recht.
Am Morgen schneit und stürmt es, wir gehen nur bis Ancohuma. Im Nu sind wir von Indianerkindern umringt, die alle durcheinanderreden. Die Nacht verbringen

wir in der Dorfschule, die uns der Lehrer aufsperrt. Regelmäßigen Unterricht gibt es keinen, der Lehrer ist nicht immer da, und wenn er da ist, hat er oft Wichtigeres zu tun. Er ist ein Bauer wie alle anderen, und die Schule ist ein kleiner Raum mit ein paar Stühlen und Tischen. Auf einem Tisch liegen ein paar Schulbücher. Wir sollen nur achtgeben, meint der Lehrer, daß keine Kinder hereinkommen und die Bücher stehlen. Ich denke zurück an meine Schulzeit, wahrscheinlich wäre ich froh gewesen, wenn mir jemand ein Schulbuch gestohlen hätte.

Am nächsten Tag gehen wir über den Khala Montuna-Paß nach Cocoyo und übernachten noch einmal zu dritt in unserem Zelt. Am Morgen zahlen wir unseren Eseltreiber aus, der sich eilig auf den Heimweg macht. Wir laden unsere Habseligkeiten auf einige Lamas um. Lamas können nur wesentlich geringere Lasten tragen als Esel, aber viel besser klettern. Der Weiterweg wäre für einen Esel zu schwierig. Einen annehmbaren Preis haben wir schon am vorigen Tag ausgehandelt. Wer nicht rechtzeitig die Bezahlung festlegt, zahlt später wesentlich mehr und strapaziert seine Nerven unnötig. Klare Verhältnisse erhalten die Freundschaft und schonen den Geldbeutel.

Sechs Stunden dauert der Aufstieg zur Laguna negra, einem glasklaren Gletschersee auf 4400 Metern. Die Aussicht ist überwältigend, ringsum scheinen die vergletscherten Andenriesen den Himmel zu berühren. Zuerst ist da nur eine ebene Fläche an einem Gletschersee. Dann stellen wir das Zelt auf und machen uns aus Steinen einen windgeschützten Platz zum Kochen. Vor einer halben Stunde war noch nichts da, jetzt ist hier unser Zuhause. Wie einfach, wie unkompliziert das Leben geworden ist. Als dann noch der Kocher widerstandslos läuft, es zum Abendessen heißen Tee und für jeden einen Teller Kartoffeln gibt, bleibt kein Wunsch mehr offen. Nachdem die Arrieros mit ihren Lamas wieder abgestiegen sind, ist die Einsamkeit perfekt, wir sind ganz allein. Bereits nach ein paar Tagen bekommen wir eine starke Beziehung zu unserem Zeltplatz, betrachten ihn als unsere feste Heimat. Was viele Europäer längst vergessen haben, dort oben fällt es uns allmählich wieder ein: Wie wenig nötig ist, um glücklich zu sein.

Einige schöne Wochen verbringen Heidi und ich gemeinsam am Lago negro. Der Tag, an dem Heidi zurück nach Deutschland muß, rückt unaufhaltsam näher. Dann ist er plötzlich da, der Aufbruchstag. Beim Abstieg nach Cocoyo trinkt Heidi wahrscheinlich von Viscachias vergiftetes Wasser. Kotspuren dieser possierlichen Nager wirken ähnlich wie Rattengift. In Cocoyo wird sie ernstlich krank. Nachts krümmt sie sich in unserem Zelt vor Magenkrämpfen. Es ist ein Jammer, auch für mich. Ich merke sehr wohl, wie schlecht es ihr geht, und die Sorge um sie läßt mich lange nicht einschlafen. Anderntags verweigert sie Essen und Trinken und redet auch nichts mehr, wenn ich sie anspreche. Nur noch ab

und zu stöhnt sie leise vor sich hin. Sie ist nur noch ein Häufchen Elend, liegt schwach und apathisch in ihrem Schlafsack. Beängstigend auch, wieviel Gewicht sie innerhalb kürzester Zeit verloren hat. Weil es hier keinen Arzt gibt, bin ich der Arzt. In Cocoyo treibe ich eine Flasche Cola auf. Die Hälfte dieses Gesöffs würgt Heidi lieber selber hinunter, bevor ich es ihr mit Gewalt einflöße. Coca-Cola ist aggressiv, es frißt Rost, Magenschleimhäute und tötet die Bakterien in Heidis Magen. Später kotzt sie alles wieder aus, aber es hat geholfen. Ihr Zustand bessert sich merklich, sie kann wieder Tee und Suppe trinken. Das ist lebenswichtig. Was sage ich ihrem Vater, wenn sie stirbt? Ich verdränge diesen Gedanken sofort, er ist zu schrecklich, um ihn konsequent zu Ende zu denken. So weit ist es noch lange nicht.
Heidi ist nicht wehleidig, hat einen starken Willen und reißt sich unwahrscheinlich zusammen. Auch den Rest des 'Pett-Colas' schluckt sie tapfer, behält ihn eine halbe Stunde im Magen, bevor sie ihn wieder erbricht. Immer wieder koche ich Tee oder klare Suppe. Zu jedem Schluck muß ich Heidi zuerst überreden, muß betteln, drohen, schimpfen. Es fällt mir ja auch nicht leicht, zu jeder Tasse Tee einen Vortrag zu halten. Ich glaube, Heidi beginnt mich zu hassen, aber das ist jetzt unwichtig. Nur gesund soll sie wieder werden. Sie erbricht die Hälfte der Flüssigkeit wieder, aber sie behält auch ein bißchen. Wer kann sich schon vorstellen, wie es ist, krank am Ende der Welt in einem Zelt zu liegen und sogar zum Weinen zu schwach zu sein? Und nie weißt du, wie und wann du von hier fortkommst. Als ich zu ihr sage: »Sei doch nicht immer so spendabel und behalte mehr Tee für dich selbst, schenke ihn nicht immer gleich wieder her«, schafft sie die Andeutung eines schwachen Lächelns. Es geht aufwärts! Vielleicht hilft es doch etwas, wenn man als Vegetarierin aufgezogen worden ist.
Wir finden bald eine Mitfahrgelegenheit nach Sorata. Eine wirklich schäbige Camionetta, aber sie fährt. Auf den Paßhöhen verspritzt der Fahrer reinen medizinischen Alkohol, um die Götter milde zu stimmen. Auch er selbst nimmt einen Schluck aus der Pulle.
In Sorata angekommen ist Heidi bereits so weit genesen, daß sie keinen Arzt mehr braucht, wenngleich sie immer noch schwach auf den Beinen steht und dürr wie eine Bohnenstange geworden ist. Was für ein Glück, sie ißt auch wieder etwas. Abenteuer verändern einen, auch Heidi hat sich verändert. In Sorata trennen sich unsere Wege. Ich gehe zurück zum Lago negro, Heidi nimmt die andere Richtung, über den Titicaca-See nach Garmisch-Partenkirchen.

Rückweg ins Basislager - ein offener Kreis

Lange hält es mich nicht in Sorata. Was soll ich ohne Heidi dort? Ich bin nur hier, weil ich sie ein Stück Weges begleitet habe, sonst wäre ich am Lago negro geblieben. Zeitig am Morgen breche ich auf. Schritt für Schritt geht es höher, die Morgenluft ist noch empfindlich kalt, aber bald bin ich warm gelaufen und die Beine finden ihren Rhythmus. Wie gut ich die Gegend jetzt schon kenne. Hinter dem Dorf Chirambaya muß ich die linke Weggabelung nehmen, das ist der Weg nach Lackathia, von dort geht es steil aufwärts zum Illampu-Paß, der schon 4700 Meter hoch ist. Auf der anderen Seite abwärts, immer Richtung Ancohuma.

Ich gehe und gehe ohne Ende. Ein Schritt weg von der Zivilisation sind zwei Schritte zu mir selbst, das wiederholt sich den ganzen Tag. Die Zeit berechne ich nicht mehr in Stunden, sondern in Wegdistanzen, Sonnenkreisläufen und Tagen. Ich empfinde das Gehen nicht mehr als Arbeit, sondern als einen Zustand, als eine Form zu sein. Mein ganzes Wesen hat sich darauf eingestellt. Kurz vor Ancohuma steige ich ein Stück hoch zu einer unbewohnten Hütte über dem Tal. Für diese Nacht habe ich ein Dach über dem Kopf und brauche das Zelt nicht auszupacken. Was für ein bequemes Lager. Diese Hütte und ihr bescheidener Komfort machen diesen Tag zu einem schönen Tag. Wo bin ich eigentlich? Hier! Das ist die einzige Antwort, die mir darauf einfällt. Das karge Abendessen schmeckt, zeitig liege ich im Schlafsack.

Am Morgen packe ich zusammen, gehe weiter, immer nur weiter. Die Richtung ist bestimmt, das vorläufige Ziel der Chkoruasini-Paß, aber die einzelnen Schritte erfolgen bedächtig und wie zufällig, absichtslos. Ich habe den ganzen Tag Zeit, mehr noch, ich habe so lange Zeit, wie ich brauche. Heute komme ich hier an, morgen dort. Wie weit ich gehe, wo ich hingelange, ist ganz egal, ich breche ja doch wieder auf, gehe immer weiter. Einen endlosen Weg in eine unendliche Weite, in unermeßliche Räume. Ich konzentriere mich auf jeden Schritt, den ich mache, führe ihn fast andächtig aus. Mein Dahinschreiten erscheint mir wie ein Gottesdienst. So bewußt einen Fuß vor den anderen zu setzen, ist wie ein Gebet ohne Falschheit und Eigennutz, denn es dient keinem hinterlistigen Zweck. Meine Schritte sind nur für sich selbst da, haben ihre Daseinsberechtigung lediglich in meinem Vorwärtsdrang.

Wohin mich die Füße tragen, ist so egal. Viel wichtiger ist, daß sie mich tragen. Wenn ich heute Cocoyo erreiche, bin ich keinesfalls am Ziel. Ich komme dort an und komme doch eigentlich nirgends an, denn mein Weg ist dort nicht zu Ende. Unser ganzes Leben ist so. Wir sind immer in Bewegung, ständig irgendwie unterwegs und nicht einmal unsere Bindung an das Leben ist fest und dauerhaft. Ich komme irgendwohin, verbringe eine Nacht dort und ziehe weiter. Am nächsten

Tag ist es wieder so. Wenn ich einen schönen Zeltplatz finde, wird das Nirgendwo zum Hier, wenn später das Zelt steht und der Kocher summt, ist hier meine Heimat, und diese Heimat kann überall sein.
Eine unendliche Vielfalt von Möglichkeiten steckt in dieser Beweglichkeit. Ich lebe wie ein Nomade, nirgends und doch überall zuhause. Das gibt mir Kraft, das gibt mir Hoffnung, obwohl mein vorübergehendes Zigeunerdasein ja auch nur Illusion ist. Bei jedem Schritt fühle ich intensiv die Erde unter mir; es ist diese Erde, die mich nährt. Geistig wie stofflich. Mit jedem weiteren Schritt spüre ich mehr, daß wir zusammengehören, die Erde und ich, daß wir voneinander abhängen wie die Äste eines Baumes und seine Wurzeln. Eins kann ohne das andere nicht sein. Die Erde ist wie eine Mutter, sie liebt und nährt uns alle, denn ihre Güte zu uns ist unermeßlich groß. Es ist eine Liebe, die nach nichts fragt, sie ist einfach da, ob wir es verdienen oder nicht.
Einen weiten Weg zu Fuß zu gehen bedeutet, einen Weg der Achtsamkeit zu gehen. Je weiter der Weg, um so sinnloser wird es, sich abzuhetzen. Eile ist so lächerlich! Auf einem weiten Fußweg wird offenbar, wie absurd es ist, immerzu nur auf die Uhr zu schauen. Ein mehrere Tage langer Weg ist keine verlorene Zeit, er kann uns unsere Zeit zurückgeben, wenn wir den Mut aufbringen, ihn zu gehen. Wenn die Beine vom andauernden Gehen zu schmerzen beginnen, weiß ich genau, daß sie da sind. Es ist schön, zwei Beine zu haben, die einen tragen. Sie sind meine Fühler, die Verbindung zur Erde, jeder Schritt ist wie eine Schwingung auf dem Boden. Es ist, als ob ein Blatt auf einen Teich fällt und filigrane Wellenkreise aussendet, die sich bald verlaufen. Die Schwingungen des einen Beines überlappen sich mit denen des anderen, am Ende einer Wegstrecke ergeben diese ineinander übergreifenden Schwingungen einen Strich. Dieser Strich aus kleinen Kreisen bildet in seiner Gesamtheit einen großen Kreis: meinen Lebensweg. Jeden Tag gehe ich ein ganz kleines Stück meines Kreisbogens. Es dauert lange, bis dieser riesige Kreis sich schließt, aber er schließt sich jeden Tag etwas mehr. Eines Tages werde ich einen Schritt tun und genau in den ersten Fußstapfen treten, den ich ganz zu Beginn meines Weges gemacht habe. Das bedeutet, endlich anzukommen, in sich geschlossen zu sein, einen Kreis zu bilden, befreit zu sein von dem Zwang, immer weiter zu müssen. Das ist der Tod. Von dort bin ich losgegangen, dorthin muß ich zurück.
Mein Kreis ist weit offen, er ist noch lange nicht zu Ende! Ich gehe nicht mehr, ich tanze. Ich tanze alleine, tanze in Raum und Zeit. Den Chkoruasini-Paß hüben hinauf, drüben hinunter. Es ist wie ein einsames Ballett. Überall Berge, Licht, saubere Luft und eine Freiheit ohne Schranken. Ich bin leicht, und frei. Zunächst hohes Ichu-Gras, dann die Almwiese vor Cocoyo. Eine Lamaherde kommt mir

entgegen, lauter schöne, kräftige Tiere. Ich schlage mein Zelt außerhalb der Sichtweite des Dorfes auf, um nicht durch die doch oft recht lästigen Kinder gestört zu werden. Weil ich da bin, bekomme ich Hunger. In meinem Rucksack habe ich Chunios, ich koche mir einen Topf voll. Weil ich da bin, weil ich essen will. Ursache und Wirkung. Das Leben ist so konsequent einfach, so folgerichtig geworden. Wenn ich satt bin, bleibt kein Wunsch zurück.
Ich sitze vor dem Zelt, die letzten Sonnenstrahlen wärmen mich. Sobald die Sonne weg ist, wird es empfindlich kalt und ich verkrieche mich in meinen Schlafsack. Es wird dunkel, ich bin satt, ich habe es warm. Und das stimmt mich froh. Morgen geht es weiter. Wohin? Nirgendwohin! Und wenn du dann nirgendwo angekommen bist? Es gibt keinen Stillstand, nur immer ein Weiter. Bewegung ist das Gegenteil von Erstarrung. Erstarrung bedeutet Tod. Weil ich lebe, werde ich morgen zum Basislager aufsteigen und nachsehen, ob meine Sachen noch da sind.

Von einem, der auszog, das Fürchten zu lernen

Am Morgen ging ich zum Rio Cocoyo, um Wasser zum Kochen zu holen. Da war ich und mein Schatten. Das reißende, eisige Gletscherwasser umspülte meine Hände, während ich einige Gefäße damit füllte. In einiger Entfernung wühlten ein Mutterschwein und seine Ferkel mit den Schnauzen im Boden, sie konnten damit auch in einem unbeaufsichtigten Zelt wühlen, um an Eßbares zu kommen. Auf der weiten Wiese grasten Lamas, ein paar Schafe und vereinzelt einige Esel. Ganz klein zeichneten sich die Pueblos von Cocoyo im Hintergrund ab. So früh am Tag war es noch empfindlich kalt, stehende Wasserpfützen waren gefroren. Zelten in den Anden bedeutet nicht selten auch frieren, aber daran gewöhnt man sich, es gehört einfach dazu. Über dem Hochtal thronten himmelhohe Berge, obwohl mein Zelt schon über den meisten Alpengipfeln stand. Ein idyllisches Bild, alles in allem nichts besonderes.
Wie so oft kündigte sich ein schöner Andentag an, und doch war ich an diesem Morgen von irgend etwas ganz seltsam berührt. Ich konnte mir nicht erklären, wovon. Mein Schatten begleitete mich auf dem Weg vom Fluß zum Zelt und äffte jede meiner Bewegungen nach, so wie er das immer tat. Die Sonne stand noch tief, ich warf einen langen Schatten. Ich redete mit ihm, wir berieten, was es zum Frühstück geben sollte. Plötzlich und unerwartet fiel ein anderer, viel dunklerer Schatten direkt auf mich, der mich bis ins Mark erschütterte. Unvermittelt stand der Tod zwischen mir und der Sonne, eine kurze, aber intensive Vorahnung sprang mich derart heftig an, daß mir der Atem stockte. Ich blieb stehen, mußte mich setzen und war nahe daran zu verzweifeln. Der Tod fing nicht an mich

umzureißen, er legte nur ganz behutsam seine Hand auf meine Schulter, prüfend, lauernd, wissend. Mich schauderte. Der idyllische Morgen war jetzt nicht mehr schön, sondern bedrückend, schicksalsschwer und hoffnungslos. Kein Freund war da, um mir beizustehen. Zum ersten Mal seit Beginn meiner Reise fühlte ich mich hilflos und allein.

Von einer Sekunde auf die andere wurde ich deutlich und brutal an meine wankende, vorübergehende Existenz erinnert. War es eine letzte Warnung, meine Pläne aufzugeben? War mein Sein bereits im Begriff, sich aufzulösen? Ich habe schon so viele Menschen sterben gesehen, das machte mir nicht mehr besonders viel aus. Aber meinen persönlichen Tod zu erahnen, ihn im Bereich des möglichen liegen zu sehen, brachte mich völlig aus der Fassung. Eigentlich dachte ich nie daran, einmal tot sein zu können, nicht bei schwersten Bergtouren, erst recht nicht, wenn ich mich ins Auto setzte. Auch im Älterwerden sah ich nie bewußt mein Ende näherrücken. Eigentlich muß jeder Mensch ständig mit seiner Endlichkeit rechnen, die Erfahrung bestätigt einwandfrei, daß keiner ewig lebt. Doch der moderne Mensch rechnet nicht mit seinem Tod, er ist zu feige dazu. Am Ende sind wir alle wieder gleich: arm und bloß. Ich war es jetzt schon.

Diese Ahnung versetzte mich in eine tiefe Depression, wohl hundertmal versuchte ich mir einzureden: »Da war doch nichts, der Schatten war nur Einbildung.« Aber irgend etwas in mir widersprach dieser Logik und behauptete hartnäckig: »Ich habe es genau gesehen.« Das letzte Mal, als ich eine Todesahnung hatte, stürzte ich als junger Bub fünfundzwanzig Meter tief ab und überlebte. Damals kündigte sich der Tod in der Nacht zuvor in Form eines kurzen, bösen Traumes an. Ich träumte, daß ich fiel und fiel ... am anderen Tag war es tatsächlich so und ich bin mir heute sicher, daß ich damals ziemlich knapp vor der Schwelle zum Jenseits stand. Ich bin glücklich aufgekommen und habe mir nicht das Genick gebrochen, das war alles. Ich war damals wohl noch nicht so weit. Kündigte sich jetzt das baldige Ende an?

Ein Indianer mit kokablättergefüllten Backen kam auf dem Weg zu einem ziemlich weit entfernten, etwa vierzig Grad steilen Kartoffelacker an meinem Zelt vorbei, um einen Ratsch anzufangen, und riß mich aus meinen düsteren Gedanken. Ich war froh, daß er mich besuchte, aber ich war sehr wortkarg, kein Lächeln kam mir bei unserer Unterhaltung aus. Er merkte sehr wohl, daß mir irgendeine Laus über die Leber gekrochen war. Seine rissigen Hände waren groß wie Bratpfannen und das kantige Gesicht faltig, ein Kartoffelpflanzgerät trug er geschultert. Wer würde in Europa eine Stunde zu Fuß zu einem derart steilen Hang gehen, um dort etwas anzubauen? Eine wahnsinnige Schufterei, die hier selbstverständlich ist und deshalb kein Aufsehen erregt.

Das Kauen von Kokablättern erleichtert die Arbeit etwas. Durst und Müdigkeit werden damit unterdrückt. Kokablätter sind der Rohstoff für Kokain. Die Blätter mit dem Pulver, das übrigens eine Erfindung der Europäer ist, zu vergleichen, ist aber nicht richtig. Es ist wie wenn man Kartoffeln mit Kartoffelschnaps vergleicht. Gemeinsam ist nur der Rohstoff. Kokablätter kann man in Bolivien an jeder Straßenecke legal kaufen, es wird sogar behauptet, daß sie, in Maßen genossen, gesundheitsfördernd sind. Sie sollen auch ausgezeichnet der Höhenkrankheit vorbeugen. Aber wahrscheinlich, so denke ich mir jedenfalls, überfordert es, in rauhen Mengen genossen, den Körper doch. Viel zu bald verabschiedete sich der Mann wieder und ließ mich allein mit mir selbst zurück. Ganz weit hinten drehte er sich noch einmal um. Ich winkte, er winkte zurück. Er hatte mir sehr geholfen, hatte mich abgelenkt.

Einige Tage blieb ich da sitzen, wo ich war, unfähig weiterzugehen, aber auch entschlossen, nicht umzudrehen. Die tiefe Depression überwand ich innerhalb weniger Stunden, aber lange noch quälten mich Selbstzweifel, die an mir fraßen und mich unschlüssig machten. Sollte ich nun zurück oder vorwärts? In den Alpen wäre ich ganz sicher umgedreht. Aber hier? So einfach war das nicht. Mein Plan, das war mein Leben, das war meine Erfindung. Ginge ich jetzt zurück nach Sorata, eine Welt würde für mich einstürzen. Meine Welt, und wenn sie auch nur ein naives Hirngespinst war. Aber dieses Wunschgebilde, mein Traum, hatte mich total durchdrungen, aus ihm bestand ich im Grunde genommen. Meine Idee, das war ich ganz und gar.

Ich war hierher gekommen, um hohe Schwierigkeitsgrade zu klettern, und seit Wochen war ich nur immer wieder gegangen, immer weiter gegangen. Zeitweise hatte ich das Klettern sogar ganz vergessen. Jeder reine Sportkletterer würde an dieser unendlichen Weite, wo die Entfernungen so riesig sind, daß man nicht selten die Berge viele Tage gar nicht sieht, verzweifeln. Die Einsamkeit würde ihn ersticken. Es dauerte einige Zeit, aber ich streifte meine böse Ahnung ab, verdrängte alle Zweifel und fand mein Selbstvertrauen und die verlorengegangene Fröhlichkeit langsam wieder. Das Vertrauen in mein technisches Können, die Gewißheit, Schwerstes in Fels und Eis auch allein meistern zu können, hatte ich nie verloren. Ob es gut ist, eine solche Ahnung so zu unterdrücken, wie ich es tat, sei dahingestellt. Wenn es mein Schicksal war zu sterben, dann konnte das ebensogut auf dem Rückweg, im Flugzeug oder sonstwo sein, ich konnte meiner Bestimmung nicht entkommen. So rechtfertigte ich mein Weitermachen vor mir selbst, sonst war ich ja niemandem verantwortlich. Die Konsequenz aller weiteren Schritte hatte ich mir selbst zuzuschreiben. Wie meistens in meinem Leben, trug ich für das, was ich tat, die alleinige Verantwortung.

Ich weiß, es ist schwer zu verstehen, aber ich wollte und konnte nicht so einfach auf meine Pläne verzichten, sie waren zu wichtig. Die lange Vorbereitung, das schon weit fortgeschrittene Akklimatisationstraining und eine Form, wie man sie nicht oft im Leben hat, ließen im Grunde nur eine akzeptable Entscheidung zu: Weitermachen! Ich wollte aber extrem vorsichtig sein, dem Tod keine Blöße geben und wenn irgendetwas nicht paßte, konsequent umdrehen. Ich konnte mit einer Niederlage am Berg leben, nicht aber damit, das, was mir möglich war, nicht versucht zu haben.

Jetzt erst war mir voll bewußt geworden, auf welche Risiken ich mich wirklich eingelassen hatte: Eine Krankheit, eine Gletscherspalte, die ich am Berg übersah, ein verstauchter Fuß beim Abstieg und viele andere Dinge, die zu zweit nicht so schlimm gewesen wären, konnten mich ganz schlicht und einfach umbringen. Niemand wußte, wo ich mich aufhielt, ich hatte bei einer Bergtour keinen moralischen Rückhalt durch die Gewißheit, daß irgendwer im Basislager auf mich wartete. Das Nachdenken über meine eigene Verletzlichkeit ließ mich höchst vorsichtig werden, meine Sensibilität war innerhalb kurzer Zeit enorm gestiegen. Ich bewertete meine tagelange Unentschlossenheit als durchwegs positiv, sie begann sich ins Gegenteil zu verkehren. Aus Verzagtheit wurde eine überzeugte Entschlossenheit.

So ist alles wandelbar, nichts bleibt starr. Nachdenken ist selten verkehrt, bringt einen weiter. Weiter wohin? Diese Frage bleibt unbeantwortet. Meine Begeisterung, meine Verliebtheit in meinen Plan waren sogar noch steigerungsfähig, das erlebte ich von nun an jeden Tag. Warum? Weil ich da war, weil die Anden da waren, weil die Möglichkeit, meinen Plan auszuführen, da war. In den Anden stimmt das ursprüngliche Verhältnis von Mensch zu Berg noch, während gleichzeitig die Alpen vielerorts durch Anwendung moderner Technologie, durch die Mißhandlung naturentfremdeter Menschen abgenutzt werden, ideell wie materiell. Die Berge Boliviens sind kein Spielzeug, sie sind gefährlich, unberechenbar, hart, und gerade deshalb glitzern sie wie Diamanten in der Sonne, strahlen etwas Geheimnisvolles aus. Dieses Ursprüngliche erfahren zu wollen und es gleichzeitig zu erhalten war meine Absicht. Etwas kaputtzumachen, Geheimnisse zerstört zurückzulassen, ist gerade im Alpinismus sehr unbefriedigend. Ein wahres Meisterstück, eine wirkliche große Tat drückt sich nicht in Materialschlachten aus, sondern durch Verzicht auf Technik, durch konsequente Selbstbeschränkung.

Ich liebe die Berge. Wenn ich einmal alt bin, sollen sie aber noch so sein wie sie waren. Aber Bergsteigen heute, das ist eine rasend schnelle, andauernde Leistungsexplosion, die leider auch einhergeht mit ständig wachsendem Bonzengehabe und mit himmelschreiender Selbstgerechtigkeit. Was machen wir denn, wenn die Alpen, dieser letzte europäische Freiraum der Natur, kaputt sind? Schmeißen wir sie dann auf die Müllhalde unserer alpinen Doppelmoral? Die Alpen sind einmalig, neue gibt es nicht.

Es hatte sehr wohl einen Grund, daß ich nicht dort, sondern hier war, ich hatte eine irreale Sehnsucht nach unverbrauchtem Leben, nach Wahrheit und Idealen. In Wirklichkeit aber suchte ich mich selbst, in Deutschland bekam ich mehr und mehr das Gefühl, mich zu verlieren. Alle fuhren dort nur immer mit dem Auto hin und her. War es wirklich ein deutscher Dichter, der einst geschrieben hatte: »Wer fährt, ist zu schnell, er erfährt nichts. Wer geht, stellt eine Verbindung zu sich und den Menschen her.«

Mein Zeltplatz war nicht lange geheim geblieben. Jeden Vormittag kamen die Kinder aus dem Dorf scharenweise und nervten, bis es dunkel wurde. Ich tat brummiger als ich war, um sie mir wenigstens einigermaßen vom Leib zu halten, aber natürlich merkten sie bald, daß ich sie im Grunde meines Herzens mochte. Die frechsten und aufdringlichsten ganz besonders. Kaum zu glauben, wie frei sie aufwuchsen. Wieviele von ihnen allerdings die ultimativen Härten der ersten Lebensjahre nicht überlebten, das war die unromantische Kehrseite ihrer Freiheit. Einigen älteren Jungen, die ich als zuverlässig einschätzte, trug ich auf, ein Auge auf mein Zelt zu werfen und versprach ihnen dafür ein paar Bolivianos. Dann ging ich hinein nach Cocoyo. Dort gab es eine Tienda, wo ich frisches Brot und Quinua einkaufte. Ich bezahlte in Bolivianos, zwei Frauen, die Zucker einkauften, bezahlten in Goldstaub von der Mine. Der Laden war etwa 15 Quadratmeter groß und mit allem möglichen Krimskrams und Nahrungsmitteln vollgepackt. Dazwischen eingezwängt saß die Besitzerin im Schneidersitz.

Cocoyo besteht aus einfachen Steinhäusern, die Dächer sind traditionell mit Ichu-Stroh ausgelegt. Hier und da gibt es auch schon Wellblechdächer, ein Vorgeschmack darauf, daß auch hier irgendwann einmal der Fortschritt Einzug halten wird. Auch eine Dorfschule gibt es, in abgelegenen Bergdörfern keine Selbstverständlichkeit. Die Schüler lernen vor allen Dingen Spanisch und Disziplin.

Im ganzen Dorf gibt es kein elektrisches Licht und keine Toilette. Um seine Notdurft zu verrichten, muß sich jeder an irgendein ungestörtes Plätzchen verkrümeln, vom kleinen Kind bis zum Bürgermeister. Sucht man so einen stillen Ort auf, kommen sofort sämtliche Schweine der Umgebung angetrabt, Menschenscheiße scheint ihnen ganz besonders zu schmecken, schmatzend und grunzend machen sie sich darüber her. Sie sind auf diese Delikatesse so scharf, daß sie einen umzurennen drohen, wenn man sich nicht vorher mit einem 'Schweineabwehrstock' ausgerüstet hat, mit dem man sie sich vom Leib halten kann. So schmeckt halt jedem etwas anderes, der eine verträgt, was beim anderen Sodbrennen und

Unwohlsein hervorruft. Viele wissen nicht, warum sie Schweinefleisch essen, ich weiß genau, warum ich es nicht tue.
Cocoyo ist eigentlich ein reiches Dorf, die primitiven Hütten täuschen. Fast jeder im Dorf besitzt außergewöhnlich viele und schöne Lamas, ein Zeichen für Wohlstand und gute Weidegründe. Auch mit dem Tourismus läßt sich einiges verdienen, jede Expedition braucht Tragtiere. Die größte Einnahmequelle ist aber die Goldmine Candelaria. Sie ist trotz der primitiven Fördermethoden sehr ergiebig. Ob das auch so bleibt, weiß niemand. Auf einen Schlag kann es aus sein mit dem Goldsegen. Wenn man bedenkt, daß viele Bergdörfer überhaupt kein Bargeld ihr eigen nennen können, dann ist Cocoyo ziemlich wohlhabend. Auch die Menschen hier sehen das so.
'Gold kommt nicht von Gott, es ist vom Teufel.' Wo es Gold gibt, werden die Menschen verrückt und habgierig. Auch hier, am Ende der Welt, spürt man den Fluch des Goldes auf Schritt und Tritt. Das Gold wird alles andere als gerecht verteilt, die Sicherheit in der Mine wird kleingeschrieben. Bislang ist noch kein großes Grubenunglück passiert, aber das ist wohl nur eine Frage der Zeit. Die Gänge sind mit morschen Holzbalken abgestützt, deren Anblick den Eindruck von Lebensgefahr vermittelt. Erneuert wird nichts, lieber wartet man so lange, bis es einmal kracht und scheppert. Das Gold ist wichtig, nicht die Menschen. Die Gänge werden mit Dynamit in den Fels gesprengt, der Umgang mit dem Sprengstoff ist ausgesprochen sorglos. Da reißt es schon dem einem oder anderen Hände oder Beine weg. Kinderarbeit ist offiziell auch in Bolivien nicht erlaubt, doch wen kümmert das? Kinder kriechen auch noch in die engsten Gänge, in die kein Erwachsener mehr hineinpaßt.
Wo es in Bolivien überall Goldminen gibt, ist kaum zu glauben. Keine noch so großen Strapazen und Mühen werden gescheut, um das Metall aufzuspüren. Man versucht sein Glück im fieberverseuchten Dschungel in Beni genauso wie an steinschlaggefährdeten Berghängen in dünner Höhenluft und bitterer Kälte. Viele werden nicht fündig, einige sprengen sich in die Luft, andere werden durch herabstürzende Stollenwände begraben oder bekommen eine Ladung Blei in den Bauch. Der Rest, der übrigbleibt, wird meistens auch nicht reich.
Beim Rückweg zum Zelt schlendere ich am Fluß vorbei. Ein paar Hühner laufen gackernd umher, irgendwo bellt ein Hund. Am Fluß waschen Frauen Wäsche, andere waschen das goldhaltige Gestein aus der Mine. Ihre Babies haben sie dabei mit einem Tuch um die Schultern gebunden. Irgendein Rotzlöffel schießt mit einer Steinschleuder auf mich, duckt sich hinter einen Mauervorsprung und ruft: »Gringo, Griiingooo!«
Morgen werde ich wieder losziehen, hinauf zum Lago negro, wo niemand ist, wo

das Leben noch kompromißloser ist als hier. Die sechs Stunden Gehzeit hinauf sind ein Klacks, vom Herumlungern bin ich ziemlich ausgeruht, und von den vielen Kindern habe ich erst einmal genug. Die beiden Zeltaufpasser sind auch noch da, sie haben sich ihre Belohnung ehrlich verdient. Freudestrahlend stecken sie den abgemachten Lohn ein.
Meine Vorfreude ist groß: Hinauf, zurück ins Basislager. Wird meine Ausrüstung noch oben sein oder hat sie sich jemand unter den Nagel gerissen? Sie wird schon noch da sein, auch der Proviant. Abends liege ich nicht mehr so lange wach da wie die Tage zuvor. Voller Zuversicht und Optimismus schlafe ich bald ein. Nah liegen Verzweiflung und Freude, Hoffnung und Angst in den Anden beisammen, oft berühren sie sich. Wie Tag und Nacht. Eins kann ohne das andere nicht sein.

Der König vom Lago negro

Wie lange hause ich nun schon hier heroben, auf 4400 Metern Meereshöhe am Lago negro? Mir kommt es fast so vor, als wäre ich schon immer hiergewesen. Heidi ist zurück in Deutschland und lernt für ihr Diplom als Krankenschwester. Stolz wie eine Indianerin ging sie an ihrem letzten Tag in Sorata einfach fort, ohne sich noch ein einziges Mal umzudrehen. Bereits am nächsten Morgen kam mir die Erinnerung an sie so vor, als wäre ihr Hiersein schon ewig her, manchmal dachte ich später sogar, daß ihre Gesellschaft nur ein geträumtes irreales Wunschbild gewesen sei. Wenn ich allein in einer großen Stadt bin, wo ich niemand kenne, wird mir schmerzhaft bewußt, wie einsam ich bin. Wenn Tausende von versteinerten Gesichtern vor mir auftauchen und alle, ohne mich zu bemerken, an mir vorübergehen, möchte ich manchmal um Hilfe schreien oder irgendetwas Verrücktes tun, um die Aufmerksamkeit auf mich zu lenken. Mitleid? Man hat keine Zeit für Sentimentalitäten! Wie ein Stück Dreck komme ich mir vor, wenn ich behandelt werde, als wäre ich nur Luft.
Hier oben ist das anders. Es ist nie langweilig, immer gibt es etwas zu tun: Der Kocher muß geputzt, die Hose geflickt, der Zeltplatz verbessert oder ein mit dem Eisbeil blaugeklopfter Fingernagel verarztet werden, und immer wieder gehe ich zum Bouldern oder steige auf einen Berg in der näheren Umgebung. Im Nu ist wieder ein Tag vorbei. Ich habe genug Leute gesehen, die in kleinen Gruppen in den Bergen unterwegs waren und bereits nach kurzer Zeit völlig durchdrehten, weil sie es ohne Ablenkung, Zerstreuung und Discofaxenrummel nicht aushielten. Wenn einen nichts ablenkt, wird man permanent dazu gezwungen, sich auf sich selbst zu konzentrieren. Wenn der wahre Beweggrund, sich in die Einsamkeit zu begeben, das Besitzenwollen einer Route, eines Gipfels ist, dann hält man

einen ständigen Zustand von Stille und Ruhe nur sehr schwer aus. Die Stille hält uns einen Spiegel vors Gesicht, zwingt uns dazu, in uns hineinzuschauen, und es kann schockierend sein, sich so zu sehen, wie man wirklich ist. Nicht jeder erträgt sich selbst.

Die tausendfache Ablenkung in der Wohlstandswelt, das Töten der Zeit mit öder Belanglosigkeit ist nichts anderes als vor sich selbst davonzulaufen, sich aus dem Wege zu gehen. Die Hektik, der Lärm, der uns an einem durchschnittlichen Arbeitsplatz umgibt, ist im Grunde genommen vielen ganz recht, auch wenn sie jeden Tag darüber schimpfen. Solange sie hetzen und rasen, solange Krach an der Schmerzgrenze die Trommelfelle malträtiert, solange man sich tagtäglich mit allen möglichen und unmöglichen Menschen über unglaublich flachen Schwachsinn unterhält, braucht man nicht nachzudenken. Nichts denken ist bequem, aber es bringt einen nicht weiter, man tritt auf der Stelle. Nachdenken heißt eben auch, daß das Erschrecken über sich selbst, über die eigene Dummheit und Banalität zunimmt. Das erfordert Mut. Im gleichem Maße wie es Illusionen raubt, ist Nachdenken auch eine Brücke zu sich selbst.

Eigene Wege zu gehen bedeutet, daß einem viel genommen, aber zugleich auch viel gegeben wird. In einer krachlauten Discothek kann man sein Gegenüber mit »gnädige Frau« mit »mäh« oder »muh« gleichermaßen ansprechen. Man hört ja sowieso nichts. Was kommt Produktives bei solchen Gesprächen heraus? Frei übersetzt entsteht nur »Blablablahua«. Wie zivilisiert ist der Wohlstandsmensch wirklich? Nimm ihm sein Radio und sein Auto weg, und er fängt zu weinen an. Manche fliehen nach Indien und laufen irgendeinem Guru nach, in der vagen Hoffnung, er möge ihnen erzählen, was zu tun sei. Wenn dieser Scharlatan dann »muh« sagt, fallen seine Anhänger verzückt vor ihm auf die Knie und glauben, sie seien erleuchtet. Sie bekommen einen neuen Namen und geraten von der alten in eine neue Abhängigkeit. Ein öder Jasager bleibt auch unter falschem Namen einer, wenn keine wirkliche innere Wandlung stattfindet. Arme Hunde, die immerzu andere fragen müssen, was ansteht und die meinen, daß ihre Blödheit, die noch nicht einmal ihre eigene ist, eine tolle Sache sei.

Hier oben ist es still, ich höre mein Herz pochen, höre laut und deutlich, wie ich beim Atmen Luft einsauge und wieder ausscheide. Alles ist ruhig. Ich komme blendend mit mir aus. Meistens jedenfalls. Alleinsein ist ein schöpferischer Akt, ich mache einen Riesenschritt auf mich zu, akzeptiere mich und widme mir selbst unendlich viel Zeit. Einmal verbringe ich einen ganzen Tag an einem kleinen Tümpel. Zuerst sehe ich nur mein zerzaustes Spiegelbild. Für wen soll ich mich auch schön machen? Mir selber bin ich unrasiert und häßlich allemal noch gut genug. Nach einer Weile entdecke ich im Wasser Larven, Käfer, Muscheln und

Fliegen. Das Leben beißt sich überall fest, wo es eine kleine Chance hat. Selbst Schnee, Hitze, Kälte, extreme Höhenlagen oder grundlos tiefe Ozeane ermöglichen an widrige Bedingungen extrem angepaßten Kreaturen eine Existenz.

Ich finde meine Beobachtungen an diesem Minitümpel so sensationell, daß ich vergesse, daß ich in den Anden bin. Erst die Abendkälte treibt mich zurück zum Zelt. Zum ersten Mal bin ich über einen langen Zeitraum vollkommen auf mich selbst gestellt. Mehr und mehr beginne ich, meine Umgebung mit den naiven, staunenden Augen eines Kindes zu entdecken. Sonst alltägliche Dinge werden weit weg von jeder Zivilisation enorm wichtig, bekommen ihre ursprüngliche Bedeutung wieder zurück. Gar nichts ist selbstverständlich, alles ist fundamental wichtig: Das Benzin für den Kocher, Klopapier, die Essensvorräte. Gestern habe ich die Batterien für die Stirnlampe und mein einziges Eßbesteck verlegt. Nichts Lebenswichtiges, aber doch ein herber Verlust, der mir ihren Wert erst richtig begreiflich macht. Ist es nicht immer so? Erst wenn wir etwas verloren haben, wissen wir, wie schön und wie wichtig es war. Nach stundenlanger Suche gebe ich enttäuscht auf. Eine Schuldzuweisung unterbleibt mangels Gelegenheit. Muß ich eben ab morgen mit den Fingern essen. Am Abend liege ich auf etwas hartem, ein Freudenschrei zerreißt die Stille der Dunkelheit: ich liege auf den Batterien und dem Eßbesteck. Das Zelt verliert nichts.

Am Morgen sind alle Pfützen gefroren, dicker Rauhreif liegt auf dem Zelt, und als ich mich umständlich aus dem Schlafsack ins Freie wälze, schüttelt mich die Kälte durch. Hitze, Hunger, Durst, Angst, Kälte: wichtige Dinge, die im Luxus und Komfort so belanglos werden, daß man sie einfach vergißt, bekommen wieder den Stellenwert, der ihnen zusteht. Zentralheizung, Computer und Auto stehlen uns diese fundamentalen Erfahrung, ohne die wir nur halbe Menschen sind, weil wir den Bezug zu unseren Ursprüngen verlieren. Ich hätte genausogut eine Weltreise mit dem Auto machen können, aber das hätte mir viel weniger gebracht. Im Auto sitzen bedeutet, eingesperrt zu sein in einem Glas- und Blechkasten, bedeutet Abhängigkeit von der Technik. Im Auto sitzend sperrt man die echten Abenteuer weg, stellt ein Hindernis zwischen sich und die Natur.

Mein Leben wird von der Natur diktiert: Tag - Nacht, Aktivität - Erschöpfung, Schatten - Sonne, Leben - Tod. Die Berge ringsum, die Gletscherseen, die Tiere und Blumen, alles ist mir so vertraut geworden und ans Herz gewachsen. Ich rede nicht mehr von meinem Zelt, ich nenne es 'daheim'. Oft unterhalte ich mich mit den 'Viscachias', den Anden-Murmeltieren. Die in meiner Nähe leben, kennen mich und laufen schon seit einer Weile nicht mehr weg. Ich gebe ihnen Namen: Lumpi, Brauner, Mama, Emilio, Batzi und so weiter. Es ist kindisch, aber es ist niemand da, der mir das verbieten könnte. Ich kann tun und lassen,

was ich will. Ob ich einen Vogel habe oder nicht, bestimme nur ich, der König vom Lago negro. Manchmal dreht ein Kondor über meinem Kopf seine Runden, sieht nach, ob es mir gut geht, oder ein paar Himalayagänse lassen sich am Ufer meines Sees nieder. Ein Stück weiter oben, bei der Laguna leche, leben zeitweise dutzende verschiedener Vogelarten. Sonst eher scheue Tiere fliehen nicht mehr, wenn man sich ihnen ohne Mordabsichten nähert. Vielleicht war die ganze Welt früher einmal so ruhig und harmonisch, bevor der Mensch zu dem nimmersatten, habgierigen Raubtier wurde, das sich anmaßte, die Erde global zu zerstören, weil er sich in seiner Arroganz über sie erheben wollte und sie als Feind, statt als Mutter betrachtete. Vielleicht wird die Erde wieder einmal so sein wie einst, wenn der Mensch sich vor lauter Wahn selbst ausgerottet hat.
In langwieriger Fieselarbeit habe ich ein paar Granitblöcke geputzt, sämtliche Tritte und Griffe von Moos und Flechten gesäubert, um an ihnen klettern zu können. Zeit? Spielt keine Rolle, habe ich im Überfluß. Mit unermüdlichem 'Fleiß' versuche ich immer schwerere Kletterstellen oder Quergänge zu meistern. Meistens befinden sie sich knapp über dem Boden in sicherer Absprunghöhe, ein paar etwas leichtere Boulder sind genickbruchhoch. »Fall ich auf die Eier, dann holen mich die Geier«, dichte ich stümperhaft, aber es reimt sich. Wenn ich nach unzähligen Fehlversuchen endlich eine schwere Kletterstelle geschafft habe, dann studiere ich sie so lange ein, bis sie mir fehlerfrei gelingt. Dann wende ich mich anderen Felsproblemen zu oder versuche so viel schwere Boulder als möglich aneinanderzureihen. Die Variations- und Steigerungsmöglichkeiten sind derart vielfältig, man könnte mit dem Klettern an ein paar Granitblöcken ohne weiteres ein paar Jahre an Zeit verschwenden. Für mich ist diese Tätigkeit Selbstzweck und Training in einem. Nach und nach löse ich Boulderprobleme, die mir zu Beginn unmöglich erschienen. Ich fühle mich stark und habe mich ausgezeichnet an die dünne Luft gewöhnt. Das Wetter bleibt unbeständig, manchmal schneit es.

Was ist Zeit?

Ich sitze an einem kleinen Bergsee, irgendwo in den Anden, auf einem Granitblock, der am Ufer liegt. Es gibt keinen ersichtlichen Grund dafür, er liegt einfach nur da. Irgendwie ist er im Laufe der Geschichte dort hingekommen und jetzt wartet er geduldig darauf, was weiter geschehen wird. Vielleicht bewegt ihn einmal ein Naturereignis von der Stelle, ein Erdbeben oder eine Eiszeit etwa. Er hat Zeit, viel Zeit, ich sitze auf seinem Buckel und habe es auch nicht eilig. Die Wasseroberfläche ist bei Windstille glatt wie ein Spiegel, ich kann das Abbild der Berge darin erkennen. Im nächsten Moment kräuselt ein leichter Windstoß die Oberfläche und gibt dem See ein ganz anderes Aussehen. Der Himmel ist tiefblau, keine Wolke zeigt sich. Das kann sich im Tagesverlauf ändern. Eine Landschaft lebt von der Atmosphäre, wird durch sie lebendig. Sonne, Licht, Wolken, Wind, Wetter, Tages- und Jahreszeiten verändern die Welt beständig. In der Natur gibt es keinen Stillstand, nur die Ereignisse geschehen meist für das menschliche Gefühl so langsam und undramatisch, daß es Mühe macht, sie zu erkennen. Es braucht ein hohes Maß an Sensibilität, um die Bewegung der Dinge bewußt erleben zu können. Dazu braucht man Zeit. Die eisgepanzerten Andenriesen recken ihre schwarzen Granitfinger in den Himmel, sie scheinen wie für die Ewigkeit geschaffen.

Die Zeit verrinnt langsam. Ich lasse sie verstreichen, was sollte ich auch sonst tun? Ich kann sie nicht anhalten, keine Sekunde lang. Sie braucht mich nicht. Wie komisch kommt mir jetzt die panische Hektik in den Städten vor, wo die Menschen ständig auf die Uhr schauen müssen und ganz so tun, als könnten sie damit den Tag verlängern. Sinnlose Eile ist die Angst vor dem Tod, unnütz und dumm. Sie aber glauben, Zeit damit gewinnen zu können. Dabei haben ihre Bewegungen etwas mechanisches, roboterhaftes, so als ob keine Seele in ihnen wohnte und sie den jämmerlichen Rest ihrer Lebenskraft aus dem Ding an ihrem Handgelenk zögen, das ihnen die nutzlos verstreichenden Sekunden um die Ohren tickt. Das Diktat der Uhr ist reine Einbildung. Der Mensch wird trotzdem nicht unsterblich. Ich sitze da und beginne zu begreifen: Das meiste, was der Mensch tut, geschieht aus Einbildung, aus dem Wahn, wichtig sein zu wollen, aus dem verzweifelten und sinnlosen Versuch, etwas zu erschaffen, das die Ewigkeit überdauert. Ich schaue in den See, meine Gedanken beginnen darin zu versinken und für eine Weile höre ich auf zu existieren. Mein Sein löst sich auf in einem nicht erklärbaren, verschwommenen Zustand, in dem nichts mehr von Bedeutung ist. Wie in einem tiefen, traumlosen Schlaf versinke ich, und die Zeit scheint tatsächlich kurz stehenzubleiben. Es ist schon dunkel, als mir die Abendkälte ins Bewußtsein dringt.

Die Tage verstreichen ohne mein Zutun, Tag um Tag vergeht mit Bouldern, Bergsteigen, Essen und Schlafen. Manchmal bekomme ich den Eindruck, bereits hier geboren worden zu sein. Natürlich ist mir trotzdem verstandesmäßig bewußt, daß ich mein westliches Leben nicht nur geträumt habe, daß in ihm die Wurzeln meiner Existenz verankert sind. Doch durch die viele Zeit, die ich habe, werde ich ruhig und ausgeglichen.

Allmählich gewöhne ich mich immer besser an die Höhe und eigentlich bin ich schon soweit, daß ich einen ersten Versuch am Felspfeiler des 6400 Meter hohen Ancohuma wagen kann. Mein ursprüngliches Ziel, den Bettembourg-Pfeiler am Pico del Norte, habe ich aufgegeben. Er ist nur am Vormittag der Sonne ausgesetzt, und infolge des unbeständigen Wetters sind selbst überhängende Felspassagen vereist. Weil ich nicht nur Träumer, sondern nebenher auch noch Realist bin, rechne ich mir dort zumindest heuer keine Chancen aus. Bei einer Besteigung des 5500 Meter hohen, unschwierigen Villuyo Yacuma bekomme ich einen guten Einblick in die formschöne Ostwand des Ancohuma. Diese Wand ist so steil, daß sie größtenteils nicht vergletschert ist. Auf Aymara, der Hochlandindianersprache, heißt dieser Berg Hancoma, der Blanke. Deutlich heben sich die Felspfeiler vom Weiss der vergletscherten Umgebung ab. Wenn ich auch aus der Ferne keine Einzelheiten erkennen kann, so bin ich mir doch sicher, daß in dieser die meiste Zeit des Tages sonnenbeschienenen Wand die Verhältnisse ausgezeichnet sind. Ich beginne, mich buchstäblich in diese tolle Wand, in eine Durchstiegsmöglichkeit dort, wo sie am steilsten ist, zu verlieben, bin ganz und gar begeistert von meiner Idee. Der Ancohuma erwidert meine Hingabe nicht. Es ist ihm egal, was ich tue oder lasse.

Ich mache mich auf den Rückweg zum Basislager. Gletscherbrüche und vereinzelte Spalten erfordern Konzentration. Als der Gletscher hinter mir liegt, brauche ich nur noch dahintrotten, den Weg kenne ich schon. Plötzlich stehe ich vor meinem Zelt, vor lauter In-mich-hinein-Denken habe ich zuerst gar nicht gemerkt, daß ich schon da bin. Ein paar Tage Zeit gebe ich mir noch, ich möchte warten, bis der Mond ganz voll ist, dann werde ich zuschlagen. Als ich in der Dunkelheit in meinem Schlafsack liege, spüre ich, wie allmählich die Spannung wächst. Der Tag der Wahrheit ist nah. Warum tue ich mir eigentlich diese Strapazen und Gefahren an? Es interessiert keinen Menschen, ob ich jetzt den Zapelli-Pfeiler klettere oder nicht. Ich könnte also genausogut im Basislager bleiben und mich eine Woche lang vor meinem Zelt in die Sonne legen. Aber mein Dickschädel ist noch härter als Granit. Ich werde hinaufgehen, ich werde leiden, und hoffentlich bedauert mich keiner, wenn mir etwas passiert, denn ich selbst will es so. Als ich mich daran erinnere, daß mich vor ein paar Wochen ein Indio gefragt hat, ob der Ancohuma der höchste Berg auf der Welt sei, mußte ich lachen. Doch woher sollte er auch von der Existenz eines Mount Everest wissen? Ich weiß auch vieles nicht, nicht einmal, wieviel Kilo der Ancohuma wiegt.

Die unsinnigen Träume meiner Jugend - zum Greifen nahe

Ich habe keine Vorbilder, weil das Leben ohne sie auch schon hart genug ist. Außer Till Eulenspiegel und Reinhold Messner vielleicht, aber die brauche ich auch nur, wenn mir einmal selber nichts einfällt. Als Ausrede, um nichts denken zu müssen. Till Eulenspiegel, berühmter Worteverdreher, Genauhingucker und Leuteverarscher, der vor 600 Jahren lebte und den Spießern damals so üble Streiche spielte, daß er bis heute nicht vergessen wurde, brauchte nicht auf einen Berg zu steigen, um seinen Zeitgenossen klar zu machen, wie blöde sie waren. Er war ein genialer, ob seines Spotts gefürchteter Schelm. Ob es ihm heute besser erginge? Die Zeiten für Hanswurste sind schlecht geblieben, die Menschen noch immer unnachsichtig und hart.

Ich benötigte mehr räumlichen und zeitlichen Abstand zur Gesellschaft als Till, um ihr und vor allem mir selbst den Narrenspiegel vorzuhalten, um die ungeschönte Wahrheit zu sehen. Dazu brauchte ich die Berge und das Abenteuer so dringend wie das tägliche Brot. Mir fehlt Tills Klasse, aber wie er liebe auch ich die feinen, hochnäsigen Herrschaften nicht, bin ein Zwischentonhörer, und manchem, der die Wahrheit nicht hören will, ein Dorn im Auge. Der Zapelli-Pfeiler sollte ein bunter Streich, eine fröhliche und ernste Reise durch Sinne, Unsinne, Triebe, Ängste und Hoffnungen werden, ein Querschnitt durch mein essentielles Sein. Er sollte die Maske, hinter der ich mich verbarg, wegreißen. War es wirklich nötig, große Berge mit einem unsinnig hohen Aufwand an Material, Geld und Menschen anzugehen, oder war das nur der Ausdruck persönlichen Versagens, der Unfähigkeit, seinem zu hoch gesteckten Ziel gewachsen zu sein?

Es wird gerade heute viel über das reine Freiklettern geredet. Von denselben Dampfplauderern, die ohne Bedenken Fixseile und alle nur erdenklichen Kniffe und Tricks einsetzen. 'Der Weg ist das Ziel': diese Parole haben sich paradoxerweise viele auf ihr Fähnchen geschrieben, denen die Qualität dieser Aussage, ihr hoher ethischer Anspruch nicht im geringsten bewußt ist, deren Ziele ganz andere sind. Reden ist Blech, tun ist Gold, schwindeln ist Schrott.

Um die Ernsthaftigkeit von Aussagen zu überprüfen, wußte Till ein gutes Mittel: Mach sie lächerlich, zerpflücke ihren Sinngehalt und setze sie neu zusammen. Wenn sie dann immer noch glaubwürdig sind, dann erst sind sie wirklich brauchbar. Bergsteigen, im Narrenspiegel betrachtet, ist genialer Unsinn, der die Inkonsequenz einer auf gedankenlosen Grundsätzen, auf Vorurteilen und auf Vetternwirtschaft herumreitenden, erfolgsgeilen 'Bergsteigerzunft' ad absurdum führt. 'In den Bergen ist ein jeder gleich', heißt es in so mancher Vereinssatzung, aber tatsächlich sind immer manche gleicher.

Mein Bergsteigen verstehe ich als eine indirekte Kritik an sozialen Mißständen allgemein und als eine Verlachung exzessiver Vereinsmeierei, die angeblich die Individualität fördern will. Mancher, der nicht bereit ist, in den Spiegel zu sehen und seinen Aktivitäten krampfhaft einen gar nicht vorhanden Sinn aufzuzwingen

versucht, baut sich sein eigenes Gefängnis. Ein stockfinstres Loch, so mit Vorurteilen zugemauert, daß kein Lichtstrahl der Realität mehr in das selbstgewählte Verlies eindringen kann. Auch die industrielle Vermarktung der Berge, das Geschäft mit allem und jedem, trägt seinen Teil dazu bei, daß es immer schwerer wird, die ideellen Werte des Bergsports auszumachen. Manchmal ist es schon soweit, daß man vor lauter Kommerz die Berge kaum mehr sieht. Wenn die Möchtegerne, die mit dem Helikopter von Wand zu Wand fliegen, den Leichtgläubigen vorlügen, sie wären geniale Bergsteiger, obwohl sie nicht einmal den Heli selber fliegen. Die also noch weniger effektiven Bezug zur Natur haben als der Autofahrer, der wenigstens das Lenkrad selber in der Hand hält.
Denen, die jeden Quadratmeter Fels der Alpen mit Bohrhaken spickten, mußte einfach einmal einer ins banausige Handwerk pfuschen, sie lächerlich machen. So lächerlich, daß nur noch Fakten übrigblieben. Es mußte einer sein, der weder sie noch sich ernst nahm. Da kam einer daher wie der Räuderjackl, mit Löchern im Zelt und im Anorak, der Schlafsack von vorgestern, arm wie eine Kirchenmaus, weil er sein Geld für seine Ideale weggab wie Hans im Glück. Der alles verschenkte, um dann erst den Frieden seines Herzens zu finden. Er wurde von niemandem ernstgenommen, keiner unterstützte ihn und er sah häßlich aus wie ein Vorstadtpinscher. Der totale Antiheld, ein klassischer Versagertyp. Er sah schwächlich aus, aber er war stark, und das unterschied ihn von den Muskelprotzen, in deren Brust oft das Herz eines Hasenfußes klopfte. Und der machte ihnen etwas vor, wies sie in ihre Schranken, holte sie auf den Boden der Tatsachen zurück, dorthin, wo keine schönen Worte oder frisch geschneuzte Sportkatalogmodels, sondern nur noch Fakten zählten. Keiner, außer er selbst, glaubte an ihn, das war es, was ihn stark machte. Seine Ideen basierten auf der Liebe zum gerade noch Machbaren, dem Spiel mit dem eventuell Möglichen, und er wußte, daß so gut wie alles möglich war. Aus seinem Arsch entwich kein einziger Furz, der sich auch nur im geringsten verzagt angehört hätte. Das zeugte von großer Entschlossenheit und grenzenlosem Selbstvertrauen. Seinem grimmigen, wild überzeugten Gesichtsausdruck nach zu schließen, würde er sich holen, was ihm zustand: den Zapelli-Pfeiler am Ancohuma.
Wenn man lange genug allein ist, ersetzt man fehlende Gesellschaft dadurch, daß man schizophren wird, drei- und vierstimmig zu denken beginnt. Das ist ein unglaublich phantasievoller, schöpferischer Akt, solange diese kleinen Verrücktheiten nicht völlig außer Kontrolle geraten. Noch war der Zapelli-Pfeiler nur ein Vorsatz, ein Traum, von dem ich wußte, daß ich ihn geschehen lassen konnte, wenn alles zusammenpassen würde. Die körperlichen und moralischen Fähigkeiten für mein Vorhaben hatte ich mir antrainiert, geschenkt bekommen

hatte ich sie nicht. Jetzt brauchte nur noch das Wetter, das Glück, die Verdauung und hundert andere Kleinigkeiten zu stimmen, und der Erfolg würde auf meiner Seite stehen.

Mein Traum war lächerlich und gefährlich. Deshalb nahm ich ihn so ernst. Was, wenn mein Vorhaben sich als unmöglich herausstellen sollte, die Schinderei, die Ängste und Zweifel, das Riskieren meiner finanziellen Rücklagen, wenn das alles umsonst gewesen wäre? Doch das war es so oder so, ob ich nun auf den Gipfel käme oder nicht. Die einzige wirkliche Niederlage wäre ein Absturz, ein Lawinenunglück, in der Wand zu erfrieren oder in einer Gletscherspalte zu verschwinden. Aber wenn ich erst tot bin, brauche ich mir darüber auch nicht mehr den Kopf zerbrechen.

Aber ich war sehr gut in Form, und deshalb konnte ich ohne Alpträume an meinen Plan denken. In meinen Träumen war ich der Hauptakteur, der nur als strahlender Sieger vorkam. Die Möglichkeit einer Niederlage existierte nur ganz klein irgendwo im Unterbewußtsein. Die Chancen umzukommen, schätzte ich nur wenig höher ein als die Wahrscheinlichkeit eines Hauptgewinnes im Lotto, wobei die Wahrscheinlichkeit, von einem Blitz erschlagen zu werden, etwa hundertmal höher war als ein Sechser. Spielte ich nun kein Lotto, weil ich Angst vor dem Tod hatte, oder war ich ganz einfach zu sehr Realist, um mir Chancen auf einen Millionengewinn auszurechnen? Egal. Ich bin nicht abergläubisch und es gibt keine Niederlagen, nur verlorene Kämpfe. Umdrehen am Berg bedeutet einen Rückzug, einen von vielen, weiter nichts. Niederlage dagegen ist für mich gleichbedeutend mit Tod. Ich vermeide Niederlagen bewußt.

Der Mega-Kick

An hohen, abgelegenen Bergen ohne Träger, Fixseile und ähnlich überflüssige, technische Hilfen auszukommen, bedeutet für mich höchsten Genuß durch größtmöglichen Verzicht und ein hohes Maß an Freiheit, Selbständigkeit und Unabhängigkeit. Ich bin dabei flexibler, komme mit einem Bruchteil des Geldes üblicher Expeditionen aus, und sicherer ist dieser Stil nach entsprechender guter Vorbereitung auch. Eine ausgezeichnete körperliche und mentale Verfassung, sowie das daraus resultierende Selbstvertrauen sind selbstverständliche Grundvoraussetzungen für einen fairen Stil. Wer einem Ziel nicht gewachsen ist und es durch technische Hilfen zurechtbiegt, betrügt sich um authentisches Erleben. Begradigte Natur widerspricht doch eigentlich den Zielen des Bergsteigens in krassester Weise. Trotzdem läuft vieles darauf hinaus und wird hinterher noch lauthals als 'letztes Abenteuer' propagiert. Weniger Beifall, aber mehr innere Befreiung

wird erreicht, wenn ein alpines Ziel gemäß der tatsächlichen körperlichen und seelischen Leistungsfähigkeit ausgesucht wird.
Es ist Unwissenheit, gepaart mit übersteigertem Ehrgeiz, der stümperhafte Bergsteiger zu unverhältnismäßigen Mitteln greifen läßt, um ihr persönliches Unvermögen vor sich und anderen zu verbergen. Mißerfolge als Erfolge zu tarnen, ist leider immer noch die Regel und nicht die Ausnahme. Zurückgelassene Fixseile in einer Route sind eine Schande, symbolisieren menschliche Zerstörungswut auf drastische Weise. Sie sind ein anschauliches Beispiel dafür, wie der Mensch in allen Lebensbereichen in die ideale Ordnung der Natur eingreift und sie aus dem Gleichgewicht bringt, ohne sich um die durchaus vorhandene Verantwortung für sein Tun zu kümmern. Es gibt tausend Gründe für Fixseile, es gibt auch tausend gute Gründe für Atomkraftwerke. Auf die Argumentation kommt es dabei an.
Aber es gibt eine entscheidende Tatsache, die diese Lügenmärchen als Unrecht entlarvt: Weder Fixseile noch Atomkraftwerke sind für unsere Existenz notwendig. Unrecht läßt sich nicht durch faule Entschuldigungen legalisieren. Der Mensch lernt entweder mit der Natur und seinesgleichen respektvoller umzugehen oder seine kollektive Selbstvernichtung ist absehbare Tatsache. Auch wenn jeder glaubt, »für mich wird es leicht noch reichen«. Die letzten beißen die Hunde. Wer weiß, ob wir die vorletzten sind, oder womöglich bereits vergnügungssüchtig auf dem Sargdeckel tanzen? Ich habe meine Siebensachen gepackt, und selbst wenn morgen die Welt untergehen würde, könnte das nichts an meinem Entschluß ändern, in Richtung Ancohuma aufzubrechen.
Zuerst wuchte ich den schweren Rucksack auf einen Felsen, schlüpfe sitzend in die Tragegurte, stehe auf und habe das ganze Gewicht auf meinen Schultern. Dann gehe ich los, von der Last gebeugt. Hätte ich nicht alles auf einmal tragen können, wäre ich zweimal gegangen, aber es geht schon. Ich habe mir den Aufbruch erhaben vorgestellt, jetzt kommt er mir nur banal und lachhaft vor. Nur die Schultergurte des Rucksacks drücken und die Füße bewegen sich. Sonst fühle ich gar nichts. Der Berg ist weder mein Gegner noch mein Freund, deshalb kann ich weder mit ihm kämpfen wie ein Soldat noch kann ich ihn lieben wie eine Freundin. Mein Gegner und mein Freund bin ich selbst, und ich vertraue darauf, daß mich der Berg duldet, weil ich ihn respektiere. Bis jetzt war das immer so.
Alle halbe Stunde mache ich zehn Minuten Pause, um meine Kraftreserven nicht vorzeitig aufzubrauchen. Ich blicke in die karge, weite Landschaft, mit der ich mich voll und ganz identifizieren kann. Ich gehe total in dieser Wildnis auf. Wenn die abgepreßten Schultern wieder durchblutet sind, nehme ich den Rucksack erneut auf und gehe hechelnd weiter. Nachdem ich warmgelaufen bin, verfliegt die anfängliche Steifheit und ich finde einen guten Rhythmus, in dessen Takt ich

den üblichen Disput mit mir aufnehme. Gehen ist nicht langweilig, ich verdanke langen Märschen äußerst interessante Diskussionen und erstaunliche Erkenntnisse. Ich brauche keine Gesellschaft, denn ich kann mich tagfüllend selbst unterhalten. Durch diesen Dialog wird mir bei einem Marsch mit großen Entfernungen nie die verzweifelte Lächerlichkeit eines einzigen Schrittes und seine Relation zur gesamten Wegstrecke bewußt. Durch meine kurzweiligen Selbstgespräche bin ich in der Lage, den Mut für gewaltige Wegdistanzen aufzubringen, so viele kurze Schritte aneinanderzufügen, bis ich am gesteckten Ziel ankomme.
Stundenlang schmunzle ich während des Anmarsches über den 'großen Frust'. Zwei Freunde von mir hatten in ihrer Jugend einen kleinen, völlig unbedeutenden und alpinistisch uninteressanten Felsturm erstbestiegen. Später brachten sie dann ein weithin sichtbares Gipfelkreuz dort oben an und nannten diesen Punkt 'der große Frust, Gipfel der Versager'. Die Aktion war die unbeachtete Visitenkarte einer gesellschaftlich enttäuschten Jugend, die Ideale brauchte. Ich verglich den 'Gipfel der Versager' mit dem Ancohuma und stellte Gemeinsamkeiten fest. Der Unterschied besteht nur darin, daß ich meine Empörung über eine mir nichts sagende Gesellschaft woanders hintrage, weil 'der große Frust' bereits Leo und Peter gehört.
Der Gipfel ist noch nicht zu sehen, er ist weit entfernt und hoch droben. Zuerst geht es über eine steile, sandige Moräne, die einem trotz der Höhenlage nichts schenkt. Dann kommt der flache Platz, wo die Afrikaner-Expedition damals ihr erstes Hochlager bezogen hatten. Meine regelmäßigen Pausen einhaltend gehe ich weiter, die schwere Last drückt auf die Schultern. Anders als 1991 finde ich auf Anhieb den optimalen Einstieg in den Gletscher, das spart Zeit und Kraft. Die Themen für meine Gespräche gehen nie aus. Die Aussicht ist überwältigend, ich darf aber trotzdem nicht vergessen, wegen der Spaltengefahr auch auf den Boden zu schauen. In unaufhörlichem Auf und Ab geht es über vergletscherte Täler, Berge, Schluchten. Nachmittags wird es heiß. Die Hangneigung übersteigt nirgends vierzig Grad. Nach neun Stunden Gehzeit erreiche ich den Platz für mein Hochlager am Rande einer Felsinsel, hoch über den Wolken. Als erstes setze ich den Rucksack ab und hocke mich darauf. Ich bin vorerst einmal froh, daß mich die Utopie der absoluten Freiheit und die Hoffnung, den Sinn des Lebens zu finden, nicht mehr in Form meines Rucksacks fast in den Boden drückt.
Nun kann ich einen großen Teil der Ancohuma-Ostwand einsehen. Laut zitiere ich einen alten hippokratischen Aphorismus und beziehe ihn auf mein Klettervorhaben: »Das Leben ist kurz, die Kunst ist lang, die Gelegenheit ist im Nu vorüber und das Experiment gefährlich«. Seit Monaten zeigt mein Wollen und Denken immer nur nach oben, und vielleicht würde ich morgen wieder hinunter-

gehen, wenn ich wirklich frei wäre dorthin zu gehen, wohin ich tatsächlich will. Graue Theorie. Ich werde keine Ruhe geben, bevor ich nicht ganz oben stehe oder einen Umkehrpunkt erreiche, von dem aus es nicht mehr weiter geht. Erst dann kann ich zurückkommen und absteigen. Warum will ich denn eigentlich auf den Gipfel, auf dem ich nicht bleiben kann, weil ich dort oben unweigerlich erfrieren würde? Der Gipfel, den ich dort oben suche, bin ich selbst. Der Weg dorthin ist meine Bestätigung, daß ich da bin und daß mein Sein einzigartig ist. Diese Selbstbestätigung immer wieder erleben zu wollen, macht süchtig. Das Fatale daran ist, daß man nie wirklich ganz oben ist und man, kaum ist man froh, wieder unten zu sein, erneut hinauf muß. Die Qualen scheinen endlos weiterzugehen. Ich bin ein fanatisch mich selbst Suchender, getrieben von einem imaginären Ideal, das zu erreichen keinen Sinn hat.
Ich sitze an demselben Platz, an dem vor zwei Jahren das Hochlager von Heinz Enz und mir gestanden hatte. Es hat sich nichts verändert. Dieses Wiedersehen berührt mich seltsam, die Vergangenheit ist wie aufgehoben. Erneut hier zu sein, scheint eine Zeitbrücke zwischen zwei Jahren hergestellt zu haben. Vergangenheit und Gegenwart werden mir zum gleichen Zeitpunkt gegenwärtig, verschmelzen auf wundersame Weise miteinander. Heinz vermisse ich nicht, ich bin mir selbst genug. An der Grenze zwischen Fels und Eis entstehen durch Sonnenreflektion täglich Wasserpfützen, die über Nacht zufrieren. Wasser statt Eis bedeutet einen großen Vorteil, weil es schneller zum Kochen gebracht werden kann. Jede noch so kleine Arbeitsersparnis hilft Kraftreserven erhalten, die ich morgen dringend brauchen werde. Morgensonne gibt es hier schon um halb sieben, ein weiterer großer Vorteil dieses Platzes. Jetzt ist die Sonne bereits weg und schnell wird es empfindlich kalt. Ich stelle das Zelt auf, werfe meinen Kocher an und mache mir heißen Tee, der mich wieder aufwärmt. Zum Abendessen gibt es Quinua. Das schmeckt nach einem harten, schönen Tag voller Kurzweil. Ich brutzle im Zelt, bald wird es schön warm, die Kocherflamme heizt den winzigen Raum schnell auf. So sind schon viele Zelte abgebrannt, ich muß aufpassen, und das weiß ich. Nach Gebrauch lege ich den Kocher vors Zelt, damit er ausgasen kann. Später werde ich ihn dann wieder hereinholen, damit nichts einfriert. Wie gemütlich ich es mir in dieser lebensfeindlichen Umwelt eingerichtet habe. Ein wohliges Gefühl von Geborgenheit kommt auf, die Höhe macht mir auch nichts und ich werde gut schlafen. Ich krieche in meinen Schlafsack, es ist eine klare, schöne Nacht mit klirrender Kälte. Das Wetter, das anfangs so schlecht war, hat sich zum Guten gewandt.
Ich liege noch eine Zeitlang wach da, denke gespannt an Morgen, an den Ancohuma und höre den Geräuschen des Gletschers zu. Da kracht, knistert, kreischt

und klirrt es, der Gletscher schläft nicht, die Temperaturunterschiede von Tag und Nacht machen ihn umtriebig. Wenn sich eine Spalte öffnet, dann knallt es wie ein Peitschenhieb. Wer an Gespenster glaubt, für den ist eine Nacht allein hier oben eine harte Nuß. Ich liege da und habe das Ohr am Boden, höre alle Gletscherzuckungen überdeutlich, manchmal spüre ich auch die Erschütterungen. Hin und wieder glaube ich Schritte oder Stimmen zu hören. Vor zwei Jahren habe ich ab und zu vom Zelteingang aus in die Nacht hinausgespäht, weil ich sicher war, daß jemand neben uns sein Zelt aufstellt. Alles Illusion. Der Gletscher macht sich über die Menschenzwerge lustig, foppt und narrt sie mit Geräuschen. Manchmal klirrt es wie Glas, wenn ein Sérac einstürzt. Da ich weiß, daß ich einen sicheren Platz gewählt habe, falle ich bald in das schwarze Loch eines tiefen, erholsamen Schlafes.

In der Früh, es ist noch stockdunkel, ziehe ich mir im Schlafsack die Innenschuhe an, meine Bekleidung habe ich sowieso nicht ausgezogen. Es kostet mich einige Überwindung, den Kocher bei etwa dreißig Grad minus im Freien vorzuheizen und Eis zum Schmelzen zu holen. Sobald der Kocher läuft, stelle ich ihn herein, auf ein kleines Brett, damit der Zeltboden nicht durchschmort. Der Tee braucht in großer Höhe lange, getrunken ist er so schnell wie immer. Dann gibt es noch Haferflockensuppe. In meinem kleinen Rucksack ist nur das nötigste: Fünf Klemmkeile und zwei Haken zum Abseilen für alle Fälle, Klettergürtel mit Abseilachter, ein fünfzig Meter langes Seil mit sechs Millimeter Durchmesser, das so klein und leicht ist, daß ich es auch in eine Anoraktasche stecken könnte. Dazu noch einen Biwaksack, meine Kletterpatschen und zwei Eisbeile. Das ist alles, was ich mitnehme. Was mir an Bekleidung irgendwie entbehrlich erscheint, lasse ich im Zelt zurück. Zu essen und zu trinken gibt es erst wieder, wenn ich zurück bin.

Ich ziehe los. Die Würfel sind gefallen und die Vorzeichen sind günstig. Anfänglich friere ich heftig, aber bald wird mir durch die Bewegung warm. Zum Einstieg spure ich zwei Stunden durch teilweise knietiefen Schnee, aber ich merke gleich zu Beginn, daß ich in hervorragender Form und geistig hellwach bin. Das Gehen verursacht keine Müdigkeit und der leichte Rucksack trägt sich angenehm. Es wird hell, später kommt die Sonne und es wird warm. Der aufziehende Tag verspricht herrliches Wetter und keine Wolke zeigt sich am Himmel, es ist absolut windstill. Das Gehen erfolgt rhythmisch, mein Blick weicht der steilen Wand vor mir nicht aus und ich bin ganz zuversichtlich, daß sie mich am Leben läßt. Der Pfeiler pfeift vom Einstieg bis in zweidrittel Wandhöhe steil hinauf, danach Eisfelder, die zum Gipfel führen. Der rötliche steile Granit sieht bedrohlich aus, der Pfeiler ähnelt vom Aussehen dem Frêney-Pfeiler am Montblanc. Die Einzelheiten des

Routenverlaufs präge ich mir jetzt schon genau ein, dazu mache ich extra ein paar Pausen. Ich bin mir sicher, daß ich diese paar Minuten Zeitverlust leicht wieder gutmache, wenn ich mich später nicht versteige.
Schon gestern habe ich mir vorbehalten, nicht einzusteigen, wenn irgend etwas nicht stimmen sollte, wenn ich zu spät dran wäre oder mich bereits unten versteigen würde. Das ist mein großer Vorteil. Ich bin allein und somit keinem Rechenschaft schuldig, kann umdrehen, wann immer ich will, ohne Rücksicht nehmen zu müssen. Ich verlangsame oder beschleunige meine Schritte, das Tempo bestimme ich und sonst keiner. Mit mir selbst bin ich noch immer handelseinig geworden, mit anderen oft nicht.
Der transparente Himmel fließt über von Blau, das alles durchdringt. Dieses Licht, diese Farben und alles um mich herum bin ich selbst. Einzigartig und unendlich durchschreite ich selbstvergessen diesen nicht endenden Raum und bin an nichts mehr gebunden. Wie nach bewußtlosem Schlaf erwache ich in ein neues Selbstbewußtsein, in einen Realtraum, der durchdrungen ist von schrankenloser Freiheit. Wie klein ich bin im Vergleich zu dieser gewaltigen Wandflucht irgendwo am Ende der Welt. Nicht Mittelpunkt der Erde, sondern Teil eines umfassenden Ganzen bin ich, kurz und scharf blitzt eine leise Idee der richtigen Relation von Mensch und Natur in meinem Kopf auf.
Schon so zeitig am Morgen rumpelt es überall in den Rinnen. Die meisten von ihnen sind unbegehbar. Am vorspringenden Pfeiler fällt nicht ein Steinchen herunter, objektiv ist diese Route nach meinem Dafürhalten absolut sicher. Um zum Einstieg zu kommen, quere ich mit flauem Gefühl ein Eisfeld mit rollsplitähnlicher Schotterauflage. Am Einstieg ziehe ich meine Plastikschuhe aus und Klettergurt und Patschen an. Einen Schuh hänge ich an den Gurt, den anderen verstaue ich zusammen mit den Steigeisen im Rucksack. Ich blicke um mich: nichts als zeitlose Stille. Dann steige ich ein.
Wenn ich auch nur die kleinste Unsicherheit verspüre, werde ich umdrehen. Ich will nicht wegen eines Berges mein Leben riskieren, muß kein Held sein. Es gibt sie, die wirklichen Helden, aber oft sind sogenannte 'Helden' nur schwachsinnige Schlägertypen, von der Gesellschaft zum Ideal erhoben, weil sie nützliche, leicht zu lenkende Idioten ohne eigenständige Meinung sind. Ich bin das genaue Gegenteil, ich bin ein Feigling und das sage ich heute laut und nicht ohne Stolz.
Die ersten Meter im Fels: surreal, gespenstisch. Roter steiler Granit, gute Reibung auf den Schuhsohlen. Das Gleichgewichtsgefühl stimmt auch, die Hände greifen sicher, ohne zu ermüden, schon liegt der Gletscher tief unter mir. Querung nach rechts, dann gerade aufwärts, alle anderen Gedanken werden jetzt von der Konzentration auf die Kletterei dominiert. Die Plastikschuhe, die ich mitschleppe,

erweisen sich als weit weniger hinderlich als ich angenommen hatte. Ich bin in der Form meines Lebens, genau an dem Tag, an dem es darauf ankommt. Es spielt keine Rolle, ob ich jung oder alt bin, nur Stärke zählt, jetzt in diesem Augenblick, wo mein Leben an den Fingerspitzen hängt. Gestern und Morgen haben aufgehört zu existieren, ich lebe nur in diesem Moment, weil es tatsächlich der einzige ist, in dem der Mensch überhaupt leben kann. Wenn ich ab und zu kurz innehalte, um zu verschnaufen, wird mir schlagartig klar, daß alle meine Hoffnungen, Ängste, Sehnsüchte an diesem Tag an einem Punkt zusammenlaufen und ich im Begriff bin, meine kühnsten Träume, die ich lange für unmöglich hielt, in die Tat umzusetzen. Die Tiefe wächst, ich bin unbesiegbar und ein Absturz erscheint mir unmöglich. Ich weiß ganz genau, daß ich dann abstürzen werde, wenn ich hinunterschaue und dabei Angst bekomme, doch ich bestehe nur aus Zuversicht und Selbstvertrauen, während ich in stabilem Gleichgewicht Meter um Meter an Höhe gewinne. Eine glatte Wand zwingt mir einen absteigenden Rechtsquergang auf. In einem vereisten schneebedeckten Kamin geht es aufwärts. Pulverschnee fällt mir von oben in die Patschen, schnell sind meine Füße klamm. Sobald als möglich verlasse ich den unangenehmen Kamin über leicht überhängenden, großblockigen Fels und gelange auf einen Pfeilerkopf, der in der Sonne liegt.
Diese unendliche Weite! Ich bin so froh, daß ich lebe, koste das Gefühl von äußerster Freiheit und extremer, konzentrierter Nervenanspannung voll aus. Ich spüre, wie sich der Mittelpunkt meiner Identität zu verschieben beginnt, sich nie dagewesene Ansichtswelten vor mir auftun, und sich meine Seele durch das ultimative Sein an diesem exponierten Platz in ein neues Gleichgewicht einpendelt. Mein Spiel ist ein Spiel ohne Grenzen, alles ist offen und nichts ist gewiß. Wie schwer der Pfeiler in seiner Gesamtheit sein wird, werde ich erst wissen, wenn er hinter mir liegt oder aber wenn ich umdrehen werde, weil er mir zu schwer ist. V,A2 lautet die Gesamtbewertung der italienischen Expedition, die diese Route 1978 erstbegangen hat. Das ist alles, was ich über die Tour weiß. Ich habe erst gar keine Trittleiter mitgenommen, entweder geht die gesamte Route Rotpunkt oder eben gar nicht, alle Zwischenlösungen sind faule Kompromisse, die ich persönlich auch nicht als Notlösung gelten lassen will. Mein Leben lang wurde ich gezwungen, Kompromisse zu machen, alles, was ich heute will, ist alles.
Wo andere eine Ritze suchen, um einen stählernen Haken einzutreiben und sich daran hochziehen, will ich mir Tritte und Griffe suchen, die dem Lebewesen Berg angeboren sind. Ich will die Natur nicht um ihr Wesen betrügen. Es gibt nur ein Entweder-Oder, weil ich wissen will, ob ich so eine Tour in einem ehrlichen, sportlichen Stil klettern kann oder nicht. Ja oder Nein, eine Lösung irgendwo

dazwischen gibt es nicht. Mir zuliebe, der Wahrheit zuliebe. Die Wahrheit gibt es nur am Stück, eine Dreiviertel-Wahrheit ist eine faustdicke Lüge.
Im geneigten, leichten Wandstück, das jetzt folgt, komme ich so schnell voran, wie es die Höhe zuläßt. Der Fels ist bombenfest. Während ich schwer atme, frage ich mich, ob ich das bin, der hier klettert. Ich, der ich faul und träge bin und meinen inneren Schweinehund nicht überwinden kann. Oder ist das doch ein anderer, der da steigt? Ich bin es tatsächlich selbst, fast erschrecke ich vor mir, weil ich mich selbst so wenig kenne. Ich treffe auf halb verrottete Fixseile von Zapelli und seinen Gefährten. Schade, daß sie sie hier hängengelassen haben, denn sie sehen in der sonst so perfekten Umgebung häßlich aus, passen nicht hierher. Ich habe noch nie Seile in einer Route fixiert, um mich an ihnen hochzuziehen, weil das für mich nichts mit Klettern zu tun hat. Es ist wie: »Ich war auf der Marmolada.« »Über die Südwand?« - »Nein, mit der Seilbahn.«
Trotzdem. Diese schöne Linie zu finden und eine geschlagene Woche unter gewiß enorm harten Bedingungen in dieser Höhe in dieser Wand zu verbringen, war eine Leistung, die ich respektiere. Mein Ding ist so ein Stil nicht. So zu klettern ist wie arbeiten. Ich will am Ancohuma aber nicht arbeiten, ich will abheben, ich will die Idealführe über diesen Pfeiler nicht haben im Sinne von 'besitzen', vielmehr will ich durch diesen schwierigen Umweg auf den Gipfel einen Zugang zu mir selbst finden. Haben oder Sein, das ist beim Bergsteigen die grundlegende Frage. Für das Wohl der Allgemeinheit ist sie ohne jede Bedeutung, nur für mich ganz allein ist die Lösung dieses Problems wichtig, und für mich persönlich ist der Unterschied zwischen Haben und Sein gleichbedeutend mit Sein oder Nichtsein. Nur indem ich einen schwierigen Weg nicht künstlich manipuliere, komme ich zu mir selbst.
An einer Stelle, die ich mir schon unten genau eingeprägt habe, steige ich in steilem Fels links aufwärts, direkt an die Pfeilerkante. Athletische Kletterei, steil und ausgesetzt an guten Griffen. Genau diese Kletterei ist es, die ich am meisten liebe, die einem das intensivste Gefühl von Ausgesetztheit und Schwerkraft vermittelt. Immer wieder muß ich kleine Überhänge überwinden, keuchend drehe ich mal den linken, mal den rechten Fuß diagonal zu den Armen ein, um den Körperschwerpunkt möglichst nahe an den Fels zu bringen. Meine Intuition an diesem Tag ist unglaublich, auch wenn ich einmal nicht mit den Augen um eine Ecke herumsehe, erkenne ich trotzdem den richtigen Weg, erspüre ihn, bevor ich ihn sehe. Jeden Griff und Tritt, seine Beschaffenheit und Zuverlässigkeit, erahne ich, bevor ich ihn immer genau richtig zu fassen bekomme. Ich klettere, also bin ich! Eine einfältige, naive Welle von Enthusiasmus trägt mich nach oben. Alle Bewegungsabläufe laufen ab wie das Präzisionswerk einer Schweizer Markenuhr.

Kein Laut ringsum durchbricht die Stille, ich höre mein Herz laut und heftig klopfen, meine Lunge saugt die dünne Luft ein, um sie verbraucht wieder auszustoßen, mein rasches, heftiges Atmen erinnert mich an das Stampfen und Zischen einer Dampflok in schneller Fahrt. Der Brustkorb hebt und senkt sich und ich spüre, wie das Blut in meinen Adern pulst. Alle Vorgänge, die in meinem Körper ablaufen, nehme ich so bewußt wahr wie nie zuvor. Es ist ein phantastisches Erlebnis, sich zu bewegen und dabei nie das Gefühl für den richtigen Körperschwerpunkt zu verlieren. Griff, Tritt, Griff, Tritt, in nie gleichen Variationen der Bewegungsabläufe geht es nach oben, schon bin ich dem Himmel näher als der Erde, die Ausgesetztheit, der Blick nach oben wie nach unten, ist absolut, die Stille und Einsamkeit nicht mehr zu übertreffen.
Die Kette der sich aneinanderreihenden Bewegungen unterscheidet sich eigentlich wenig von denen, die ich tausende Male im Klettergarten trainiert habe, der Unterschied liegt in der Einsamkeit und Ungewißheit, und der entscheidende Punkt ist die Höhe. Einen Sechser in 6000 Metern Höhe zu klettern ist etwas ganz anderes als etwa in den Dolomiten. Extreme Höhenlagen machen jede Bewegung zur Anstrengung, so alltägliche Dinge wie kochen und essen, ja selbst daliegen und schlafen, werden zur Arbeit für den Körper. Nach einer Weile magert er ab, wie nach langem Fasten. Weit rechts drüben sehe ich die Fixseile der Italiener. Durch überhängende Risse haben sie sich hinaufgenagelt, jeden halben Meter einen Haken geschlagen. Was werden sie sich geschunden haben. Ein paarmal greife ich reflexhaft zurück in einen nicht vorhandenen Magnesiabeutel und als ich meinen Irrtum bemerke, blicke ich verlegen in Richtung der Fixseile. Einmal habe ich die Illusion, die ganze Italiener-Bande rechts von mir in Schlingenständen hängen zu sehen und laut lachen zu hören, als ich wieder einmal ins Leere greife, dorthin, wo sonst der Beutel hängt. Es ist wohl die Höhe, gepaart mit der kompromißlosen Einsamkeit, die solche Halluzinationen auslöst. »So ein Unsinn«, sage ich laut zu mir selber, als ich merke, daß die Italiener unmöglich hier sein können. Wie ein Peitschenhieb zerreißt der Laut meiner Worte für einen Augenblick die Stille.
Fast am Ende des Felsteiles treffe ich wieder auf Fixseile. Ich muß ein sehr brüchiges Wandstück erklettern, nur das Eis hält die losen Steine zusammen. Vorsicht! Aufpassen! Ein paar der losen Klötze verschwinden donnernd in der Tiefe. Besonders wenn ich eine Stelle mit den Beinen ausspreize und die nächste Bewegung wie einen taktischen Schachzug überlege, beschleunigen Puls und Atem, hechelt die Lunge nach Sauerstoff. Rechter Hand erblicke ich das 'Schneerohr', das dort ansetzt, wo die Felsen aufhören. Ich suche und finde einen guten Platz, um die Kletterpatschen einzupacken und Plastikschuhe samt Steigeisen anzuziehen.

In einem Felsloch finde ich Ausrüstungsgegenstände der Italiener, die ihnen wohl zu schwer waren, um sie weiter als bis hierher mitzuschleppen. Höhlenleitern, Seile, Hakenbündel und Karabiner liegen da, als wären sie nicht vor Jahrzehnten, sondern gestern fein säuberlich dort hingelegt worden. Ich nehme mir zwei Karabiner mit, die noch wie neu aussehen, als Souvenir gewissermaßen.
Weiter geht es im Eis, gut sechzig Grad steil. Die Felsen haben meine ganze Konzentration gefordert, jetzt, wo ich nicht mehr ganz so aufpassen muß, spüre ich die Müdigkeit. Ab und zu muß ich, über die Eispickel gebeugt, verschnaufen. Ich schaue zwischen den Beinen durch, der Granit des Pfeilers liegt schon weit unter mir. Er war mir so wichtig und ist jetzt bedeutungslos. Was zählt, ist das, was vor mir liegt. Ab und zu fliegen Erinnerungsfetzen aus meiner Kindheit vorbei, um im nächsten Moment schon wieder irgendwo in der klaren Bergluft verschwunden zu sein. Die Aussicht ist unbeschreiblich, riesig, gigantisch. Alles wie im Traum und doch real existierende Wirklichkeit. Ich habe Träume immer respektiert, deshalb wurden sie wahr.
Um vier Uhr nachmittags plage ich mich keuchend ein letztes Eisfeld zum Gipfel hoch und bin ganz oben. »Das gibt's doch nicht«, sage ich gerührt zu meinem Freund, dem Eispickel. Er bleibt stumm. Ich habe fürchterlichen Durst, meine Zunge fühlt sich an wie ein Stück Holz. Trotzdem grinse ich, meine Existenz erscheint mir mit einem Mal so in sich logisch, so kompromißlos einfach und unkompliziert. Es kommt mir so vor, als hätte sich in meinem Wesen während des Aufstieges eine einschneidende, innere Wandlung vollzogen. Die Masse an Bergtouren, die ich jahrzehntelang gegangen war und die Tausenden von Stunden, die ich im Klettergarten gehangen hatte: alles war nur Vorbereitung für diese Tour gewesen. Das systematische Training und die Schufterei, um Geld zu verdienen, finden jetzt ihre Erfüllung in einem real gewordenen, nutzlosen Traum, der keinem anderen als dem Selbstzweck dienlich ist. Dienlich war?
Manche meinen, ich sei ein harter Mensch. Bei der Beerdigung meines Vaters habe ich keine Träne geweint, ich war so froh für ihn, daß er nach langer Krankheit und schwerem Todeskampf bei uns daheim, im Kreise der Menschen, die er liebte, endlich sterben durfte. Wenn ich mich zum Weinen gezwungen hätte, wäre das eine ziemliche Lüge gewesen. Meine Familie ist schrecklich altmodisch und läßt niemanden in der Rumpelkammer eines Krankenhauses sterben, wo du in der schwersten Stunde deines Lebens allein gelassen wirst. Wir glauben, daß das unchristlich ist, wir sind, wie gesagt, altmodisch. Jetzt, sitzend und damit zur Ruhe gekommen, packen mich so starke sentimentale Empfindungen, daß ich beinahe die Fassung zu verlieren drohe. Ich würge mit Gewalt die Tränen, die in meiner Kehle stecken, weg, sitze da und bin weich wie Frühjahrsschnee. Naive,

einfältige Gefühle sind es, die mit aller Macht zu entweichen versuchen. Ich habe das Gefühl, so durchsichtig zu sein, daß die Sonne durch mich hindurchscheinen müßte. Ich spüre, wie sich meine Identität aufzulösen droht, ich Gefahr laufe, mich einfach zu verlieren, gebe mir einen Ruck, stehe auf und reiße mich von meinen Gefühlen los, indem ich mich an den Abstieg mache, und finde in der Tat sofort mein inneres Gleichgewicht wieder. Eigenartig, vor zwei Jahren bin ich an derselben Stelle gesessen, habe dieselbe Aussicht gesehen und nicht viel dabei gespürt. Wahrscheinlich, weil wir damals zu zweit waren und weil der Weg zu leicht war, um mich aus der Reserve zu locken. Doch auf den Weg kommt es beim Bergsteigen an, mehr als auf den Gipfel, und der Weg ist zum größten Teil eine Stilfrage. Meine seelischen Rücklagen neigen sich dem Ende zu, das spüre ich genau, aber dafür bin ich körperlich noch gut beisammen.

Gewonnen habe ich erst, wenn ich im Basislager angekommen bin, und bis dahin ist noch ein weiter Weg. Daß ich den Abstieg kenne, ist ein großer Vorteil. In einer etwa fünfzig Grad steilen Eiswand, die ich noch bei Tageslicht abklettere, fangen meine Waden leicht zu zittern an, sie sind überanstrengt. Ich weiß, daß sie halten werden und lasse sie einfach zittern. In der beginnenden Dunkelheit steige ich weiter ab, bald kommt mir der beste Scheinwerfer der Welt, der Vollmond, zu Hilfe und beleuchtet meinen Weg. Die Spaltenzone unweit von meinem Zelt umgehe ich weitläufig rechter Hand, danach brauche ich nur noch müde vor mich hinzutrotten. Irgendwann in der Nacht ziehe ich den Reißverschluß meines Zelts auf und will nur noch zwei Sachen: zuerst Tee, dann schlafen.

Am Morgen wache ich erst auf, als die Sonne bereits aufs Zelt scheint, bleibe einfach noch eine halbe Stunde im Schlafsack, rekapituliere den zurückliegenden Tag und bin wirklich zufrieden. Kein Wunsch bleibt offen.

Der Rückmarsch ins Basislager war nur noch eine Pflichtübung ohne große Schwierigkeiten. Träume werden in der Tat verewigt. Meiner war zur Tatsache geworden, und niemand konnte mir das mehr wegnehmen. Eine Tatsache, die steht, an der es nichts zu rütteln gibt, weil ihr kein Makel anhaftet. Man muß versuchen, seine Träume zu verwirklichen, um zu sehen, wieviel Wahrheit in ihnen vergraben ist. Zapelli und seine Gefährten hatten 1978 nur für den schwierigen Teil eine ganze Woche gebraucht. Sie mußten hunderte Meter Fixseile einsetzen und technisch klettern, ich war frei durchgekommen. Mein Plan einer schnellen Begehung nach langer Akklimatisationszeit war voll aufgegangen. Idee, Vorbereitung und Ausführung hatten eine perfekte Einheit gebildet und das Wetter war gnädig gewesen.

Das Tor zur Hölle

Die erste Alleinbegehung des Zapelli-Pfeilers lag hinter mir. Im Bewußtsein dieses Erfolges faulenzte ich im Basislager herum. Schon als kleiner Junge hatte ich oft davon geträumt: Niemand, der mir sagt, du mußt dich waschen, deine Hose hat ein Loch und um soundsoviel Uhr mußt du im Bett sein, damit du ausgeschlafen bist. Zuerst die Natur und dann ich selbst bestimmten den Tagesablauf. War das nicht schöner, als die Plagerei am Pfeiler? Eine Zeit lang schon, doch es dauerte nicht lange, und ich begann wieder in Gedanken Linien in die Bergflanken zu zeichnen, mich dort hinaufzuwünschen.

chon von unten sah das bis zu fünfundsiebzig Grad steile Zentralcouloir des 6070 Meter hohen Pico del Norte vielverspechend aus. Das ganze Eisfeld war in diesem Jahr blank. Ein Hängegletscher schloß es ab. Ob es objektiv sicher genug war, würde ich im Hochlager entscheiden. Am Nachmittag packte ich meinen Rucksack. Am anderen Tag in der Früh steckte ich die Sachen, die ich zurückließ, in einen Biwaksack und ging los. Der Rucksack wog so um die dreißig Kilo. Zelt, Schlafsack, Kochgeschirr und Kocher, Proviant, Kraftstoff für den Kocher und noch einiges mehr. Zwanzig Minuten ging ich. Dann setzte ich mich auf einen bereits im Gehen ausgesuchten Felsen. Der Rucksack blieb auf den Schultern, aber sein Gewicht stützte ich so ab, daß Schultern und Beine entlastet wurden und rastete zehn Minuten. Dann ging ich zwanzig Minuten weiter, um wieder zehn Minuten Pause einzulegen. Das wiederholte ich den ganzen Tag. So konnte ich tagelang gleichmäßig weitergehen, ohne mich zu verausgaben. Am zweiten Tag nach meinem Aufbruch schlug ich mein Zelt im letzten Hochlager vor dem Gipfelversuch auf. Es war ein wunderschöner Platz, eben und auf einer breiten Felsinsel, umrahmt von Gletscherbrüchen. Da war ein kleiner See, wo ich Wasser zum Kochen holen konnte. Unmittelbar vor dem Zelt brach eine senkrechte Felswand ab, dahinter ragten in sicherer Entfernung Eistürme auf. Der Sonnenuntergang über den Wolkenfeldern der Yungas, wo es immer heiß war, und mein kalter exponierter Platz hoch über der Welt gaben mir das Gefühl, Teil eines surrealistischen Gemäldes zu sein. Traum und Wirklichkeit treffen sich, sind nicht mehr zu unterscheiden. War das ganze Leben ein Traum, aus dem man nie erwachte? Ich zerfloß, verlor mein Ich in der endlosen Tiefe des Raumes, war Fels, Gletscher, Berg und Natur. Es war die Dämmerung eines anderen Bewußtseins! Alle Unrast war verschwunden und ich spürte einen tiefen Frieden in mir. Als die Sonne verschwunden war, wurde es kalt und ich kuschelte mich in meinen Schlafsack. Das Erlebte wirkte bis in die Traumwelt nach.

Am anderen Tag, zeitig am Morgen, brach ich auf, überquerte den Gletscher am Rande eines Eisbruchs, den ich in einer großen rechts-links Schleife umging.

Manchmal spurte ich durch knietiefen Schnee, den die heurigen Stürme angeweht hatten. Am Einstieg zur Eiswand überwand ich die Randkluft und stieg gleichmäßig hoch. Die Tiefe unter meinen Füßen wuchs und mein Leben hing an den Spitzen meiner Eisgeräte und den Frontalzacken meiner Steigeisen. Gestern und morgen existierte nicht mehr, es zählte nur noch der nächste Schlag mit dem Eispickel, der nächste Halt für die Steigeisen. Es gibt nichts ausgesetzteres als eine Eiswand. Ihre Wandflucht bricht grausam steil ab und es gibt keinen Vorsprung, wo das Auge einen Halt findet. Die Bewegungsabläufe sind im Vergleich zum Felsklettern monoton, aber das Naturerlebnis und der Nervenkitzel gehen unter die Haut.
In etwa dreiviertel Wandhöhe mußte ich ein schwieriges Stück kombinierter Eis-Fels-Kletterei bewältigen. Wenn ich zwischen den Beinen in den Abgrund schaute, lag eine Eiswüste glatt und drohend wie eine Betonwand unter mir, während ich in ihr klebte wie eine Fliege an der Fensterscheibe. Beim Gehen im einfachen Gelände hätte ich mich hin und wieder über meine Eisgeräte gebeugt ausruhen können und auf diese Weise die in der Höhe leicht auftretende Sauerstoffschuld ausgeglichen. Doch hier in dieser 65 bis 75 Grad steilen, meist blanken Eiswand gab es nur wenige Ruhepunkte für Waden und Arme. Richtig ausruhen konnte ich mich erst wieder kurz unter dem höchsten Punkt. In der Eiswand war es windstill gewesen, aber am Gipfel empfing mich ein heftiger Sturm, der die Wolken vom Dschungel löste und weit über meinem Kopf in großer Geschwindigkeit vor sich herjagte. Schneefahnen wehten über die Gipfel hinaus. Für das Auge ein gewaltiges Schauspiel, aber es bedeutete auch, daß sich das Wetter ändern würde. Manchmal mußte ich mich auf den Boden knien, um nicht davongeweht zu werden. Vom Pico del Sur stieg ich in einen Sattel ab und nahm die Gegensteigung auf den Pico del Norte, meinem zweiten Sechstausender heute. Über dessen 'Normalweg', der nicht leicht war, stieg ich ab. Am Abend war ich wieder bei meinem Zelt.
Öfters glaubte ich, jemanden meinen Namen rufen zu hören, doch gleichzeitig wußte ich, daß diese Sinnestäuschung nur auf meinem Wunsch nach Gesellschaft basierte. Die Stimmen hörten sich an, als kämen sie von außerhalb, tatsächlich aber kamen sie aus meinem Kopf. Weil niemand mich real besuchen kam, besuchte ich mich selbst, erzeugte meine Phantasie imaginäre Personen, deren Stimmen ich nicht selten laut und deutlich vernahm. Manchmal redeten sie Englisch, dann wieder Spanisch, Deutsch oder Französisch. Längst hatte ich gelernt, mit der Aufspaltung meines Bewußtseins umzugehen. Eigentlich waren diese Stimmen keine richtigen Trugbilder, denn sie waren ja tatsächlich da. Viele Menschen wissen gar nicht, daß sie ein Bewußtsein haben. 'Geisteskranke', zur

Schizophrenie neigende Personen hören solche Stimmen oft, in gewisser Beziehung sind sie 'Normalbürgern' an Sensibilität und Vorstellungskraft überlegen. Es war jetzt eigenartig warm. Das beunruhigte mich sehr. »Wird schon noch ein paar Tage halten«, sagte ich zu meinem Kocher. »Kein Grund zur Panik«, beruhigte ich mein Zelt. »Es ist doch immer noch Trockenzeit«, zerstreute ich die Zweifel meines Kochtopfs. Ich unterhielt mich mit meinen Sachen und vergaß für eine ganze Weile, daß ich mutterseelenallein war. Es war eine gesellige Runde. Als ich es merkte, mußte ich lachen. Als nächstes würde ich wohl mit meinen Schuhen und Strümpfen pokern.

Die Nacht war sternenklar. Nirgends konnte ich eine Wolke ausmachen, trotzdem schneite es. Die Sorge um das Wetter ließ mich lange nicht einschlafen, auch die beißende Abendkälte blieb aus. »Es kann nicht sein, daß es schlecht Wetter wird, und es darf auch gar nicht sein", sagte ich zu mir, bevor ich doch einnickte. In der Früh um halb vier prasselte Hagel aufs Zeltdach, so stark, als ob es jemand schütteln würde. Es gab nur eines zu tun: so schnell wie möglich hinunter, hier konnte ich auf keinen Fall bleiben. Der Hagel ging in Schnee über, der gleich liegenblieb. Ich trank soviel Tee wie möglich und verstaute alle Sachen, die ich nicht unbedingt brauchte, in einer kleinen Höhle. Das Essen hatte ich so berechnet, daß es gerade reichen würde. Ich hatte richtig kalkuliert, nichts war übrig geblieben, und ich mußte wohl oder übel hungrig bleiben. Es fiel mir schwer, meinen geschützten Platz aufzugeben und mich dem Wüten des Schneesturms auszusetzen, aber wenn ich am Leben bleiben wollte, gab es nur die eine Möglichkeit.

Zu Beginn war der Weg eindeutig. Links brach eine steile Moräne zum Gletscher ab und rechts befand sich eine steile Felswand. Dazwischen der Abstieg. Selbst dort hatte ich große Mühe, die Richtung zu halten, im dichten Schneetreiben sah ich fast überhaupt nichts mehr. Dann wurde es schwierig, vielleicht auch unmöglich. Ich war einsam und verlassen und hatte eine Scheißangst, denn ich wußte, daß mein Ende nahe war. Mit jeder Faser meines Körpers spürte ich den Tod. Über die steilen Granitplatten, über die ich heraufgekommen war, konnte ich nicht mehr hinunter, der Schnee lag jetzt schon zu hoch und begrub alles unter sich. Ich hätte mich hinsetzen können, einschlafen und erfrieren, das wäre nicht weiter tragisch gewesen, aber noch niemals zuvor hing ich mit solcher Leidenschaft und Hingabe an meinem Leben. Gerade jetzt, in dieser hoffnungslosen Lage, fand ich es schön und lebenswert wie nie zuvor. Und wenn heute mein letzter Tag wäre, würde ich den Tod so lange hinauszögern wie es ging, jede halbe Stunde auskosten. Die Wahrnehmungen, die Leiden, alles erschien mir wert, es zu erleben. Bitternis mischte sich in meine Gedanken. So viel hätte ich noch machen wollen.

Es gab noch einen anderen Weg, irgendwo hier im weißen Nichts. Vor zwei Jahren hatte ich ihn mir kurz angeschaut. Er hatte nicht sehr einladend ausgesehen. Jetzt standen alle Einzelheiten wieder vor mir, wie auf einer Landkarte. Instinktiv und unbewußt mußte ich mir alles so scharf eingeprägt haben, ohne daß es damals von irgendeiner Bedeutung gewesen wäre. Sicher setzen wir in lebensgefährlichen Situationen Energien frei, von deren Existenz wir im normalen Leben nichts ahnen. Ich konnte nichts sehen, aber hören konnte ich. Ich hörte zwei Bäche, einen links und einen rechts von mir. Sie standen in einem bestimmten Winkel zueinander. Ich ordnete sie genau in meine imaginäre Landkarte ein und bestimmte meinen Standort. Wenn ich mich auch nur in Kleinigkeiten getäuscht hatte, ging meine Welt heute für mich unter. Den steilen Felswänden links und rechts durfte ich nicht zu nahe kommen, ich mußte den Weg zwischendurch finden. Der Schnee ging mir jetzt schon bis zum Bauch, manchmal stöhnte ich vor Erschöpfung. Um wenigstens ein bißchen etwas zu sehen, hatte ich die Gletscherbrille abgenommen. Meine Augen schmerzten. Wurde ich etwa auch noch schneeblind? Oder waren es nur die Schneekristalle, die mir in die Augen wehten? Der Tod zog an meinen Füßen, aber ich gab nicht nach. Hätte ich mich hingesetzt, ich wäre wohl nie mehr aufgekommen, eingeschlafen und erfroren. Aber ich wußte, daß ich noch lange so gehen konnte. Da waren ein unbändiger Wille und eine starke Kraft in mir, die mich nicht einfach umfallen und sterben ließen. Man muß wohl erst am äußersten Rand seiner Existenz stehen, um zu erkennen, wie lebenswert, wie schön das Leben tatsächlich ist und wie sehr man an ihm hängt.
An besonders schwierigen Geländepunkten arbeitete ich nach einer 'Einkreismethode'. Ich ging im Kreis, immer konzentriert auf das Tosen der zwei Bäche hörend, um meinen Standort besser bestimmen zu können und entschied dann, in welche Richtung ich weiterging. Immer hatte ich Zweifel an der Richtigkeit meiner Entscheidungen, trotzdem verlief mein Abstieg konstant nach unten. Machmal fiel ich hin und rappelte mich sofort wieder auf, voller Sorge, daß ich für immer liegenbleiben könnte. Ich durfte keine Schwäche zeigen, der Tod schlich um mich herum und wartete auf eine Gelegenheit, mir die Beine vollends wegzuziehen. Ich sah ihn nicht als Sensenmann, vielmehr spürte ich ihn wie eine mich umgebende träge Masse oder wie ein verborgenes Raubtier, das prüfend die Nase in den Wind hob und meine Witterung aufnahm. Der Tod roch an mir, aber er mochte mich noch nicht holen, denn ich war noch nicht fällig. Er hatte Zeit und wartete. Nie verlor er meine Fährte.
Es war eine unmenschliche Schinderei, sich so ganz allein durch den Schnee zu wühlen. Manchmal war ich verzweifelt, weil ich glaubte, ganz falsch gegangen zu sein, wenige Augenblicke später war ich wieder voller Zuversicht, weil ich

doch wieder eine Möglichkeit fand, um weiter hinunter zu kommen. So ging es ständig hin und her, ein Wechselbad der Gefühle. Ich gelangte weiter hinunter, nur wohin hinunter? Wenn der Nebel nur für fünf Minuten gestiegen wäre, hätte ich sehen können, wo ich war.
Allmählich begann ich, die ständige Präsenz des Todes zu akzeptieren, er war ja immer schon da, seit meiner Geburt hatte er auf seinen Auftritt gewartet. Nur daß er jetzt so nah herankam, daß ich meinen ganz persönlichen Tod klar und deutlich ahnen oder sehen konnte, war neu. Ganz ungeniert saß er da, sprungbereit, und er brauchte sich nicht mehr zu verstecken. Er spornte mich dazu an, das Letzte aus mir herauszuholen. Wenn ich heute oder morgen sterben sollte, dann nicht ohne Kampf, sondern mit fliegenden Fahnen. Mit fortschreitender Erschöpfung bekam ich Halluzinationen. Ich sah ganze Suchtrupps an mir vorbeiziehen und hörte sie laut und deutlich meinen Namen rufen. Sie bestanden aus lauter mir bekannten Personen, meistens Indianern aus Cocoyo. Es waren jedesmal Trugbilder, die an mir vorbeizogen und plötzlich im Nebel verschwanden. Diese Visionen brachten mich manchmal richtig aus dem Häuschen, denn ich konnte Realität und Wunschdenken nicht mehr unterscheiden, wußte zeitweise nicht mehr, ob ich einen wirklichen oder einen Geistersuchtrupp an mir vorbeiziehen ließ. Bei meinen vielen, oft filmreifen Stürzen war ich einmal der Länge nach aufgeschlagen und zog mir eine tiefe Fleischwunde am Oberschenkel zu. »Schön warm«, dachte ich, als ich das Blut meinen Fuß hinunterrinnen fühlte. Angesichts meiner verzweifelten Lage war dieser kleine Vorfall belanglos, ich sah nicht einmal nach, wie tief die Wunde war.
Die Trugbilder wechselten einander ab, ich begann, mir alle möglichen und unmöglichen Dinge einzubilden. Eine ganze Zeit lang begleitete mich ein fetter, widerlicher Typ mit knielanger Lederbundhose, weißem Hemd und grünem Filzhut mit Gamsbart. Seine Füße steckten in glänzend polierten Haferlschuhen und sein feistes Gesicht zierten graue Bartstoppeln. Ich sah genau die Spur, die er in den Schnee trat und erkannte ihn sofort wieder, denn er hatte mich einmal betrogen. Diese Vision gehörte mit zum Schlimmsten, was ich bisher erlebt habe. Am liebsten hätte ich ihm ein paar auf sein Schandmaul gehauen, aber er traute sich nie ganz her. Es würde niemand erfahren, wenn ich mich hier oben auf ihn stürzte, dachte ich voller Bosheit und wartete auf eine Gelegenheit. »Gib doch auf, es hat keinen Zweck mehr, weiterzumachen, setzen wir uns hin und machen Brotzeit«, sagte er in kameradschaftlichem Ton und grinste nett und harmlos. Ich wurde so wütend, daß ich kein Wort mit ihm redete. Der Schuft wollte mich umbringen. Ein verbissener Trotz ergriff mich. Wie so oft in meinem Leben tat ich aus Protest genau das Gegenteil von dem, was man von mir verlangte. Ich

ging weiter, jetzt erst recht! Er ging einfach neben mir her und ich überlegte, wie ich ihn so nahe herlocken konnte, bis ich ihn zu fassen bekam, um ihm das Fell zu verbleuen.
Irgendwie schaffte ich es, diese abstoßende Illusion mit logischen Argumenten zu verscheuchen. Wie hätte denn so eine fette Sau zu Fuß hier heraufkommen sollen? Mit einer Sänfte vielleicht? Als ich meinen Irrtum einsah, als ich merkte, daß alles nur Einbildung war, wischte ich den ganzen Spuk mit einer fahrigen Handbewegung weg und sagte ärgerlich »Aach«. Es war mir klar, daß ich anfing, total zu spinnen, doch viel mehr als meinen eigenen Augen nicht mehr zu trauen, konnte ich nicht dagegen tun. Hinter jedem Stein vermutete ich nunmehr diesen ekligen Widerling, diese fette schleimige Qualle. Ich wagte gar nicht mehr daran zu denken, mich vielleicht doch hinzusetzen, dieser Typ, er wäre sofort wieder da gewesen, und ich fürchtete seine Gegenwart mehr noch als den Tod, der mich umschlich. Der beginnende Wahnsinn in meinem Kopf war 'der Wahnsinn'! Es war grauenvoll und unbeschreiblich. Die Unglaublichkeit ihrer Visionen ist, davon bin ich überzeugt, das größte Problem von Menschen, die unter Verfolgungswahn leiden. Wenn so jemand imaginäre Käfer seinen Arm hinaufkrabbeln sieht, dann sind das für ihn Käfer, sie sind wirklich da, nur daß niemand sonst sie sieht. Es ist unglaublich schwierig, jemandem den Wahnsinn zu beschreiben, der ihn nicht selber kennt. Wenn ich mich voll und ganz auf meine Orientierung konzentrierte, gab es nichts anderes mehr für mich, aber in jeder unausgefüllten Sekunde dazwischen begann der Wahn sich von neuem auszubreiten, so sehr ich mich auch dagegen sträubte. Ich riß mich zusammen, zwang mir Selbstdisziplin auf und überlegte, so logisch es ging. Und immer wieder diese unmenschlichen Anstrengungen im tief verschneiten, steilen Gelände voller Fußangeln, voller Gefahren und unbekannter, undurchschaubarer Faktoren.
Ich war einmal verlobt gewesen, doch die Sache war schief gegangen, so wie es bei vielen schief geht, und ich dachte, mein Herz müßte mir zerspringen. Fast jeder kennt das und glaubt sich in einer Tragödie, aber das ist noch gar nichts. Wie viele Leute hängen sich auf wegen eines Mädchens, wegen Spielschulden oder weil sie einen Stiftzahn verloren haben? Lachhaft kam mir das vor. Was waren das für banale Dinge angesichts der Qualen, die ich durchlitt! Es war die Hölle auf Erden, mein Herumwanken im grundlosen Schnee erinnerte mich an das elende Dahinkriechen eines Wurms. Was wäre so schlimm gewesen, wenn ich mich einfach hingesetzt hätte? Ich wäre innerhalb von Minuten eingeschlafen, meine schmerzenden Beine hätten sich entkrampft und ich wäre ohne große Schmerzen, ohne das Bewußtsein wieder zu erlangen, gestorben. Wäre, erstarrt zu einem Eiszapfen, dagesessen. Vielleicht wäre ich damit viel besser weggekommen

als Millionen Deutsche, die auf einer gräßlichen Intensivstation im Krankenhaus sterben mußten.

Mein Überlebenswille war enorm, ich hatte mich noch lange nicht aufgegeben. Ich wußte, daß ich weitergehen würde, selbst wenn die Nacht käme. Würde ich vor Erschöpfung umfallen, dann würde ich kriechen, bis auch das nicht mehr ging. Woher ich trotz der Tatsachen, die gegen mein Überleben sprachen, die Zuversicht hernahm, daß ich einen Weg aus dieser Hölle finden würde, bleibt mir unbegreiflich. Der entscheidende Trick ist wohl einfach, nicht bereit sein zu sterben, gerade in schwierigsten Situationen zu sagen: »Ich werde es trotzdem schaffen.« Es geht so viel, wenn man nur wirklich will. Wer sich selbst aufgibt, der ist wirklich verloren, aber wer die Hoffnung nicht verliert, wer an sich glaubt, der findet einen Ausweg aus fast jeder Situation.

Mir fiel das Reh wieder ein, daß ich einmal am Ende einer total erfolglosen, von Pannen, Pech und Pleiten verfolgten Dolomitenfahrt überfahren hatte. Es war mir um zwei Uhr in der Früh seitwärts ins Auto gesprungen und ich konnte nicht mehr bremsen. Als ich ausstieg, um nachzusehen, ob es tot war, versuchte es, sich auf dem Rumpf davonzurollen, weil alle 4 Beine zerschmettert waren. Das Leben will am Leben bleiben, so lange es nur geht! Es wäre entweder elend verhungert, oder ein Fuchs hätte es lebendig aufgefressen. Deshalb nahm ich einen schweren Pfosten und erschlug es damit. Die flehenden Augen dieses hilflosen Tieres, mit denen es mich herzzerreißend anblickte, bevor der Pfosten das erste Mal niedersauste, habe ich nie vergessen. Kein anderes Tier sieht einen so an wie ein Reh. Ich sah aus wie ein Metzger, war total vollgespritzt mit Blut. Uli Wiesmeier, mein Begleiter, der im Auto saß und zugesehen hatte, schlug die Hände vor dem Gesicht zusammen. Diese Begebenheit war einer der Gründe, warum ich Vegetarier wurde. Uli ist ein bekannter Bergfotograf geworden, während ich das blieb, was ich immer war: Nichts. Vielleicht würde ich bald nicht einmal mehr das sein. So spann ich meine Gedanken weiter und ärgerte mich, daß ich mir immerzu Dinge ausdachte, die mir nicht weiterhalfen. Ich glaube es heute fast schon selbst nicht mehr, aber ich fand den Zusammenfluß der beiden Bäche. Meine Berechnungen waren alle richtig gewesen. Ich hatte eine Leistung vollbracht, wie sie nur Not und Verzweiflung ermöglichen.

Wer etwas gerne und aus eigener Überzeugung tut, wird wirklich Außergewöhnliches leisten. Aber noch viel mehr kann er unter dem Druck existentieller Bedrohung leisten, wenn er nicht vorzeitig aufgibt. Alles, was wir ohne Überzeugung oder Druck tun, wird nur mittelmäßig, und am leistungsfähigsten sind wir in Lebensgefahr. Jetzt befand ich mich unterhalb des Basislagers in einem Talkessel mit einem See in der Mitte. Dieses verschneite Gelände kam mir ganz unbekannt vor, aber ich war richtig, es gab keinen Zweifel daran. Jetzt galt es, die steile Gegensteigung zum Lago negro zu überwinden. Ich stöhnte bei jedem neuen Schritt vor Erschöpfung: »Ich kann nicht mehr.« Trotzdem wühlte ich mich mit erstaunlichen Kraftreserven gleichmäßig aufwärts. Den Bach, der das Basislager teilt, mußte ich zweimal überqueren, eine Brücke gab es nicht. Dann war ich endlich da. Doch wo da war ich denn? Es war alles weiß wie zuvor, doch das Basislager war der Schlüssel für den weiteren Abstieg, die Tür zur Rückkehr ins Leben.

Ich fand meinen Biwaksack mit meinen trockenen Sachen im metertiefen Schnee. Es war schon dunkel. Mit einer Granitplatte räumte ich mir einen Platz für mein Zelt frei und stellte es auf. Später kochte ich Tee, essen konnte ich nichts. Ich fiel in einen tiefen Schlaf, traumlos und dumpf. Die totale Erschöpfung. Irgendwann in der Nacht meinte ich, jemand säße auf meinem Brustkorb und drückte mir die Kehle zu. Röchelnd und beklemmt setzte ich mich auf. In dem Moment, als ich richtig wach war, gab das Zelt einen dumpfen Laut von sich und sackte in sich zusammen. Es war vollkommen zugedeckt mit schwerem, nassem Schnee, der die Luftzufuhr nach außen unterbrochen hatte. Ich kämpfte mich aus dem Schlafsack, befreite mich vom Zelt und vom dem Schnee, der auf mir lag und stand im Freien, wo ohne Unterlaß unglaubliche Neuschneemengen vom Himmel fielen, immer und immer mehr. Ich war knapp davor, durchzudrehen. Beim Freischaufeln des Zeltes war ich seelisch am Ende. Ich heulte vor lauter Selbstmitleid hilflos vor mich hin, ohne Trost, ohne Hoffnung. Ich rief ein paarmal um Hilfe, zwecklos, aber es erleichterte mich ein bißchen. Das Zelt ließ sich nicht mehr richtig aufstellen, also blieb mir nichts anderes übrig, als mich und mein Gepäck notdürftig mit der Hülle einzuwickeln. Es wurde eine lange Nacht, ich begann wieder zu phantasieren. In dieser Nacht habe ich das Grauen erlebt, es war furchtbar. Das Sterben ist eine ebenso sichere Konsequenz des Lebens, wie Asche auf das Feuer folgt. Es gibt tausend Arten zu sterben, manchmal auch spektakuläre. Die Umstände des Todes können selbst dem langweiligsten Leben zumindest einige wenige hochdramatische Aspekte verleihen. Mancher, dem das Leben keine Chance gab, wird erst durch seinen Tod bekannt. Wie unwichtig ich selbst war, wurde mir mit drastischer Deutlichkeit bewußt. Die Umstände meines Todes würden nie aufgeklärt werden können, und daß ich am Ancohuma erfolgreich war, würde nie jemand erfahren. Wie ich jetzt so dalag und abwartete was kam, war es mir egal. Was spielte das alles schon für eine Rolle?

Mein Vater ging mir durch den Kopf, wie er tot in seinem Bett lag, nur die zu Fäusten geballten Hände wiesen noch auf den schweren Todeskampf hin, wurden durch die Nullzeit in der letzten Bewegung eingefroren. Die Seele war sofort bei

Eintritt des Endes davongeflattert, und blitzschnell erinnerte sein total verändertes Gesicht nicht im entferntesten mehr an den Menschen, der mir lieb und teuer gewesen und jetzt nicht mehr da war. Eine schnelle Wandlung hatte sich an ihm vollzogen, bald würden sich Würmer, Maden und Witterungseinflüsse um die endgültige Auflösung kümmern. Jede Leiche beginnt einmal zu stinken, deshalb kam am Vormittag der Totengräber. Ich erinnere mich, wie ich mithalf, den schweren Körper in den Sarg zu legen, er war schon im Begriff, steif zu werden. Nicht mein Vater, nur noch eine leere Hülle lag da im Sarg. Natürlich heulte die ganze Familie sinnlos um die Wette, meine Schwester hatte eigens ihre Arbeit in Florida hingeworfen. Da war zum einen überdeutlich das 'Nicht-mehr-Sein', gleichzeitig war die Präsenz des Leichnams erschreckend materiell.

Während ich unterkühlt im Schnee liege, ist mir voll bewußt, daß ich mich auf dem schmalen Grat zwischen Leben und Tod befinde. Werde ich am Morgen noch aufstehen können und die Kraft zum Weitergehen haben? Es wird sich zeigen. Eigentlich ist das Leben die Tragödie und nicht der Tod, der als letzter Akt das größte, konsequenteste Abenteuer von allen ist und immer das letzte Wort hat. Ich versuche mir meine Geburt vorzustellen, mit der das Spannungsfeld zwischen Leben und Tod begann, schaffe es aber nicht. Es kommt mir seltsam vor, daß man sich an ein so traumatisches Ereignis nicht im geringsten erinnern kann. Plötzlich erinnere ich mich daran, wie ich als kleiner Bub nachts mit Freunden auf dem Misthaufen vor dem Haus lag und, den Fußball in der Hand, verträumt den klaren Sternenhimmel nach Sternschnuppen absuchte. Wir sprachen über Freiheit, über unsere eigene Farm in Kanada. Davon träumte ich, als rastloser Vagabund älter und illusionsloser geworden, immer noch. Ssst, ssst, fährt meine Sense über das Gras der Wiese, die meine und keine fremde ist, und legt es Bahn um Bahn flach. Über dieser beruhigenden Vorstellung schlafe ich ein. Ein Halbwachtraum reißt mich aus dem Schlaf, peinigt mich eindringlich, plastisch, echt. »Hiiilfe« rufe ich an die Zeltdecke, als ich meine, die Feldjäger würden mich aus meinem Versteck zerren, um mich in ein finsteres Kasernenverlies zu werfen. Lange dauert es, bis ich erleichtert begreife, daß ich real 'nur' in Lebensgefahr am Berg und alleine bin. Ich ziehe in dem Moment, als ich diese Illusion begreife, Sterben dem Leben in einer Kaserne und seinen Leiden vor. Die Vorstellung, meine Freiheit vollkommen zu verlieren, erschüttert mich bis ins Mark, vor ihr fürchte ich mich mehr als vor einem einsamen Tod ohne Beistand.

Meine Füße sind gefühllos, aber der Gedanke an Erfrierungen schreckt mich nicht. Ab und zu stöhne ich wie ein Tier. Eine grauenhafte Vorstellung wechselt die andere ab: Ich pflegte in meiner kriminellen Zeit Auseinandersetzungen meist mit einem einzigen Ellbogenschlag auf hinterhältigste Weise zu beenden, dem notfalls ein Kopfstoß, ein in die Weichteile gestoßenes Knie oder der kurze Einsatz eines immer mitgeführten Totschlägers folgte. Ich schämte mich und bereute das ehrlich, lange schon war ich nicht mehr so und rannte lieber davon, bevor ich mich in eine körperliche Konfrontation verstrickte. Davonlaufen entsprach immer schon mehr meinem Charakter als Brutalität. Wenn ich noch einmal jung sein müßte, dann wollte ich lieber ein Mädchen sein, die dürfen weinen, wann immer sie wollen und müssen keine Soldaten werden, brauchen in keinen Krieg. Wie der Schmetterling mit der Raupe, aus der er schlüpft, nichts mehr gemein hat außer seiner Vergangenheit, so habe auch ich mich mehr als einmal vollkommen verändert. Die größte endgültigste Änderung, das widerstrebend erwartete Ende des Seins, steht mir aber noch bevor. Wenn ich doch nur meinen Gedankenfluß irgendwie durchbrechen könnte, nicht mehr denken müßte. Ich schlafe erschöpft ein, schrecke von Alpträumen gepackt wieder hoch, peinigende Gedanken drehen sich wie ewige Kreisel durch die finstere Nacht. Sie sind der Lohn für die rücksichtslose Konsequenz meines Lebensweges, der Preis für die Freiheit, die ich mir einfach nahm, weil sie mir keiner freiwillig geben wollte. Mir graute vor der Nacht, ebenso graute mir vor dem Morgen, sogar vor mir selbst graute mir. Ich wollte nicht sterben, leben wollte ich aber allmählich auch nicht mehr, und dazwischen gab es nichts, wo ich bleiben konnte. Eine Nacht der Leiden. Ich stand sie durch, weil ich keine Wahl hatte, war so verlassen wie ein ausgesetztes Kleinkind, ohne Schutz, ohne Trost und Wärme. Seltsam, daß ich nicht einmal daran dachte, mit dem Bergsteigen aufzuhören, schließlich war der Bergsport an meiner mißlichen Lage schuld.

Im Morgengrauen schlug ich die Augen auf. Ich wäre lieber tot gewesen, aber ich war da. Das Aufwachen war ein Reflex, den ich weder verhindern noch ignorieren konnte. Als ich aufstand, kam wieder etwas Optimismus auf, bis ich sah, daß die Kleider, die ich zum Trocknen in eine Felsnische gehängt hatte, bocksteif gefroren waren. Mir war elend zumute. Physisch hatte ich mich in der Nacht erholen können, aber meine Psyche war in einem erbärmlichen Zustand. Ich hatte in den siebziger Jahren in Deutschland sehr schneereiche Winter erlebt, aber an soviel Schnee konnte ich mich nicht erinnern. Alles weiß, grundlos, lawinengefährlich. Wo war das romantische, beschauliche Basislager von vor einer Woche? Ich vermutete, daß ich es mir eingebildet hatte, glaubte an eine weitere Halluzination. Essen konnte ich nicht viel, aber ich fand eine volle Bierflasche in meinen Vorräten. Als ich sie mit meinem Kocher anwärmte, wurde das Bier halbflüssig genug, um es aus der Flasche in meinen Mund zu bekommen. Das, was flüssig war, trank ich, die Eisbatzen lutschte ich. Nach dem Frühstück packte ich umständlich meine Habseligkeiten zusammen. Im tiefen Schnee fand ich ein

Taschenmesser, das ich schon seit längerer Zeit vermißt hatte. Es unter diesen Umständen zu finden, war genauso unwahrscheinlich wie die vielzitierte Stecknadel im Heuhaufen aufzuspüren.
Ich schulterte meinen Rucksack und ging los. Der Rucksack, dieser Drecksack! Wie er mir gleich zu Beginn schon auf die Schultern drückte. Meine Beine waren schwer und schmerzten. Es dauerte nicht lange und ich traf vier Indianer aus Cocoyo. Im spitzen Winkel liefen unsere Spuren zusammen als hätten wir uns verabredet. Zuerst glaubte ich an eine Halluzination, aber die Indianer waren wirklich da. Eigenartig, auch sie glaubten ihrerseits zuerst, ich sei ein Trugbild. Es war fast nicht möglich, sich hier irgendwo absichtlich treffen zu wollen, man würde sich so gut wie sicher verfehlen. Wir aber trafen uns. Ob es nun Schicksal oder ein irrsinniger Zufall war, einerlei. Es war so. Die Männer waren genau so fix und fertig wie ich. Es war das erste Mal, daß ich Indianer sah, die nicht mehr konnten. Sobald ein Indianer gehen gelernt hat, bewegt er sich auf seinen Füßen vorwärts, er legt alle Strecken mit der Selbstverständlichkeit, mit der wir mit dem Auto fahren, zu Fuß zurück. Es braucht viel, um diese höhengewohnten Menschen müde werden zu lassen. Ich vermutete, daß sie eine furchtbare Nacht oberhalb von mir in der Nähe des 'Milchsees' verbracht hatten, aber eigentlich war es egal, wo sie herkamen und warum sie da waren, entscheidend war, daß sie da waren und wir in dieselbe Richtung weitergingen. Etwa 1000 Höhenmeter tiefer und in etwa acht Kilometern Entfernung lag Cocoyo. Cocoyo bedeutete, ein Dach über dem Kopf zu haben und gerettet zu sein.Gemeinsam setzten wir den Weg fort. Nach Cocoyo gab es unter gewöhnlichen Umständen zwei Möglichkeiten. Die flachen Granitplatten zu Beginn des gebräuchlichen Weges waren in ihrem jetzigen Zustand kaum begehbar, deshalb wählten die Indianer die zweite Abstiegsmöglichkeit, die sich auf der gegenüberliegenden Talseite befand.
Ich ging als letzter in der Spur. Damit hatte ich es einfacher als diejenigen, die sich weiter vorne mit dem tiefen Schnee abmühten. Trotzdem hatte ich Mühe mitzuhalten. Ich machte mir keine Gedanken mehr über den Abstieg, heftete nur noch die Augen auf meinen Vordermann und blieb ihm dicht auf den Fersen. So trottete ich Stunde um Stunde stumpfsinnig dahin, ohne zu denken, ohne aufzuschauen. Bei jedem Schritt litt ich still, aber auch das war nun nichts besonderes mehr. Der Weg ging nicht nur hinunter, es war ein ständiges Auf und Ab. Bei schönem Wetter ist der Weg nach Cocoyo kaum zu verfehlen, und wer hätte ihn besser kennen sollen, als meine Begleiter, die hier zuhause waren? Trotzdem verliefen wir uns total. Vor einer in die Höhe strebenden Felswand umstanden wir uns im Kreis und wußten nicht mehr weiter. Wir waren in einer verzweifelten Lage. Der Schnee deckte alles zu und ließ die ganze Welt gleich ausschauen. Wie konnte

man bei diesem Wetter nur irgendwo hinfinden wollen. 'Weiße Scheiße', fiel mir ein alter Kinderspruch ein. Sogar ich wurde in der allgemeinen Ratlosigkeit nach dem Weiterweg gefragt, doch ich war den Vorausgehenden blind gefolgt und war vollkommen ahnungslos, wo wir hier waren. Wenn meine Begleiter sich schon nicht auskannten, wie hätte ich den Weg finden sollen, den ich noch nie zuvor gegangen war? Wir gingen unsere Spur ein Stück zurück, latschten mühselig wieder aufwärts und querten hinüber zu einem Bach, der hinunter floß. Wenn wir ihm folgten, mußten wir eigentlich nach Cocoyo gelangen. Alle zehn Minuten fiel ein anderer hin. Vor Müdigkeit oder weil das Gelände so schwierig war. Die Indianer hatten keine Handschuhe und zum Aufstehen mußten sie in den kalten Schnee greifen. Unsere sich im dichten Nebel schemenhaft abzeichnenden Gestalten hatten etwas Gespenstisches.
Ich war mir sicher, daß ich nach einer weiteren Nacht im Freien nicht mehr würde weitergehen können, falls ich sie überlebte. Um meine Begleiter stand es ebenfalls schlecht, ich sah es ihnen an. Irgendwie fand ich es tröstlich, daß ich als erster, also in Gesellschaft von vier Menschen, sterben würde. Das Alleinsein reichte mir. Wenn die Nacht über uns hereinbräche und einer nach dem anderen ginge drauf, dann würde den letzten, der übrigblieb, ein hartes Los treffen. Zuerst müßte er zusehen, wie sich einer nach dem anderen davonmachte, um am Schluß so einsam zu sein, wie ich es gestern war. Wenn auf unserem Bachufer Felsen den Weg versperrten, dann blieb uns nichts anderes übrig, als auf die andere Seite zu wechseln. Das geschah ein paar Mal. Beim Durchwaten des eisigkalten, tiefen und reißenden Rio Cocoyo wurden wir total naß. Wenigstens fiel niemand ganz hinein.
Allmählich wurde der Schnee weniger, wir kamen tiefer. Manchmal glaubten wir, nicht mehr weiterzukommen, aber wir fanden immer wieder einen Durchschlupf. Längst war mir alles egal, die Möglichkeit zu sterben war mir gleichgültig geworden und der Tod an sich, das Ende, hatte für mich alle seine Schrecken verloren. Der Stumpfsinn, mit dem ich mich gleichgültig weiterbewegte, ließ mich nun die Strapazen mit Leichtigkeit ertragen. Eine etwa zweihundert Meter hohe Felswand versperrte den direkten Abstieg, wir umgingen sie, links ansteigend, weitläufig. Wieder hinauf, die unaufhörliche Schinderei schien endlos. »Cuidado«, Vorsicht, sagte Manuel, der vorausging, als er mit einem Bein zwischen den wackligen Granitblöcken einbrach. »Hier den Fuß brechen, das wäre eine schöne Schweinerei«, dachte ich mir und paßte auf. Als ich am Ende der langen Querung hinfiel, setzte ich mich einfach auf, schob mit den Händen an und rutschte auf den Arschbacken schnell den steilen Abhang hinunter. Die anderen taten es mir nach, und nach kurzer Zeit hingen uns die Stoffetzen von den Hosen weg. Aber die fol-

genden wilden Rutschpartien waren eine effektive, kraftsparende Fortbewegungsmethode. Gefährlich waren sie auch, aber was war an diesem Tag schon nicht gefährlich? Als wir die Schneegrenze erreichten, wußten wir alle, daß wir gerettet waren. Wir waren zu müde, um uns freuen zu können, wir waren nur erleichtert. Das Leben hatte uns wieder. Von hier aus führte ein breiter Weg nach Cocoyo, dem brauchten wir lediglich zu folgen. Kein breiter Weg nach europäischen Maßstäben, nur ein breiter Weg im Sinne des bolivianischen Andenhochlands. Mir kam er wie eine Prachtpromenade vor. Noch vor der Dämmerung erreichte unser verlorener Haufen weit auseinandergezogen und lahm Cocoyo. Ich torkelte am Schluß den anderen im Platzregen hinterher. Ich war noch viel mitgenommener als die Indianer, konnte mich nur mehr mit äußerster Anstrengung aufrecht halten. Bei der Familie da Sylva Zonca bekam ich ein Bett in einer Steinhütte ohne Fenster. Die beiden Brüder Raoul und Louis rückten in einem Bett zusammen. Das so frei werdende Lager bekam ich. Ein warmes Bett, nie mehr gehen müssen. Ich mußte im Paradies sein.
Ich zog die nasse Kleidung aus, warf den Rucksack in eine Ecke und wickelte mich in drei warme, schwere Lamadecken. Nie mehr wollte ich fort von hier, ich lag nur noch da und bewegte mich nicht mehr. Das war die Erfüllung aller meiner Wünsche der letzten Tage. Waren es Tage oder Monate, die ich in der weißen Hölle umhergeirrt war? Vorbei, Gott sei Dank! Wohlig rollte ich mich unter dem Berg von Decken zusammen, nur die Augen blieben unbedeckt. Nach ein paar Tagen Schlafen und Essen erholte ich mich wieder. Öfter bekam ich Besuch in der kleinen Hütte, unser Abstieg und vor allem die Rutschpartien waren schnell Dorfgespräch, und die Leute waren neugierig. Als ich einen älteren Mann fragte, woher die Bewohner von Cocoyo ursprünglich gekommen waren, erklärte er es mir: »Unsere Vorfahren, ein Mann und eine Frau, sind tiefer unten, dort wo das Hochland in den Dschungel übergeht, aus einem hohlen Baumstamm gekrochen und hier herauf gestiegen, so hat es mir mein Vater erzählt.« Nun wußte ich auch das.
In den Tagen, in denen ich in Cocoyo auf einen Jeep wartete, hatte ich viel Zeit darüber nachzudenken, was mir wirklich wichtig war. Am Wichtigsten war es, am Leben zu bleiben, das Zweitwichtigste war, gesund zu sein. Danach kam lange, lange nichts. Ich hatte Riesenglück gehabt, daß ich mir bei meinem Wettersturz-Abenteuer nichts erfroren hatte, auch verrückt bin ich nicht geworden, dafür bin ich dankbar. Ich habe dabei gelernt, daß das Leben schön ist und gleichzeitig zerbrechlich wie Porzellan. Jeder Tag konnte der letzte sein, das macht jede Sekunde des Lebens so kostbar. Keiner außer Gott kann Leben besitzen, wir bekommen unseres nur geliehen. Die Zeit, die wir haben, ist endlich und irgendwie müssen

wir sie ausfüllen. Ich bin, aber ich habe nichts, und daß ich bin, hat keine große Bedeutung. Im Tod liegt die ganze Wahrheit, in seiner Nähe hören alle Lügen auf, und es wird offenbar, was man wirklich ist. Wenn ich der reichste Mensch der Welt wäre, ich könnte, wenn meine Zeit gekommen ist, nicht eine Sekunde dazukaufen. Vielleicht liegt erst im Tod die Gerechtigkeit, die wir so oft vermissen. Sich an Besitztum zu binden heißt, sich an tote Materie zu klammern, sein Herz zu verschenken, während eine Blume am Wegrand lebendig ist. Ich habe sie früher auch wahrgenommen, jetzt erst kann ich sehen, wie ihre Farben leuchten. Ich habe einen Teller Kartoffeln gegessen, weil ich Hunger hatte, jetzt esse ich wieder einen Teller Kartoffeln und erlebe zum ersten Mal bewußt, wie hervorragend sie schmecken. Ganz langsam und bewußt esse ich sie auf und danke Gott, daß er mir zu Essen gibt, denn nun weiß ich, daß das nicht selbstverständlich ist. Nichts ist selbstverständlich, nicht einmal, daß wir jeden Morgen aufwachen und lebendig sind. Zwei Tage irgendwo im Niemandsland zwischen Leben und Tod haben mein Leben verändert, durch diese Erfahrung lernte ich besser sehen. Die Leute sagen, daß ich einen Vogel habe, weil sie mich nicht kennen. Sie kennen nur das Leben, ich aber habe das Grauen gesehen.

Die Jeepfahrt nach Ancohuma über den verschneiten Khala Montuna Paß war ein riskantes Unternehmen, aber alles ging gut. Ein Trupp Indianer machte dem Fahrzeug den Weg auf die Paßhöhe frei, sie leisteten Unvorstellbares. Eine Woche später verunglückten zwei Jeeps, beide kurz vor Cocoyo. Einer stürzte 600 Meter, ein anderer 200 Meter tief ab. Es gab zehn Tote, überlebt hatte nur, wer rechtzeitig abspringen konnte. In den Bergen schneite es noch zwei Wochen lang.

Irgend etwas von mir blieb in diesen Bergen zurück, es liegt dort begraben. Dafür bekam ich eine neue Identität, ich war ein anderer als der, der vor Monaten ausgezogen war, um herrliche Routen zu klettern, hatte mich verwandelt. Ich fand den Schlüssel zum Paradies, aber die einschneidensten Eindrücke waren die Fenster zur Hölle, die sich plötzlich und unerwartet aufgetan hatten.

Das Erlebte war furchtbar. Es hat mich geprägt wie nichts zuvor. Die Konsequenz war, daß der Tod seinen Schrecken verlor. Leben und Tod waren wie Licht und Schatten, ergänzten sich. Leben und Tod mieden sich - das Leben will vom Tod nichts wissen. Trotzdem gibt es einen Schnittpunkt, wo beide Welten sich berühren, und einmal ist es für jeden soweit, daß er ganz hinüber muß, auf die andere Seite. Vielleicht ist das die einzige Gerechtigkeit.

Die wichtigste Prüfung aber war das Leben - der Tod konnte einen nicht mehr auf die Probe stellen.

Ein Fahrzeug, das nicht kommt

Wieder einmal saß ich fest. Auf 3500 Metern Meereshöhe stand ich mit meinen beiden Rucksäcken an einer Weggabelung, und wartete seit zwei Tagen auf einen Jeep. Die Berge waren nicht mehr so wichtig, ich wollte zurück in die Zivilisation. Ich wußte, irgendwann kommt einer vorbei, wenn nicht heute, dann morgen oder übermorgen, spätestens aber am Freitag, in fünf Tagen also. Lange hatte ich schon kein Bad mehr genossen, aber an Dreck war ich bereits gewöhnt. Es fiel mir immer noch schwer, zu glauben, daß diese holprigen Pfade für Jeeps befahrbar waren, obwohl ich es schon einige Male ausprobiert hatte. Ganz wohl war mir bei dem Gedanken an die halsbrecherische Strecke hinunter nach Sorata immer noch nicht, daran gewöhne ich mich wohl nie so richtig. Eine Fahrt dort hinunter war auch eine riskante Sache, die Jeeps waren nicht gerade scheckheftgepflegt, was man ihnen auch ansah. Wenn dort die Bremsen versagten oder der Fahrer einen Fehler machte .....! Der Schnee auf dem Chuchu-Paß würde das Risiko noch beträchtlich erhöhen. Mit der Zeit fiel es mir immer schwerer, zu glauben, daß in Europa praktisch alle Straßen geteert waren, obwohl ich natürlich um diese Tatsache wußte. Was für eine gigantische Leistung das ist, habe ich wohl erst in Südamerika richtig begriffen.

Gedankenverloren starrte ich hinab in das kleine Bergdorf unterhalb meines Lagerplatzes. War ich seit Monaten oder seit Jahren unterwegs? Mein Zeitgefühl war mir abhanden gekommen, oder aber ich lebte jetzt erst in der richtigen Zeit, die damit begonnen hatte, daß meine Uhr stehengeblieben war. Das Bergdorf bestand aus ein paar Steinhütten mit Strohdächern, Fenster gab es keine. Woher hätten die Indianer auch das Glas nehmen sollen. Die Inneneinrichtung war genauso karg, mehr brauchten diese anspruchslosen Menschen nicht. Sie kannten eben auch nichts anderes. Ich konnte nicht umhin, diese zähen Typen zu bewundern, die sich in einer fast schon lebensfeindlichen Umwelt mit dem Wenigen, was sie hatten, erfolgreich behaupteten. Rambo und Conan sind Leinwandhelden. Daß sie in ihren Filmen durch Ströme von Blut hingemetzelter feindlicher Schurken waten und daß ihre Geschichten von hinten bis vorne erlogen sind, macht sie mir unsympathisch. Hier lebten, unscheinbar und von der übrigen Welt vergessen, die wirklichen Helden dieser Erde, die der Natur in zähem Ringen das Überleben abtrotzten. Muskelberge und Posing à la Schwarzenegger konnte sich hier keiner leisten. Das hätte sich in der harten Wirklichkeit des Hochlands nicht ausgezahlt. Nein, Übermenschen sind auch die Indianer nicht, deshalb habe ich mich auch oft über sie geärgert. Sie haben gute und schlechte Eigenschaften, genau wie wir, und es gibt dumme und schlaue unter ihnen. Solche, die mir sympathisch waren, und andere, die ich überhaupt nicht mochte. Menschen eben, wie

auch ich einer bin. Wer wollte sich eigentlich anmaßen, etwas anderes zu sein? Ein Mann mit einer schweren Last kam daher und blieb gebeugt vor mir stehen, ohne das etwa 50 Kilo schwere Gepäck abzusetzen. Es war mit einem dicken Tuch um die Schultern und Brust gebunden. Er fragte mich in gebrochenem Spanisch nach leeren Blechbüchsen. Ich hatte leider keine, weil ich als Vegetarier auch ganz gut ohne sie auskam. Was würde der Indianer wohl damit basteln wollen? Er verriet es mir nicht. In unserer Gesellschaft ein Wegwerfgut, wird eine Blechbüchse hier zum sammelnswerten Gegenstand. Die Einstellung ist es, die den Dingen Wert verleiht. In den bolivianischen Anden wird nichts weggeworfen, was noch irgendwie zu gebrauchen ist. Über die Kreativität und Improvistionsgabe der Indianer staunte ich oft. Sie besitzen Fertigkeiten und Fähigkeiten, die uns abhanden gekommen sind. Wir reden gerne von Recycling. Der Indianer, der vor mir stand, praktizierte es, obwohl er nicht lesen oder schreiben konnte und den schlauen Begriff noch nie gehört hatte.
Am späten Nachmittag nahm mich ein Jeep mit, Geronimo aus Ancohuma, den ich vom vergangenen Jahr her kannte. Ich saß auf dem Beifahrersitz, es rüttelte mich ordentlich durch. Ich freute mich auf Louis, den Goldsucher, mit dem ich mich englisch unterhalten konnte. Sogar auf Eduardo, den ostfriesischen Gasthausbesitzer freute ich mich, obwohl er ein Oberlump ist. Er spricht dieselbe Muttersprache wie ich, das verbindet. Als am Abend die Lichter der 3000-Einwohner-Stadt in der Ferne auftauchten, riefen wir alle gleichzeitig: »Sorata!« Für uns der Inbegriff der Zivilisation, elektrischer Strom, Häuser mit Fenstern und ein Bett mit Matratze. Sogar warme Duschen gab es dort und Bushaltestellen mit regelmäßigem Linienverkehr nach La Paz. Märkte mit frischem Obst und Gemüse. Alles war bequem und einfach, zumindest wenn man Geld hatte wie ich. Sorata war die Sensation schlechthin.

Kapitel IV - Die Eigendynamik des Fernwehs

Vom Wahnsinn der kollektiven 'Vernunft'

War einmal beinahe abkratzen noch nicht genug? Kaum zuhause, dachte ich schon an eine weitere Expedition nach Bolivien. In den Anden steckten noch so viele Möglichkeiten, und eine Reise dorthin war erschwinglich. Es dauerte nicht lange, und aus dem Plan wurde ein Entschluß.

Natürlich weiß ich um die Vorteile von medizinischer Versorgung und materiellem Wohlstand. Selbstverständlich profitiere auch ich von den guten Seiten der Überflußgesellschaft. Mir ist bewußt, daß ich ein Riesenglück hatte, in Deutschland geboren worden zu sein, lesen und schreiben gelernt zu haben und damit nicht zu dem gewaltigen Heer von Analphabeten zu gehören, denen von Beginn ihres Lebens an jede Aufstiegsmöglichkeit versperrt bleibt. Trotzdem war ich der satten Arroganz und der anekelnden politischen Frechheit in Deutschland so überdrüssig wie nie zuvor. Ich wollte nicht hier in diesem Land sein und war trotzdem da. Keine Beschuldigung, auch keine Rechtfertigung, sondern lediglich eine Tatsache war das.

Vielleicht war ein Grund, wieder losziehen zu wollen, der, daß ich ein anderer Mensch geworden war. Meine Abenteuer hatten mich verändert. Hinter der bunt getünchten Fassade des Alpen-Tourismus sieht es ganz anders aus als mancher meint, der sein Wissen aus schöngefärbten Werbekatalogen hat. Die Menschenmassen, die von Zeit zu Zeit Ferienorte wie Mittenwald überschwemmen, haben nicht viel an der tiefen geistigen und seelischen Isoliertheit der Menschen, die dort leben, ändern können. Alles läuft im Grunde genommen auch heute noch in jahrhundertealten, längst überholten, eingefahrenen Mustern ab. Wehe dem, der versucht, etwas anders zu machen! Wer das wagt, der wird zuerst von sämtlichen 'Ratschweibern' ausgerichtet und dann, wenn der ganze Ort über ihn Bescheid weiß, von jedem geschnitten, was einem offiziellen Ausschluß aus der Gemeinschaft gleichkommt. Der Alkoholismus ist weit verbreitet, heimlicher, nie offen eingestandener Ausdruck von Weltschmerz und Minderwertigkeitsgefühlen. Kein Tourist ahnt, wie langweilig so ein Kaff für junge Leute sein kann. Auch die Trachtengruppe auf dem Heimatabend weiß, daß wir im Computerzeitalter leben, in den Bergen haust kein primitiver Menschenschlag, der sich aus grauer Vorzeit herübergerettet hat, der sich von ausgegrabenen Wurzeln und von der Jagd ernährt. Das lederhosentragende Relikt aus der Steinzeit, mitten im Standort Deutschland, gibt es nicht. Niemand wird heute mehr Melker auf der Alm, die Traumjobs sind Bankangestellter oder Schreibkraft im Garmischer Landratsamt. Vieles, was man den Touristen und sich selbst vormacht, ist schizophren, verlogen und geheuchelt.

Querköpfe werden in Mittenwald nicht geduldet, am liebsten würde man sie des Landes verweisen. Ich wagte nicht, das, was ich dachte, auszusprechen; aus Angst, von keinem verstanden und von allen gemieden zu werden. Ich war ein einsamer Mensch und litt still. Die alten schönen Häuser, himmelhohe Berge und ein paar Menschen, die mir zugetan sind, das ist Mittenwald auch. Es ist meine Heimat, an der mir etwas liegt, gerade weil ich es nie laut hinausgeschrieen habe. Trotzdem hielt ich es einfach nicht aus, das ganze Jahr über hier eingezwängt zu sein. Nicht wegen des langen Winters, wegen der Menschen hier fühlte ich mich oft unwohl. Manche versuchten mich zu vertreiben. So nicht. Wenn ich einmal gehe, dann freiwillig. Fortjagen lasse ich mich nicht. Im Herbst tat ich mechanisch meine Arbeit, hängte mich voll ins Zeug, weil ich Geld brauchte, um meine Flucht fortsetzen zu können. Die kleine Flucht am Wochenende: Mal ins Karwendel, mal ins Wettersteingebirge. Die große Flucht im Winter: Zum Sportklettern nach Thailand.

Nichtstun als Kunstform

Die Halbinsel Phrannang war ein tropisches Ferienparadies in Thailand. Dort gab es alles was das Herz begehrte: Palmen, Sonnenaufgänge, Sonnenuntergänge, Dingi-Fieber, Ungeziefer und meterlange, holzgeschnitzte Schwänze, um was weiß ich für einem Gott der Fruchtbarkeit zu huldigen. Der Sand war überall: Am Strand, in den Haaren und in der Unterhose. Es gab eine Unzahl von Klippen auf der Halbinsel, bis zu 200 Meter hoch, richtige Berge ragten bisweilen aus dem Meer. Am Vormittag und frühen Nachmittag, wenn es noch nicht allzu heiß war, statteten Doma und ich den Felsen der näheren Umgebung einen Besuch ab, um den Affen in uns rauszulassen. Der sauste dann mit albernen Verrenkungen die Wände hinauf. Aber nicht gleichzeitig, einer mußte immer untenbleiben und sichern. Wenn wir den Klippen mit Seil und Karabinern zu Leibe rückten, so taten wir das mit Ernst und Nachdruck. Wir konnten uns nichts Würdevolleres, international Wichtigeres vorstellen, als an einem Felsen in Thailand herzumzuturnen um damit die Welt zu verändern. Schade nur, daß die bis heute keine Notiz von diesen wichtigen Ereignissen nahm und alles so blieb wie es war.

Zuhause wurde mir oft geraten, doch endlich einmal vernünftig zu werden und etwas Sinnvolleres zu tun, als ewig dieses immer-an-der-Wand-lang-Spiel zu wie-

derholen, das ja doch nichts einbrachte. Manchmal gab es laute Vorwürfe, meistens waren sie aber leise und hinten rum. Am meisten ärgerten mich immer die Menschen, die mir kostenlose Ratschläge erteilten, weil sie es angeblich so gut mit mir meinten. Es gäbe doch so viel andere Möglichkeiten der sinnvolleren Selbstbestätigung, hieß es oft: Ein Autohändler zu werden, Häuser zu verscherbeln, Versicherungsbetrüger zu sein oder mit Vierzig einen Herzinfarkt zu bekommen. Wenn ich Zeit hatte, fühlte ich mich schuldig, meist hatte ich aber Wichtigeres zu tun, denn ich war zu 'Höherem' geboren: Ich stieg hoch in die Felsen hinauf. Von dort oben sahen die Menschen wie Ameisen aus und ich sah sie so, wie sie tatsächlich waren: lächerlich und klein.
Mit deiner Einstellung kommst du nicht weit, hieß es. Bis Thailand hat es auf jeden Fall gereicht, und das war doch auch kein Pappenstiel, fand ich.
Am Vormittag hingen wir meist so lange in irgendeiner Wand, bis uns die Finger aufgingen. Erst wenn die Unterarme bleischwer, die Waden verkrampft waren und dabei unsere Körper in dem feuchtwarmen Klima vom Schweiß glänzten, waren wir so richtig glücklich.Warum? Ich weiß nicht. Vielleicht weil es uns einfach Spaß machte herumzuturnen . Nach getaner Arbeit suchten wir uns ein schattiges Plätzchen, um uns auszuruhen, schließlich ist der Mensch ja keine Maschine. Dank der Hitze war unser Schlaf- und Ruhebedürfnis groß, wahrscheinlich war es uns auch angeboren. Der Mensch drückt seine Persönlichkeit in der Tat aus, heißt es. Wenn das zutrifft, dann waren wir unglaublich starke, immens faule Persönlichkeiten mit großer Ausdruckskraft, denen nicht der ihnen zustehende Respekt gezollt wurde. Aber Genies werden ja meistens verkannt.
Wir taten monatelang gar nichts, denn das entsprach unserem Charakter. Nicht zuletzt wollte ich auch meinen schlechten Ruf nicht verlieren. Nichtstun ist nicht einfach nur nichts, es ist eine hohe Kunst, die in Europa kaum noch einer richtig beherrscht. Mit einer Passion, die vollkommen zweckfrei ist, hat man dort ganz erhebliche Schwierigkeiten. »Wer nichts tut, der macht auch keine Fehler«, lautet ein weises Sprichwort. Wir machten nur selten Fehler, dazu war es zu heiß.
Wie Doma es fertigbrachte, morgens mit einem nassen Schwamm stundenlang gedankenverloren in faultierähnlichen, kreisenden Bewegungen in seinem Gesicht herumzuwischen, wird mir ein Rätsel bleiben. Das war sein Meisterstück morgendlicher Meditation, bis hin zur Selbstaufgabe. Wenn er dann in den Felsen hing, wurde offenbar, welche Körperkräfte, was für ein Bewegungstalent in ihm steckten, er war wirklich ein genialer Kletterer. Manchmal, wenn er auch in schwersten Stellen immer noch nicht stürzte, glaubte ich, er sei mit dem Felsen zusammengewachsen. So tut halt jeder, was er kann: Der Maler malt, der Soldat erschießt, der Kellner bedient und der Kletterer klettert.

Oft waren wir selbst zum Klettern zu faul und erfreuten uns lieber an so unpraktischen Dingen wie einer schönen Blume, einem blauen Himmel oder dem gleichmäßigen einschläfernden Wellenschlag des Meeres.
Übrigens haben die Palmen Augen, erzählten uns die Thailänder. Sie werfen ihre schweren Früchte nur entweder auf den Boden oder auf den Kopf von Bösewichten. Das beruhigte uns zwar, wir blieben aber mißtrauisch und achtsam, wenn wir unter ihnen durchgingen. Die weltweit meisten Toten durch Kokosnußschlag gibt es in Thailand. Vielleicht sind die Palmen hier besonders kurzsichtig.
Auf der ganzen Halbinsel herrschte eine entspannte, friedliche Atmosphäre des Nichtstuns, für Aggressionen war man zu faul und zu ausgeglichen, beziehungsweise zu zugeraucht und zu verblödet. Die Hippies saßen abends am Strand und rauchten, albern vor sich hinkichernd, fette Joints, weil sie sonst mit sich und dem Sonnenuntergang nichts anzufangen wußten. Wenn sie richtig hageldicht waren, glaubten sie oft ernstlich, die Erleuchtung habe sie gestreift, wenn das Licht ihres Verstandes für kurze Zeit erlosch. Das Thai-Gras, vor allem das vom Norden, ist so stark, daß die richtige Dosis davon selbst einen Büffel glatt umhauen würde. So mancher, der glaubte, er sei etwas gewöhnt, erwischte zuviel davon, sein Geist machte sich auf Wanderschaft und fand nicht mehr heim. Es ging ihnen wie Obelix, dem Gallier, der in den Zaubertrank fiel: Sie waren fortan, auch nüchtern, noch besoffen. 24 Stunden lang, und das jeden Tag. Ich mochte sie alle gut leiden, denn sie taten niemandem was und wollten nur so leben, wie es ihnen gefällt. Das verstand ich gut, denn das wollte ich auch.
Als ich von meinem Nachtspaziergang am Strand zurückkam, hörte ich gellende Schreie in finsterer Nacht. Wurde jemand beraubt oder gab es auf der Insel einen Frauenschänder? Ich schaute nach. Wild mit den Armen fuchtelnd, schreiend und schimpfend lief eine Frau auf und ab, ganz offensichtlich war ihr etwas Schreckliches widerfahren. An einem thailändischen Arbeiter, der herbeigeeilt war, ließ sie ihre ganze verzweifelte Wut aus. In ihrer Hütte seien Mäuse, eine ganze Schar, behauptete sie, während ihr ein paar Tränen über die Wangen kullerten.
In Asien gilt es als unschicklich, Trauer, Wut oder Betroffenheit offen zu zeigen. Solche Gefühle werden geschickt hinter einem unergründlichen Grinsen versteckt. Man weiß nie, wie man dran ist mit diesen professionellen nur-noch-Lächlern. Verzweifelt und lächelnd ließ sich der Bedienstete alle möglichen und unmöglichen Schimpfworte gefallen. Die Frau weinte, schimpfte und war laut. Damit machte sie sich in den Augen des Buddhisten gleich dreimal lächerlich. Schön sah sie aus in ihrem Zorn, fand ich. Die Frau konnte nichts dafür, daß sie schimpfte, die Mäuse konnten nichts dafür, daß sie raschelten und der Thailänder war auch

nicht schuld daran, daß er lächeln mußte. Es war eine prekäre Situation. Der Thailänder tat das einzig mögliche, er ging in die Hütte um nachzusehen, was es mit dem nächtlichen Spuk auf sich hatte und klopfte mal hierhin, mal dahin. Als er wieder herauskam war ihm die Erleichterung sichtlich anzumerken. »Gnädige Frau, kein Grund zur Aufregung, es liegt ein bedauerliches Mißverständnis vor, es sind gar keine Mäuse - nur Ratten, ein paar harmlose Ratten, weiter nichts«, beruhigte der Mann die Frau mit sanfter Stimme und verstand die Welt nicht mehr, als sie daraufhin total durchdrehte. »Das ist kein Paradies, sondern die Hölle«, sagte sie leise zu mir, als sie wieder ruhiger war. Am nächsten Morgen fuhr ein kleines Longtailboot nach Krabi, in dem Boot saß die Frau. Ich habe sie nicht mehr gesehen. So nahe liegen Himmel und Hölle beisammen, dachte ich mir.

Als es am nächsten Abend wieder einmal in unserer Bambushütte raschelte, fragte ich Doma, was er gegen die Rattenbande zu tun gedenke. »Ignorieren«, kam die Antwort kurz und bündig. »Ignorieren«, wiederholte ich bestätigend. Also straften wir die schlauen vierbeinigen Lebensmitteldiebe mit Mißachtung. Wir wußten ganz genau, daß wir gegen sie machtlos waren, und unsere Nerven brauchten wir fürs Klettern. Sie kamen noch oft, besuchten uns auch ohne Einladung, um unsere gebunkerten Vorräte aufzufressen. Wir lernten, mit ihnen zu leben, weil es keine Alternative gab. Nichtstun ist nicht immer leicht, und das Paradies verkraftet auch nicht unbedingt jeder. Wir beide waren dazu wie geschaffen.

Immer war es heiß. Ich mochte das. Nur die schwülen Nächte störten mich manchmal, in denen die schweißnasse Haut am Bettlaken pappte. Aber bald hatte man sich auch daran gewöhnt und spätestens nach einem Monat stellte sich der Körper völlig auf die Hitze um.

Noch nirgends bin ich so viele Überhänge geklettert wie in Thailand. Das ist die beste Übung für die Arme, die ich mir vorstellen kann, und dieses ausgezeichnete Training macht viel Spaß. Es mag eine Herausforderung sein, die Begehbarkeit geneigter Plattenwände zu erproben, wo es weniger auf Kraft als auf Geschicklichkeit und Gleichgewichtsgefühl ankommt. Wo die Füße an der äußersten Reibungsgrenze gerade noch Halt finden und jede ungünstige Verlagerung des Gleichgewichts zum Abrutschen der Schuhe und damit zum Sturz in den nächstunteren Haken führt. Am schönsten ist und bleibt für mich aber beim Sportklettern die athletische Kletterei. Die Unterarme müssen dabei richtig ziehen und am liebsten ist es mir, wenn ich an der Grenze der Schwerkraft in einem Überhang pappe, im Falle eines Sturzes durch einen Bohrhaken gesichert. Zu klettern heißt, die Schwerkraft zu studieren, nicht theoretisch, sondern praktisch. So ist ein jeder Kletterer eigentlich ein extravaganter Wissenschaftler, ein Pionier, der

seine eigenen Grenzen auslotet. Der Weg ist das Ziel und das Versuchsobjekt ist man selbst. Die Versuchsreihen der Bewegungsabläufe sind beliebig fortsetzbar, das Versuchslabor ist groß: Die ganze Welt, Felsen stehen überall herum.
Eine handvoll bizarrer Kürübungen an den oft ungewöhnlich beeindruckenden Felsgebilden Thailands sind mir im Gedächtnis haften geblieben. Andere, austauschbare, nicht so eindrucksvolle, habe ich wieder vergessen.
Lord of the Thai's: Diese Route ist erst eine Woche alt und 5 Seillängen lang. Greg, ein Ami, hat sie zusammen mit seiner Frau, einer Russin, nach langer Vorarbeit erstbegangen. Doma hat keine Lust auf etwas Langes heute und so gehe ich mit Chivin, einem stämmigen jungen Thailänder, der hier lebt. Als Barkeeper verdient er sich ein bißchen Geld nebenher, aber sein unbezahlter Beruf ist Kletterer, seit Jahren schon. Die Thailänder auf Phrannang haben, als die ersten Kletterer hierherkamen, sofort Gefallen an diesem Sport gefunden. Von der Statur her, und vor allem von der Lebenseinstellung, sind sie wie geschaffen fürs Klettern. Die Ausrüstung haben sie von nach Hause fahrenden Europäern zusammengeschnorrt, kaufen hätten sie sich nichts können, weil ihnen die Mittel dazu fehlen.
Wo wird man schneller miteinander bekannt als beim Klettern? Klettern kann alles mögliche sein, für mich stellt es auch eine Möglichkeit der Völkerverständigung dar. Am Ausstieg sitzt Chivin neben mir, in einem kleinen Felswinkel, unsere Füße baumeln in der Luft. Wir genießen den herrlichen Ausblick über die gebirgige Insel, übers Meer und hinüber aufs Festland. Ein paar Fischerboote tuckern übers in der Sonne glitzernde Wasser, ihr Motorenlärm dringt nur schwach zu uns herauf. Wir haben Durst. Der Schweiß läuft aus allen Poren, und ein sanfter Gipfelwind läßt uns, trotz der Wärme frösteln - wir haben ja beinahe nichts an und sind klitschnaß. Die Thailänder nennen uns Europäer Langnasen, wir bezeichnen die Asiaten als Schlitzaugen, doch das sind nur Äußerlichkeiten. Eine Langnase und ein Schlitzauge lächeln sich an, und für eine kleine Weile gibt es keine Unterschiede mehr. Als Seilschaft sind wir eine Einheit, einer braucht den anderen. Gipfelglück kennt keine Schranken, es braucht nicht einmal einen richtigen Berg. Von hier zum Einstieg sind es etwa 160 überhängende Meter. Die freihängende Abseilfahrt dort hinunter ist ein Abenteuer für sich. »Diese Tour hat mich weitaus mehr beeindruckt als die Westliche Zinne-Nordwand«, schreibe ich in mein Notizbuch.
Hueco Tanks: Diese Route ist nur bei einem bestimmten Mondstand bei Ebbe zugänglich, die restliche Zeit des Monats liegt der Einstieg im Wasser. Längst leben Doma und ich mit Ebbe und Flut, Schatten und Sonne - den natürlichen Gegebenheiten dieses Lebensraums. Zuerst geht es durch einen wasserumspülten

Felstunnel hindurch zum Einstieg zwei Meter über dem Wasserspiegel. Unter uns schlägt die Brandung an den Fels. Ich klettere los, und jedesmal wenn mein Schatten auf das Wasser fällt, springen Tausende winziger silberglänzender Fische wie auf Kommando gleichzeitig aus dem Wasser. Beim Zurückfallen erzeugen sie einen Ton wie der Brausestrahl einer Dusche. Dieses romantische Schauspiel, nicht die Schwierigkeit der Tour, war das Besondere dieser Führe.
It's a boy: Zweimal schon habe ich vom Strand aus 10 Meter hohe Stürze in dieser Tour beobachtet. Deshalb habe ich großen Respekt, fast schon Angst vor ihr. So weit möchte ich nicht unbedingt fallen, aber bei der Schwierigkeit VIII+ liegt das im Bereich des Möglichen. Mein Seilpartner ist Luang, ein Thailänder. Während wir uns einbinden, erzeugt die Ungewissheit ein eigenartiges, spannungsgeladenes Gefühl, es ist mir vertraut. Vom Einstieg geht es schräg rechts aufwärts zum Beginn einer Höhle. Aus Rücksicht auf diesen für die Thailänder heiligen Platz, der Prinzessinenhöhle, haben die Erstbegeher in der ersten Seillänge keine Haken geschlagen, es geht auch so. Man muß durch einen engen Schlupf ins Innere des Berges, am Ende verengt sich dieser Tunnel zu einem schwarzen Loch durch welches das Tageslicht wie durch ein Fenster in die Höhle scheint. Ich lege mich auf den Rücken und zwänge mich in das Loch. Nichts für Leute mit Neigung zu Platzangst. Zuerst strecke ich den Kopf aus der Höhle ins Freie - als nächstes bekomme ich die Arme frei mit denen ich den Rest von mir, der noch in der Höhle steckt, nachziehe. Es gibt Momente, da ist man froh, dürr und schmal zu sein. Ein Stück die freie Wand hinauf, dann kann ich mir einen Schlingenstand bauen und Luang nachholen. Es sieht aus wie eine Geburt: Zuerst kommt ein schwarzer Haarschopf, dann das ganze Gesicht. Luang blickt ganz angestrengt, ich muß grinsen. Es sieht zu drollig aus. Jetzt kommt ein Arm zum Vorschein, dann der andere. Ruckweise schält sich der ganze Körper aus dem Fels. Und tatsächlich, es ist ein Junge, bei der Geburt wiegt er bereits 55 Kilo.
Fever Dreams: Klettern ohne Ende, die Sohlen meiner Kletterschuhe sind schon ganz abgewetzt. In einer großen Höhle zieht eine etwa 25 Meter hohe überhängende Kante zu einem Podest hinauf. In ziemlichen Abständen hängen die Zwischensicherungen, durch Bohrlöcher gefädelte Seilschlingen. Die dünne Kante macht diese Absicherungsart möglich, und auf diese Weise hat sich Todd Skinner, der Erstbegeher, einige Bohrhaken gespart. Die Sicherungspunkte sind so weit auseinander, daß ich befürchte, im Falle eines Sturzes mit dem Rücken die gegenüberliegende Höhlenwand zu streifen. Aber die Route ist optisch so schön, so wild, daß ich sie unbedingt klettern will.
Nur zwei Meter neben dieser Route gibt es eine viel leichtere Variante durch eine Verschneidung. Als Sicherung dienen die Seilschlingen von 'Fever Dreams'. Dort

steige ich hoch und checke jeden Bewegungsablauf, jeden Griff und Tritt an der Kante aus. Ich finde das ausgesprochen lustig, so herrlich albern und pseudowissenschaftlich. Da gibt es eine leichte Möglichkeit, aber die ist mir nicht genug, ich suche die Schwierigkeiten, die Angst vielleicht.
Wieder von der leichten Tour zurück, probiere ich die Kante. Beim ersten Versuch komme ich nicht weit, nur bis zur ersten Seilschlinge. Ich habe keine Ahnung, wie ich von hier weiterkommen soll. Was ich mir ausgedacht habe, funktioniert nicht. Wie ein nasser Sack hänge ich da, und wenn ich wieder probiere, mache ich einfach alles verkehrt, finde auch den Mut nicht, über die Seilschlinge hinauszusteigen und einen Sturz zu riskieren. Einen ganzen Tag lang grüble ich am Strand über die Bewegungsabläufe nach, am nächsen Morgen bin ich wieder da.
In Gedanken gehe ich jede Bewegung nochmal durch, dann steige ich los. Doma gibt vorsichtig Seil nach, ich weiß, daß ich mich auf ihn verlassen kann. Ich hänge die erste Schlinge ein, der Tanz geht los. Rechte Ferse weit über den Kopf an der Kante eingehängt, ich ziehe mit allem, was ich habe, an: mit dem Bein, mit den Armen. Mein Kopf hängt nach unten. Linke Hand greift neben rechte Ferse, Ferse lösen und rechte Hand greift nach. Kurz baumeln die Beine in der Luft, dann mache ich einen halben Klimmzug, winkle die Knie an, plaziere sie über meinen Ohren links und rechts der Kante und presse so fest es geht mit beiden Beinen gegen sie. So nehme ich viel Gewicht von den Armen weg. Jetzt greife ich wieder mit den Händen über Kopf und Beine, kann die nächste Schlinge einhängen. Doma feuert mich von unten an, das peitscht mich unheimlich auf. Immer wieder wilde Züge, unwahrscheinliche Verrenkungen. Bald bin ich beim Umlenkhaken. Nie mehr bin ich so etwas ähnliches geklettert.
Ex oder Arschloch: Der Routenname gefällt mir nicht, er hört sich so spießig, so deutsch an, aber Namensgebung ist halt Ansichtssache. Die Route an sich hat Schwung und Klasse. Sie besteht aus einem gewaltigen, zehn Meter langem Dach, das vollkommen waagrecht hinaus geht. An manchen Stellen hängt es sogar nach unten ab. Ich hatte schon ein paar Mal zugeschaut, wie andere Kletterer sich vergeblich daran versuchten, und mir die Bewegungsabläufe genau eingeprägt. Nach den Regeln ist eine sturzfreie Begehung weniger Wert, wenn man vorher anderen zugeschaut hat. Es stimmt auch tatsächlich, aber es ist mir total egal. Ich wäre schon froh, wenn ich mit dem Wissen um Griff- und Trittkombinationen hinaufkäme.
Vom Einstieg steige ich drei Meter senkrecht hinauf, hänge den ersten Haken ein und steige ins Dach. Schnell reihe ich Zug an Zug, um Kraft zu sparen. In Dachmitte hängt ein Stalaktit herunter, den ich mit beiden Beinen umschlinge

und abpresse. In dieser Stellung kann ich mein Gleichgewicht mit den Beinen halten und die Arme schütteln, sowie den nächsten Sicherungshaken einklinken. Ein fetter Europäer mit Taucherbrille bleibt unter mir stehen, ein Ei hängt ihm vorwitzig aus der knappen Badehose. Er fängt an mit Doma, der mich sichert, über den Unsinn unseres Tuns zu diskutieren. Als ob Tauchen im Meer sinnvoller wäre! Er wirft uns Leichtsinn vor, aber am leichtsinnigsten ist er selbst. Wenn ich weiterklettere und stürze, führt meine Flugbahn knapp über dem Boden in einem Pendelschwung direkt auf ihn zu und ich springe ihn über den Haufen, ob ich will oder nicht. Doma fordert ihn ein paarmal auf, zur Seite zu gehen, aber er rührt sich nicht vom Fleck.

Meine Lage ist alles andere als bequem, kleine Zacken des Stalaktiten, auf dem ich 'sitze', drücken mir in die Beine, ich will und muß weiter. Bis zur Dachkante komme ich ganz gut, auch den Haken kann ich ohne weiteres einhängen. Doch nun merke ich, wie mich die Kraft zu verlassen droht. Gerade so schaffe ich es drüber. Jetzt muß ich mich noch in die überhängende Schlußwand mit dem letzten Rest von Kraft verbeißen. Ich höre Doma schreien: »Los Robbi, das kleine Stück schaffst du auch noch«. Ich will nicht loslassen und deshalb lasse ich auch nicht los, schaffe es bis zum Umlenkhaken. Bis zum Schluß war der Erfolg ungewiß und das versetzte mich in eine Art Hochspannung. Die schönsten Touren sind die, bei denen bis zuletzt alles offen ist. Als ich schwitzend unten am Boden stehe, spüre ich bleischwer jeden Muskel meines Körpers. Es ist eine tolle Erfahrung, zu spüren, daß man ein Körper ist.

Kanaab Nam: Gekreuzte Schwerter. So wird eine riesige Höhle am Stadtrand von Krabi genannt. Domas Abreise rückt näher, wir beschließen schon ein bißchen früher als unbedingt notwendig mit einem Longtailboot aufs Festland nach Krabi zu fahren. Nachdem wir uns in einem schäbigen, aber billigen Hotel einquartiert haben, besorgen wir uns erneut ein Longtailboot, das uns zur Höhle bringen soll. Wir erfahren von dem »Bootskapitän«, daß er selbst ein begeisterter Kletterer ist und uns gerne begleiten will. Kein Problem, wir freuen uns, wenn noch jemand mitkommt. Wir fahren ein Stück weit einen seichten mangrovenumrahmten Meeresarm hoch, an einem geeigneten Platz legen wir kurz vor der Höhle an. Die Moskitos sind lästig und es ist brütend heiß, kurz, es ist ein ganz hundsgewöhnlicher Tag.

Wir steigen über Bambusleitern ein schmales, enges Loch hoch, bald tasten wir uns im Dunkeln weiter. Plötzlich stehen wir in einem riesigen Amphitheater, über uns wölbt sich das Höhlendach wie eine gigantische, überdimensionale Kirchenkuppel, in der Mitte etwa 70 Meter hoch. In der Decke sind ein paar kleine Löcher, durch die wie durch Fenster, ein paar Lichtstrahlen ins Höhleninnere dringen. Sie reichen aus, um in der Höhle ein diffuses Licht zu erzeugen. Es stinkt penetrant nach Fledermausscheiße, aber das paßt gut zu der unwirklichen Stimmung. Überall hängen riesige, bizarre Tropfsteingebilde mit unglaublichen Formen, auf die das schwache Licht ganz erstaunliche Farbreflexe zaubert. Wenn wir uns unterhalten erzeugen unsere Stimmen ein Echo.

Bald finden wir den wilden Doppelstalaktiten, wegen dem wir hierhergekommen sind. Ein architektonisches Wunderwerk, das ganz schmal auf dem Boden aufliegt und nach oben immer breiter wird. Es gibt so viele Wunder auf dieser Erde, wir müssen nur lernen, sie zu sehen. Das obere Ende des Stalaktiten ziert eine gefädelte Abseilschlinge, in der Mitte hängt noch eine weitere. Mehr Beweise, daß er schon durchstiegen wurde, gibt es nicht. Aus Neugier schlagen wir leicht gegen den riesigen Tropfstein, worauf er zu vibrieren beginnt und durch die Schwingungen hervorgerufene geheimnisvolle Töne von sich gibt. Wir komponieren aus dem Stegreif eine kleine Melodie und finden das Ergebnis ganz ausgezeichnet. Dann klettern wir dem Stalaktiten aufs Dach, die Runsen, die den Stein wie Adern durchziehen, als Griffe und Tritte benutzend. Wegen der mangelhaften Absicherung verbietet sich ein Sturz von selbst. Auch wenn er nicht besonders schwer war, dieser einmalige Tropfstein gehört zu meinen schönsten Sportklettererlebnissen.

Am Morgen steigt Doma in einen Bus nach Bangkok und ist fort, der Abschied fällt mir schwer. Ein Tourist schenkt mir ein deutsches Buch, irgend so ein esoterisches Gefasel. Ich komme nur zwanzig Seiten weit, dann schmeiße ich es wütend in eine Zimmerecke. Da schreibt so ein windiger Zipfelklatscher von Dingen, die er gar nicht erlebt hat, will den Sturm beschreiben, obwohl er bei Wind nie das Haus verlassen hat. Dreihundert Seiten Zeile für Zeile gelogen, jeder Schulaufsatz ist besser als diese Mißgeburt von einem Buch. Auf einmal graust es mich davor heimzufahren, bin ich heilfroh, daß ich noch einen vollen Monat hierbleiben darf. Wo bin ich eigentlich daheim? Ich habe es vergessen.

Am Abend sehe ich mir einen Thai-Boxkampf an. Halbnackte Gestalten treten sich in die Hoden, rammen sich Ellbogen ins Gesicht und Knie in den Magen, während viel Geld darauf gewettet wird, wer zuerst umfällt. Du meine Güte, wie eine oberbayrische Wirtshausschlägerei im Bierzelt. Wie sich die Menschen doch im Grunde überall gleichen. Der dritte Mann im Ring soll wohl der Schiedsrichter sein, es muß also auch irgendwelche Regeln geben, aber er geht nie dazwischen, es scheint zumindest alles erlaubt zu sein, was den Kontrahenten von den Socken holt. Frei nach dem Motto: Sport dient der Gesundheit, starke Schläge auf den Kopf erhöhen das Denkvemögen, und Tritte in die Eier fördern die Potenz. Bereits vom Zuschauen stehen mir Schweißperlen auf der Stirn, aber bevor ich das Buch vom Vormittag weiterlesen müßte, stiege ich lieber selber in den Ring.

Am nächsten Morgen nehme ich das erstbeste Longtailboot zurück nach Phrannang, Sportklettern ist vielleicht doch nicht die allerschlechteste Alternative des Zeitvertreibs. Ich treffe auf Phrannang unseren kletternden Bootsfahrer von der Höhle in Krabi wieder. Wo er sein Boot hat, frage ich ihn. Er will nur noch Klettern, lange schon, deshalb hat er gestern sein Boot verkauft, endlich hat er einen Käufer gefunden. Jetzt ist er endlich frei. Kennst du das Märchen vom »Hans im Glück?« frage ich ihn spaßhalber, und: »Von was willst du leben?« »Von was lebst du, du tust doch auch nichts?« fragte er mich zurück. »Wo er recht hat, hat er recht«, denke ich mir. Er ist ein schlauer Bursche. Wir arbeiten und haben kein Geld, dann arbeiten wir nichts und haben auch kein Geld und leben trotzdem weiter. Worin liegt eigentlich der Unterschied?„»Was hältst du von Dum's washing line? - gibt ein paar wilde Routen dort.« - »Wann?« - »halb sieben, in der Früh ist es noch schön kühl, nachmittags wenn die Sonne in diese Wand fällt, können wir ein Nickerchen machen«.

Ich habe einen neuen Kletterpartner, Doma ist vergessen. Mein thailändischer Freund ist heute selbsternannter Sportkletterführer für Touristen, die genug von eintönigem Sonnenbaden haben, und verdient so sein 'täglich Reis'. Das Lebensrad dreht sich schon immer irgendwie weiter.

Kontraste im Niemandsland

Ich war wieder zu Hause. Nur: Wo war Zuhause eigentlich? Lag mein Zuhause im ständigen Unterwegssein? Ich bin ein deutscher Staatsbürger, das steht schwarz auf weiß in meinem Paß. Aber meine Sicht der Dinge macht mich geistig staatenlos. Ich war längst zum Vagabunden geworden, überall und nirgends beheimatet. Wie das genau geschehen war, wußte ich nicht, es mußte ganz allmählich geschehen sein, ohne daß ich es bemerkte. Ich war ein Nicht-Seßhafter, aber vielleicht war ich das immer schon gewesen, und erst jetzt wurde mir klar, daß es so war.

Vergangene Nacht hatte ich noch in Bangkok geschlafen, schwülheiße 33 Grad in stickiger Tropenluft. Jetzt glitzerte der Reif auf den Gartenzäunen. Es war kalt und weiß, als ich heimkam, und ich war allein. Ich vermißte das Meer und die Menschen dort. Frei zu sein bedeutet auch zwangsläufig einsam zu sein. Die klimatische Kälte ließ mich zittern, aber die menschliche Kälte, die ich überall spürte, war viel schlimmer, sie machte mein Herz frieren. Ich war zwei Jahre mit einer Thailänderin verlobt, hatte sie aber diesmal nicht besucht, weil ich zu feige

war, um den erneuten Abschied zu ertragen. Heute fand ich einen Brief von ihr in meinem Briefkasten. Mit ihr habe ich versucht, in der Millionenstadt Bangkok Fuß zu fassen, es ging nicht, vor allem, weil mir die Berge abgingen. In Thailand war ich ein Phalang, eine Langnase, sie wäre in Deutschland immer ein 'Schlitzauge' geblieben, und weil ich sie liebte, wollte ich ihr das nicht antun. Es gab keinen Grund, mich zu beklagen, trotzdem vermißte ich sie ganz einfach.
Ich hatte ein Ziel, und auch Thailand war nur eine Station auf dem Weg dorthin. Die hohen Berge, die ewigen Jagdgründe der extremen Bergsteiger. Sie entsprachen voll und ganz meiner eigentlichen Sehnsucht nach schrankenloser Freiheit. Nepal war mir zu teuer und zu kompliziert, außerdem hatte ich mir nach Afrika vorgenommen, nirgends mehr hinzugehen, wo ich für einen Gipfel oder einen Zeltplatz zahlen mußte. Das war mir alles zu umständlich, zu bürokratisch. Peru war mir politisch zu unsicher, in Ecuador gab es keine schwierigen Wandprobleme. So wollte ich wieder nach Bolivien, dort gab es noch jede Menge zu tun. Wie ein Betrunkener wankte ich mit klobigen Winterschuhen über die Straßen, war ich doch seit Monaten gewohnt, nur noch barfuß oder in Sandalen über tropische Erde zu laufen. Ich kannte die meisten Menschen, denen ich unterwegs begegnete. Sie waren wegen der Kälte dick eingemummt und sahen durch mich hindurch, als wäre ich unsichtbar. Ab und zu faßte ich unter meine Wintermütze und kratzte mich verlegen am Kopf, das bestätigte mir, daß ich wirklich da war. Ein kaltes Winterbiwak im Karwendel hätte ich sicher leichter ertragen als mein Isoliertsein.
Ich hätte einmal reich heiraten sollen, dürfen, müssen und wollen können. Sie war damals auch ohne Schminke eine hübsche Frau, die einzige Tochter einer nicht unvermögenden Familie, die lange vergeblich nach einem heirats- und arbeitswilligen Hochzeiter für sie gesucht hatte. Ich mochte sie schon, aber ich wollte nicht die Berge von Arbeit, die ich mitgeheiratet hätte, gegen die Berge aus Stein eintauschen. Ich wollte eigentlich nur meine Ruhe, das war alles. Es gibt für die Blödheit eines Narren, der sein Glück nicht festhält, keine andere Entschuldigung als die, daß ich halt immer schon so war und nicht mehr zu ändern bin. Dieselben Leute, die jetzt grußlos und geringschätzig an mir vorübergingen, würden sich überschlagen vor lauter Freundlichkeit, wenn ich diesen 'Goldfisch' geheiratet hätte und durch sie etwas geworden wäre. Das altbekannte Muster: Heute setzten sie dich aufs hohe Roß, morgen stoßen sie dich herunter, und der Sattel wird dir zum Tragen auf die Schultern gelegt. Auf die Meinung der Allgemeinheit gebe ich längst nichts mehr, sie ist meist falsch.
Die weißen Schneeberge, wie sie im Sonnenlicht mystisch funkeln! Dort droben ist eine andere Welt. Es gibt keine Menschen so hoch oben. Mit wem soll ich die

Berge vergleichen? Vielleicht mit rätselhaften, geheimnisvollen Palästen, gebaut aus Illusionen, die ihre weißen Finger nach der Unendlichkeit in den Himmel recken. Der Schnee auf den Zinnen gleicht Fischerbooten, von denen, früh morgens aufs Meer hinausgerudert, am Mittag keine Spur mehr zurückbleibt. Bald wird die Frühjahrssonne den Schnee aus den Südhängen lecken. Dann wird es für Skitouren zu spät sein. Schon warten die saftigen Wiesen, verborgen schlafend unter Schnee und Eis, auf die Wärme der Sonne, um zu neuem Leben und Blühen erweckt zu werden. Mit aufbrechender Schneedecke und starker Sonneneinstrahlung explodiert die Potenz der Natur dann in allen Farben und läßt den grauen Winter vergessen.
Der große Solstein über Innsbruck ist ein lohnender Skitourenberg. Über seine Westflanke bin ich noch nie mit Skiern hinuntergeglitten. Das darf und kann nicht sein, daß es im Karwendel eine Abfahrt gibt, die ich noch nicht kenne. Auf was warte ich denn eigentlich noch? Also auf und davon, hin und hinauf! Die Begeisterung für meinen Plan macht im Nu einen anderen Menschen aus mir. Gleichmäßig schreite ich am frühen Morgen aus und bringe einen steilen Hohlweg über Hochzirl hinter mich, drunten im Inntal macht sich ein dickes Nebelmeer breit, das kein Licht in den Talgrund durchläßt. Über mir wölbt sich ein tief dunkelblauer Schönwetterhimmel ohne Wolken. Wie ein gigantischer rosa Wattebausch hängt der Nebelvorhang in den Niederungen. Meine Plastikschuhe knirschen auf dem harten Schnee, wenn ich einen Fuß vor den anderen setze. Die Spur, die ich zurücklasse, besteht aus aneinandergereihten, nur wenig in die harte Oberfläche des gefrorenen Schnees eingeritzten Kerben auf einer weißen Fläche. Ihr Ursprung ist jetzt schon von keiner Bedeutung mehr, morgen wird meine unscheinbare Spur nicht mehr da sein, die Sonne wird sie eingeschmolzen haben, nichts wird mehr darauf hindeuten, daß ich dort vorübergegangen bin, die Zeichen meiner Anwesenheit wird es nicht mehr geben.
Ich frage nicht nach dem Sinn meines Unterwegsseins, ich lebe den Sinn. So einfach, so primitiv ist es im Grunde genommen, das Sein. Bewegung ist die wahre Antwort auf jede Sinnfrage. Meine Oberschenkel schmerzen von der ungewohnten Beanspruchung, doch der Wille, der Drang zum Gipfel treibt sie unbarmherzig vorwärts, bis mir der Schweiß aus allen Poren bricht. Der Schnee trägt in der Morgenkälte immer noch gut und so kann ich auf das Anschnallen der Skier und das Montieren der Steigfelle ganz verzichten. Die letzten Schritte zum Gipfel, höher geht es nicht mehr. Eine herrliche Aussicht belohnt meinen frühen Aufbruch. Im Ohr rauscht noch immer leise eine thailändische Meeresbrandung mit, während sich gleichzeitig vor dem Realauge bläulichweiße Schneeberge in kontrastreichem Licht- und Schattenspiel bis zum Horizont aneinanderreihen.

Diese unendliche Weite, die plastischen Formen! Erinnerung und Gegenwart, ich als lebendiger Mittelpunkt einer froststarren Bergwelt, als endlicher Kontrastpunkt kontinuierlicher Unendlichkeitsgeschichte. Aus der Summe all meiner ineinander verflochtenen Eindrücke von Vergangenheit und Gegenwart besteht meine Existenz. Das Auge sucht den Solstein-Nordpfeiler, durch den eine Reihe von brandgefährlichen Felstouren führen, die sich durch hohes Steinschlagrisiko und Brüchigkeit 'auszeichnen'. Die schwerste Route heißt 'der Ritt zum Galgenbaum'. Ich will nicht zum Galgen reiten, ich will überleben, und deshalb begnüge ich mich manchmal mit dem Betrachten von Wänden, die mir unverhältnismäßig gefährlich erscheinen.
Nach der Gipfelrast will ich die Skier für die Abfahrt anschnallen. Inzwischen hat der Schnee aufgefirnt und voller Vorfreude fiebere ich dem rasanten Abfahrtstanz entgegen. Eine herbe Enttäuschung wartet auf mich. Die Bergschuhe stehen fünf Zentimeter über die Bindung hinaus, irgend jemand muß sie in meiner Abwesenheit verstellt haben, ohne mir Bescheid zu geben. Ich kann die Skier drehen und wenden wie ich will, die Bindung paßt einfach nicht für meine Schuhe oder aber die Schuhe passen nicht in die Bindung. Mir ist klar, was das bedeutet. Zu Fuß absteigen, die Skier als unnützen Ballast auf dem Buckel. Den erhabenen Momenten des Gipfelglücks folgen banale, hilflose Anwandlungen von Zorn, der Übergang von feierlicher Stille zu unkontrollierbarem Ärger ist abrupt und unästhetisch. Ich bekomme einen ziemlich unchristlichen Wutanfall und werfe die Skier mit Wucht in den Schnee, klaglos und unbeschadet überstehen sie meine Aggressionen, für die sie nun wirklich nichts können. Werkzeug zum Verstellen der Bindung habe ich natürlich nicht dabei, und so bleibt mir überhaupt nichts anderes übrig als grollend zu Fuß abzusteigen. Die stille Andacht des erhabenen, einsamen Augenblicks kann ich jetzt nicht mehr wahrnehmen, mein Ärger macht zuviel Lärm in mir drinnen. Oben trug der Schnee noch gut, doch weiter unten sank ich bei jedem Schritt tief in die inzwischen aufgeweichte Oberfläche ein und mein langsames Abwärtskriechen artete zu einer perversen Schinderei aus. »Die schöne Abfahrt«, bedauerte ich mich anfänglich selbst. Doch mit jedem Schneeloch, in das ich bis zu den Hüften versank, um mich mühsam wieder herauszuwühlen, wurde meine Müdigkeit größer und meine verrauchende Wut bedeutungsloser, bis die bleierne Schwere in den Beinen schließlich keinen Raum mehr für meinen Ärger ließ.
Zurück in Hochzirl nahm ich die 'Bindungsaffäre' dann doch von der heiteren Seite. Die erste Winterabwärtsbegehung des großen Solsteins, zu Fuß mit auf dem Rucksack befestigten Skiern, war mir gelungen. Welcher Weltrekord war als nächstes dran? Die erste Begehung der Zugspitze mit Sauerstoffgerät und Taucher-

flossen zu Fuß im Rückwärtsgang? Manche Rekordhascherei war ja tatsächlich nicht viel anders. Vieles, was in den Medien als 'letztes Abenteuer' präsentiert wird, ist höchstens lächerlich und nicht mehr als publikumswirksame Roßtäuscherei redegewandter Stümper. Sie betrachteten Bergabenteuer als gewinnträchtige Arbeit und ihre perfekte Ausrüstung als eine Abenteuer-Erfolgs-Garantie. Wer so seine Bergleidenschaft zur Arbeit herabwürdigt, versteht die Sprache des Abenteuers nicht. Er arbeitet, doch das kann er in einer Fabrik genauso tun und sich den weiten Weg in die Berge sparen. Deren Wesen ist ihm fremd und wird es auch bleiben.

Zuhause stellte ich meine Schwester wegen der verstellten Bindung zur Rede. Sie traf keine Schuld. Meine Mutter hatte die Skier einem Freund von mir geliehen, der die Bindung für seine Tochter verstellt und dann so zurückgebracht hatte, weil er die ursprüngliche Einstellung vergessen hatte. Mutter wollte es mir sagen, doch am Morgen waren meine Skier und ich einfach fort, Ziel unbekannt. So war ich also eigentlich selber schuld, daß aus der traumhaften Abfahrt ein alptraumhafter Abstieg wurde. Nachträglich fand ich es ja ganz lustig, probiert haben muß man alles einmal.

Als Entschädigung für entgangene Abfahrtsfreuden brach ich anderntags zu einer wilden Skitour auf, diesmal mit eingestellter Bindung und frisch gewachsten Skiern. Zuerst stieg ich auf zur Ferein-Alm, dann weiter zur Kriner-Kofler-Hütte. Den Schlüssel für die dem Mittenwalder Alpenverein gehörende und im Winter unbewirtschaftete Hütte hatte ich mir von Rolf Graich besorgt. Schweißnasse Kleidung, die an meinem Oberkörper klebt, läßt mich frösteln, als ich die verwaiste Hütte betrete. Der Ofen riecht nach kalter Asche. Sobald die ersten Holzscheite brennen und die geschlossenen Fensterläden geöffnet sind, wird es gemütlicher. Zu Weihnachten und Sylvester wird hier oben gefeiert, daß die Wände wackeln, die Besoffenen schaffen es in vielen Fällen gerade noch bis vor die Hüttentür, wo sie sich schwankend hinstellen und in die Hose oder in den Schnee brunzen, je nachdem, ob sie den Reißverschluß noch aufbekommen oder nicht. 'Iß keinen gelben Schnee' befolge ich deshalb, eine alte weise Regel zur Erhaltung der Gesundheit, und fülle die Töpfe erst weit weg von der Hütte mit Schnee.

Der winzige Küchenraum ist bald warm, im Ofen knackt das Feuer und in Kochtöpfen schmilzt weißer Schnee zu Wasser, Wasser wird heiß, bis es kocht. Im Vorratsraum liegt eine tiefgefrostete tote Maus und, ordentlich aufgestapelt auf Holzregalen, alle kulinarischen Genüsse, die ein Bergsteigermagen begehrt, zurückgelassen von anderen Hüttenbenützern, die mehr heraufgeschleppt hatten als sie vertilgen konnten. Wie nett von ihnen. Ich fresse und saufe, was das Zeug hält, als Nachtisch entkorke ich zufrieden rülpsend eine Flasche Rotwein von erlesener Qualität. »Man gönnt sich ja sonst nichts«. Später strecke ich meine Beine aus und schaue besoffen aus dem Fenster, ob nicht doch noch jemand vom Tal heraufkommt. Es kommt niemand, der tiefe Schnee um die Hütte leuchtet schweigend, der Ranzen spannt, Sodbrennen habe ich keines. »Alles in Ordnung,« stelle ich rundum zufrieden fest. Als es dunkel wird, zünde ich eine Gaslampe an. »Vergiß ja nicht, das Gas abzudrehen bevor du gehst«, hatte mir Rolf Graich ans Herz gelegt, als ich bei ihm den Schlüssel geholt hatte. 'Gas nicht vergessen', schreibe ich in großen Buchstaben auf einen Zettel und lege ihn auf den Tisch. Ich muß mir immer alles aufschreiben, manchmal mache ich mir als Erinnerungsstütze auch einen Knoten ins Taschentuch und vergesse bis zum nächsten Tag, an was mich der Knoten erinnern sollte.

Zeitig gehe ich am nächsten Morgen los. Die Krinner-Kofler-Hütte liegt bald tief unter mir und wird immer kleiner, je höher ich steige. Es ist kalt, mein Gesicht ist von Reif überzogen. Soiernspitz hinauf, steile Abfahrt nordseitig hinunter zu den Soiernseen. Im Schatten hat sich noch staubender Pulverschnee gehalten, in tobsüchtigem Rausch schwinge ich abwärts, spüre mein Gewicht nicht mehr. Anschnallen der Steigfelle und dann der Aufstieg zur Gumpenkarspitze. Auf dem Gipfel wirbelt schneidend kalter Wind Schneefahnen auf mich. Mich friert, also gehe ich weiter. Ich überschreite den Grat hinüber zur Krapfenkarspitze. Plötzlich Windstille und Sonne, die auf dem Schnee gleißt wie warmer Atem. Jetzt schwitze ich. Wenn ich zurückblicke, sehe ich die noch im Schatten liegende Gumpenkarspitze, um deren Gipfel der Wind immer noch Schneefahnen aufwirbelt. Gegensätze, Niemandsland. Mit rasch am Himmel ziehenden Wolkenfeldern laufen sich bewegende Schatten durch die Helle des Schnees. Dramatisch die dynamische Stille der davoneilenden und von Westen nachrückenden Wolkenformationen. Wahrscheinlich schlägt das Wetter um, es wird vielleicht noch einmal Schnee geben. Lange verweile ich nicht auf dem Gipfel, zirkle bald wieder runde Schwünge in sinnloser Raserei in die steile, ebenmäßige Flanke des Krapfenkares, fast identisch aneinandergereihte Viertelkreisbögen als vergängliche Zeichnungen im Firn. Weich schlittern die Laufflächen der Skier über den Schnee und singen leise ein Lied von Freiheit.

Im Wald Pappschnee. Aus der Traum vom Fliegen. Es folgt eine 25 Kilometer lange, nur mäßig steile Abfahrt mit geringer Neigung. Mit wenig Tempo gleite ich dahin. Bald sehe ich die Berge der Soierngruppe nur noch aus weiter Ferne. Das letzte Stück Abfahrt geht es in halbsbrecherischem Tempo über den steilen Eiskanal einer geräumten Forststraße abwärts. Hoffentlich kommt mir der Jeep des Jägers nicht entgegen, ich bin mir nicht sicher, ob ich noch bremsen kann. Beim Gasthof Post schnalle ich die Skier ab.

Vorderriß ist ein winziges Dorf in der Mitte von Nirgendwo, bei den letzten Häusern kommt das Zollhäuschen, irgendwo verläuft die Grenze zwischen Österreich und Deuschland. Das Dorf lebt hauptsächlich von der Tourismusindustrie. Busverkehr nach Krün gibt es von hier erst wieder im Sommer. Daran, daß außerhalb der Saison keine Busse fahren, habe ich nicht gedacht. Nach Wallgau und Krün ist es von hier ungefähr ewig, doch wenn ich stehenbleibe, friert es mich nur. Wenn ich erst einmal in Wallgau bin, ist das Gröbste geschafft, von dort sind es nur noch 8 Kilometer bis nach Mittenwald. In endlosem Auf und Ab windet sich die Straße durch den Mischwald wie ein langer, dünner Wurm. Irgendwann ist es dunkel, eine Blase reibt, und ich gehe, gehe, gehe ... Gleichgültigkeit macht sich breit, ich gehe völlig in dem angenehmen Gefühl auf, daß alles egal ist. Ihr denkt wirklich, es gäbe keine Indianer mehr? Doch, da schleicht ein müder Krieger ungesehen und lautlos dahin. Lang lebe die Freiheit, dorthin zu gehen, wohin wir wollen. Eigentlich würde ich jetzt aber lieber fahren.
Längst schon brüte ich in Gedanken die nächste Expedition aus. Wo und wann hätte ich denn mehr Ruhe und Zeit zum Nachdenken als jetzt? Die Kondition ist zufriedenstellend, die Felsform ist ausgezeichnet, ich bin gesund und habe noch ein paar Monate Zeit, um zu trainieren. »Ich werde es euch allen zeigen«, murmle ich trotzig, und bald überzieht ein breites Grinsen bis hinauf zu den Ohren mein Gesicht. Es ist wie eine Lähmung, ich werde das Grinsen einfach nicht mehr los. Aus finsterer Nacht blenden mich plötzlich zwei grelle Drachenaugen, die von hinten aus dem Nebel direkt auf mich zukommen. Es ist kein Monster, es sind die Scheinwerfer eines Landrovers, der meinen Weg kreuzt. Ich halte wenig überzeugt den Daumen der rechten Hand hinaus. Das Fahrzeug hält.

Eine Trainingstour von vielen

Der Winter dauert in den Bergen länger, aber nicht ewig. Unter dem Schnee warteten bereits die ersten Frühjahrsblumen. So lange das Wetter schlecht war, trainierte ich im Kletterraum, wenn es gut genug war, hing ich mit Doma an den kleingriffigen Kalkwänden des 'Dschungelbuchs', dem Innsbrucker Klettergarten. Sobald die Wände im Gebirge trocken waren, trainierte ich dort, indem ich schwere Routen allein kletterte, oft mehrere hintereinander am selben Tag. In Bolivien würde ich auch alleine sein, diesmal von Anfang an. Heuer würde keine Heidi und auch sonst niemand dabei sein.
Wenn ich dann zurückkomme, wird man mir, wie immer, Leichtsinn vorwerfen. Nicht offen ausgesprochen, sondern hinter vorgehaltener Hand. Nach so vielen Jahren habe ich mich daran gewöhnt, nicht verstanden zu werden. Leichtsinnig

war immer nur ich, die anderen nie. Viele dieser selbsternannten Vorsichtigen leben heute nicht mehr, ich sage das ohne Spott oder Genugtuung, stelle es nur fest. Ich habe es noch keinem vorgeworfen, daß er sich vierzig Kilo Übergewicht anfraß, jeden Sonntag in die Kirche ging und ein Vaterunser nach dem anderen betete, bis ihn dann doch einmal der Schlag traf. Ob sie wissen, was sie tun, wenn sie beten »unser tägliches Brot gib uns heute« und dabei vor lauter Vollgefressensein aus allen Nähten zu platzen scheinen? Wetten, daß sie so eher der Schlag trifft, als daß ich abstürzen werde. Ich weiß, was Durst, was Hunger und was Leid ist. Ich habe Hungernde, Leprakranke und Sterbende gesehen, weil ich nicht blind war. Trotzdem habe ich nie etwas dagegen getan, das muß ich mir beschämt eingestehen. Heidi ging als Krankenschwester nach Burundi, um den Kriegsflüchtlingen zu helfen. Woanders würde sie es leichter haben und dazu noch mehr verdienen. Nur: sie will nicht reich werden, sie will helfen.

Während mir all das durch den Kopf geht, steige ich eine schrofige Schlucht zum Einstieg einer Klettertour hoch, irgendeiner Tour an irgendeinem Berg im Wetterstein. Da steht eine Felswand, jetzt im ersten Morgenlicht, und wartet darauf, daß ich meine Finger nach ihr ausstrecke. Alles ist still, so friedlich. Gleichzeitig spucken öde Betonbauten Menschenmassen aus, die sich über graue Straßenwüsten ergießen, gar nicht so weit weg von hier. Dort lärmt Unrast und Wettkampf dem beginnenden Tag entgegen, der Große frißt den Kleinen auf, wenn zwei Autos im Großstadtdschungel zusammenkrachen, regelt die Versicherung den Schaden. Ich stehe am Einstieg zu einer Wand und alles ist still. Das ist meine Welt. Ich halte es dort nicht aus, wo es dröhnend und hektisch zugeht, wie auf dem Rummelplatz. Ich muß mein Herz schlagen hören können, sonst höre ich das Lebenslied nicht mehr und beginne zu verzweifeln.

Ich bin keine Ausnahme, weil ich fort will, ich bin nicht der einzige, der davonläuft. Fluchtmöglichkeiten gibt es viele, fast alle sind Sackgassen, zumindest für mich. Das Kino am Sonntag, der LSD-Trip im Park, das Kokain auf der Unternehmerparty, und immer wieder diese endlosen Besäufnisse am Wochenende. Bewußtlos sein, sich im Rausch verlieren, den geheimen Wunsch, gar nicht da zu sein, ausleben. Nur bloß nicht nachdenken müssen! Und dann der Urlaub. So viel Zeit, und plötzlich wird man zu nichts mehr gezwungen, bleibt sich selbst überlassen. Dann breitet sich in einem drinnen die Leere ungehindert aus. Und immer wieder das Gesülze, wie gut es uns geht und wie wunderbar doch alles ist. Ich bin unzufrieden mit einer Gesellschaft, die sagt, wie ich zu sein habe und dabei selbst nicht ist, was sie vorgibt zu sein. Die mir Schwäche vorwirft, weil ich zugebe, was ich fühle.

Während ich am Einstieg stehe, laufen woanders die Fließbänder, ticken die

Uhren und zwingen zur Eile. Die Wand über mir sieht schwer aus, aber ich habe Zeit. Am Einstieg benützten die Erstbegeher einen Steigbaum, das heißt, daß der Vorsteigende dem Sichernden zuerst auf die Schultern und dann auf den Kopf stieg, um den ersten Haken eintreiben und sich daran hochziehen zu können. Das war damals der Schlüssel zu dieser Wand, die einzige Möglichkeit, zu der überhängenden Rißreihe zu gelangen, die den Weiterweg in freier Kletterei ermöglichte. Es ist niemand da, dem ich auf die Schultern steigen kann, ich muß die Stelle selber klettern. Andere stürzen dort zwei oder dreimal, bevor sie diese Stelle 'frei' klettern. So nennen sie das dann jedenfalls. Ich habe keine Steigleiter dabei, ich will hinaufklettern und mich nicht mit Hakenhilfe hochschwindeln. Ich stelle mich den Schwierigkeiten, ich stelle mich mir selbst. Wenn ein Torwart beim Fußballspiel einen Fehlgriff tut, wird er ausgepfiffen, wenn ich danebengreife, ist die unweigerliche Konsequenz mein Tod.
In der senkrechten, kleingriffigen Wand gibt es für die Füße kaum Tritte, die Gummisohlen der Kletterpatschen müssen in dem rauhen Fels auf ganz kleine Dellen aufgesetzt werden, in denen sie auf Reibung haften. Gleich vom Einstieg weg geht es hundert Meter tief in die Schlucht hinunter, die ich heraufgekommen bin. Wer kontrolliert, ob ich die Haken benütze oder nicht? Keiner. Lustig, nicht? Ich bin überrascht, Bohrhaken vorzufinden, denn die Erstbegeher benützten keine. Sie dienen der Sicherheit, ich weiß schon, und vielleicht sind sie auch gerechtfertigt, aber ob wirklich jede klassische Tour mit Bohrhaken 'saniert' werden muß? Für mich sind die Dinger heute kein Thema, ich halte mich nicht an ihnen fest, und gesichert bin ich auch nicht durch sie.
Ich stürze nicht, ich trainiere für meine Bolivienexpedition. Dort einem wirklich schweren Sechstausender mit leeren Händen gegenüberzustehen bedeutet, keine Chance zu haben, sich in große Lebensgefahr zu begeben. Meine Form ist gut, aber sie genügt noch nicht, ich muß noch mehr tun, noch schwierigere Routen allein klettern. Das Bergsteigerleben kann schon beinhart sein, niemand versteht einen wirklich und es gibt weder Geld noch Applaus als Lohn für die Angst. In der Rißreihe geht es weiter, drei kleine Überhänge muß ich überwinden, spreize, stemme, ziehe mich höher. Unter einem moosigen Überhang quere ich nach links, nach der Querung geht es in einer brüchigen Verschneidung gerade hoch. Ein leichter Gipfelwind streicht um mein Gesicht und verstärkt den Eindruck der Tiefe unter meinen Füßen.
Rechts drüben, in einer Variante, ist ein Freund von mir fünfzig Meter weit in zwei Friends gestürzt und brach sich dabei das Genick, ein anderer Freund hat den Sturz gehalten. Sein Leben hing an den zwei Friends, die gehalten hatten. Das andere Leben: aus und vorbei. Er war ein wilder, lustiger Kerl gewesen, noch jung

genug, um bei allen Streichen mitzumachen. Vielleicht hätte ihm ein Bohrhaken das Leben gerettet. Einmal im Jahr treffen sich seine Kameraden zu einem tierischen Besäufnis, auf dem gelacht, getanzt, gekotzt und gestritten wird. So denken sie an ihn, er hätte es auch so gemacht. Ich bleibe solchen Veranstaltungen immer fern, sie sind nichts für mich.

Noch fünfzig Meter und ich stehe am Gipfelgrat. Drunten am Eichhorngrat klettern zwei. Ich winke ihnen zu, sie winken zurück. Noch haben sie 1000 Meter Kletterei vor sich. Es ist noch früh am Tag, deshalb gehe ich nach dem Abstieg von dieser Tour gleich zum Einstieg einer anderen. In endlosem Steigen geht es höher. Neue Ausblicke, andere Perspektiven. Schnell steige ich die 650 Höhenmeter hoch, das bringt Kondition und die werde ich bald brauchen. Ein rotgelber, morscher Überhang erfordert Konzentration. Das Blut pulst in den Adern, ich bin gut in Form und das Leben ist eine einzige Freude. Am Gipfel blicke ich auf einer Seite ins Leutaschtal und aufs Karwendelgebirge, die andere Seite gewährt mir Aussicht auf das Wettersteingebirge und Alpenvorland. Dieser weite Kreis. Als nächstes überschreite ich einen Grat mit drei Gipfeln. Dann folgt ein Abstieg mit einer Gegensteigung. Von der Meilerhütte geht es weit rechts ausholend hinunter ins Oberreintal. Am Nachmittag sitze ich auf der Hütte. Es sind viele Leute da, die durcheinanderreden. Sie erzählen von Touren, die sie schon fünfzehn mal gemacht haben, etwas Neues versuchen sie nie. Sie erzählen sich immer wieder das gleiche: nichts.

Hans im Glück und der fliegende Holländer

Bis zu meiner Abreise nach La Paz brachte ich es auf über zwanzig Solorouten, die schwersten im unteren siebten Grad. So viele Routen stiegen andere Kletterer oft das ganze Jahr nicht, und die Saison fing gerade erst an. Bei etlichen Klettergartenausflügen fand ich meine gute Felsform bestätigt. Im Eis hatte ich schon länger nichts mehr gemacht, aber ich fühlte mich auch dort stark genug. Von Leuten, die von meinen Alleingängen erfuhren, wurde ich als lebensmüde hingestellt. Dagegen sprach die Tatsache, daß man mir schon seit zwanzig Jahren regelmäßig prophezeite, daß ich das neue Jahr wohl kaum mehr erleben würde. Über all diesen düsteren Prophezeiungen bin ich alt geworden, Totgesagte leben oft sehr lange. Es hätte mich wirklich sehr gefreut, wenn ab und zu mal jemand auch ein nettes Wort für mich übriggehabt hätte. Ich kann mich nicht daran erinnern. Jedenfalls hatte mein Training Methode und ich war topfit. Das war es, was zählte. Die vielen kritischen Stimmen interessierten mich jetzt schon kaum, in Bolivien würde ich sie schnell ganz vergessen.

Zwei Tage vor meiner Abreise war alles gepackt, meine Bude hatte ich aufgeräumt, die Fenster geputzt und den Boden gestaubsaugt. Nach Junggesellenmaßstäben war alles sauber. Das Wetter war schön und in zwei Tagen konnte ich noch eine ganze Menge klettern. Ich fuhr noch einmal in die Dolomiten. Die Marmolada ist mit 3300 Metern der höchste und vielleicht schönste Berg der Dolomiten, und durch ihre breite, 850 Meter hohe Südwand gibt es eine Vielzahl schwieriger Routen in meist festem Fels. Mit der zweiten Alleinbegehung der 850 Meter hohen 'Don Quixote' hatte ich vergangene Woche die diesjährige Klettersaison an diesem Berg eröffnet. Während die anderen Routen noch naß oder vereist waren, wies dieser vorspringende Felspfeiler bereits gute Verhältnisse auf. Was für ein schönes Erlebnis, diese Wand bei schönstem Wetter ganz für mich allein zu haben.

Nach dreistündiger Autofahrt erreichte ich diesmal die Ciapella-Alm, von wo ich zur Hütte unter der Südwand aufstieg. Eine schöne Gegend, satte grüne Almwiesen und im Hintergrund die mächtige Wand, ganz nach meinem Geschmack. Außer mir waren nur noch zwei weitere deutsche Bergsteiger und die Hüttenwirtsleute oben. Die Atmosphäre auf der Hütte erschien mir verbissen, aber die Stimmung entsprach wohl dem Ernst der Routen, die keine ausgelassene Stimmung aufkommen ließen. Trotzdem, die Deutschen waren riesig nett und die Hüttenwirtsleute auf eine eigenartig ruppige, aber herzliche Weise freundlich. In der Früh um fünf Uhr saß ich am Einstieg zur Vinatzer-Führe. Die Gipfelregion war jetzt schon von Wolkenschleiern verhangen, am Nachmittag würde es ein Gewitter geben. Auf Blitz und Donner in dieser riesigen Wand verzichtete ich gerne. Also wieder hinunter ins Tal.

Die Sella Gruppe liegt auf dem Heimweg. Die Micheluzzi-Führe durch den breiten Mittelbau des Piz Ciavázes wurde mein Alternativziel. Eine herrliche Route im sechsten Schwierigkeitsgrad, schwarzer, meist fester Fels. Ein ausgesetzter hundert Meter langer Quergang war eindrucksvoll. Schnell war ich auf dem breiten Gamsband, das die Wand in zwei Hälften teilt. Auf ihm querte ich aus der Wand und ging um das Ciavázes-Massiv herum zum Einstieg der Westwand des dritten Sellaturmes. Wieder herrliche, ausgesetzte Kletterei im fünften, sechsten Schwierigkeitsgrad und jede Menge Luft unter den Fußsohlen. Ein gutgriffiges Wandstück mit einem kleinen Dach erforderte große Vorsicht. Dort durfte mir weder die Kraft ausgehen noch ein Griff ausbrechen. Ein Sturz ins Leere wäre die Folge gewesen. Kurz bevor ich auf den Gipfel gelangte, hörte ich unter mir etwas dumpf aufschlagen. »Komischer Stein«, dachte ich mir, achtete aber weiter nicht darauf.

Dunkle Wolken und unheimliche Stille kündigten das fällige Gewitter an. Deshalb hielt ich mich nicht lange auf dem Gipfel auf. Den Abstieg kannte ich aus meiner Jugend, und wenn ich in Bewegung blieb, würde ich auch, leichtbekleidet wie ich war, nicht auskühlen, wenn mich das Unwetter erwischte. Es schiffte mich so richtig ein und mich fror etwas. In der Ferne grollte Donner. Trotzdem war ich guter Dinge und trällerte halblaut mein Lieblingslied vor mich hin, das so etwa alle drei Monate ein anderes war. In 20 Minuten würde ich 300 Höhenmeter tiefer am Einstieg meine trockenen Sachen anziehen. Im Auto hatte ich eine Thermosflasche mit warmem Tee, und auf der Heimfahrt würde ich mir entspannt eine Kassette der 'Toten Hosen' anhören.

Der Abstieg quert auf einem Band die Westwand, danach führt eine schluchtartige Rinne hinunter zum Einstieg. In der Einmündung zur Rinne traf ich mit zwei Bergsteigern zusammen. Daß mit dem einen der beiden etwas nicht stimmte, sah ich sofort, er ließ einen Arm eigenartig hängen und humpelte. Das war der dumpfe Aufprall gewesen, den ich vorhin gehört hatte. Er war 15 Meter tief in flaches Gelände gestürzt und hatte sich neben anderen Verletzungen den Arm gebrochen. Beim Sturz war er auf seinen Bruder gefallen, der unverletzt geblieben war. Es schüttete in Strömen, und Blitze durchzuckten das Halbdunkel. Dabei war es erst früher Nachmittag. Ich stand da in meinem T-Shirt und schlotterte, bei jedem Blitz zuckte ich zusammen. Ich hatte Angst und wollte so schnell wie möglich hinunter. Aber da waren die beiden und brauchten dringend Hilfe. Das eine Gesicht eine schmerzverzerrte Fratze, im Gesicht des Bruders Ratlosigkeit. Sie waren beide recht unerfahren und wußten nicht weiter. So standen sie im strömenden Regen vor mir wie zwei Geister. Sie wunderten sich wohl, wo ich auf einmal herkam, aber das war belanglos. Es war eine Scheißsituation, und ich wäre gerne woanders gewesen. Aber wir waren da, alle drei, und wir mußten hinunter.

Ich organisierte den Rückzug. Mit meinem und ihrem Seil ließen wir den Verletzten wechselweise ab. Meine Zähne klapperten aufeinander. Manchmal stöhnte der Verletzte laut auf, und auf seinem schmerzverzerrtem Gesicht stand das ganze Elend der menschlichen Kreatur. Die beiden waren gar nicht auf die Idee gekommen, mich um Hilfe zu bitten. Es ergab sich ganz selbstverständlich aus der Lage der Dinge, da war jedes Wort überflüssig. Auch den Unverletzten ließ ich am Einfachseil ab und kletterte dann trotz beginnender Unterkühlung flink ab. Erstaunlicherweise waren meine Hände nicht kalt. Überall liefen kleine Bäch herunter. Ich war der Boß unserer Dreierseilschaft, obwohl es weder so geplant, noch gewollt war. Genauso brutal wie das Wetter auf uns eindrosch, hatte ich die Befehlsgewalt an mich gerissen. Alle meine Anweisungen wurden sofort und ohne Widerrede ausgeführt, als wäre ich immer schon ihr Vorgesetzter gewesen. Dabei kannten sie nicht einmal meinen Namen. Wollten wir heil hier herauskommen,

mußten wir ein Team sein und deshalb waren wir eins. Ich habe nicht besonders viel Ahnung von Bergrettung, aber in solchen Situationen wächst man über sich selbst hinaus. Das Diktat der Notwendigkeit. Mein despotischer Führungsstil wurde nicht eine Sekunde angezweifelt. Ich fühlte mich nicht überlegen und sie sich nicht gedemütigt, wir wollten nur weg von hier.
Heftige Frierkrämpfe schüttelten mich. »Jetzt erst recht«, dachte ich grimmig und wie zur Bestätigung klapperten meine Zähne wieder aufeinander. Wenn ich einfach abgehauen wäre, um meine eigene erbärmliche Haut in Sicherheit zu bringen, hätte mir niemand einen Vorwurf machen können. Höchstens ich selber. Wir verständigten uns mal auf Englisch, mal auf Deutsch. Die beiden waren Holländer. Es hörte nicht auf zu schütten, und wir froren wie die Schneider. Aber was war das bißchen Frieren gegen die Schmerzen, die der arme Verletzte haben mußte? Manchmal wimmerte er vor sich hin, beklagte sich aber nie und ertrug alles tapfer. Sein Ellbogen war so dick angeschwollen, daß man es trotz Pullover und Anorak sehen konnte. Einen kleinen Moment, zwischen zwei Kälteschauern, dachte ich daran, was ich vor vielen Jahren in Ägypten unter dem Eindruck der Not und des Elends dort in mein Tagebuch geschrieben hatte: 'Denke an deine Probleme und sieh den Mann, der keine Füße mehr hat, denke an die Frau, die blind ist, denke an deine Probleme, die gar keine sind und lache über sie, wenn du an sie denkst.' Ich sah den Verletzten an und grinste, verscheuchte meine Gedanken an Pullover und Anorak, die im Rucksack am Einstieg auf mich warteten. Was war ich doch manchmal für ein Jammerlappen.
Beim weiteren Abstieg traf den Verwundeten ein kleiner Stein, den das Seil losgerissen hatte, an seinem verletzten Arm. Er heulte auf wie ein waidwundes Tier. Wieviel Leid kann ein Mensch ertragen, bevor es zuviel wird? Wieviel Wasser strömt heute aus den Wolken? Kein Mensch vermochte das zu sagen. Auch über die kleine Randkluft am Ende der Rinne kamen wir gut hinüber. Mit dem Auto fuhr ich die beiden ins Krankenhaus nach St. Ulrich. Dort wurde erste Hilfe geleistet. Beim Röntgen stellte sich heraus, daß die Pfanne des Ellbogengelenks in zwei Richtungen gesplittert war. Ein äußerst komplizierter und schmerzhafter Bruch. Der Ellenbogen war gigantisch angeschwollen und hatte sich rot und blau verfärbt. Der Fuß war auch gebrochen, aber das würde schnell verheilen.
Ich übersetzte dem Arzt, was die beiden nun weiter tun wollten. Wir telefonierten so lange in alle Richtungen, bis alles geregelt war und schafften es schließlich, daß ein Eiltransport den Verletzten umgehend mit einem Krankenwagen nach Amsterdam bringen würde. Die Versicherung würde alles bezahlen. Dort würde der Ellbogen gleich nach der Ankunft in einer Spezialklinik operiert. Jetzt konnte ich mich endlich auf den Heimweg machen. Wir verabschiedeten uns

wie alte Freunde, dabei hatten wir uns erst vor wenigen Stunden kennengelernt. 50 000 Lire hatten sie noch übrig, das war ihr letztes Geld nach der nervenaufreibenden Telefonieraktion, die einiges verschlungen hatte. Die wollten sie mir geben, ich wollte das Geld nicht. Sie steckten es mir heimlich in die Seitentasche meines Rucksacks. So überschwenglich und herzlich hatte sich noch nie jemand bei mir bedankt. Ich wußte nicht, was ich sagen sollte, so verlegen war ich. So wirklich tief innen ins Herz hinein hatte ich mich schon lange nicht mehr gefreut. Fast standen mir die Tränen in den Augen, so gerührt war ich. Vielleicht hatte ich ihr Leben gerettet, das war irgendwie nichts besonderes. Hatten sie nicht auch viel für mich getan? Sie gaben mir ein Gefühl, ohne das kein Mensch leben kann: etwas wert zu sein.

On Permanent Vacations

Das Flugzeug hob ab. Gab es für mich nach dem Zapelli-Pfeiler überhaupt noch eine Steigerung? Bald würde ich es wissen. Weit kam ich am ersten Tag nicht. Die Nacht in Madrid wurde von der Fluggesellschaft bezahlt. Mit Bergschuhen, Kletterhose und Eigernordwandblick saß ich abends an der Theke des Flughafenhotels. Es war Mitte Juni und schwüles Sandalenwetter. Wenn der Madrider Bürgermeister Karaoke gesungen hätte, dann hätte er auch nicht mehr Aufmerksamkeit erregt als ich. Die nächste Nacht verbrachte ich weniger komfortabel auf einem Gepäckförderband in Buenos Aires, von wo ich tags darauf zu einem atemberaubend abwegigen Zickzackflug über den gesamten südamerikanischen Kontinent aufbrach. Manchmal verlor ich die Orientierung und war mir nicht mehr sicher, ob ich in Brasilien oder Venezuela 'zwischenlandete' und ob ich nicht längst schon im falschen Flugzeug saß.

Der Service war lausig, die Flugzeuge meist unterbesetzt und klapprig. Eine Stewardeß brachte mir das Essen mit Lockenwicklern im Haar und einer Zigarette im Mundwinkel, ihr Charme war mit dem eines Akkordmetzgers vergleichbar. Als ich es wagte, zu bemerken, daß mein Freßnapf kein Aschenbecher sei, strafte sie mich mit einem Blick wie ein Raubtierdompteur und ich sagte lieber nichts mehr. Stunde um Stunde saß ich ab, die meiste Zeit döste ich vor mich hin. Der Flug war spottbillig und deshalb spottete er jeder Beschreibung, aber das war kein Grund, sich zu beschweren. Alles im Leben hat eben seinen Preis. Bei einem Billigst-Flug kannst du keinen Airbus erwarten. Mein Gepäck ging einen schnelleren Weg nach La Paz, das war jedenfalls so ausgemacht. Alles, was zum Bergsteigen unentbehrlich war, trug ich entweder am Körper oder in meinem 'kleinen Handgepäck'. Drei Tage Flug waren mein persönlicher Rekord. Als ich in La Paz tatsächlich ankam und die dünne Höhenluft einatmete, spürte ich mein strapaziertes Sitzfleisch nicht mehr, aber ich war endlich dort, wo ich hinwollte. Mein vorausgeflogenes Gepäck war auch da. Obwohl die Organisation der Fluggesellschaft das reinste Chaos zu sein schien, war alles auf geheimnisvolle, undurchschaubare Weise wohldurchdacht und funktionierte präzise.

La Paz war mir bereits so vertraut, daß es für mich mehr Routine als Abenteuer war, die notwendigen Dinge zu besorgen und Winston Sarmiento, einen Goldgräberexperten, zu besuchen, um ihn nach dem aktuellen Stand der Dinge in Bolivien zu befragen. Die Busfahrt nach Sorata war auch nichts Besonderes mehr, aber meine Vorhaben in den Bergen erzeugten jetzt schon im voraus jene knisternde Spannung, die für mich einen elektrisierenden Gegenpol zum langweiligen Allerweltsleben darstellt. Von Sorata aus unternahm ich ein paar Akklimatisationstouren und war zufrieden mit meiner Form. Endlose Weite und Zeitlosigkeit umgaben mich bei meinen Märschen durch stille Berge und Täler.

Zwei Wiener Mountainbiker luden mich zu ihrer Erstbefahrung des 4700 Meter hohen Chuchu Paßes ein. Die zehntausend Mark teuren Fahrradmaschinen und ihre buntbekleideten Besitzer bildeten einen grellen Kontrast zu den mittelalterlich anmutenden Indianerpueblos. Marsmenschen begegnen Mondmenschen. Seltsam skurril mutet es an, wenn zwei so verschiedene Welten sich treffen, eigentlich hält man es kaum für möglich, aber es entstehen Punkte, wo sich zwei völlig unterschiedliche Kulturen aus anderen Zeitwelten überschneiden. Die Indianer staunten über uns und wir über sie. Beide Seiten gaben einander Rätsel auf, und beiderseits hinterließ diese Begegnung tiefe Eindrücke, die, einmal geschehen, nicht mehr rückgängig gemacht werden konnten. Das Aufeinandertreffen verschiedener Zeitalter hat etwas Faszinierendes. Es ist nicht vorhersehbar, was diese Begegnungen für Auswirkungen haben werden, sie sind aber auf alle Fälle folgenschwer.

Bei der extremen Fahrradtour den Chuchu-Paß hinauf fuhr ich im Begleit-Jeep mit, machte Fotos und bestätigte per Unterschrift, daß das Rad zu keinem Zeitpunkt geschoben worden war. Für die Indianer wie für mich war es ein Riesenspektakel, es war schon erstaunlich, wie schnell Norbert und Heiner den Paß hinaufstrampelten. Die steile, halsbrecherisch anmutende 2000 Höhenmeter-Abfahrt auf der Gegenseite der Paßhöhe zurück nach Sorata war beeindruckend, der Jeep konnte auf dem schlechten Weg nicht mithalten. In diesem Sport steckt noch ein großes Potential an Möglichkeiten. Die Bilder wurden später in Wiener-Neustadt in einer Bank ausgestellt, der Erlös der Aktion kam bolivianischen Waisenkindern zugute. Das ergänzte dieses Abenteuer, stellte ganz andere Beweggründe als die egoistischen in den Vordergrund und gab ihm einen tieferen Sinn.

Für mich bedeutete Unterwegssein immer schon offen, empfänglich, weich zu werden. Warum denn nicht manchmal den Tränen freien Lauf lassen? Nur wenn mich etwas wirklich tief bewegt, dann bewege auch ich selbst mich. Den Sinn des Reisens definiere ich folgendermaßen: In einen Spiegel ohne Überheblichkeit und Lügen blicken und mit der Zeit lernen: Der König, der Bettler, der Edelmann oder der Schurke, alles das ist man selbst in einer Person. Wer hart und verstockt bleibt, seine Vorurteile auf einer Reise im Rucksack überallhin mitschleppt, ist gar nicht wirklich unterwegs, weil er nicht innerlich bewegt wird, sondern starr bleibt und auf der Stelle tritt, ganz egal, wohin und wie weit er auch gehen mag. Wenn eine Reise nur lange genug dauert, dann fallen die Vorurteile meistens ganz von selbst aus der Hosentasche, werden einfach irgendwo unterwegs verloren. Meine Reisen sind ein endloser Kreislauf von Ursache und Wirkung: Es zieht mich dorthin, wo ich wirklich Mensch sein kann, und ich komme wieder zurück, weil mich die Annehmlichkeiten der Wohlstandsgesellschaft und ihre Vorteile wieder anziehen. Bald ist dann der Punkt erreicht, wo ich aus dem Eingesperrtsein erneut ausbrechen muß, aber um vollständig aus diesem Kreislauf auszubrechen, fehlt mir der Mut.

Diesmal ließ ich mir mehr Zeit als je zuvor, nicht nur meinen Körper, auch meinen Kopf wollte ich ideal akklimatisieren. Von Sorata lief ich an einem Tag nach Ancohuma, das bedeutete 30 Kilometer Entfernung und 3200 Höhenmeter in gleichförmigem Auf und Ab, im Rhythmus der ausschreitenden Beine zurückzulegen, dazwischen ein 4700 Meter hoher Paß. Am nächsten Morgen stieg ich vom 3500 Meter hoch gelegenen Ancohuma zu den Aguas calientes auf und zeltete dort. Aguas calientes heißt 'heiße Quellen', sie waren eiskalt. 4400 Meter Meereshöhe heben die Regeln übervölkerter Erdenregionen auf. Da war niemand, der meine Ruhe störte. Das Gluckern eines Baches, der vom Caiconi-Paß herunterfließt, war der einzige Klang, der die absolute Stille durchschnitt. Am folgenden Morgen wachte ich auf und nichts als Stille und Einsamkeit umgab mich. Mein Ich tauchte ein in das glasklare, erfrischende, geräuschlose Nichts, das die Seele reinigt. Ich schüttelte die Zivilisation ab wie ein nasser Hund das Wasser.

Es war so still, daß mein Herz wie eine Trommel pochte und ich das Zischen meines Atems hörte, während ich bis zum letzten Hochlager vor dem Gipfel des Illampu-Normalweges aufstieg. Ich biwakierte in einer Gletscherspalte, mein Nachtlager befand sich wohl auf etwa 5400 Metern Meereshöhe. Der Normalweg auf den Illampu interessierte mich nicht sonderlich. Obwohl das ganz gewiß alles andere als eine leichte Route war, wußte ich hundertprozentig, daß sie für mich ohne jeden Zweifel machbar war. Die extrem schwierige Route über den linken Ostwandpfeiler auf der anderen Seite des Berges, das war ein Ziel, an das ich mit

Begeisterung dachte, weil dieser Weg schwer und ein Gipfelerfolg ungewiß war. Echte Abenteuer sind nur in der Ungewißheit, im Spannungsfeld des möglichen Versagens zu finden. Ein Abenteuer mit Gipfelgarantie ist ein Widerspruch in sich. Der linke Ostwandpfeiler stand auf niemandes Wunschliste, er war zu kraß, um ihn sich als normaler, nicht verrückter Mensch wünschen zu wollen. Ich wollte, und wie! Er war ein Ziel, neurotisch, abstrakt, phantastisch und unsinnig.

Am Morgen spürte ich beim Aufwachen deutlich die Höhe, ein Morgenrot hauchte rosa Farben auf zerklüftete Eistürme, die wie eine verhexte und zu Eis erstarrte Armee auf dem Gletscher standen. Ich hätte mich über die Westwand auf den Gipfel hochquälen können, obwohl meine Höhenanpassung noch nicht zufriedenstellend war, tat es aber nicht. Meine Jugend hatte ich hinter mir gelassen, war ruhiger geworden und wollte nicht mehr mit der Brechstange durch jede Wand. Der Verzicht auf Gewalt ist auf Dauer in jedem Leben eine Überlebensfrage. Ich war viel anspruchsvoller als früher: Mit Bergen, mit Wänden, mit Landschaften und wirklichen Freunden.

Zurück beim Zelt im Basislager fand ich eine volle Marmeladendose bei einer Feuerstelle. Ich war müde und meine Lebensmittel hatte ich aufgebraucht, mein Magen knurrte mich an wie ein hungriger Wolf: »Gib mir sofort was zu fressen, ich bin leer, fülle mich, aber schnell.« Ich bin schon lange Vegetarier und habe meine Prinzipien, doch der Hunger hat seine, und die sind stärker. Marmelade ist ein widerliches, klebriges Zeug, das ich nie essen würde. Ich stürzte mich darauf, und fraß sie auf, bis die Dose leer war. Wie ein Vieh. Zweihundert Gramm Marmelade ohne Brot lagen mir nach der wilden Mahlzeit im Magen wie ein Mühlstein. Es war viel zu wenig, aber für den Augenblick spannte der Ranzen und war befriedigt. Was ist die stärkste Antriebskraft, die den Mensch bewegt? Liebe? Ruhm? Haß? Nein! Es ist der Hunger und die unbewußte Angst vor seinem tollwütigen Biß, der alles beherrscht.

Am anderen Tag marschierte ich zurück nach Ancohuma, mit vollem Rucksack und leerem Bauch. Auf Aymara, einer von vielen Indianersprachen, heißt Ancohuma 'erstarrtes Wasser', es ist ein treffender Name. Das Tal ist wie ein Kältegraben, an den Nordhängen glänzen lange, zu Eis erstarrte Wasserläufe. Das Bergdorf lag im feuchten Nebel, der vom Dschungel aufgestiegen war. Nur ab und zu riß er auf und gab den Blick auf ein paar Hütten frei. In der Nacht würde sich der Nebel verziehen und einem klaren Äquatorhimmel Platz machen. Die Hirten trieben ihre Lamas und ein paar Schafe mit Pfiffen zusammen und führten sie von den kargen Almwiesen hinunter ins Dorf. Ich übernachtete bei Alberto Tosa, dem Dorfschullehrer. Ich war mir bei ihm nicht ganz sicher, ob er lesen konnte. Rechnen konnte er auf keinen Fall, aber er wußte ganz genau, wo sein

Profit lag. Dieses Schlitzohr war ziemlich gewieft, das machte mich mißtrauisch. Ich war davon überzeugt, daß er mir nichts stehlen würde. Wäre das nicht der Fall gewesen, dann hätte ich die Nacht auf irgendeiner verlassenen Alm über dem Dorf verbracht. Immer nur keinem Menschen über den Weg trauen ist auf Dauer auch nicht schön, das macht verschlossen. Lieber nehme ich ab und zu schlechte Erfahrungen in Kauf, das ist immer noch besser als gar keine.

In der feuchten Abendkälte stand Alberto mit tief in die Stirn gezogener Inkamütze auf dem kleinen Platz vor seinen drei kleinen Hütten und probierte fasziniert an meinem Walkman herum. Dabei grinste er vergnügt, so daß man den einzigen Zahn, der ihm noch nicht ausgefallen war, sehen konnte. Er alberte zur Musik von Enriqueta Ulloa in der Gegend herum, ich blödelte mit und wir schüttelten uns vor Lachen. Alberto war der geborene Komiker, seine Aufmachung mit Poncho, Mütze und Walkman war wirklich skurril. Bald standen die zehn Kinder Albertos im Kreis um uns herum, lachend, staunend, neugierig. Jeder wollte einmal das Wunderding aufsetzen, aus dem Musik kam, ohne daß die anderen es hören konnten. Ich paßte auf wie ein Schießhund, daß meinem Walkman kein Leid geschah, er war mein einziger Freund an einsamen Tagen. Die Schweine nebenan warfen den Futtertrog um und einige Nachbarskinder spielten Hühnerjagen, doch die Kinder Albertos sahen gar nicht hin, mein Walkman hatte sie in ihren Bann gezogen. Albertos Frau werkelte in einer Hütte herum und wagte nur ganz selten einen verstohlenen Blick zu uns herüber. Sie machte einen extrem unterdrückten, unglücklichen Eindruck auf mich und irgendwie hatte ich das Gefühl, daß Alberto sie regelmäßig schlug. Schließlich waren die Batterien für meinen Walkman leer, aber das war mir das Gaudium mit Alberto und den Kindern wert.

Am Morgen suchte ich mir einen Mulitreiber und ging über den Khala Montuna- Paß, wo irgendwie die Grenze zwischen den beiden Dörfern verläuft, nach Cocoyo. Cocoyo und Ancohuma sind sich wegen uralter Grenzstreitigkeiten um das karge Weideland nicht besonders grün. Der vorläufige Höhepunkt dieser Auseinandersetzungen war vor vier Jahren eine wilde Schießerei auf dem 4400 Meter hohen Paß. Die Jagdgewehre, die dabei benützt worden waren, waren Nachbauten der deutschen Mauser-Repetiergewehre, wie sie im zweiten Weltkrieg Verwendung fanden. Sicher sind sie nicht sehr modern, aber trotzdem wirkungsvolle, tödliche Waffen. Der Konflikt eskalierte nicht, um des Friedens willen wurde eine Lösung gefunden, die beide Seiten akzeptieren konnten. Ob die Vernunft auf Dauer siegen wird? Vieles spricht dagegen, vor allen Dingen sind die eigentlichen Gründe für die Streitigkeiten nicht wirklich beseitigt. Ein wackliger Frieden ist immer eine prekäre Situation. Eine starke Polizei könnte Abhilfe schaffen, aber hier oben

gibt es keine Polizisten. Die nächste Polizeistation ist 80 Kilometer weit weg, Gebirge und Welten liegen dazwischen. Hier gelten die strengen Dorfgesetze. Im Zweifelsfalle aber gilt das Recht des Stärkeren.
Mein Treiber blieb in weiter Entfernung vor den ersten Hütten von Cocoyo stehen. Es war unschwer zu erraten, daß er Angst davor hatte, sich weiter dem fremden Dorf zu nähern. Ich hätte ihn einfach zwingen können weiterzugehen, denn die Bezahlung stand noch aus und es war vereinbart, daß er mich bis nach Cocoyo hinein und nicht bis kurz davor zu begleiten hatte. Wenngleich mir der wahre Grund für die Angst meines Treibers verborgen blieb, hatte ich Verständnis für sie und ließ ihn ziehen. Um mein Gesicht zu wahren, zahlte ich ihm nur einen Teilbetrag von dem, was ausgemacht war. Schnell steckte Emilio das Geld weg und machte sich unverzüglich auf den Rückweg. Ich sah Treiber und Esel noch eine Weile nach, wie sie im verschärften Eilschritt dem Paß zustrebten, hinter dem Emilio in Sicherheit war. Angst verleiht Flügel. Ich war sicher, daß er irgend etwas außergewöhnlich Schlimmes angestellt hatte und war deshalb nicht unglücklich, ihn noch vor Einbruch der Nacht los zu sein.
In Cocoyo hatte sich nicht viel verändert. Ich traf zwei der Indianer wieder, die damals im Schneesturm dabei gewesen waren, sie erkannten mich schon von weitem an der Kleidung und winkten mir zu. Abends saßen wir in einer Hütte zusammen, und während wir im Kreis um den Schein einer rauchenden Petroleumfunzel hockten, erzählten wir von der Not, den wilden Rutschpartien und der Kompromißlosigkeit unseres Abstiegs. Plötzlich wurde in der Erinnerung die Vergangenheit wieder lebendig und mir war klar, daß keiner von uns jemals diesen dramatischen Tag vergessen würde, in dem wir unerwartet zu Geiseln der widrigen Umstände geworden waren. So ein Erlebnis verbindet, öffnet die Schranken zwischen Kulturen und Rassen. Oben in den Bergen waren wir fünf armselige Häufchen Elend gewesen, die aufeinander angewiesen waren, und es hatte keine Unterschiede mehr gegeben. Wenn jemand liegen geblieben wäre, dann hätten wir ihn liegenlassen müssen, die Kraft eines jeden einzelnen hatte nur noch für ihn selber ausgereicht, wir wußten das. Der Schleier war gewaltsam weggezogen worden und wir hatten uns nackt gesehen, unmaskiert und vorbehaltlos. Die Erinnerung daran blieb. Während wir so dasaßen, spürte ich ein starkes Gefühl von Zusammengehörigkeit. Waren nicht letztlich alle Standes- und Rassenunterschiede Einbildung? Uns hatte der Tod als übermächtiger gemeinsamer Gegner nicht getrennt, sondern nähergebracht. Vielleicht brauchte die Menschheit in ihrer Gesamtheit so etwas ähnliches, Feinde aus dem Weltall oder eine globale Naturkatastrophe etwa, um zu einem Zusammenhalt zu finden. Ich ahnte seit diesem schrecklichen Abenteuer, daß die ganze Wahrheit erst im Tod offenbar

wurde, der jede Selbstgefälligkeit mit einem Schlag aufhob und die Tatsachen freigab. Als ich im Schlafsack lag, schickte ich ein Dankgebet zum Himmel und schlief einen sorgenfreien, tiefen Schlaf, der so intensiv wohl nur einem naiven Schafskopf vergönnt ist, der die hohe Kunst gelernt hatte, sich seinen Vogel im Kopf zu erhalten.

Mit einigen Lamas brachte ich meine Habseligkeiten zum Lago negro hinauf und richtete mich dort häuslich ein. Ein See auf 4400 Metern Meereshöhe ist ein Platz, wo die Welt nicht hinkommt, ein Naturschutzgebiet für die Gattung der menschlichen Spinner. Zum dritten Mal war ich nun schon hier und kannte mich aus. Die Mischung aus Vertrautheit und Fremde ergab eine interessante Atmosphäre. Mein Zelt war wieder einmal meine Heimat und mein Schlafsack das Bett, ein Taschenbuch und mein Walkman waren meine Spielkameraden. Jeden Tag, an dem ich nicht wandernd umhervagabundierte, ging ich zum Bouldern. Dieses Klettern von schweren Stellen in Absprunghöhe ist ein ausgezeichneter Gradmesser, um festzustellen, wie weit die Höhenanpassung schon fortgeschritten ist. Außerdem trägt es entscheidend zum Erhalt der Fingerkraft bei, die nötig ist, um schwere Felspassagen zu meistern. Mit einem Expander trainierte ich auch ab und zu den Oberkörper. Das war zwar paradox, aber wirkungsvoll.

Ich richtete mir ein Lebensmitteldepot im ersten Hochlager auf über 5000 Metern ein, es war dasselbe, von dem ich im Jahr zuvor meinen Rückzug in die Hölle des Schneesturms hatte antreten müssen. Meine Sachen, die ich vergangenes Jahr zurückgelassen hatte, um mein Leben in Sicherheit zu bringen, lagen noch genauso da wie ich sie hingelegt hatte. Nur ein paar Walkhandschuhe hatten die 'Suerta Marias', die großen Andenkrähen, zerfetzt. Die trockene Höhenluft hatte nichts rosten oder verschimmeln lassen. Ich hatte das Gefühl, daß ich gestern und nicht vor einem Jahr das letzte Mal hier vorbeigekommen war, es war in der Zwischenzeit niemand mehr da gewesen. Die Uhrzeiger der Wildnis drehen sich viel langsamer, als die der Zeiteisen drunten im Tal, die Zeit ist in der Natur eine ganz andere Dimension, und ein Jahr ist nichts.

Ich ging mehrere Male zwischen Basislager und Hochlager hin und her, um mich zu akklimatisieren. Dabei lernte ich den schwer zu findenden Pfad auswendig. Er führte in ständigem Auf und Ab ewig weit durch Felslabyrinthe, Täler, Hügel, Gletschermoränen und leichtere Kletterstellen. Die Felslabyrinthe bestanden aus großen Granitblöcken, die umgangen oder überklettert werden mußten; einige Wege waren Sackgassen. Mit der Zeit lernte ich es, mich in diesen Irrgärten zurechtzufinden. Zweimal führte der meist kaum erkennbare Pfad über von weitem unbegehbar erscheinende Bänder, die durch senkrechte Felswände führten. Ein unmöglich gangbar aussehender Weg mit atemberaubenden Tiefblicken, der allem Anschein zum Trotz begehbar war, entsprach bis ins kleinste Detail meinem Ideal einer schönen Landschaft. Der Weg in seiner Gesamtheit war von einer märchenhaften Schönheit und Vielfalt mitten in einer völlig unberührten Natur, ohne Mängel oder Stilbrüche. Ein eiskalter, rauschender Gletscherbach mußte an der geeigneten Stelle barfuß durchwatet werden. Dazu zog ich Hose und Unterhose aus, umwickelte damit einen Stein und warf meine Beinkleider so ans gegenüberliegende Ufer, dann folgte ich ihnen durch den reißenden Bach, der am Gleichgewicht zerrte. Das Rauschen dieses Baches war für mich das Jahr zuvor die letzte vage Hoffnung gewesen, der weißen Hölle zu entkommen. Heuer war ein schöner Tag, der Himmel wolkenlos und tief dunkelblau. Die ins Unterbewußtsein eingestanzte Angst kam jedes Mal, wenn ich in die Nähe des Baches kam, wieder an die Oberfläche. Nicht heftig und panisch, nur mahnend und erinnernd, schwang sie zwischen den Wellen mit wie leise Hintergrundmusik. Die Möglichkeit einer Katastrophe war immer vorhanden, das wußte ich und damit lebte ich.

Nicht immer war ich allein, ab und zu schraubten Kondore ihre Kreise in den Himmel. Diese aasfressenden Riesenvögel haben enorm scharfe Augen, mit denen sie in der Lage sind, aus weiter Entfernung jedes außergewöhnliche Verhalten eines Lebewesens zu registrieren und daraus Rückschlüsse auf dessen Lebenstüchtigkeit zu ziehen. Keine todgeweihte Kreatur entgeht ihrer Aufmerksamkeit, auf ganz besondere Art sind diese Vögel einfach genial. Die nützliche Berufung dieser Tiere ist es, Totengräber der Anden zu sein. Das Drama des Sterbens ist ihr Broterwerb. Ein einzelnes großes Lebewesen wie ich, in dieser Höhe, erregt in hohem Maße ihre Aufmerksamkeit. Es war für sie offensichtlich zumindest denkbar, daß ich zusammenklappen und damit eine Mahlzeit werden könnte. Sie kamen oft mehrere Tage hintereinander auf Steinwurfweite heran, um mich zu mustern und enttäuscht festzustellen, daß ich weder verletzt noch schwach war und mich entgegen den Regeln immer weiter nach oben bewegte. Einem lebenden Individuum krümmen diese anmutigen, eleganten Leichenfledderer kein Haar.

Viscachias, eine Chinchilla-Art in Hasengröße, sah ich oft. Sie sind die uneingeschränkten Herren der Hochregionen und ideal an ihre extreme Umwelt angepaßt. Sie fressen alles und begnügen sich mit wenig und schlechtem Futter. Dabei schaffen sie es trotzdem irgendwie, fett zu werden. Sie können selbst auf 5000 Metern Meereshöhe noch so schnell rennen, wie kein anderes Tier es in der dünnen Luft schafft. Aber nur hundert Meter weit, dann müssen auch sie sich mit fliegendem Atem und rasend klopfendem Herzen eine Weile sitzend verschnaufen, bevor sie weiterrennen können. Die etappenweise Flucht dieser

Tiere reizte mich immer wieder aufs Neue zum Lachen. Nachdem ich genügend trainiert war und den Weg auswendig kannte, gelang es mir, die Anmarschzeit ins Hochlager auf 8 Stunden zu verkürzen. Anstrengend blieb so ein Gehtag aber immer noch und der Abstieg war durch das oftmalige Auf und Ab fast genauso hart. Wenn ich keine Lust hatte zu gehen, ruhte ich mich im Basislager aus, ging zum Bouldern oder spielte mit meinem Expander herum. Ich wollte mich ja nicht kaputtmachen, sondern auf einen Gipfelsturm vorbereiten.
Dann war ich endlich bereit für einen ersten Versuch am 'Bettembourgpfeiler' des 6040 Meter hohen Pico del Norte. Es wurde eine große Enttäuschung. Als die ersten Sonnenstrahlen den Pfeiler berührten, stieg ich ein, mußte aber bald einsehen, daß diese Route für mich als Einzelgänger viel zu schwierig war. Überhänge versperrten den Weg nach oben und machten ihn in freier Kletterei ohne Sicherung für mich unmöglich. Kletterei im Yosemite-Stil, im unteren Teil 'bombenfest', beschrieb einer der Erstbegeher, Alain Mesili, nicht ohne Stolz diese Route. Jetzt erst war mir klar, daß damit nicht nur die Benützung eines Haulbags, sondern vor allem hakentechnische Kletterei gemeint war. Dafür war ich zum einen nicht ausgerüstet, zum anderen war das nicht mein Stil. Die Route war wieder komplett ausgenagelt worden, das sprach für die saubere Einstellung der Erstbegeher. Nur einige Standhaken blieben als Markierung für etwaige Wiederholer zurück. In freier Kletterei schätzte ich die Schwierigkeiten für die ersten paar Längen auf mindestens VIII+. Eine ganze Menge Klemmkeile und Haken, aber vielleicht keine Bohrhaken, würden für die erste Rotpunktbegehung nötig sein, ein ehrgeiziges Ziel für kommende Generationen.
Es gab keinen Grund, die Flinte ins Korn zu werfen. Der 'Bettembourgpfeiler' schied als Möglichkeit aus, also wandte ich mich meinem nächsten Ziel zu, um dessen Gangbarkeit zu erproben: Dem linken Ostwandpfeiler des Illampu, 6300 Meter, einer besonders schwierigen Route, die erst durch Klimaerwärmung und die daraus resultierende Ausaperung möglich geworden war. Sie hatte erst eine Begehung durch Heinz Enz, meinem früheren Seilpartner, und einem Franzosen, den ich nicht kannte. Heinz hatte die Führe mit VI- bewertet. Weil ich seine sparsame Schwierigkeitsbewertung kannte, machte ich mich auf einiges gefaßt. Daß Heinz keine Haken zurückgelassen hatte, war mir klar. Ich richtete ein weiteres Nahrungsmitteldepot über dem bereits bestehenden ein. Dann stieg ich ins Basislager ab, um mich auszuruhen. 'Nur nichts überstürzen' war mein Grundsatz.
Verschiedene Expeditionen aus aller Herren Länder hatten in der Zwischenzeit am Lago negro ihre Basislager bezogen. Ein internationales Dorf mit vielen eigenständigen Cliquen war entstanden, wo vorher nur Wildnis war. Schon von weitem sah ich die Zelte als bunte Punkte um den See. Ich freute mich ganz wahnsinnig

auf Gesellschaft und spürte vor lauter Vorfreude weder Durst noch Hunger. Um so mehr war ich enttäuscht, daß bei meiner Ankunft niemand Kenntnis von mir zu nehmen schien. Mit einer neunköpfigen französischen Expedition, bestehend aus Männern und Frauen, verband mich bald eine innige, herzliche Freundschaft. Jeden Abend luden sie mich zum Essen ein. Wenn ich einmal nicht von selbst kam, holten sie mich von meinem Zelt ab. Ich hatte nie das Gefühl, nicht willkommen zu sein, und ihre Aufmerksamkeit tat mir unwahrscheinlich gut. Nie werde ich diese liebenswürdigen Menschen vergessen, die für mich ein paar Tage lang die Heimat waren. Schön war natürlich auch die willkommene Abwechslung in meinem doch recht kargen Speisezettel, und vorteilhaft die Lebensmittelersparnis durch das 'Schmarotzen' am fremden Futtertrog. Doch am wichtigsten war für mich die Zuneigung von wirklich netten Menschen, die mich jede Scheu vergessen ließen.
Eine großangelegte kommerzielle deutsche Expedition mit Riesenaufwand und wenig Erfolgsaussichten am Berg begann ich zu meiden wie Aids, nachdem drei junge Bergsteiger mich aus dem Zelt geschmissen hatten. Welches Verbrechen hatte ich begangen? Ich war in einer Kleinigkeit anderer Meinung gewesen als sie. Der Rausschmiß erfolgte unter Einhaltung aller Höflichkeitsfloskeln. Um so entwürdigender fand ich ihn. Ein Deutscher weiß schließlich was sich gehört, er sagt nicht: »Du Drecksau«, höchstens »Sie Ferkel«. Ich zog Parallelen zu früheren Vorkommnissen und war verbittert und enttäuscht, schämte mich für meine Landsleute, die ich zugegebenermaßen sonstwohin wünschte, obwohl nur einige von ihnen und bei weitem nicht alle so waren. Voll stillen Zorns schrieb ich ein paar vernichtetende Sätze in mein Tagebuch, die man so nicht stehenlassen kann, aus diesem Grund faßte ich sie nachträglich in fette Klammern, strich sie aber nicht aus, weil irgendwie doch ein wahrer Kern in ihrer brutalen Kritik steckt:
(»Der normale Durchschnittsdeutsche ist ein Arschloch, er ist so minderwertig, wie er glaubt, daß andere es sind. Wenn es irgendwo Streit gibt, dann wird er ihn finden. Gibt es keinen, wird er ihn erfinden. Der Zufall ist der Feind jedes anständigen Deutschen, Neid und Intoleranz sein größtes Problem. Der Rassismus und der 'Endlösunsgedanke' stecken so tief, daß auch Mitglieder der eigenen Nation nicht davor verschont bleiben«.)
Ich überdachte den relativen Begriff 'Heimat' in diesen Tagen für mich persönlich neu. Heute ist Heimat für mich ein Ort, der überall auf der Welt sein kann. Ich brauche ein Dach als Schutz über dem Kopf und ein paar Menschen, die mir wohlgesonnen sind. Mehr als ein bißchen Geborgenheit und menschliche Wärme ist für meinen Heimatbegriff nicht nötig, und ich pfeife auf diesen ganzen sentimentalen Heimatdünkel, der an sämtlichen Kriegen mit schuld ist. Weil ich vier

Sprachen spreche, bedeutet für mich Heimat zum Glück nicht zwangsläufig, daß Deutsch gesprochen werden muß. Sonst hätte ich nicht am Lago negro bleiben können, ich wäre woanders hin umgezogen.
Etwas anderes beschäftigte mich auch, und zwar Tag und Nacht. Da wohnten nun etwa vierzig Leute aus verschiedenen Ländern und jeder wollte stur heil auf derselben Route auf denselben Berg: Ancohuma-Normalweg. Dabei gab es unzählige lohnende Berge in der Umgebung. Ob die überhaupt jemand sah? Ich zweifelte daran. Nicht einmal die nähere Umgebung des Basislagers befanden die meisten für erkundenswert. Eigentlich waren sie gar nicht hier. Mit dem Kopf waren sie zu Hause und wollten, wenn sie ehrlich gewesen wären, überhaupt nicht hiersein. Ihr ganzes Wollen beschränkte sich auf die paar Quadratmeter des Gipfels. Dabei war der Gipfelsieg mehr als ungewiß und ihre Einstellung machte das Wollen zu einer gefährlichen Sache. Nicht immer lassen sich die Berge alles ungestraft gefallen. War es der individuelle Wille des Einzelnen, der alle auf denselben Gipfel über dieselbe Route trieb, in einem riesigen Gebiet voll von faszinierenden Bergen, oder steckte etwas anderes dahinter? War es geschickte Werbung, eine Art internationale Massenhypnose vielleicht? War auch ich Bestandteil eines unüberschaubaren, gigantischen Betrugs, der den leicht Beeinflußbaren Träume vorgaukelt, die gar nicht ihre eigenen sind?
Ich war so lange allein gewesen und der Schock, plötzlich übergangslos auf so viele Menschen zu treffen, die mir zum Teil mit demütigender Verachtung begegneten, traf mich wie der Tritt eines Pferdes. Ich verarbeitetete die Sturzflut von Eindrücken in Form eines schweren nächtlichen Alptraumes, nach dem ich wieder im seelischen Gleichgewicht war. Sollte doch jeder das tun, was ihm Spaß machte, die Anden waren groß genug, um sogar das Herz eines Kleingeistes höher schlagen zu lassen. Jeder konnte das finden, was er suchte, jeder woanders oder jeder auf demselben Gipfel. Wenn alle, die hier waren, den Ancohumagipfel erreicht hätten, dann hätte ich es jedem einzelnen gegönnt, aber nach meiner persönlichen Hochrechnung standen vielleicht fünfundneunzig Prozent der Bewerber auf dem Gipfel. Ungeachtet dessen, daß die Prospekte der Bergführerbüros in Text und Bild den zahlenden Opfern etwas anderes suggerieren. Auch mit Einsatz technischer Hilfsmittel ist dieser Berg von keiner Seite aus ein vergnüglicher Spaziergang.
Nachdem die Franzosen wieder abgereist waren, ging ich wieder hinauf, um mein Glück zu versuchen. Bereits nach einer halben Stunde Marsch war ich völlig allein. Nach zwei Tagen Anmarsch stand mein Zelt unter der Illampu-Ostwand. Illampu heißt auf Aymara 'der Leuchtende'. Wer diesen Berg am Morgen bei aufgehender Sonne glühen gesehen hat, weiß warum. Der linke Ostwandpfeiler

war die einzige objektiv sichere Route, die Sicherheit der anderen Führen fielen der allmählichen Veränderung der Eisverhältnisse zum Opfer. Das Wetter war schön, und alles stand bereit für den großen Gipfelangriff.
In der Früh schiß ich fast in die Hose, ein schlimmer Durchfall peinigte mich. Da habe ich nun ein ganzes Jahr lang für diesen Augenblick gelebt, und da kam ein hundsgemeiner Durchfall daher und machte alles kaputt. Es war zum Kotzen und ich kotzte auch tatsächlich. Braune Streifen markierten meinen Rückweg, der zur Qual wurde. War mein Ziel vorher der Gipfel, so wurde es nun durch die Umstände das Basislager, welches es irgendwie zu erreichen galt. Eines habe ich auch dabei gelernt: Nicht so sehr die Berge, vielmehr das Schicksal eines jeden, der sich ihnen nähert, ist völlig unberechenbar. Nach zwei Tagen war ich zurück im Basislager, wo ich bald wieder auskuriert war. Selbstzweifel plagten mich. Rauf, runter, rauf, runter, rauf, runter, wie ein lebendiges Perpetuum mobile. Es erinnerte mich an ein beliebtes Schikanierspiel beim Militär: »Schütze Arsch - stillgestanden - Mütze ab - hinlegen, Mütze auf - aufstehen - Mütze auf - hinlegen, hinlegen - aufstehen - Mütze auf - Mütze ab.« Begeisterte Befehlserteiler praktizierten das stundenlang mit wachsender Begeisterung. Ich war verrückt, daß ich mir solche Strapazen selbst antat.
Die Expeditionen zum Ancohuma waren abgezogen, dafür hatten andere ihren Platz eingenommen, die vom Tal nachgerückt waren. Manchmal trafen Karawanen von fünfzig Lamas oder mehr mit Nachschub ein. Sogar eine Sonnenkollektorendusche wurde heraufbefördert. Daß sie nicht funktionierte, belustigte mich herzlich. Die stillen, beschaulichen Tage an diesem Platz schienen gezählt, die Stimmung war im großen und ganzen gut, aber sie hatte sich geändert. Platz gab es immer noch genug, und von weiter weg sah das kleine Zeltdorf in der es umgebenden Weite immer noch gleich verloren aus. Ich bedauerte diese Veränderung nicht, nahm sie nur zur Kenntnis und war eigentlich eher froh als enttäuscht, daß ich nicht ganz und gar allein war.
Nach ein paar Tagen kam die Motivation wieder und meine Kondition war besser als zuvor. Ich ordnete den verpatzten Versuch unter 'Akklimatisationstraining' ein, so konnte ich ihn besser verschmerzen. Einmal wollte ich es noch versuchen. Es gab keinen rationalen Grund dafür, aber diesmal war ich fest überzeugt davon, daß ich es schaffen würde. Diese Wand war extrem schwer und der Zustieg weit, deshalb würdigte sie niemand eines Blickes. Es war nicht gerade vernünftig, an eine Besteigung zu denken, nur ich allein war anscheinend verrückt genug dazu. Die Illampu-Ostwand war der Mittelpunkt der Welt für mich, ich fand sie einfach schön. Ich orientierte mich am Höchsten, Schwersten und Schönsten, und das war der Illampu. Mag sein, daß es schönere Berge gibt, aber von meinem Zelt aus

gesehen übertraf der Illampu alles andere, und was ich nicht sah, das gab es für mich auch nicht. Vielleicht wissen wir zuviel von den Bergen, dieses Wissen kann ihnen viel von ihrem Geheimnis, ihrer Schönheit nehmen. Wenn ich den Illampu so naiv wie ein Kind sah, dann war er am schönsten, dann war er der schönste und höchste Berg der Welt. Etwas zu tun, was niemand sonst machte, faszinierte mich. Wenn ich auf einen leichten Berg gestiegen wäre, dann hätte ich nichts dabei gefühlt, egal wie hoch der Gipfel gewesen wäre. Etwas zu tun, von dem ich genau wußte, daß ich es schaffen werde, fand ich ziemlich fad. In diesem Jahr standen fast hundert Menschen auf dem Mount Everest, die meisten wohl unter Zuhilfenahme von Sauerstoffmasken. Da ist mir ein schwieriger Sechstausender ohne Fremdhilfe eine größere Herausforderung.

Wieder brauchte ich zwei Tage unter die Ostwand, und wie immer war das Wetter schön. Nachdem ich für den Morgen alles Nötige hergerichtet hatte, legte ich mich in voller Montur in den Schlafsack. Die Innenschuhe holte ich ebenfalls herein. Vom Boden spürte ich die Kälte heraufkriechen. Ich wußte, daß morgen mein letzter Versuch war, noch einmal würde ich den Zustieg seelisch nicht verkraften. In Gedanken ging ich noch einmal den vergangenen Tag durch. Das Büßereis beim Aufstieg über den Gletscher fuhr mir nicht in die Beine, ich war gut in Form und die Höhe spürte ich kaum. Im Rucksack war eine Eisschraube, eine Reepschnur für alle Fälle, die Steigeisen, eine Gletscherbrille und die Kletterpatschen. Mehr war bei meinem Stil nicht notwendig und hätte mich nur behindert. Ich war gespannt wie eine Sprungfeder und schlief lange nicht ein. Als ich kurz an die Absicherungsmanie der Deutschen denke, muß ich lachen. Was ist schon sicher im Leben, vor allen Dingen hier heroben? Nützt mir die Lebensversicherung, die ich abgeschlossen habe, etwas, wenn ich nicht mehr lebendig bin? Der Geschäftsmann, der täglich mit zweihundert Sachen in seinem Mercedes über die Autobahn rast, lebt viel gefährlicher als ich, davon bin ich überzeugt. Meine Großmutter legte sich bei jedem Gewitter ins Bett, weil es hieß, daß im Bett noch nie jemand vom Blitz erschlagen worden sei. Sie wurde nicht vom Blitz getroffen und lebt trotzdem schon lange nicht mehr.

Morgen wird meine Lebensversicherung die ausgezeichnete Vorbereitung sein und das Wissen, daß das Leben immer auf des Messers Schneide steht. Heute, morgen und jeden weiteren Tag meines Lebens weiß ich, daß die Zukunft ungewiß ist, deshalb werde ich aufpassen. Hier oben, am Ende der Welt, zählt das Menschengesetz nichts, ganz andere Regeln gelten, und die Bedeutung von allem, was mir zu Hause wichtig war, ist aufgehoben. Es gibt keine Sicherheit, nur die persönliche Verantwortung, alle Konsequenzen aus den Folgen des eigenen Tuns ziehen zu müssen.

Ob ich die Tragweite meines Tuns überblicke? Als ich an meine besorgte Mutter denke, fange ich an, das zu bezweifeln. Sie machte sich immer schon mehr Sorgen um mich als um ihre anderen Kinder, überall eckte ich an und immer hatte ich nur Faxen im Kopf. »Nichts wie Sorgen hat man mit diesem Saukrüppel«, sagte mein Vater oft, wenn die Rede von mir war. Auf einem Tisch in meinem Zimmer in Mittenwald liegt mein Testament, diesmal habe ich alles geregelt, bevor ich mich davon machte. Warum bin ich so blöd und will diese Wand hinaufsteigen, die mir, als ich sie heute sah, glatter vorkam als mein Hintern? In dieser Höhe? Es ist die einzige Möglichkeit für mich, dem Größenwahn, der mich zu Hause umgibt, etwas entgegenzusetzen. Unter ihm litt ich schon als Kind unsäglich, auch meine Eltern litten wie viele andere darunter, aber sie haben das immer wieder verdrängt, während ich es zugegeben habe, um damit fertig zu werden. Ich bereue es nicht, daß ich jetzt hier wach im Schlafsack liege, fast nichts tut mir leid, was ich je getan habe. Ich bereue, was ich unterließ. Wie oft habe ich aus Angst den Mund gehalten, wenn jemand log? Ja, das war wirklich jedesmal eine Sünde.

Meiner Generation wurde beigebracht, uns für Dinge, die so weit zurücklagen, daß wir uns nichts darunter vorstellen konnten, zu schämen. Ich habe mich immer geweigert, das zu tun. Machte es etwa die Juden, die vergast wurden, wieder lebendig, wenn ich mich schämte? Das Leben ist doch kein Museum, wir müssen in der Jetztzeit und nicht in der Vergangenheit leben. Wenn jemand auf offener Straße einen Penner zusammenschlägt und alle, wie sie dastehen, sehen nur zu und schämen sich, dann gehe ich dazwischen. Ich habe es nie fertiggebracht, so eiskalt und herzlos zu sein, mich mit Schämen zu begnügen. Durch leichtes Hin- und Herschaukeln wiegte ich mich selber in den Schlaf, dämmerte bald hinüber und schlief tief und fest.

Noch bevor es hell wurde, schulterte ich meinen kleinen Rucksack, schnallte die Steigeisen an, nahm meine beiden Eisgeräte und stapfte los. Das Büßereis auf dem Weg zum Einstieg ließ kein schnelles Gehen zu. Die aufgehende Sonne tauchte den Illampu in kräftiges Dunkelrot. Ein sechzig Grad steiles Eisfeld führte zu den Felsen. Plastikschuhe aus und Kletterpatschen an. Wenn ich irgendwo stürze, hängt mein Leben an keinem Seil, es hängt überhaupt nirgends mehr. Weil ich das weiß, werde ich sehr konzentriert klettern und hundertprozentig nicht abstürzen, auch dann nicht, wenn es schwer wird. Ich bin froh, daß ich allein bin und empfinde es nicht als Widerspruch, daß ich mich ohne Partner sicherer fühle als mit. Würde ich jetzt die Wand hinaufschauen und mich fürchten, dann bräuchte ich nur umzudrehen, während mich ein Seilpartner dazu zwingen könnte, weiterzumachen. Gegen meinen Willen, gegen mein Gefühl, vielleicht gegen den Wunsch, überleben zu wollen. Und ich schätze die Gefahr für mich als Einzelgänger geringer ein als die Gefahr, die von einem Seilpartner ausgeht, der dieser Tour nicht wirklich gewachsen ist. Laß nur das Wetter schlecht werden, so wie voriges Jahr, was ist dann? In den Alpen ist man bei Schlechtwetter schnell wieder unten im Tal, hier ist man ewig weit weg von den nächsten Menschen und vollkommen auf sich selbst gestellt. Nein, ich bin wirklich froh, daß außer mir nur noch ich einsteige.

Der Fels war anfangs sehr brüchig, dritter, vierter Schwierigkeitsgrad vielleicht. Ich mußte mich beeilen, die unterste Wandzone war zu einer späteren Tageszeit starkem Steinschlag ausgesetzt. Als ich den ersten Wandteil hinter mir hatte, schöpfte ich zuerst einmal erleichtert Atem, jetzt war ich sicher vor herabpolternden Steinen. Ein Rückzug von hier wäre bereits sehr problematisch gewesen, ich hätte wegen der bald einsetzenden Steinschlaggefahr die Nacht abwarten müssen, um wieder abklettern zu können. Bereits im Zelt beim Aufwachen spürte ich den Motivationsschub, der von innen kam, so stark wie nie zuvor und wußte: Heute ist mein Tag, und ich werde den Gipfel erreichen. Ich konnte mich auf alles, was ich tat, voll konzentrieren, das Ergebnis meiner außerordentlich guten Höhenanpassung. Diese totale Konzentration war genauso wichtig wie gute körperliche Verfassung, beides war voneinander abhängig. Rutsche ich beim Sportklettern von einem Tritt und stürzte ins Seil, ist meist ein Konzentrationsfehler schuld. Jetzt durfte mir so etwas nicht passieren.

Die Kletterstellen wurden schwerer und die Felsqualität verbesserte sich. Im zuverlässigen Fels kam ich schnell voran, ich konnte flüssiger und kraftsparender klettern als im Einstiegsbruch. Die Route verlief genau dort, wo ich sie tags zuvor in Gedanken in die Wand gezeichnet hatte. Bald war ich hoch in der Wand, manchmal beobachtete ich aus den Augenwinkeln meinen Schatten, wie er alle meine Kletterstellungen nachmachte. Er war für mich der sichere Beweis, daß ich existent war. Alle meine Bewegungen liefen mit der Präzision eines Uhrwerks ab, es unterlief mir kein noch so kleiner Fehler, und ohne Bedenken reihte ich, in der dünnen Luft schwer atmend, Kletterstelle an Kletterstelle. Wie in einer Kürübung, nur ohne Bühne und Zuschauer. Dann kam die Schlüsselstelle, eine markante Verschneidung mit einem Faustriß im hintersten Verschneidungswinkel. Am Fuß der Verschneidung befand sich ein schmales Felsband, auf dem ich mich etwas ausruhen konnte. Die Verschneidung drückte mir düster aufs Gemüt, sah ganz schön heftig aus, wild und schwer. Junge, Junge, dort hinaufzusteigen, was habe ich da bloß wieder angestellt? Ich stellte einen Steinmann auf und ritzte 'Hic fuit', 'er war hier' in eine Steinplatte. Bereits in einer Woche würde es wahrscheinlich nicht mehr lesbar sein. Frisch ausgeruht querte ich in den Verschnei-

dungswinkel, wo mich mein Rucksack beim Hohersteigen behinderte. Ich kam wieder zurück und überlegte. Um den Riß sicher hochklettern zu können, hätte ich den Rucksack abnehmen und mit meiner Reepschnur nachziehen müssen. So etwas kostete immer viel Zeit, der Rucksack konnte sich beim Nachholen verhängen. Das war mir einmal im Karwendel passiert und hat mich fast in die Verzweiflung getrieben.
Ich fand eine andere Durchstiegsmöglichkeit, einen leicht überhängenden Riß in der linken Verschneidungswand, den ich mit Rucksack klettern konnte. Die Ungewißheit ließ mein Herz bis an die Schläfen pochen. Als ich die vorläufige Sicherheit des Felsbandes verließ, war ich nur noch Achtsamkeit. Griff, hält. Tritt, hält. Hier wackelt etwas. Vorsicht! Hier eine Leiste für drei Fingerkuppen, linker Fuß faßt guten Tritt, der rechte steht in einer Delle auf Reibung. Oberkörper weit strecken, ich bekomme einen ausgezeichneten Griff für die rechte Hand, die ihn umfaßt wie einen Schraubstock. Schnell weiter, bevor die Kraft ausgeht! Ruhig atmen, ganz ruhig, du hast es ja drauf, mach nur ja keinen Leichtsinnsfehler jetzt. Das Band ist schon weit unter mir, weiter geht es schräg nach rechts querend. Ab und zu finde ich selbst in dieser steilen Wand Ruhepositionen und versuche, hechelnd wie ein großer Hund, das Sauerstoffdefizit auszugleichen. »Achtung, du bist nicht gesichert«, pocht es gemeinsam mit dem schnellen Rhythmus des Herzschlags in meinen Schläfen, so heftig, als wollte es meinen Schädel auseinandersprengen. Ohne Durchhänger, ohne irgendwo unsicher zu sein, gelangte ich in leichteres Gelände, wo ich erleichtert die Luft einsog und auspfiff. Die Verschneidung lag unter mir. Ich schätzte die Schwierigkeiten der letzten 60 Meter auf VI+ und war froh darüber, daß ich das nicht noch einmal klettern mußte.
Nun hielt ich mich direkt an die Pfeilerkante und vermied so die vereisten Felsen links von mir. Steile, ausgesetzte Kletterei im fünften Schwierigkeitsgrad an großen Griffen. Haltlos brach die Wand rechts unter mir ab bis zu einem zerklüfteten Gletscher am Wandfuß. Bisweilen wehte ein frischer Wind, meine Finger begannen klamm zu werden, doch durch die ständige Bewegung wurden sie nicht gefühllos. An einem Ruhepunkt legte ich die Hände abwechselnd auf meinen warmen Nacken und es gelang mir, sie etwas zu erwärmen. Diese grandiose Wildnis, nirgends ein Lebewesen, die einzige Ausnahme ich. Rechter Hand von mir ein Hängegletscher, den an seinem Ende lange, filigrane Eiszapfen zieren, die im Sonnenlicht in allen Farben funkeln. In weichen Farbexplosionen verstrahlten sie ihre verblüffenden Lichteffekte ohne Absicht, ohne jemanden damit erfreuen zu wollen. Unabsichtlich, einfach weil das Eis da war, weil das Licht sich darin brach, entstand dieses Kunstwerk, und niemand außer mir hat es gesehen. Die großgriffige Kletterei wurde öfter durch kurze Unterbrechungsstellen erschwert,

die Spannung der Ungewißheit blieb und kitzelte die Nerven. Mit steigender Höhe wechselten die Perspektiven, taten sich ständig neue Ausblicke auf. Meine Wahrnehmungen waren nicht mehr drei-, sondern vierdimensional. Ich sah auf mich, um mich herum und hinter mich, im gleichen Augenblick. Phantastische Eindrücke, die nicht weitervermittelt werden können. Unter meinen Füßen nur Luft, über mir streben senkrechte bis überhängende Felswände auf. Ich bin da, weil ich hier bin, eine bestechend einfache Logik, die keine hintersinnige Erklärung braucht, die sich von selbst erklärt und keines tieferen Sinns bedarf. So träumte ich immer, daß mein Leben sein sollte. Nur den Zwängen der Natur gehorchen, wild und ungeknechtet meinen Anarchismus auszuleben. Ich dominierte und regierte die leblose Welt um mich herum. Mein Sein war ein perfekter, in sich geschlossener Kreis, der weit in die Welt ausstrahlte, ohne anderes Leben zu erreichen. Die Mitte dieses Kreises war meine keuchende Lunge und mein pochendes Herz. Mein Körper verströmte Wärme, unverschämt lebendig, so schmerzhaft bewußt am Sein war ich.

An einer Stelle zog ich mit rechts einen Untergriff weit her, links stützte ich mit dem Handballen ab und verklemmte mein linkes Knie in einem Loch. So eine bizarre Bewegung habe ich noch nie ausgeführt, nicht einmal im Klettergarten. Es ist die Struktur des Felsens, der dem Kletterer vorgibt, welche Bewegungen er ausführen muß. Stellen, an denen der Fels von einer dünnen Eisschicht überzogen war, erforderten es, aufzupassen. Nach Möglichkeit umging ich sie. Ich fand einen guten Übergang vom Fels zum Eis. Kletterpatschen aus, Bergschuhe und Steigeisen an. Als ich stehenblieb, spürte ich die Kälte erneut. Von dem ausgesetzten Platz konnte ich mein Zelt als kleinen Punkt im Gletscher ausmachen, einziges Zeichen menschlicher Präsenz weit und breit.

Nur ja nichts runterfallen lassen! Was hätte ich gemacht, wenn mir hier ein Plastikschuh oder ein Steigeisen heruntergefallen wäre? Einen Schuh zu verlieren hätte das Ende bedeutet. Weiter ging es im fünfundsechzig Grad steilen Eis, wo ich mein Tempo halten, sogar noch steigern konnte. Der Gipfelgrat bot, bis auf eine tiefe Gletscherspalte, die umgangen werden mußte, keine besonderen Schwierigkeiten mehr. Der letzte Aufschwung zum Gipfel war ein ausgetretener Weg, es mußte heuer einige Begehungen des 'Normalweges' über die Westwand gegeben haben. Nun merkte ich, wie gut ich akklimatisiert war. Ich mußte am Gipfelgrat kein einziges Mal verschnaufen. Gleichmäßig stieg ich weiter, bis es nicht mehr höher ging. Was für ein Ausblick: Titicacasee und Altiplano unter mir und hohe Berge, soweit ich sah. Mein Herz sprang auf und ließ die Eindrücke hinein. Diesen Augenblick kann mir, solange ich lebe, keiner mehr entreißen. Die Gipfelwächten hingen nach beiden Seiten gewaltig über. Wahnsinnig! Ich

schaute die Ostwand hinunter. War ich wirklich von dort gekommen? Verdammt steil sah sie aus. Wie im Traum nahm ich alles wahr. Trotzdem war es niemand anderer als ich, der da stand.
Lange konnte ich nicht bleiben, der Abstieg wartete. Über die Westseite wäre er relativ einfach gewesen. Zwei Eisfelder mit gut fünfzig Grad, nicht weiter schwierig, aber Zelt und Schlafsack befanden sich auf der Ostseite. Die einzige Möglichkeit, dorthin zu gelangen, war der lange, teilweise überwächtete Südgrat. Um von der Ostseite zur Westseite zurückzugelangen, hätte ein guter Geher eine Woche gebraucht. Die riesigen Dimensionen des Illampu, die großen räumlichen Entfernungen und die völlige Abgeschiedenheit sind nur schwer zu beschreiben. Von unten hatte der Südgrat viel leichter ausgesehen. Stellen im morschen Eis, bei bis zu siebzig Grad Neigung, mußte ich abklettern. Die Orientierung war oft schwierig, und immer mußte ich mit diesen heimtückischen Wächten aufpassen. Ich fand eine alte Abseilschlinge. Heinz Enz, der Erstbegeher des linken Ostwandpfeilers, war hier irgendwo ins Überhängende, Ungewisse abgeseilt. Ich wünsche es keinem, daß er da einmal hinunter muß. Es sah zu grauenvoll aus.
Dann doch besser weiter auf dem Südgrat, der kein Ende nahm. Die fortwährende Ausgesetztheit und die dauernde Anspannung nagten an meinen Nerven. Manchmal zwang mich das Gelände dazu, in die Westseite auszuweichen, wo ich meist zuerst lockeren Schnee wegräumen mußte, damit Pickel und Steigeisen im steilen Gelände labilen Halt finden konnten. Oft gab es einen Tanz auf rohen Eiern. Dazwischen wieder Klettereinlagen in verschneitem Fels mit Steigeisen an den Füßen. Auf der Ostseite herrschte steiles morsches Eis vor, das ich, so oft es möglich war, der Westseite vorzog, die noch schlechtere Verhältnisse aufwies. Einmal verfranste ich mich und mußte wieder 100 Höhenmeter hoch, um einen anderen Weg zu suchen. Trotzdem funktionierte alles mit großer Präzision. Meine Bewegungen waren so genau wie das Ticken einer Schweizer Uhr. Meine Nerven blieben stark, eiskalt wie eine Hundeschnauze. Manchmal ging ich auch direkt auf dem Grat oder ritt auf den Arschbacken hinunter. Das letzte Stück in die Scharte bildete ein Felsriegel im vierten Schwierigkeitsgrad. Wegen der Vereisung ließ ich die Steigeisen an. An einigen Plätzen steckten vereinzelte Standhaken der Erstbegeher, ihre Qualität war höchst zweifelhaft. In der Scharte war ich erleichtert. Jetzt konnte es dunkel werden, nun war ich müde. Von der Scharte ging es noch ein etwa 50 Grad steiles Eisfeld hinunter, dann brauchte ich in der Abenddämmerung nur noch über Büßereis zum Zelt zu schwanken, das ich bei völliger Dunkelheit erreichte.
Für den Abstieg ins Basislager brauchte ich zwei weitere Tage. Zu essen hatte ich nur noch eine Handvoll roher Kartoffeln. Den verbliebenen Diesel für meinen

Benzinkocher benötigte ich, um Eis für die Getränke zu schmelzen. In der Endphase des Abstiegs begann ich wegen der Erschöpfung, immer öfter während des Gehens seitlich abzudriften, eine Art Gleichgewichtsverlust. Ich war unglaublich müde und aufgerieben. Nachdem das Zelt am Lago negro stand, entluden sich meine Nerven mit unkontrollierbarer Heftigkeit. Ich heulte mir meine ganze Erleichterung von der Seele. Die Tour war hart gewesen, sehr hart. Ich sah meine nähere Umgebung nur noch durch einen Schleier von Tränen. Nun war ich in Sicherheit und brauchte mich nicht mehr zusammenzureißen. Der Heulkrampf zog mir die Füße vom Boden weg und ich lag längere Zeit vor meinem Zelt im Dreck, unfähig, mich vom Fleck zu rühren. Soviel Energie hatte ich nie zuvor in irgendeiner Tour gelassen.

Die letzten Tage am schwarzen See

Fünf Tage für die Besteigung des linken Ostwandpfeilers. Sieben Wochen lang hatte ich mich akklimatisiert, um den Belastungen in der dünnen Luft großer Höhen gewachsen zu sein. Trainiert hatte ich für diese Route ein ganzes Jahr lang, bereits damit begonnen, als ich letztes Jahr aus Bolivien nach Hause kam. Zu keinem Zeitpunkt war der Erfolg gewiß, jetzt war die Durchsteigung des linken Ostwandpfeilers Realität. Später sollten mich meine Freunde fragen: »Was, du hast in zwei Monaten nur eine einzige Tour geschafft?« Was sollte ich darauf antworten? Bis heute blieb ich diese Antwort schuldig. Mein Ziel war es immer schon gewesen, so lange zu klettern, bis ich ganz und gar genug hatte. Nun war es so weit, ich hatte die Schnauze voll von den Bergen. Das erste Mal in meinem Leben saß ich da, umgeben von Bergen, und ignorierte sie einfach. Ich hörte auf, Linien in die Bergflanken zu zeichnen, wenn ich irgendwo eine kletterbare Wandflucht ausmachte.
Der Lago negro ist umgeben von wunderschönen Bergen, doch so schön konnten sie gar nicht sein, daß ich verliebt hinaufschaute. Ich war satt mit Abenteuern bis obenhin und dachte daran, mein Kletterzeug zu verkaufen. Ich hatte nur noch Lust auf Essen, Schlafen und Heulen, tagelang tat ich nichts anderes mehr. Es war Anfang September geworden, und ich war allein. Für meine Freßorgien brauchte ich keine Gesellschaft, es schmeckte mir auch so. Ich suchte mir aus meinen Vorräten die besten Schmankerln aus, um sie vorsätzlich zu verspeisen. Zu sparen brauchte ich ja nun nicht mehr. Wenn ich in diesen Tagen Glück hätte definieren sollen, wäre ich schnell fertig gewesen: Genügend zu essen, nicht mehr gehen zu müssen und die Verdauung muß stimmen. Ich war total erschöpft und schlief, fraß oder heulte den ganzen Tag und dabei erholte ich mich schnell. Ich

stopfte Unmengen von Eßbarem ich mich hinein, perverse Fürze und Rülpser durchbrachen ungehört die feierliche Stille der Wildnis. Wenn ich satt war, weinte ich stundenlang vor mich hin. Ich weinte mit Hingabe, fast schon mit Genuß, solange, bis keine Tränen mehr kamen. Dann legte ich wieder eine Freßpause ein, um gesättigt weiterzuheulen oder einzuschlafen.
Durch mein innerliches Zerbrechen pendelte meine Seele in ein neues Gleichgewicht ein und ich fühlte eine starke Kraft in mir wachsen. Meine Arme und Beine waren so dürr, daß ich Angst hatte, sie könnten mir abbrechen. Wohin verschwanden nur die ganzen Fressalien? Ich hätte dringend ein Bad brauchen können, denn ich stank buchstäblich bis zum Himmel. Als es mir ein bißchen besser ging, sprang ich in den eisig kalten Lago negro und wusch mich ab. Es schüttelte mich vor Kälte und ich fror die ganze Nacht hindurch. Es war das erste Vollbad seit Monaten.
Warum kam eigentlich kein Indianer mehr herauf? Mir fiel ein, daß sie sicher annahmen, ich sei tot. Ich war fast eine Woche lang nicht mehr im Basislager gewesen, und bevor ich ins erste Hochlager aufgestiegen war, hatten sie meinen Tod vorausgesagt, falls ich in die Ostwand einsteigen würde. Ihr Tonfall hatte etwas Endgültiges gehabt. Nun nahmen sie bestimmt an, daß die Kondore mich gefressen hatten. Jeden weiteren Tag, der verging, begann ich mich mehr nach menschlicher Gesellschaft zu sehnen, auf die Dauer würde ich es nicht aushalten, ganz allein zu sein, ich würde irgendwann an der Einsamkeit ersticken. Auf Dauer hält es kaum ein Mensch aus, ganz allein zu sein, er ist ein Herdenwesen, daß sich am wohlsten unter seinesgleichen fühlt. Das war mir immer bewußt gewesen, jetzt mehr denn je.
Eines Morgens löste ich das Basislager auf. Mit der Ausrüstung vom vorigen Jahr, den verbliebenen Essensvorräten und dem Rest Dieselbrennstoff für den Kocher wog mein Gepäck etwa 80 Kilo. Ich verteilte alles auf meinen großen Rucksack und den Haulbag. Mit meinem 30 Kilo-Rucksack stieg ich ab nach Cocoyo und stellte den Haulbag gut sichtbar an den Wegrand. Einmal drehte ich mich noch um, »Adios Lago negro, alter Freund«. Freude und Wehmut zugleich. Mein Zeltplatz auf einer Alm vor Cocoyo war immer von Kindern umringt. Ich hatte schon lange keine menschlichen Stimmen mehr vernommen, manchmal erschrak ich vor dem Lärm, den ich nicht mehr gewohnt war, ja selbst meine eigene Stimme war mir fremd geworden. In meinen Selbstgesprächen am Berg sprach ich nur ganz leise, jetzt mußte ich laute, hörbare Sätze formulieren.

Die Indianer und ich, ein Mysterium für beide Seiten

Mein Zelt stand nun auf der kurzgrasigen Almwiese von Cocoyo. Auch bei meiner dritten Expedition, bei der ich wie bei den vorherigen gezwungenermaßen gut die Hälfte meiner Sachen im Basislager zurücklassen mußte, während ich in den Hochlagern schlief, wurde mir nichts gestohlen. Das spricht für die Ehrlichkeit der Hochlandindianer in Bezug auf Anerkennung von Privatbesitz. Ich kenne Leute, die andere Erfahrungen gemacht haben. Ich kann sie nicht teilen. Dies scheint im krassen Gegensatz dazu zu stehen, daß sie furchtbar aufdringlich und ungeniert betteln können, auch die Erwachsenen. Aber irgendwie gehören diese Eigenschaften, die ich nicht vorschnell als 'gut' oder 'böse' werten will, zusammen und sind kein Widerspruch.

Unsere Lebensform ist eine von vielen. Nun, da ich oberflächlich auch andere kennengelernt habe, bin ich mir nicht mehr so sicher, ob es auch die effektivste ist. Für ein Überleben in unserer Umwelt mag sie vorläufig noch genügen, im Hochland von Bolivien wäre sie schlichtweg unbrauchbar, zum Scheitern verurteilt, weil die Lebensbedingungen grundverschieden sind. Deshalb steht es mir auch nicht zu, ein bewertendes Urteil über die jahrtausendealte Indianerkultur zu fällen, deren Ursprünge zeitmäßig weiter zurückliegen als unsere Wurzeln. Beim Aushandeln von Preisen für Lasttiere, seien es Lamas, Pferde oder Mulis, erlebte ich so manchen Wortbruch, wobei sich meine Sturheit durchaus mit den Indianerdickschädeln messen konnte und ich nur selten den kürzeren zog. Bei solchen Verhandlungen habe ich viel gelernt, vor allem über mich selbst. Verhandeln ist ein Spiel, man darf es nicht allzu ernst nehmen. Kompromisse gehören dazu, und wenn man Geld verliert, gewinnt man ein Vielfaches des Gegenwertes an Erfahrung.

Eine für mich sehr befremdlich anmutende Sitte war es, daß die Indianer, sobald sie mein Zelt irgendwo in der Wildnis sahen, aus Kilometern Entfernung auf mich zukamen, sich wort- und grußlos neben mich setzten, um mir so lange beim Essen zuzuschauen, bis sie auch etwas bekamen. Dabei wanderten ihre Augen an meinen Sachen auf und ab, oder sie wurden begrapscht. Allein zu sein und drei oder mehr Leute auf einmal im Auge zu behalten, ist unmöglich. Trotzdem kam mir nie etwas weg. Der Sinn und Zweck dieser Besuche blieb mir verborgen, aber sie dienten definitiv nicht dazu, mich zu berauben. Solche ungeladenen Gäste waren manchmal recht befremdlich, ihre Fremdartigkeit, meine Unfähigkeit, ihre Absichten einzuschätzen, das alles zusammen beunruhigte mich. Stellte ich meinen Gästen etwas Eßbares hin, löffelten sie das Zeug ohne Dank in rasender Geschwindigkeit weg und gaben mir den Teller sauber ausgeschleckt, wie abgespült, wieder.

Einmal bekam ich in Sorata eine kleine Schachtel Zigarren geschenkt, Marke furchtbar stark. Um Besuchern etwas Besonderes anbieten zu können, nahm ich sie mit auf Tour. Nach einer Weile Einsamkeit bekam ich Besuch, irgendwie freute ich mich auch jedesmal, wieder menschliche Wesen um mich herum zu haben, und wenn sie noch so maulfaul waren. Schon allein der Anblick eines Menschen kann nach langem Alleinsein eine Wohltat bedeuten. Nicht ohne Stolz bot ich ihnen meine Zigarren an. Ich bin Nichtraucher, deshalb genehmigte ich mir selber keine. Da geschah etwas unerwartetes: Meine drei Besucher weigerten sich, das Geschenk anzunehmen, wenn ich mir nicht selber auch eine Zigarre ansteckte. Ganz offensichtlich kamen sie sich als Schmarotzer vor, wenn ich mir nicht dieselbe Freude gönnte wie ihnen. Ich rauchte eine mit, und weil ich nichts gewöhnt war, begann es in meinem abendessensgefüllten Wanst zu rumoren. Wie immer verschwanden meine Gäste schweigend, so schnell wie sie aus dem Nichts gekommen waren. So konnte ich mir in aller Ruhe den ganzen Dreck aus dem Leib kotzen.

Inzwischen glaube ich, daß es ein ungeschriebenes Gesetz der Indianer ist, sein Essen mit Vorüberkommenden zu teilen. Dabei gibt immer derjenige, der eben gerade zufällig mehr hat. Das ist so selbstverständlich, daß es keines Dankes oder großer Reden bedarf, die einen müden Wanderer nur strapazieren würden. Wenn man bedenkt, welche riesigen Wegstrecken diese Menschen zu Fuß und mit schwerem Gepäck ab und zu zurücklegen müssen, mit keinem anderen Proviant als einem Beutel voll Cocablätter, dann erscheint mir meine Interpretation dieses Brauches als logisch, wenngleich meine Erklärungen unwissenschaftliche, laienhafte Vermutungen sind, weiter nichts. Im großen und ganzen erlebte ich die Indianer als pfundige Typen, denen meine Sympathie gehört. Andere Ansichten basierten meist auf Mißverständnissen, schlechten Einzelerfahrungen und daraus resultierenden Vorurteilen.

Ich hatte von einer Region rund um die Stadt Achacachi gehört, wo die Bewohner extrem fremdenfeindlich und schießwütig seien. Vielleicht war das wahr. Ausnahmen bestätigen die Regel, aber es ist schlußendlich egal, ob man von einer Ausnahme oder einer Regel erschossen wird. Deshalb mied ich diese Region, wenngleich dort ein sehr interessanter, besteigenswerter Berg stand, der mich sehr wohl interessiert hätte, wäre er woanders gewesen.

Im vergangenen Jahr war mir in Cocoyo eine Landkarte und eine selbstgebastelte Aluminiumklimmzugstange weggekommen, nichts von Wert. Ich ahnte gefühlsmäßig, wer mir die Sachen geklaut hatte, konnte aber nichts beweisen und war mir auch nicht sicher. Ich ging zum Vater des etwa zwanzigjährigen Burschen, den ich verdächtigte, und fragte ihn, ob nicht irgendwer meine Sachen gefunden

hätte. Er wüßte nichts, sagte der, wolle aber seinen Sohn danach fragen, wenn er heimkäme. Danach redeten wir übers Wetter, die Lamas und alles mögliche belanglose Zeug, um unserer Unterhaltung die Brisanz zu nehmen. Die Sachen hatte ich schnell abgeschrieben, ihr Verlust war nicht tragisch. Ich muß auch gestehen, daß ich immer schon auch genügend Dinge verloren habe, weit mehr, als mir gestohlen worden waren.
Ein Jahr später. Es klopfte am Zelteingang und besagter Vater stand vor meinem Zelt mit meinen Sachen in der Hand, hinter ihm der Dieb, den er dazu zwang, sich mit hochroten Ohren bei mir zu entschuldigen. Er hatte meine Sachen unter dem Bett seines Sohnes gefunden und ihm, wie er glaubwürdig versicherte, ein paar satte Watschen verpaßt. Danach hatte er die Sachen in Verwahrung genommen, um sie mir auszuhändigen, wenn ich wiederkäme. Woher er wußte, daß ich zurückkommen würde, konnte ich mir nicht erklären. Ich war gerade damit fertig, mein Abendessen zu kochen, teilte es in drei Portionen auf und wir aßen gemeinsam. Damit war die Sache ein für allemal erledigt.

Der Rückweg nach Sorata

Von Cocoyo ging diese Woche kein Jeep. Mit Raoul da Silva und seinen Lamas ging ich über den Chkoruasini-Paß nach Ancohuma. Von dort fuhr fast jeden Tag ein Jeep nach Sorata. Aber 'fast immer' konnte in Bolivien auch 'gar nicht' bedeuten. Wehe dem, der keine Zeit oder keine Geduld hat. Ich legte mich so an den Straßenrand, daß mich jeder Fahrer sehen mußte. Abends legte ich mich in meinen Schlafsack. Mit einem Hirten machte ich aus, daß er mich, falls ich am Vormittag immer noch da wäre, mit zwei Mulis über den Illampu-Paß bringen sollte. Der Vormittag verging und er kam nicht. Ich versuchte andere Leute dazu zu bringen, mich über den Illampu-Paß zu bringen. Sie sagten alle zu und kamen nie wieder. Ein Jeep aus Richtung Tacacoma kam und hielt auf meiner Höhe. In einer Stunde wollte er mich auf dem Rückweg mitnehmen. Später fuhr er an mir vorbei, ohne anzuhalten und ich sah nur noch die Rücklichter. Jetzt begriff ich. Das ganze hatte Methode, ich sollte mürbe gemacht werden, um mich erpressen zu können. Die Leute hätten alle gerne ein Geschäft mit mir gemacht, aber es wurde ihnen von höherer Stelle verboten. Ich sollte dazu gebracht werden, für einige hundert Dollar einen 'Contracto' abzuschließen. Drei Tage hatte mich das gekostet. Abends legte ich mich in meinen Schlafsack und zählte die Sternschnuppen am klaren Abendhimmel. Das besänftigte mich ein bißchen. Trotzdem hatte ich eine Stinkwut. »Von mir bekommt ihr gar nichts«, brummelte ich in meinen Schlafsack.

Am anderen Tag in der Früh schulterte ich den fünfzig Kilo schweren Haulbag und ging so weit, bis ich den zurückgelassenen dreißig Kilo Rucksack gerade noch sehen konnte. Dann ging ich zurück und holte ihn. Am Haulbag trottete ich vorbei, bis ich ihn aus den Augen zu verlieren drohte. Dann wiederholte sich der Vorgang. Auf diese Art und Weise bewegte ich mich langsam Richtung Chuchu- Paß. 'Raupentechnik' nannte ich diese Fortbewegungsart. Ich war in guter körperlicher Verfassung und klappte nicht zusammen. Abends stand ich auf dem Chuchu Paß. Von Ancohuma zum Chuchu-Paß sind es zwölf Kilometer, dabei müssen 1200 Höhenmeter überwunden werden. Ich legte die Gesamtstrecke dreimal zurück, zweimal im Aufstieg und einmal im Abstieg, um insgesamt achtzig Kilo Gepäck in zwei Rucksäcken hinaufzubefördern.
Meine Sturheit und mein Stolz zwangen mich dazu, keine Schwäche zu zeigen. Ich hatte der Ancohuma-Bande gezeigt, wo ein Gringo den Most holt. Eine wilde, trotzige Freude erfüllte mich, Stolz darauf, nicht nachgegeben zu haben. Ich fühlte mich stark und überlegen, mitten in der Nacht nahm mich ein Fahrzeug aus Tipuani mit nach Sorata. Ich war wieder in der Zivilisation. Durch die Strapazen der vergangenen Monate hatte ich zwanzig Kilo Körpergewicht verloren. Meine Turnschuhe kamen fast schon allein daher. Die warme Dusche und das Bett im Hotel Residencial empfand ich als sensationell, so sensationell, daß ich von dem Bett, das manch anderer als lausige Holzpritsche bezeichnen würde, gleich drei Fotos machte. Später warf ich die Fotos weg. Wen interessierte schon das Foto von einem bolivianischen Bett?

Erkenntnis

Nach meinem Abenteuer am Illampu hatte ich noch viel Zeit. Zuerst genoß ich es, jeden Tag in einem Bett zu schlafen, mich von Zeit zu Zeit ins bunte Treiben des Marktplatzes zu begeben, Obst und Gemüse essen zu können, wann immer es mir beliebte. Dann zog ich weiter, halb sorgloser Vagabund, halb Philosoph. Durchstreifte das Land, nirgends zuhause und doch überall beheimatet. Meine anfängliche Scheu vor den Menschen, das Resultat meines langen Alleinseins, verlor sich bald wieder und ich ließ mich von der Aura aller Dinge und aller Lebewesen, denen ich begegnete, durchdringen. Da war ein schöner, runder Granitstein, hier waren zwei Hirten, die vor ihrer Lamaherde saßen und schweigend bis zum Horizont blickten. Die Blumen, wie sie leuchteten, die kargen Kartoffeläcker, wie sie fruchtbar, lebensspendend dalagen. Das Lächeln eines Menschen spiegelte meine eigene Freude wieder. Alles reflektierte, strahlte Wärme und Licht ab und projizierte es auf andere Dinge. Wie damals in der klaren Mondnacht nach dem Teufelsgrat. Noch nie zuvor streifte ich die ruinöse westliche Philosphie des Besitzenwollens so gründlich ab wie jetzt. Wie aus einem viel zu engen Anzug schlüpfte ich aus meiner Haut. Ein wirkliches Abenteuer muß einen verändern können, so verändern, daß man nicht mehr derselbe ist wie vorher. Wenn Abenteuer überhaupt einen Sinn haben, dann diesen.

Meine drei Expeditionen in die Berge der Cordilléra Real waren äußerst erfolgreich, ich sah sie als einheitliche Aktion in ihrer Gesamtheit. Eine für sich allein gesehen verlor viel an Bedeutung, alle drei zusammen als Einheit ergaben eine runde Sache. Dahinter steckte ein Lebensgefühl, das sich in meinen Taten manifestierte. Ich hatte Dinge getan, die in unserer heutigen Welt nicht für möglich gehalten wurden. Unter Aufbietung meines ganzen Mutes hatte ich die Ketten gesprengt, die Mauern der Lebensvergewaltigung eingerissen und war so ans Licht hinausgelangt. Meine Taten, die Befreiung, die Aussage, die dahintersteckte, stimmten mich lebensfroh und heiter. Ich hatte erreicht, was ich wollte. Mein Leben kam mir vor wie ein erfüllter Traum. Der Weg dorthin, der Weg zu mir, war lang gewesen, gefährlich und mühsam. Aber ich konnte mich nicht beklagen. Ich hatte es ja so gewollt und konnte ohne Groll zurückblicken. Ein tiefer Friede und unendliche Gelassenheit füllten mein Herz aus. Was bleibt am Ende von alldem übrig? Nichts, außer der Gewißheit, daß alles möglich ist.

Ich fuhr mit einem mittelalterlichen Zug übers Altiplano nach Uyuni, wo die größte Salzwüste der Welt beginnt. San Piedro de la Sierra liegt am Rande dieses Salzsees. Ein Dorf, umgeben von Ödland, kaum genug Wasser und Ackerfläche, um zu überleben, und doch fristeten seit Generationen Menschen in dieser Mondlandschaft auf der Erde ihr kärgliches Dasein. Wie ich diese Menschen insgeheim bewunderte, weil sie so bescheiden waren, so wenig brauchten. Dabei strahlten sie eine Zufriedenheit und Ruhe aus, wie ich sie zuvor nicht erlebt hatte. Es ist nicht wahr, daß Geld zwar nicht glücklich macht, aber beruhigt. Wenn das stimmen würde, hätten diese Menschen nicht so ruhig, so friedlich und offen sein können.

Wenn wir ihre Bescheidenheit hätten, dann könnte der Planet noch gerettet werden. Was hinterlassen die Industrienationen denn schon den Nachkommenden? Eine elend verreckende Welt. Vergast, verdreckt und geistig verschmutzt. Sogar der Himmel zieht sich erschreckt in Form eines riesigen Ozonlochs vor uns zurück. Die ewigen Ausreden, die hochgeistigen Selbstbeweihräucherungen, die Lügen der Verantwortlichen, das sind die Spuren, die der Mensch hinterläßt. Ich beschloß im stillen für mich selbst, so wenig Spuren wie möglich zu hinterlassen, meinem Leben nicht eine ihm nicht zustehende Bedeutung beizumessen. Wenn ich einmal Abschied nehme und nichts hinterlasse, was an mich erinnert, werde ich beruhigt fortgehen können. Von dieser Welt in eine andere. »Die Erde wird dahinwelken wie ein altes Kleid.« Wer dieses Bibelwort mit seinem Herzen liest, wird die geniale Aussagekraft und die menschliche Tragödie, die in ihm steckt, verstehen. Was, wenn es doch einen Gott und eine Gerechtigkeit gibt, und wir in der Stunde der Wahrheit danach gefragt werden, was wir aus diesem wunderschönen Planeten gemacht haben?

Ich unterhielt mich lange mit dem Bürgermeister von San Piedro, einem kleinen stämmigen Indianer mit breiten Schultern, riesigen schwieligen Händen und lebhaften Augen. Dabei saßen wir auf einem flachen Hügel und blickten auf das fast ebene, weite Land. Zwischen den Sätzen lange Pausen, nichts als Stille. Vielleicht waren die Menschen hier so offen und weitherzig, weil ihr Land so offen, so eben und unbegrenzt war. Sicher spürten sie auch, wie sehr ich sie bewunderte. Ich fragte den Indianer, ob er denn nie überlegt hätte, woanders hinzugehen, wo das Leben einfacher, sicherer wäre als hier. Lange sagte er nichts, nur der Wind spielte mit meinen Haaren. Dann die Antwort, kurz und klar: »Weißt du, ich kenne nichts anderes als dieses mühsame Leben hier. Ich weiß, daß es noch etwas anderes gibt, doch warum sollte ich mir etwas anderes wünschen als hier zu leben, wo ich doch nur hierhergehöre und zufrieden und glücklich bin.« Nun begann ich, ihn wirklich zu beneiden, denn ich wußte, daß ich sein Selbstverständnis, seine Lässigkeit nie auch nur annähernd erreichen würde.

Ich reiste zurück nach La Paz. Lange hielt es mich jedoch nicht in der Millionenstadt. Immer wieder erinnerte ich mich an meine Bergtouren, immer noch fand ich keinen Makel an ihnen, und das erfüllte mich mit Freude und Gelassenheit. Auf der Ladefläche eines Lastwagens wollte ich hinunter nach Rurrenabaque, in den tropischen Teil Boliviens. Ich merkte erst unterwegs, daß der Fahrer sturzbesoffen war, weil er stockvoll in jedes Schlagloch fuhr. Neben der engen Straße ging es 1000 Meter steil hinunter. Als mir klar wurde, zu welchem Idioten ich eingestiegen war, war es zum Aussteigen zu spät. Der Lastwagen streifte in voller Talfahrt einen Felsen, ich glaubte schon, ich würde sterben, aber wir blieben auf der Straße. Noch selten hatte ich so um mein Leben gebangt. Es passierte nichts, außer daß der Höllenfahrer sturzbesoffen aus der Fahrerkabine fiel, als ich ihn in Coroico vorzeitig verließ und ihm das Fahrgeld in die Hand drücken wollte.

Monatelang war ich in der dünnen Höhenluft des kargen Altiplano unterwegs gewesen. In Coroico gab es Bananenstauden und Orangenbäume. Rauchschwalben zogen in der Luft ihre Bahnen und es war heiß. Was für ein Gegensatz! Alles war wie ein unfaßbares Wunder. Ich quartierte mich in einem kleinen Gasthaus ein, von wo ich in kleinen Wanderungen durch die Gegend streunte. Weit zu gehen hatte ich nach den zurückliegenden Strapazen keine Lust mehr. Allein durchschritt ich die grünen Hügel, im Herzen nichts als Frieden. Fast ein bißchen schwermütig ließ ich mich am Rande eines kleinen Sees nieder und hing meinen Gedanken nach. Um meine Gefühle zu beschreiben, will ich mir einen Haiku, ein dreizeiliges japanisches Gedicht ausleihen, dessen Aussagekraft meine Ausführungen nicht erreichen können. Seine gedrängte Kürze bedarf einer Erklärung, sonst kann es die begrenzte Phantasie eines Europäers nicht fassen.

Es ist Herbst, dunkel und unergründlich liegt ein Weiher im Wälderschatten, kein Laut regt sich, die Stille der Unendlichkeit, die große Ruhe herrscht überall. Ein leises Geräusch nur durchbricht das große Schweigen: Ein Frosch hüpft mit kaum vernehmbarem Klatsch ins Wasser, vollkommende Kreise schwingen bis zum Rande des Teiches, verebben, schwingen aus und alles ist still wie zuvor. So ist auch dies Leben: Ein kleines sinnloses Geräusch gleichgültigen Ursprungs, nichts von Dauer. So ist auch das Menschsein, es verklingt in der Weite des allumfassenden Ganzen, aus der wir gekommen sind, in die wir zurückkehren werden. All diese Vorstellungen buddhistischen Ursprungs sind in jenem Gedicht vereint.

Uralter Weiher
Vom Sprung eines Frosches
Im Wasser ein Ton.

Übergangszeit

Der Übergang vom Leben in Bolivien zum Leben in Deutschland war abrupt und schmerzhaft. Wie immer. Ich kam in Mittenwald an und nahm sofort die übliche Akkordarbeit auf, damit mir das Geld nicht ausging und keine Kundschaft zur Konkurrenz überwechselte. Tagein, tagaus kilometerlanges, gelenkmordendes Heckenschneiden, irgendwann einmal mußte sich das rächen. Ich bekam starke Schmerzen in beiden Handgelenken, eine klassische Berufskrankheit des Landschaftsgärtners. Manchmal habe ich ein bißchen Sorge um meine Zukunft, denn ich lebe von meiner Hände Arbeit. Was soll ich anfangen, wenn sie einmal nicht mehr zu gebrauchen sein sollten? Mit wird etwas einfallen, davon bin ich überzeugt.

Ich war konditionsstark wie nie zuvor, das bestätigte sich bei gelegentlichen Ausflügen von der Leutasch übers Berglental zur Meilerhütte, in deren Bereich ich verschiedene leichtere Kletterrouten machte, die ich noch nicht kannte. Manchmal brach ich erst am Sonntag mittag im Laufschritt auf und schaffte es trotzdem, vor der Dunkelheit wieder unten zu sein. Bis Dezember war ich mit der Arbeit fertig, besonders viel zu tun gab es heuer nicht. Im Winter wachsen keine Blumen. Bis Mitte März hatte ich viel freie Zeit zur Verfügung. Durch Krafttraining und Klettergartenausflüge kam meine Felsform, die unter Expeditionen immer leidet, bald wieder, doch dann zwangen mich meine Gelenkschmerzen zur Untätigkeit.

Als Peter seine alte Großmutter, die in Mittenwald lebt, besuchte, schaute ich bei ihm vorbei. Er hatte dieses Treffen in die Wege geleitet, ich wäre zu nachtragend dazu gewesen, den ersten Schritt zu tun. Zwanzig Jahre kannte ich ihn nun schon. Wir sind gleich alt und waren beide zur gleichen Zeit beim Militär in Mittenwald, wo wir alle zwei hochkant rausgeflogen waren. Wir sind beide ein Leben lang geklettert. Oft waren wir gemeinsam im Klettergarten, gingen alpine Touren oder zum Saufen, wobei ich in letzterer Disziplin erhebliche Schwächen hatte und es deshalb längst aufgegeben habe, meine Leber mit Alkohol abzuhärten. Für zwei, drei Tage kamen wir gut miteinander aus, aber wie sich in Bolivien herausstellte, kannten wir uns nicht so gut wie wir glaubten. Seit dieser ersten und letzten gemeinsam begonnenen und getrennt beendeten Bolivienexpedition waren wir so schlecht aufeinander zu sprechen wie Katz und Maus. Viele Jahre waren vergangen, in denen Peter mich zweimal angerufen hatte, aber am Ende dieser beiden Telefonate waren wir jedesmal wieder hoffnungslos zerstritten. Monika, Peters ehemalige Freundin, versuchte zwischen uns zu vermitteln. Zwecklos. Zuviel Gemeinheiten hatten wir uns damals an den Kopf geworfen, und ob wir es nun bedauerten oder nicht, es stand wie eine Wand zwischen uns. Monika ist Lehrerin für schwer erziehbare Kinder, aber Peter und ich waren nicht nur nicht erziehbar, sondern ihre zwei hoffnungslosesten Fälle überhaupt. Sie gab es auf, zwischen uns vermitteln zu wollen.

Die gegenseitigen Kränkungen waren schon so lange her, daß wir wohl beide Zweifel hatten, ob sie in diesem Leben oder einem anderen ausgesprochen worden waren. Die ewige Jugend hatten wir beide nicht gepachtet, unser weiter und gewiß nicht sonderlich leichter Weg, der Kampf mit tausend Vorurteilen, hatte seine Spuren in unseren Gesichtern hinterlassen. Vieles und viele hatten wir überlebt. Generationen von Kletterern hatten wir Klettern anfangen und wieder aufhören sehen. Wir hatten niemals damit aufgehört. Genausogut hätte uns jemand das Atmen verbieten können.

Als wäre nie etwas gewesen, spazierten wir plappernd nebeneinander her. Hatten wir uns wirklich jemals gestritten? Und wenn, warum denn bloß? Wir wollten in die nächste Wirtschaft, um eine Halbe Bier zu schlenzen, es war frühlingshaftes Tauwetter, Mitte Dezember, und es regnete leicht. Doch ohne daß unsere grauhaarigen Schädel es wollten, liefen unsere Füße immer weiter, sie fanden ganz von alleine dorthin, wo einmal die Wiege unserer Träume gestanden hatte. Erst als wir mit unseren leichten Straßenschuhen schon fast bis zu den Knien im feuchten

Schnee standen, merkten wir, daß es nur noch aufwärts ging und wir schon im lichten Hochwald standen. Die Häuser von Mittenwald wurden immer kleiner. So wie sie mir schon immer am liebsten waren: Nichtig und belanglos. Dort unten konnte man zusehen, wie die Freiheit jedes Jahr noch weniger wurde, hier oben war es wie immer. Die da unten, die Gefangenen, kamen nie hier herauf. Was sollten sie auch anfangen dort? Es gab hier nichts außer der Freiheit. Wir froren, redeten über Pläne und neue Abenteuer. Wir hatten uns weit entfernt von all dem, was anderen wichtig ist, aber diese Distanz bestand nicht aus der räumlichen Entfernung. Sie war in uns drinnen und sie war schon immer da.
Ob wir uns wohl jemals wieder im 'normalen', im 'gutbürgerlichen' Leben würden zurechtfinden können? Vielleicht hatten wir das noch nie gekonnt, vielleicht wollten wir das auch gar nicht, und vermutlich waren wir zu lange in den Bergen herumgekraxelt, um uns noch entscheidend zu ändern, anzupassen an eine Welt, die nicht die unsere war. Eigentlich waren wir so, wie uns die guten Leinwandhelden im Kino am liebsten waren: Kompromißlos und stolz. Nur daß es bei uns keiner gut fand. Wahrscheinlich war es dem Frieden dienlicher, dachte ich mir, ohne es auszusprechen, wenn wir uns nicht mehr gemeinsam an ein und dasselbe Seil banden. Irgend etwas Unbeschreibbares stand noch immer zwischen uns. Der Friede, den wir schlossen, war labil, das spürte ich. Aber besser ein oberflächlicher Frieden als Ausgangsbasis für einen neuen Anfang, als der Abbruch jeglicher Kommunikation und das Ende von allem.

Unverhofft kommt oft

Das Wetter war nach langer Zeit endlich wieder schön. Das wollte ich Ende Januar zu einer Skitour auf die Lalidererspitze im Karwendel ausnützen. Die Verhältnisse waren nicht gerade günstig und die Spurarbeit anstrengend und langwierig, aber es bestand keine Lawinengefahr. Bei den widrigen Verhältnissen brauchte ich fünfzehn Stunden bis auf die Biwakschachtel knapp unterhalb des Gipfels. Die letzten Stunden stapfte ich im Dunkeln vor mich hin, den Weg und die Biwakschachtel auch nachts zu finden war nur möglich, weil ich mich so gut in dieser Gegend auskannte. Ich kam oben an, trank ein paar Schluck Tee aus der Thermosflasche und legte mich auf eine Pritsche, um zu schlafen. Draußen ging der Wind und ich war froh über die Biwakschachtel, in der ich mich geborgen fühlte.
In der Früh um halb sechs stand ich auf und zog alle verfügbaren Kleider an. Im Schein der Stirnlampe zündete ich drei Kerzen an, stellte sie nichtsahnend neben einen am Tisch stehenden Gaskocher und setzte mich auf die Sitzbank um mein Frühstück, einen Apfel, zu verspeisen. Die Explosion riß mich rückwärts von der

Bank, eine lange Stichflamme ging haarscharf an meinem Gesicht vorbei und versengte mir Augenbrauen und Haare. Die Gaskartusche machte sich selbständig und sauste feuerspeiend in dem kleinen Raum umher. Die Flamme war anfangs so groß, daß sie von einer Wand zur nächsten abprallte und dort entlangraste. Alles schien zu brennen. Beim Einfangen und Hinauswerfen der Kartusche fingen Überhose, Anorak und Handschuhe zu brennen an. Mein Rucksack brannte ebenfalls, mit den Füßen trat ich die Flammen aus. Zurück blieben zwei verkohlte Löcher und das Rückentragesystem. Es war gut, daß ich mich schon so dick angezogen hatte. So wies statt meiner Haut meine Kleidung zum Teil handgroße Brandflecke auf, die immer noch rauchten.
Fast vergaß ich, warum ich überhaupt hochgestiegen war. Nichts wie raus und ein paar Aufnahmen machen, der Sonnenaufgang bei Föhnstimmung war sicher gewaltig. Die Bestandsaufnahme des Schadens konnte warten. Durch die wiederholten Föhnstürme in diesem Jahr hingen gigantische Wächten in die Lalidererer-Nordwand. Ihnen zu nahe zu kommen wäre Selbstmord gewesen, deshalb war ich sehr darauf bedacht, nicht zu weit hinauszutreten und wagte mich nicht weiter hinaus als ich felsigen Grund unter meinen Füßen hatte. Die Wächten reichen oft viel weiter in vermeintlich festen Grund als man glaubt, und eine Wächte bricht immer urplötzlich, ohne Chance, sich in Sicherheit zu bringen. Das alles wußte ich und so wählte ich meinen Standort mit Vorsicht und Bedacht aus. Um meinen Platz windgeschützter zu machen, stellte ich das Stativ mit aufmontiertem Fotoapparat etwas in Richtung Wächte zur Seite und häufelte mit meiner Lawinenschaufel Schnee um mich auf. Mit nur einem einzigen Schaufelstich nahm ich der Wächte die Oberflächenspannung - wock, brach sie neben mir urplötzlich ab. Das am weitesten vorragene Bein des Stativs steckte in der Wächte und wurde unbarmherzig mitgezogen. Vielleicht zwei Sekunden lang konnte ich das Stativ mit aufmontierter Kamera verfolgen, wie es aufrecht stehend auf dem fünf Meter langen und fünf Meter breiten Wächtenstück in die Tiefe ritt. Spätestens 800 Meter tiefer würde alles aufschlagen und in tausend Fetzen zerbersten. Noch ein Bild mehr und ich hätte den Film gewechselt, aber so verlor ich auch die herrlichen Aufnahmen.
Ich schaute auf die frische Abbruchstelle und mußte lachen. Bitte, das ist doch alles ein Witz, das gibt's doch gar nicht. Ich schaute weg, schaute wieder hin. Nein, es war schon so. Da hatte gerade eben noch meine Kamera gestanden und jetzt war sie weg und lag zerschmettert im Abgrund. Ich saß in meinem Schneeloch und hätte weinen mögen, während der außergewöhnliche Sonnenaufgang seine ganze Farbenpracht immer noch spielen ließ, als wäre nichts geschehen. Was blieb mir anderes übrig als mich mit den Tatsachen abzufinden? Ich kleidete

die Überreste meines Rucksacks so gut es ging mit einer Plastiktüte aus, damit durch die Löcher nicht alles herausfiel, und brach auf. Ohne die schwere Kameraausrüstung war mein Rucksackskelett angenehm leicht. Die Abfahrt im Pulverschnee war ein Traum und lenkte mich ab. Trotzdem, immer wieder sah ich die Kamera vor meinem geistigen Auge verschwinden, ständig wiederholte sich der Vorgang des Abtauchens der Kamera in die Tiefe und ich konnte meine Gedanken nicht in eine andere Richtung zwingen.

Plötzlich stieg eine andere bittere Erinnerung in mir hoch, in meiner Vorstellungskraft vertauschte ich die fallende Kamera mit dem fallenden Körper damals an der Schüsselkarspitze-Südwand vor langer Zeit. Wir waren zu dritt und hatten uns im brüchigen Dreiergelände des Ausstiegs der direkten Südverschneidung ausgebunden, um das Seil nicht um tausend Ecken ziehen zu müssen. Vor allem ich hatte aus Bequemlichkeit darauf gedrängt, uns auszubinden, die paar Meter bis zum Gipfel ohne Seilsicherung zurückzulegen. Eine Schuld, mit der ich längst fertig geworden bin und mit der ich leben muß. Plötzlich ein dumpfer Schlag, ein großer Felsklotz, dem ich zum Glück rechtzeitig ausweichen konnte, donnerte knapp an mir vorbei in die Tiefe. Hinterher ein Körper, Arme und Beine ausgestreckt wie ein Fallschirmspringer, jedoch weder Fallschirm noch Seil bremsten den Fall. Ich konnte mit weit aufgerissenen Augen seine Flugbahn verfolgen. Bis hinunter ins Kar, 350 Meter tiefer. Drei grausame Male schlug das, was einmal ein Mensch war, zwischendurch auf und rollte dann auf dem Schnee aus. Den Abstieg, in dem noch Schnee lag, mußte ich mit einem Bergschuh bewerkstelligen, der zweite befand sich im Rucksack des Toten, den wir wenig später furchtbar entstellt am Einstieg fanden. Zu dritt waren wir losgezogen, zu zweit kamen wir nur noch heim, nicht wissend, wie wir das alles seiner Frau erklären sollten. Die Zeit heilt Wunden, vergessen macht sie nichts.

Am folgenden Tag fand ich nach zehnstündiger Suche auf der gegenüberliegenden Seite des Berges ein paar Einzelteile der Kamera, drei verbeulte Stativbeine und die aufgerissene Filmrolle. Die legte ich im Fotogeschäft spaßeshalber auf den Tresen und bat um eine Reparatur. »Was wollen Sie denn, die Kamera ist doch noch fast ganz«, wiederholte ich ein paarmal, worauf sich der Verkäufer und Ladenbesitzer immer wieder vor Lachen bog. Jetzt konnte ich endlich auch über mein Mißgeschick lachen. Wir lachten, bis uns beiden die Tränen kamen, über mich. Wenn du über etwas nicht hinwegkommst: mach es lächerlich und du wirst sehen, es ist nichts von Bedeutung. Wir sind doch alle dieselben Hanswurste, das andere ist alles Versteckspiel. Oder mach es wie ein Clown, der die Leute zum Lachen bringt, um von den Tränen seines Herzens geheilt zu werden. Material ist ersetzbar, Menschen nicht.

Jedes Ende ist ein neuer Anfang

Nun gehe ich auf die Vierzig zu und das Leben hat längst seine Spuren hinterlassen, auf meine Haare ist weißer Schnee gefallen, der auch im Sommer nicht mehr taut. Jedes einzelne graue Haar habe ich mir redlich verdient, einfach habe ich es nie gehabt. Die Schwierigkeiten waren es, die mein Leben lebenswert machten. Ich war noch nie schön, und jünger werde ich nicht mehr. Die ewig jungen, immer coolen Gesichter der Kletterer auf den Werbeprospekten haben mit der Wirklichkeit wenig zu tun, das Leben hat seine eigenen Regeln. Älter zu werden ist weder eine Schande noch ein Verdienst. Eher ein Gesetz, das keiner brechen kann. 'Trau keinem über dreißig' war das provozierende Schlagwort der Woodstock-Generation. Da könnte ich mir ja heute selbst nicht mehr trauen. So schnell bekommt eine Aussage eine andere Bedeutung.

Ich habe es geschafft, in meinem Leben die meisten meiner Bergsteigerträume zu verwirklichen, geschehen zu lassen, und so betrachtet bin ich ein Erfolgsmensch, so gesehen bin ich wirklich reich. Es hätte mich immer und ewig gereut, wenn ich die Möglichkeiten, die ich erkannt hatte, nicht genutzt hätte. Mit sechzig wäre ich zu alt gewesen zum Extrembergsteigen, die kurze Jugendzeit muß für Höchstleistungen genutzt werden. Danach ist es zu spät. Doch noch bin ich nicht am Ende. Es kommt, hoffe ich, noch etwas nach. Was man tut, ist nicht so wichtig, entscheidend ist das Wie, und am allerwichtigsten ist, daß man mit sich selbst zufrieden sein kann. Wenn einer sich so akzeptieren kann, wie er ist, was will er denn noch mehr? Pläne habe ich noch genug und um Ideen, die es in die Tat umzusetzen gilt, bin ich nicht verlegen. Ideen zu verwirklichen heißt, etwas entstehen zu lassen, schöpferisch zu sein, und ein jeder kann das auf seine Art.

Mein Leben war immer ein Abenteuer. Ich hoffe, daß sich das nie ändern wird. Die Anerkennung meiner alpinen Taten blieb mir versagt, obwohl sie einer Würdigung wert gewesen wären. Wenn ich behauptete, das sei mir egal, würde ich lügen. Meine Erstbegehungen in den Anden, sowohl die Anzahl wie auch ihre Qualität, machen mich zu einem ungewöhnlich erfolgreichen Expeditionsbergsteiger, zumindest deutschlandweit. Wer weiß das schon? Ich habe es nie verstanden, mich in den Vordergrund zu stellen. Falsche Bescheidenheit ist, fürchte ich, auch eine Form von Dummheit. Wenn ich die Zeit, die vielen Jahre, die ich in den Bergen verlebte, die außergewöhnlichen Leistungen, die manchmal über die Grenzen meiner Kraft und Gesundheit gingen, bezahlt bekäme, dann hätte ich so viel Geld, daß es mir nie mehr ausgehen würde. Aber all diese Dinge habe ich aus Liebe zu den Bergen und zu mir selbst getan, und Liebe berechnet man nicht in Mark und Pfennig.

Ich bin ein Niemand, deshalb versuche ich, so viel wie möglich zu lernen, hart an mir zu arbeiten. In jeder Straße, jeder Stadt, jedem Winkel dieser Welt leben solche 'Nobodys', die alle davon träumen, einmal etwas zu sein. Mit ihnen allen fühle ich mich verwandt. Wer glaubt, daß er etwas ist, hat aufgehört, etwas zu werden. Ich bin noch am Werden und vielleicht werde ich nie damit fertig. Ich bin nicht der faule Schmarotzer, für den mich viele halten. Aber auch mit diesen Vorwürfen werde ich fertig, sonst wäre ich kein Bergsteiger. Ich selbst weiß ganz gewiß, daß ich aktiver war und mehr erreicht habe, als viele andere. Und ich weiß auch, was Verantwortung ist.

Was ich nicht weiß ist, wie man ein normales Leben führt. Wie ein Bildhauer vom Rohling etwas wegklopft, was überflüssig ist, bis eine Statue daraus wird, so versuche auch ich alles, was zu viel ist, loszuwerden, bis nur noch das übrig bleibt, was mich wirklich ausmacht. Ich wollte nie so sein, wie die anderen mich haben wollten, denn das ist keine Kunst. So wie ich bin, wollte ich sein. Das hat nicht immer jedem gefallen. Trotz großer Widerstände ist es mir geglückt. Es ist gewiß keine leichte Arbeit, sich selbst zu suchen, aber ich habe es gerne und aus Überzeugung getan, deshalb ist es mir nie schwer gefallen. Früher war Bergsteigen für mich eine Möglichkeit, sich auszutoben, im Laufe der Zeit ist es zur Lebensform geworden. Meine eigensinnige, bisweilen sturköpfige Interpretation dieses Sports hebt mich von der Masse ab.

Bergsteigen wurde für mich die Bewußtwerdung des Raumes durch Abheben von der Oberfläche, die intensive Erfahrung der Schwerkraft und der Zeit als weitere Dimensionen, die auf keinen Fall mit dem identisch sind, was uns allgemein über sie gelehrt wird. Die Berge sind von jedem Blickwinkel aus verschieden, aber immer vermitteln sie einen starken Eindruck von Dreidimensionalität, und je näher man einem Gipfel kommt, um so weiter geht der Horizont zurück und wird allmählich als die relative Größe erkannt, die er ist. Die Dimensionen, derer es noch viele gibt, sind eigentlich nicht beschreibbar, sie müssen von jedem selbst erfahren werden, denn jeder wird etwas anderes in ihnen sehen, weil kein Mensch gleich denkt oder fühlt. Diese Dimensionen, sie existieren, dafür lege ich meine Hand ins Feuer, weil ich beileibe nicht alle, aber einige, durch die Berge kennengelernt habe. Über den Bergsport habe ich zu einer eigenen Identität gefunden. Es war nicht leicht, aus der Bewußtlosigkeit moderner Zivilisationsverkrüppelung zu erwachen, in der viele Menschen ihr Leben lang verharren, aus Angst davor, eine eigene Alternative zu suchen.

Viele meiner Freunde haben den Identitätsverlust, der heute gerade in ländlichen Gebieten mehr noch als in den 60er und 70er Jahren um sich greift, nicht so gut verkraftet wie ich. 'Leiche' sprang vom Kirchturm und wurde wirklich eine Leiche. Der Blutbatzen neben der Metzgerei, wo er aufklatschte, sah paradox aus.

Tom band sich einen Strick um den Hals, setzte sich in den Ast eines großen Baumes und schoß sich mit einer Pistole eine Kugel durch den Kopf, worauf er in den Strick fiel und sich zusätzlich erhängte. Ob er gleich zweimal tot war? Die beiden Mädchen, die ihn am Morgen fanden, waren jedenfalls nicht erheitert. Die Liste ließe sich noch ewig fortsetzen. Jeder weitere Freitod eines jungen Menschen kam mir vor wie eine stumme Anklage, ein letzter Fingerzeig auf uns alle. Auf eine herzlose Bürgerschaft, die kein Erbarmen mit den Notleidenden kennt, die vergessen hat, wie schnell man selbst Not leiden kann. Diese Vorfälle passen nicht zu der alpenländischen Postkartenidylle Mittenwalds, und das ist der Grund, weshalb ich sie aufzeigen will, denn dieses Fallbeispiel repräsentiert die Gesamtsituation im Wirtschaftswunder-Deutschland.

Meinen Wunsch, ein Buch zu schreiben, habe ich in die Tat umgesetzt. Wahrscheinlich war es billiger, den ganzen Dreck in meinem Hirnkasten aufzuschreiben, als damit zu einem Psychiater zu rennen. Oft steigerte ich mich in das Niedergeschriebene so hinein, daß ich es noch einmal erlebte, lachte und über den Papierblättern weinte, als wäre das Erlebte jetzt und nicht in der Vergangenheit passiert. Bei der Niederschrift von 'Überlebt' war ich, als ich damit fertig war, vollkommen am Ende meiner Nerven, sehr viel mehr noch als damals. Zwei Nächte lang hatte ich Alpträume, konnte nur schlecht schlafen und nicht mehr weiterschreiben. Ich fand heraus, daß Schreiben auch eine Form von Abenteuer sein kann. Wie eine Kuh das Gras aus ihrem Magen heraufwürgt, um es noch einmal zu kauen und dann endgültig zu verdauen, holte ich manches nur halbverdaute Erlebnis aus dem Unterbewußtsein herauf, um es aufzuschreiben. Einen Teil meiner Vergangenheit bewältigte ich so ein zweites Mal und das brachte mir neue Erkenntnisse. Meine Empfindungen haben sich verfeinert, ich bin noch sensibler geworden, als ich es ohnehin schon war.

Was ich nicht will, ist einer von den vielen verbitterten Über-Vierzigjährigen zu werden, die sich selbst nicht leiden mögen, denn diese Zeitgenossen sind unausstehlich. Doch ich habe keine allzugroße Sorge. Noch immer brennt mein Herz lichterloh, wenn das Abendrot auf einer Felszinne leuchtet, ich bin immer noch der Alte und die Tränen sitzen mir zum Glück so locker wie eh und je. Was die Zukunft mir bringen wird, weiß ich nicht, die Ungewißheit ist ja das eigentlich Interessante am Leben. Wenn ich jemand auf die Füße getreten bin und er schimpft laut und zornig, dann freut es mich. Vielleicht bewegt sich dann etwas und es wird nachgedacht. Ich bereue nichts. Nichts, was ich tat, und nichts, was ich schrieb. So habe ich mein Leben, meine Zeitgenossen und die Berge gesehen und nicht anders. Ihr wolltet doch ein Original und keine Fälschung. Dies ist der Abschluß meines Buches und zugleich ein neuer Anfang.

Jetzt bin ich wieder frei für andere Dinge und werde meinen Weg weitergehen. Noch hat sich mein Kreis nicht geschlossen. Und wenn: Es gibt kein Ende, nur immer wieder einen Neubeginn. Ich glaube, daß auch das Leben selbst mit unserem letzten Atemzug nicht wirklich aufhört, das ist nur ein Übergang, der Einstieg in eine neue Führe mit neuen Ausblicken. Nicht wir - ein ganz anderer wird das letzte Wort haben, daran glaube ich. Das hat mir schon oft geholfen.

Robert Rauch, Jahrgang 1958, lebt seit seinem fünften Lebensjahr in Mittenwald, ist selbständiger Landschaftsgärtner von Beruf und seit Jahrzehnten passionierter Bergsteiger. Mit zwölf Jahren fing er im Karwendel mit dem Klettern an. Mit 20 ließ er sich vom Freiklettern begeistern. Mit 30 durchstieg er mehrmals extrem schwierige Routen auf 6000er in den Anden, allein und frei, ohne technische Hilfsmittel oder finanzielle Unterstützung.

Alpinistische Literatur bei Panico

Westwand
ISBN 978-3-936740-54-7 / 10.00 €

„Just for the fucking Matterhorn?!" Von so einem Leben hat Münchner Alpinlegende Alex immer geträumt: illegaler Bergführer in Peru, Erfolg bei den Frauen und ein Sport-Bild-Abo mit Nachsendeantrag. Plötzlich will er für eine einzige Tour zurück, und die ist nicht mal wirklich schwer. Was dann passiert, stellt ihn vor die Entscheidung, wie sein Leben eigentlich weitergehen soll.
In den Nebenrollen: Kiffer-Luigi, eine gesperrte Kreditkarte, die beste Neutour Europas und die schwierige Frage, wie man am Ende des Universums den Müll trennen soll, wenn der Raum doch gekrümmt ist.

„Hat das Zeug zum Kultbuch.". Deutsche Welle

Selig, wer in Träumen stirbt
ISBN 978-3-926807-91-5 / 10.00 €

Robert Steiners hochgelobtes Debüt gehört zum Feinsten, was die gegenwärtige alpinistische Literatur zu bieten hat.
„Da kann einer nicht nur klettern, er kann auch schildern, wie das geht: kreativ, gnadenlos, mutig. In Zehntelsekundenauflösung beschreibt Steiner seinen Kampfsport am Abgrund: detailgenau, packend, beängstigend.... findet neue, noch nicht zerkitschte Worte für die Natur und die Emotionen....
.... seit Reinhard Karl, Emil Zopfi und Malte Roepers besten Erzählungen hat man kaum ähnlich Gutes gelesen."

aus der Leselupe, BERGE 3/2002

Wirklich oben bist du nie
ISBN 978-3-936740-29-5 / 10.00 €

Mehr Bergpleiten, Felspech und Kletterpannen wie Peter Brunnert in seinem ersten Buch „Wir müssen da hoch" beschrieben hat, erlebt kein Mensch. Wir wissen: von wegen! Und das Magazin klettern vergibt 5 von 5 möglichen Sternen - die absolute Höchstwertung.
Die zweite Auflage von Peter Brunnerts zweitem Buch wurde um drei neue Geschichten auf 192 Seiten erweitert. Und so lange der Vorrat reicht, gibt es - ausschließlich bei einer Bestellung direkt bei uns im Verlag - zum Buch gratis das Hörbuch auf CD.

Darf in keiner Bergbibliothek fehlen!

Wir müssen da hoch
ISBN 978-3-926807-98-4 / 10.00 €

... „Wie auch immer", würde Peter Brunnert aus 32825 Blomberg wohl meinen. Eine Formulierung, die er gerne benutzt, bevor seine kurzen Erzählungen zielgerichtet ihrem desaströsen Ende entgegenstreben. Kletterpleiten, Kletterpech, Kletterpannen. Weil es nun mal nichts Behaglicheres gibt, als sich an anderer Leute Missgeschick zu ergötzen, bereitet diese Lektüre geballter Widrigkeiten uneingeschränkte (Schaden-)Freude. Nur sich selber nicht so ernst nehmen – Peter Brunnert macht es vor. (mit Illustrationen von Erbse Köpf)

Klettern Spezial September 02

www.bolivia-tour.com
urlaub
weitab von den Völkerwanderungen des Massentourismu
Robert Rauch, Adolf-Baader-Str. 9, 82481 Mittenwald
Fax: 0049/8823/1019 - Phone: 0049/8823/2209